中华民族共同体概论

·本书编写组·

高等教育出版社
民族出版社

《中华民族共同体概论》编委会

目　录

第一讲　中华民族共同体基础理论

中华民族共同体意识是民族团结之本。

——习近平

党的十八大以来，中国特色社会主义进入新时代。习近平总书记在民族工作领域把马克思主义基本原理同中国具体实际相结合、同中华优秀传统文化相结合，提出了以铸牢中华民族共同体意识为标志的一系列重大原创性论断，形成了习近平总书记关于加强和改进民族工作的重要思想，推动了马克思主义民族理论中国化时代化。

铸牢中华民族共同体意识是新时代党的民族工作的主线，也是民族地区各项工作的主线。必须坚持正确的中华民族历史观，深刻理解中华民族大家庭、中华民族共同体、铸牢中华民族共同体意识、推进中华民族共同体建设等理念的准确内涵。必须准确认识到铸牢中华民族共同体意识有着深刻的马克思主义共同体思想和民族理论来源，根植于中华民族大一统历史传统，内化于中国共产党推进中华民族共同体建设的历史实践。必须系统把握习近平总书记提出的中华文明突出特性，着眼于建设中华民族现代文明，构筑中华民族共有精神家园，推进中华民族共同体建设。

要通过铸牢中华民族共同体意识，引导各族群众牢固树立正确的国家观、历史观、民族观、文化观、宗教观；增进各族群众对伟大祖国、中华民族、中华文化、中国共产党、中国特色社会主义的高度认同；增强各族群众的国家意识、公民意识、法治意识；不断强化休戚与共、荣辱与共、生死与共、命运与共的共同体理念，推动中华民族成为认同度更高、凝聚力更强的命运共同体。

第一节　中华民族共同体的基本概念

自古以来，我国各族人民共同创造了璀璨夺目的中华文明，铸就了伟大的中华民族。中华民族的历史彰显了突出的文明特性，体现了深刻的历史逻辑和理论逻辑。中华民族从历史走向未来、从传统走向现代、从多元凝聚为一体，有着独特的形成发展脉络，是屹立于世界民族之林、对人类文明有着重大贡献的伟大民族。

一、中华民族

中华民族是中华大地各类人群浸润数千年中华文明，经历长期交往交流交融，在共同缔造统一多民族国家历史进程中形成的、具有中华民族共同体认同的人们共同体；在今天主要包括具有中华民族共同体认同的大陆各族同胞、香港同胞、澳门同胞、台湾同胞以及海外侨胞。在这一民族实体里，各族同胞已结成相互依存、统一而不能分割的整体，所有成员都已具有高层次的中华民族认同意识。各族同胞尽管具有不同的民族称谓，但首先是中华民族的一员，共享着最重要的中华民族身份认同。

中华民族作为自觉的民族实体，是在近代中国反抗帝国主义的过程中形成的；而作为自在的民族实体，则是在中国悠久历史中形成和发展起来的。[①] 虽然“中华民族”的概念明确出现在近代，仅有一百多年历史，但是作为民族实体，中华民族已经存在发展了数千年，具有深厚的历史基础。

1902 年，梁启超最早提出“中华民族”概念。1905 年，他指出，中华民族自始本非一族，实由多民族混合而成；“多族混合”是在各族交融中形成的中华民族的演进规律与趋势。当时，中国思想界出现了汉、满、蒙、回、藏“五族共和”的社会主流认识。更有人指出，“我中国先民，既能融合汉土诸小族，而成一汉族；融合满洲诸小族，而成一满族；融合蒙疆诸小族，而成一蒙古族；融合回部诸小族，而成一回族；融合藏地诸小族，而成一西藏族。况今日国体改为共和……则合五民族而成一更大之民族”[②]。

中华民族概念的提出，及其作为民族实体的内涵的确认，是中国人在亡国灭种危机之下不断强化自我身份认同的重要表现，是中华民族从自在走向自觉的一个重要标志。孙中山不仅强调中华民族的长期存在，而且断言中华民族是世界最

① 费孝通主编：《中华民族多元一体格局》，中央民族大学出版社 2018 年版，第 17 页。

② 吴贯因：《五族同化论》，《庸言》第一卷第八号，第 5 页。

古、最大、最富同化力之民族，主张建设高度团结统一的中华民族。[①] 抗日战争时期，全社会各阶层广泛认同“中华民族”，彰显出强烈的中华民族一体化自觉。顾颉刚明确提出，“中华民族是一个”，强调应在一个统一国家意义上定义中华民族。

中国共产党一经诞生，就努力探索适合国情的解决民族问题之路，不断深化对中华民族的认识，与时俱进阐释中华民族的科学内涵。早在中国共产党成立之前，李大钊就首次提出“中华国家之再造”与“中华民族之复活”[②]，不啻为中华民族伟大复兴的先声。他强调，中国人应该激发出以各民族融合为基础的“新中华民族主义”的自觉，即中华民族的整体觉醒。

1935 年，中国共产党人田汉、聂耳谱写的《义勇军进行曲》一经诞生，即迅速传唱于大江南北，一句“中华民族到了最危险的时候”，警醒各族儿女为中华民族的独立和解放而英勇抗争，在全社会普及了“中华民族”观念，促进了中华民族的全面觉醒。这首歌被誉为“中华民族解放的号角”，在新中国成立后被确定为中华人民共和国国歌。

1939 年，毛泽东在《中国革命和中国共产党》的开篇“中华民族”中指出：“我们中国现在拥有四亿五千万人口，差不多占了全世界人口的四分之一。在这四亿五千万人口中，十分之九以上为汉人。此外，还有蒙人、回人、藏人、维吾尔人、苗人、彝人、壮人、仲家人、朝鲜人等，共有数十种少数民族，虽然文化发展的程度不同，但是都已有长久的历史。中国是一个由多数民族结合而成的拥有广大人口的国家。”[③]1940 年，毛泽东在《新民主主义论》中提出我们“一切的目的，在于建设一个中华民族的新社会和新国家”[④]。

新中国成立后，中国共产党从维护“国家统一、民族团结”的角度，进一步丰富“中华民族”内涵，阐释了中华民族是一个历史形成、多元一体、独立自主、捍卫统一、内聚力强的民族实体。党的十八大以来，以习近平同志为核心的党中央进一步深入阐发关于中华民族科学内涵、基本构成和我国各民族关系的认识，明确指出，“中华民族和各民族的关系，是一个大家庭和家庭成员的关系，各

① 《孙中山全集》第二卷，人民出版社 2015 年版，第 154 页。

② 李大钊认为，中华民族在血缘、地理、文化和政治等方面有共同特征，中华民族在历史长河中的“冶融”，使得各族在血统方面的差异已经基本消失。

③ 《毛泽东选集》第二卷，人民出版社 1991 年版，第 622 页。

④ 《毛泽东选集》第二卷，人民出版社 1991 年版，第 663 页。

民族的关系，是一个大家庭里不同成员的关系"[①]，"各民族像石榴籽一样紧紧抱在一起"[②]。2018 年 3 月，十三届全国人大一次会议正式将"中华民族"写入宪法。

总之，中华民族概念虽然在近代才出现，但其所指涉的民族实体是清晰的、有深厚历史基础的。中华民族不是中国境内 56 个民族的简单叠加，而是"你中有我、我中有你、谁也离不开谁"的大家庭；中华民族绝不是"想象的共同体"，而是浸润了五千多年中华文明传统、承担着中华民族现代文明建设使命的超大规模民族共同体。

二、中华民族共同体

在新时代，习近平总书记首次提出了铸牢中华民族共同体意识这一重大战略举措，首次从治国理政的高度创造性地阐释了中华民族共同体理念，赋予其全新的政治、历史和文明内涵，使"中华民族共同体"成为新时代党的民族理论与民族政策的核心概念。

从本质属性看，中华民族共同体是各民族在共同开拓祖国辽阔疆域、共同书写悠久中国历史、共同创造灿烂中华文化、共同培育伟大民族精神的历史进程中融聚而成的民族实体。其形成发展过程，是自然凝聚与政治形塑有机统一的过程，也是休戚与共、荣辱与共、生死与共、命运与共的共同体理念得到不断强化的过程。从构成要素看，中华民族共同体既包括我国今天的 56 个民族，也包括我国历史上存在过的族群。中华民族共同体是国家层面的民族实体，各民族居于从属地位。中华民族共同体与各民族的关系是一个大家庭与家庭成员的关系，是一体与多元的关系。一体包含多元并对多元具有统摄性，多元有机地组成一体并支撑一体。

总之，中华民族加上"共同体"三个字，不是同义反复，而是充分彰显中华民族的统一性、共同性与不可分割性，突出强调中华民族多元一体格局，以更好引领新时代党的民族工作前进方向。

三、中华民族共同体意识

面对中华民族伟大复兴战略全局和世界百年未有之大变局，以习近平同志为核心的党中央将"铸牢中华民族共同体意识"确立为新时代党的民族工作与民族地区各项工作的主线，要求进一步推进中华民族共同体建设，建设中华民族现代文明。

中华民族共同体意识是国家统一之基、民族团结之本、精神力量之魂。中华

① 习近平：《论坚持人民当家作主》，中央文献出版社 2021 年版，第 105 页。

②《习近平著作选读》第二卷，人民出版社 2023 年版，第 33 页。

民族共同体意识，是中华民族共同体这一历史客观存在在人们头脑中的反映，是在中华民族共同体建设过程中形成的中华民族共同心理意识，即对中华民族的最高认同及由此产生的对中华民族的使命感、归属感、荣誉感。中华民族是不可分割的国家民族，各族人民必须认同并忠诚于中华民族共同体，共同承担实现中华民族伟大复兴的历史使命。中华民族共同体意识是国家层面最高的社会归属感、面向世界的文化归属感，是国家认同、民族交融的情感纽带，是祖国统一、民族团结的思想基石，是中华民族绵延不衰、永续发展的力量源泉。

铸牢中华民族共同体意识是维护各民族根本利益，巩固和发展社会主义民族关系，实现中华民族伟大复兴，开创党的民族工作新局面的必然要求。新时代党的民族工作和民族地区各项工作，必须把铸牢中华民族共同体意识作为主线，引导各族人民牢固树立正确的国家观、历史观、民族观、文化观、宗教观，这是铸牢中华民族共同体意识的思想基础；引导各族人民坚定对伟大祖国、中华民族、中华文化、中国共产党、中国特色社会主义的认同，这是铸牢中华民族共同体意识的核心任务；引导各族人民增强国家意识、公民意识、法治意识，这是铸牢中华民族共同体意识的重要内容。

第二节　中华民族共同体的基本理念

党的十八大以来，党和国家事业取得了历史性成就、发生了历史性变革，最根本的原因在于确立习近平同志党中央的核心、全党的核心地位，确立习近平新时代中国特色社会主义思想的指导地位。习近平新时代中国特色社会主义思想是当代中国马克思主义、二十一世纪马克思主义，是中华文化和中国精神的时代精华。作为这一思想的重要组成部分，习近平总书记关于加强和改进民族工作的重要思想，提炼了党的百年民族工作理论和实践经验，揭示了中华民族发展的内在规律，提出了铸牢中华民族共同体意识是新时代党的民族工作和民族地区各项工作的主线，科学回答了新时代民族工作举什么旗、走什么路等重大问题，是马克思主义民族理论中国化时代化的最新成果，是“两个结合”在民族领域的生动反映，标志着中国共产党对民族工作规律性认识达到新的高度。

一、十二个必须

习近平新时代中国特色社会主义思想在民族工作领域的具体体现，就是习近平总书记关于加强和改进民族工作的重要思想。2021 年召开的中央民族工作会议正式明确这一重要思想是新时代党的民族工作的根本遵循，集中体现为“十二个必须”。

从战略定位看，“必须从中华民族伟大复兴战略高度把握新时代党的民族工作的历史方位”，体现了唯物辩证法普遍联系观点与中华传统文化整体观的结合，是新时代观察民族问题、做好民族工作的出发点和落脚点。

从目标原则看，“必须把推动各民族为全面建设社会主义现代化国家共同奋斗作为新时代党的民族工作的重要任务”，体现了马克思主义群众史观与中华传统民本思想的结合，是推进民族工作的使命任务。“必须坚决维护国家主权、安全、发展利益”，体现了马克思主义安全观与中华传统居安思危忧患意识的结合，阐明了民族工作必须牢牢守住的底线。“必须高举中华民族大团结旗帜”，体现了马克思主义无产阶级联盟学说与中华传统“四海同心”理念的结合，阐明了推动各民族像石榴籽一样紧紧抱在一起的关键工作。“必须坚持党对民族工作的领导”，体现了马克思主义建党学说与“事在四方，要在中央”治理传统的结合，阐明了实现中华民族大团结的根本保证。

从基本思路看，“必须以铸牢中华民族共同体意识为新时代党的民族工作的主线”，进而将其作为民族地区各项工作的主线，均体现了马克思主义共同体思想与中华民族历史发展规律的结合，阐明了党中央对民族工作作出的重大战略决策。“必须坚持正确的中华民族历史观”，体现了马克思主义唯物史观与中华传统历史观的结合，阐明了正确认识中华民族的历史逻辑。“必须构筑中华民族共有精神家园”，体现了马克思主义物质意识辩证关系与中华传统“以文化人”观念的结合，阐明了“文化”对于铸牢中华民族共同体意识的重要作用。

从民族关系看，“必须坚持各民族一律平等”，体现了马克思主义平等观对中华传统平等观念的提升，强化了党的民族政策的基石。“必须促进各民族广泛交往交流交融”，体现了马克思主义民族交融思想与中华传统“和合”理念的结合，阐明了推进中华民族共同体建设的基本途径。

从制度建设看，“必须坚持和完善民族区域自治制度”，体现了马克思主义国家学说与中华治理传统的结合，阐明了实施民族区域自治制度的根本目的是维护国家统一和民族团结。民族区域自治制度是以差别化区域支持政策与制度安排来调动各族群众共同奋斗的积极性，为中华民族共同体的繁荣昌盛添砖加瓦。“必须坚持依法治理民族事务”，体现了马克思主义法治理论与中华传统法制思想的结合，阐明了新时代民族事务治理的法治要求和基本方式。

“十二个必须”涵盖了新时代党的民族工作的方方面面，深刻阐述了新时代党的民族工作的重大理论和实践问题，是推动新时代民族工作高质量发展、推进中华民族共同体建设的行动指南。

二、四个共同

习近平总书记在2019年全国民族团结进步表彰大会上，首次从“四个共同”的角度，阐明了正确的中华民族历史观的深刻内涵，深刻揭示出“一部中国史，就是一部各民族交融汇聚成多元一体中华民族的历史，就是各民族共同缔造、发展、巩固统一的伟大祖国的历史”①。

我们辽阔的疆域是各民族共同开拓的。自古以来，各族先民胼手胝足、披荆斩棘，共同开发了祖国的锦绣河山。中原和边疆人民你来我往、频繁互动。特别是自秦代以来，既有汉民屯边，又有边民内迁，历经几次民族大融合，各民族你中有我、我中有你，共同开拓着脚下的土地，历朝历代的各族人民都对今日中国疆域的形成作出了重要贡献。

我们悠久的历史是各民族共同书写的。先秦时期，中华文明就孕育出了“定于一”和“大一统”的天下秩序观念。秦朝时期书同文、车同轨、量同衡、行同伦，开启了中国统一的多民族国家发展的历程。此后，无论哪个民族入主中原，都以统一天下为己任，都以中华文化的正统自居。南北朝时期，各政权都自诩中华正统；辽宋夏金时期，各政权都自称承中国正统。秦汉雄风、大唐气象、康乾盛世，都是各民族在赓续中华文明、维护国家统一、促进民族交融中共同缔造出来的。

我们灿烂的文化是各民族共同创造的。中华文化是各民族文化的集大成。我国各民族创作了诗经、楚辞、汉赋、唐诗、宋词、元曲、明清小说等伟大作品，传承了《格萨尔王》《玛纳斯》《江格尔》等震撼人心的伟大史诗，建设了万里长城、都江堰、大运河、故宫、布达拉宫、坎儿井等伟大工程。中华文化之所以如此精彩纷呈、博大精深，就在于它兼收并蓄的包容特性。各民族在文化上的交相辉映和互鉴融通，造就了中华文化的历久弥新，夯实了中华文化自信的根基。

我们伟大的民族精神是各民族共同培育的。在历史长河中，农耕文明的勤劳质朴、崇礼亲仁，草原文明的热烈奔放、勇猛刚健，海洋文明的海纳百川、敢拼

---

① 习近平：《论坚持人民当家作主》，中央文献出版社2021年版，第284页。

会赢，源源不断注入中华民族的特质和禀赋，共同熔铸了以爱国主义为核心的伟大民族精神。面对近代亡国灭种的空前危机，各族人民共御外侮、同赴国难，抛头颅、洒热血，血流到了一起、心聚在了一起，中华民族整体意识空前高涨。各族人民共同培育、继承、发展起来的中华民族精神和爱国主义传统，已深深融进各族人民的血液和灵魂，成为推动中华民族伟大复兴的强大精神动力。

以“四个共同”为基础的中华民族历史观，正确揭示了中华民族共同体形成发展的客观事实和必然逻辑，回答了中华民族“从哪里来、向哪里去”的时代之问。

三、四个与共

习近平总书记指出：“铸牢中华民族共同体意识，就是要引导各族人民牢固树立休戚与共、荣辱与共、生死与共、命运与共的共同体理念。”[①] 这一重大原创性理念的提出，极大丰富了中华民族共同体的科学内涵。

“四个与共”的共同体理念强调的是，在中华民族形成与发展的历史进程中，各民族唇齿相依、团结友爱，中华民族整体意识成为中华民族生生不息、战胜苦难、化解危机、实现复兴的强大内生动力。历史上有莎车王父子忠诚护卫西域、奢香夫人巩固边防、瓦氏夫人抗倭、土尔扈特部万里东归、锡伯族万里戍边等佳话；近代以后，各族人民共御外侮、共赴国难，共同战胜亡国灭种的空前危机；新中国成立后，八千湘女上天山、三千孤儿入内蒙，各族人民共同抗洪、抗震、抗疫，都是对“四个与共”的生动诠释。中华民族因此屡经磨难而不倒，始终昂首屹立于世界民族之林。

可以说，没有各民族几千年来在“四个共同”伟大实践中碰撞折冲融合，没有“四个与共”的共同体理念塑造和强化，“中华民族”这个概念就不可能出现；没有近代以来各民族共同抗击外侮的斗争，“中华民族”这个概念也不会迅速为各民族所认同；没有中国共产党领导全国各族人民建立新中国、构建平等团结互助和谐的社会主义民族关系，中华民族也不会取得举世瞩目的辉煌成就，“中华民族”这个概念在当今世界上也不会越来越具有广泛而深远的影响。

“四个与共”的共同体理念，意味着中华民族共同体作为由 56 个民族组成的大家庭，依靠各族人民共同维护；意味着中华民族作为一个命运共同体，各民族是一荣俱荣、一损俱损的关系；意味着中华民族是各民族最大的依托和依靠，只

---

①《习近平谈治国理政》第四卷，外文出版社 2022 年版，第 245 页。

有把自己的命运同中华民族的命运紧紧连接在一起，才有前途和希望。

四、四对关系

习近平总书记指出："党的民族工作创新发展，就是要坚持正确的，调整过时的，更好保障各民族群众合法权益。"[①] 要重点把握四对关系。

正确把握共同性和差异性的关系。增进共同性、尊重和包容差异性是民族工作的重要原则。共同性是主导，差异性不能削弱和危害共同性。增进共同性就是要增强各族人民对伟大祖国、中华民族、中华文化、中国共产党、中国特色社会主义的认同，增强国家意识、公民意识、法治意识。尊重和包容差异性就是要注意对各民族饮食服饰、风俗习惯、文化艺术、建筑风格等方面的保护和传承。关键要把握共同性是主导、是方向，是前提和根本，尊重和保护差异性是需要的，但不能固化、强化民族差异性，更不能让差异性阻碍民族融合。

正确把握中华民族共同体意识和各民族意识的关系。这两种意识并行不悖，但不是平行并列的关系。各民族要始终把中华民族整体利益放在首位，本民族意识要服从和服务于中华民族共同体意识；要在实现好中华民族共同体整体利益的进程中实现好各民族的具体利益；要坚决反对大汉族主义和地方民族主义。

正确把握中华文化和各民族文化的关系。中华文化由各民族优秀文化汇流而成，各民族优秀传统文化都是中华文化的组成部分；中华文化是主干，各民族文化是枝叶，根深干壮才能枝繁叶茂。关键要引导各族人民深刻认识到中华文化是各民族优秀文化的集大成，各民族文化不能自外于中华文化。推动各民族文化传承、保护、创新要在增强对中华文化认同的基础上进行，不能本末倒置。

正确把握物质与精神的关系。物质和精神相辅相成，不是非此即彼、此消彼长，不是单选题。经济社会发展并不自然而然带来民族团结和中华民族共同体意识。关键要赋予所有改革发展以彰显中华民族共同体意识的意义，以维护统一、反对分裂的意义，以改善民生、凝聚人心的意义。

把握好四对关系，既讲认识论又讲方法论，既讲"两点论"又讲"重点论"，既讲矛盾的普遍性又讲矛盾的特殊性，贯穿着辩证统一思想，是指导民族工作的科学方法，更是衡量民族工作成效的重要标准。

---

①《习近平谈治国理政》第四卷，外文出版社 2022 年版，第 246 页。

第三节　中华民族共同体的理论渊源

习近平总书记提出“铸牢中华民族共同体意识”重大原创性论断及其相关重要论述，是由“两个结合”的理论逻辑、历史逻辑和实践逻辑所决定的，有着深厚的思想理论渊源、历史文化传统与马克思主义民族理论中国化时代化的理论成果。

一、马克思主义理论

马克思主义民族理论和共同体思想，为铸牢中华民族共同体意识提供了根本理论指导，奠定了根本的理论逻辑。

马克思主义民族理论是一个开放的、发展的理论体系。民族解放、民族平等、民族团结、民族融合是其基本主题。马克思主义主张以民族平等原则推动全世界无产阶级和被压迫民族真正实现团结、联合。对无产阶级政党来说，不分民族地把劳苦大众联合起来，是取得革命胜利的必要条件。在无产阶级政党取得政权后，必须以社会主义原则促进民族平等团结，促进各民族和谐交融。而民族融合正是民族演进过程的必然结果和进步现象，为各民族历史交融、自然融合创造条件是社会主义的目的之一。马克思、恩格斯、列宁始终对阻碍无产阶级革命事业的各种狭隘民族主义予以严厉批判。

马克思主义始终把民族问题作为无产阶级革命和社会主义建设总问题的组成部分加以解决。马克思主义认为，民族是一种历史现象，有产生、发展、融合、消亡的过程，也有层次、类别之分，其生灭兴衰与分合重构有一定的客观规律。列宁指出，“社会主义的目的不只是要消灭人类分为许多小国的现象，消灭一切民族隔绝状态，不只是要使各民族接近，而且要使各民族融合”①；“无产阶级不能支持任何巩固民族主义的做法，相反，它支持一切有助于消灭民族差别、消除民族隔阂的措施，支持一切促进各民族间日益紧密的联系和促进各民族打成一片的措施”②。

民族融合正是民族生命力的体现，是社会主义目的之所在，实际上也是马克思主义民族理论的核心要义。马克思主义对此形成了三个规律性认识。

要想民族融合，必要政治统一。马克思主义认为，多民族国家是历史常态，即使在鼓吹“一族一国”的欧洲，也是如此。恩格斯指出：“欧洲没有一个国家不

①《列宁全集》第二十七卷，人民出版社2017年版，第258页。

②《列宁全集》第二十四卷，人民出版社2017年版，第138页。

是不同的民族处于同一个政府管辖之下。”[①] 而多民族国家必须统一集权。列宁指出：“在各种不同的民族组成一个统一的国家的情况下……马克思主义者是决不会主张实行任何联邦制原则，也不会主张实行任何分权制的。中央集权制的大国是从中世纪的分散状态向将来全世界社会主义的统一迈出的巨大的历史性的一步，除了通过这样的国家（同资本主义紧密相联的）外，没有也不可能有别的通向社会主义的道路。”[②] 当今世界，有效解决民族问题、建设以国家为单位的共同体，是绝大多数国家都会面临的重大任务。

要想民族融合，必要人心相通。列宁特别反对以保护民族文化为名的“精致的民族主义”。他指出：“‘民族文化自治’就是最精致的、因而也是最有害的民族主义，就是用民族文化这一口号来腐蚀工人，并且宣传极其有害的甚至是反民主的按民族分学校的主张。”[③] 列宁反对各民族在文化教育上的相互隔绝状态，“‘民族文化自治’这个口号则鼓吹各民族在教育事业（以至整个‘文化’事业）上互相隔绝，而隔绝是完全符合保持一切特权（其中包括民族特权）的基础的需要的”[④]。为了实现民族融合，列宁始终主张文化交融和共同教育。他呼吁，“消除各民族之间的种种隔膜，使各民族的儿童在统一的学校里打成一片”[⑤]。

要想民族融合，必须建设真正的共同体。建设真正的共同体是马克思主义的核心理念之一。马克思、恩格斯指出，“只有在共同体中，个人才能获得全面发展其才能的手段”[⑥]。他们在批判资产阶级“虚假的共同体”的同时，把共产主义界定为“真正的共同体”和“自由人联合体”。马克思主义所讲的共同体是和而不同、求同存异的社会机体，是荣辱与共、祸福相依的和谐图景，是既有一致性又有差异性的共同家园。建设真正的共同体虽然是一个漫长的社会历史进程，但只要冒充普遍利益的“虚假的共同体”仍然存在，只要冒充人类普遍价值的“普世价值”仍然大行其道，那么马克思主义的真正共同体理想，便始终具有时代进步意义和现实批判精神，便始终是社会主义国家建设与发展的远大理想，便始终是马克思主义政党不断追求的奋斗目标。

①《马克思恩格斯全集》第二十一卷，人民出版社 2003 年版，第 224 页。
②《列宁全集》第二十四卷，人民出版社 2017 年版，第 148—149 页。
③《列宁全集》第二十四卷，人民出版社 2017 年版，第 239 页。
④《列宁全集》第二十三卷，人民出版社 2017 年版，第 334 页。
⑤《列宁全集》第二十三卷，人民出版社 2017 年版，第 396 页。
⑥《马克思恩格斯文集》第一卷，人民出版社 2009 年版，第 571 页。

在马克思主义民族理论的历史发展进程中，一些特定阶级的具体观点曾是无产阶级在革命时期领导被压迫民族实现自身解放的特殊策略。列宁指出，“在解决一切殖民地和民族问题时，不从抽象的原理出发，而从具体的现实生活中的各种现象出发”[①]。如果将特殊时期的特殊民族观点上升为抽象的原理，进而再无视具体环境，用以指导现实问题，就更加违背了马克思民族理论的核心要义。

中国共产党是中国工人阶级的先锋队，同时是中国人民和中华民族的先锋队。中国共产党在百年奋斗历程中，始终正确处理社会革命与解决民族问题的辩证关系，始终将中华民族伟大复兴作为百年来一切奋斗、一切牺牲、一切创造的主题，始终将巩固发展中华民族共同体作为不变的历史使命。新时代铸牢中华民族共同体意识，推进中华民族共同体建设，是马克思主义民族理论与共同体思想的创造性交汇，是马克思主义关于民族融合论述的中国实践，必将极大深化中华民族交往交流交融，不断增进中华民族在经济、政治、社会、文化、生态文明等方面的共同性。

二、大一统历史传统

大一统理念及其制度实践，为铸牢中华民族共同体意识提供了历史文化传统，奠定了中华民族共同体交往交流交融的历史逻辑。

习近平总书记强调指出：“多民族的大一统，各民族多元一体，是老祖宗留给我们的一笔重要财富，也是我们国家的一个重要优势。”[②]中华民族共同体在数千年的历史演进中不断发展壮大，根源就在于对大一统理念的推崇和实践。

大一统夯实了中华民族作为超大规模政治共同体的制度与文化基础。秦朝是中国历史上第一个创立中央集权大一统政制的王朝，实现了多民族统一于相同的政治共同体。西汉把儒家思想确立为官方主导的意识形态，进一步夯实大一统政制的思想文化基础。大一统理念及其制度实践，从此成为中华大地各区域性政权的共同政治追求和古代中华民族的集体共识。

大一统塑造了中华民族和谐相处之道与中华文化认同之道。中华民族很早就强调“五方之民”共天下，四海之内皆兄弟；夷夏之别并非种族之别，而是文化差异，正所谓“夷狄入中国，则中国之，中国入夷狄，则夷狄之”。判定一个民族是否是中华民族大家庭一员的标志，不是种族，不是血缘，不是地缘，而是中华文化。只要接受了大一统的礼俗文化和典章制度，就是中华民族一员。新时代建

①《列宁全集》第三十九卷，人民出版社2017年版，第232页。

②《习近平谈治国理政》第二卷，外文出版社2017年版，第299页。

设中华民族共同体，更加重视更基本、更深沉、更持久的中华文化认同，正是源于这一重要的历史传统。

大一统奠定了中华民族共同体多元一体的基本格局。这使得中国在国家建构过程中，既没有出现西方意义上的帝国，也没有形成西方意义上的民族国家。中华民族共同体坚持大一统历史传统，西方民族国家脱胎于封建城邦自治体系。中华民族共同体靠商贸和文化怀柔远人，靠朝贡体系互惠互利，推崇协和万邦、和衷共济、四海一家，西方民族国家则靠军事征服和帝国殖民，搞党同伐异，奉行“丛林法则”和霸权逻辑。这都体现了中西文明的巨大差异，西方文明是“分”的逻辑，不断把大帝国切割成小国家；而中华文明是“合”的逻辑，由各民族交融成大中华。历史上，很多西方帝国强盛一时后都烟消云散，很多西方民族国家短暂统合后又分崩离析，而中华民族共同体与中华文明能以国家形态延绵几千年从不中断，这正是今天建设中华民族共同体与社会主义现代化强国所依靠的独特历史传统。

三、“两个结合”理论成果

中国共产党在民族工作领域始终坚持“两个结合”，不断推进马克思主义民族理论中国化时代化，回应时代主题，解决现实难题，取得了显著的现实成就，为铸牢中华民族共同体意识奠定了坚实的实践逻辑。

中国共产党一经诞生，就把为中国人民谋幸福、为中华民族谋复兴确立为自己的初心使命。在百年奋斗中，中国共产党团结带领各族人民，实现了一个又一个走向中华民族伟大复兴的阶段性目标，为建设牢不可破的中华民族共同体打下了坚实基础。中华民族共同体的巩固和发展，也由此与马克思主义中国化时代化的历史进程紧密交织，其政治属性与政治内涵在马克思主义中国化时代化的历史进程中获得全面重构。

新民主主义革命时期，党面临的主要任务是，反对帝国主义、封建主义、官僚资本主义，争取民族独立、人民解放，为实现中华民族伟大复兴创造根本社会条件。我们党在成立之初，就提出了解决民族问题的中心任务。经过长征洗礼，中国共产党从无产阶级的先锋队，发展成为全民族先锋队，确立了中国共产党的民族主体性。面对外敌入侵，中国共产党倡导建立抗日民族统一战线，促成了中华民族整体意识的全面觉醒。中国共产党立足现实国情，将民族革命与民主革命结合，将政治国家建构与民族共同体建设统合，建立了统一的多民族现代国家形态的中华人民共和国。

社会主义革命和建设时期，党面临的主要任务是，实现从新民主主义到社会主义的转变，进行社会主义革命，推进社会主义建设，为实现中华民族伟大复兴奠定根本政治前提和制度基础。中国共产党将民族平等作为立国的根本原则之一，开展民族识别，在民族地区开展民主改革和社会主义改造，确立了以民族平等、民族团结、民族区域自治、各民族共同繁荣为主要内容的民族理论与民族政策基本框架，形成了民族工作的一系列基本制度。

改革开放和社会主义现代化建设新时期，党面临的主要任务是，继续探索中国建设社会主义的正确道路、解放和发展社会生产力，使人民摆脱贫困、尽快富裕起来，为实现中华民族伟大复兴提供充满新的活力的体制保证和快速发展的物质条件。中国共产党实现了民族工作领域的拨乱反正，着力加快少数民族和民族地区的发展，将民族工作重心转移到为社会主义现代化建设服务上来。这一时期，党团结带领全国各族人民实施西部大开发战略等加快少数民族和民族地区发展的一系列政策措施，提出“汉族离不开少数民族，少数民族离不开汉族，各少数民族之间也相互离不开”的重要思想，形成了“共同团结奋斗，共同繁荣发展”的民族工作主题，丰富和发展了我国社会主义民族关系的基本特征。

党的十八大以来，中国特色社会主义进入新时代，党面临的主要任务是，实现第一个百年奋斗目标，开启实现第二个百年奋斗目标新征程，朝着实现中华民族伟大复兴的宏伟目标继续前进。中国共产党将中华民族伟大复兴推向不可逆转的历史进程，民族地区贫困人口全部脱贫，中华民族整体迈入全面小康社会，“中华民族一家亲、同心共筑中国梦”成为新时代我国民族团结进步事业的生动写照。在迈向第二个百年奋斗目标的历史时刻，习近平总书记提出，要铸牢中华民族共同体意识，推进中华民族共同体建设；民族地区的经济建设、政治建设、社会建设、文化建设、生态文明建设和党的建设，都要紧紧围绕、毫不偏离铸牢中华民族共同体意识这条主线；要以中国式现代化全面推进中华民族伟大复兴，建设中华民族现代文明，不断推动建设认同度更高、凝聚力更强的中华民族共同体。在2021年召开的中央民族工作会议上，习近平总书记指出：“回顾党的百年历程，党的民族工作取得的最大成就，就是走出了一条中国特色解决民族问题的正确道路。”[①] 铸牢中华民族共同体意识正是这条正确道路在新时代最鲜明的标志。

总之，铸牢中华民族共同体意识是马克思主义民族理论与共同体思想的中国

---

①《习近平谈治国理政》第四卷，外文出版社2022年版，第243页。

化时代化实践，根植于中华大一统历史传统的现代转型，是对西方传统民族国家理论的全面超越，具有坚实的实践基础。

第四节 中华民族现代文明与中华民族共同体

2023 年 6 月，习近平总书记在文化传承发展座谈会上首次提炼出中华文明具有突出的连续性、创新性、统一性、包容性、和平性这五个特性。古往今来，各民族共同创造了中华文明，流而不断的中华文明滋养了中华民族。这是习近平总书记继“四个共同”中华民族历史观、“四个与共”中华民族共同体理念之后，对中华民族共同体理论内涵的又一次丰富完善，为深刻理解“中华民族”提供了全新的文明视角。

一、中华文明的突出特性

“中华优秀传统文化有很多重要元素，比如，天下为公、天下大同的社会理想，民为邦本、为政以德的治理思想，九州共贯、多元一体的大一统传统，修齐治平、兴亡有责的家国情怀，厚德载物、明德弘道的精神追求，富民厚生、义利兼顾的经济伦理，天人合一、万物并育的生态理念，实事求是、知行合一的哲学思想，执两用中、守中致和的思维方法，讲信修睦、亲仁善邻的交往之道等，共同塑造出中华文明的突出特性。”①

中华文明突出的连续性，根植于中华民族生生不息的历史发展。世界上的古老文明中，只有中华文明从未中断，只有中华民族一脉相承。从石器时代的中华先民，到夏商周华夏共同体的出现，再到秦汉时期自在形成中华民族，以及后来历经数千年族群交往交流交融，及至近代在与列强对抗中自觉造就的现代中华民族，古往今来的中华邦国族属前后相继，代代相传，突出表现为历代王朝接续“正统”的政治实践和历史书写。不管哪个民族建立的全国性政权，都认同中华文化，都坚持中华道统，都把自己归入整个中华民族的历史发展序列。

中华文明突出的创新性，塑造了中华民族革故鼎新的创造精神。中华民族创造了闻名于世的科技成果。我们的先人在农、医、天、算等方面形成了系统化的知识体系，取得了以四大发明为代表的一大批发明创造。马克思说：“火药、指南针、印刷术——这是预告资产阶级社会到来的三大发明。火药把骑士阶层炸得粉

① 习近平：《在文化传承发展座谈会上的讲话》，人民出版社 2023 年版，第 2 页。

碎，指南针打开了世界市场并建立了殖民地，而印刷术则变成新教的工具，总的来说变成科学复兴的手段，变成对精神发展创造必要前提的最强大的杠杆。”[①] 中华民族与时俱进的创新性，始终是历史发展的内在精神动力。我们既有“周虽旧邦，其命维新”的历史担当，也有“穷则变，变则通，通则久”的能动意识。历史上的管仲变法、商鞅变法、王安石变法等变革之举都是中华民族开拓进取、创新发展的重要标志。作为中华优秀传统文化的继承者和捍卫者，中国共产党创造性地用马克思主义激活古老的中华文明，推动中华优秀传统文化创造性转化、创新性发展，使中华民族在制度建构、经济发展、社会治理、文化建设、技术变革等方面不断创造“中国奇迹”，以中国式现代化开创人类文明新形态的广阔前景。

中华文明突出的统一性，决定了中华民族始终坚持大一统历史传统。即便是在分裂时期，大一统文化认同与价值追求也从未改变。即便在一百多年前中国国力最弱的时候，也没有一个军阀、一个政党敢分裂独立。这种超强的内聚力是西方国家无法想象的。西方人说“罗马之后无罗马”，中国人却可以说“中国之后还是中国”，因为秦汉、隋唐、宋元、明清，本无人种和政治传统的分殊。所以，习近平总书记指出：“我们没有搞联邦制、邦联制，确立了单一制国家形式，实行民族区域自治制度，就是顺应向内凝聚、多元一体的中华民族发展大趋势，承继九州共贯、六合同风、四海一家的中国文化大一统传统。”[②]

中华文明突出的包容性，涵养了中华民族海纳百川的开放格局。中华民族历史发展的主流是团结和谐，无论族群如何多元，无论文化如何多样，总会相互尊重、相互欣赏、相互学习、相互借鉴，并最终融为一体。中华民族交往交流交融的历史取向，“合”是主流，“交”是过程，“融”是关键。中华民族坚持“政主教从、多元通和”的宗教治理原则，任何排他性的宗教及其文化融入中华文明，都得到会通与转化。中华民族始终具有开放接纳世界文明的宽广胸怀，没有“零和博弈”的排他性观念，没有基于体质差异的西方种族主义观念，而是有足够的容纳之量与消化之功，不断学习借鉴其他文明之长，将其内化为中华文明的内在元素。

中华文明突出的和平性，彰显了中华民族协和万邦的天下情怀。和平性是中华民族根深蒂固的文化基因，也是中华民族化解族群冲突的宝贵经验。中国古代有着世界上范围最大的农耕区，农耕文明的漫长演化和长时间主导，积淀出追求秩

① 《马克思恩格斯文集》第八卷，人民出版社 2009 年版，第 338 页。

② 习近平：《在文化传承发展座谈会上的讲话》，人民出版社 2023 年版，第 8 页。

序、稳定内敛、爱好和平的文化性格。几千年来，即便在国力鼎盛的时候，中国也从没有对外搞殖民扩张，而是靠商贸怀柔远人；从没有殖民统治周边邻国，而是靠朝贡体系礼尚往来；从没有对外传教搞文化霸权，而是靠有闻来学赢取人心。

二、推进中华民族共同体建设

2023 年 6 月，习近平总书记在内蒙古考察时首次提出，铸牢中华民族共同体意识是新时代党的民族工作的主线，也是民族地区各项工作的主线。民族地区的经济建设、政治建设、文化建设、社会建设、生态文明建设和党的建设等，都要紧紧围绕、毫不偏离这条主线。

以经济建设推动中华民族共同体建设。这是建设现代物质文明、发展富强中国的基础。要不断解放和发展生产力，坚持中国特色社会主义基本经济制度，以经济建设为中心，着眼于高质量发展，完整准确全面贯彻新发展理念，着力解决发展不平衡不充分的突出问题。通过深化经济建设，引领各族群众在经济层面共建全国统一大市场，共推产业经济一体化，共撑“双循环”发展新格局，共享改革发展成果，共同形成相互依存的经济有机体，为建设共富共享的中华民族共同体奠定物质基础。

以政治建设保障中华民族共同体建设。这是建设现代政治文明、发展社会主义民主政治的基础。要坚持党的领导、人民当家作主、依法治国有机统一，加强社会主义民主政治建设，推进全过程人民民主，促进民主制度更加健全、民主形式更加丰富、民主渠道更加宽广。对于有着 14 亿多人口、1.25 亿少数民族人口的大国，全过程人民民主的提出与实践极大地巩固和发展了社会主义民族关系，保证各民族共同当家作主，推动形成安定团结政治局面。通过深化政治建设，各族群众共同维护国家统一的最高利益和民族团结的根本利益，共同维护党中央权威和集中统一领导，为建设团结统一的中华民族共同体提供坚强政治保障。

以文化建设引领中华民族共同体建设。这是建设现代精神文明、发展文明中国的基础。要大力培育和践行社会主义核心价值观，加强社会主义先进文化建设，推动中华优秀传统文化创造性转化、创新性发展，巩固各族人民团结奋斗的共同思想基础。通过深化文化建设，不断满足各族人民群众日益增长的精神文化需求，不断增强中华民族的文化主体性和文化自信心，不断强化共有的价值取向和文化心理，不断弘扬共有的爱国主义精神和独特的家国情怀，为建设美美与共的中华民族共同体凝聚思想共识。

以社会建设促进中华民族共同体建设。这是建设现代社会文明、发展和谐中国的基础。要以保障和改善民生为重点加强社会建设，在幼有所育、学有所教、劳有所得、病有所医、老有所养、住有所居、弱有所扶上持续用力，推动形成人人有责、人人尽责、人人享有的社会治理共同体。通过深化社会建设，推动共同构建和谐的社会治理共同体，共同提高思想觉悟、道德水准、文明素养，共同深化各民族交往交流交融，为建设互嵌共融的中华民族共同体汇聚社会合力。

以生态文明建设优化中华民族共同体建设。这是建设现代生态文明、发展美丽中国的基础。要以习近平生态文明思想为根本遵循，坚持山水林田湖草沙一体化保护和系统治理，把生态文明建设融入经济建设、政治建设、文化建设和社会建设等各个领域，更加自觉地推进绿色发展、循环发展、低碳发展。通过深化生态文明建设，激发各族群众共同守护美好家园，共同建设美丽中国的内生动力。在共同建设生态文明的绿色之路上，各族群众对人与自然生命共同体的规律性认识不断深化，各族群众日益增长的优美生态环境需要不断得到满足，各族群众的生态家园得以永续发展，为建设和谐共生的中华民族共同体巩固绿色支撑。

以党的建设统领中华民族共同体建设。这是强国建设、民族复兴的根本保证。必须全面推进党的政治建设、思想建设、组织建设、作风建设、纪律建设，把制度建设贯穿其中，深入推进反腐败斗争，为建设牢不可破的中华民族共同体提供强大领导力、引领力、组织力与号召力。通过深化党的建设，可以更有力地把党的领导贯穿民族工作全过程，推动形成新时代党的民族工作格局；更有效地建设一支维护党的集中统一领导态度特别坚决、明辨大是大非立场特别清醒、铸牢中华民族共同体意识行动特别坚定、热爱各族群众感情特别真挚的民族地区和民族工作干部队伍；更有针对性加强基层民族工作机构和民族工作力量建设，加强民族地区基层政权建设，充分发挥基层党组织战斗堡垒作用。

小　结

中华民族是中华大地各类人群浸润数千年中华文明，经历长期交往交流交融，在共同缔造统一多民族国家历史进程中形成的、具有中华民族共同体认同的人们共同体。相对于中华民族大家庭各成员，中华民族是更高层次的民族实体。

当前，我们比历史上任何时期都更接近实现中华民族伟大复兴的目标，但前进道路上会遇到各种各样的压力和阻力。只有铸牢中华民族共同体意识，将其作为新时代党的民族工作和民族地区各项工作的主线，才能构筑起维护国家统一和民族团结的坚固长城，实现好、维护好、发展好各民族根本利益；才能有效应对实现中华民族伟大复兴过程中民族领域可能发生的风险挑战，为党和国家兴旺发达、长治久安提供重要保证；才能增进各民族对中华民族的自觉认同，推动中华民族成为认同度更高、凝聚力更强的共同体。

当代各族青年学子可能是近代以来中华民族最能“平视”西方的一代。大学生要树立正确的中华民族历史观，把握中华文明的突出特性，遵循中华民族共同体的发展规律，在各民族交往交流交融的历史进程中，不断铸牢中华民族共同体意识，不断推进中华民族共同体建设，不断建设中华民族现代文明，努力为实现中华民族伟大复兴贡献青春力量。

思考题

1. 中华民族的基本概念和内涵是什么？
2. 中华民族共同体的理论渊源是什么？
3. 如何理解马克思主义民族理论的核心要义？
4. 如何理解中华文明的突出特性？
5. 如何推进中华民族共同体建设？

第二讲　树立正确的中华民族历史观

> 一部中国史，就是一部各民族交融汇聚成多元一体中华民族的历史，就是各民族共同缔造、发展、巩固统一的伟大祖国的历史。
>
> ——习近平

中华文明是当代世界唯一以国家形态延绵几千年的伟大文明。伟大文明铸就伟大民族。在文明起源时期，中华民族的先民就开辟了独特的向心发展路径，塑造了超越“邦”“国”概念的超大规模共同体。伴随着从秦汉至明清的古代大一统国家的演进，中华民族的政治共同性、经济共同性、社会共同性和文化共同性在更深与更广的不断交替中发展前行，即使在分裂时期也从未停止。这一中华文明特有的大一统制度与精神，使中华民族得以克服一次次离散冲击，分而又合，塑造了多元一体的稳定格局。

中国共产党是中华民族的主心骨。鸦片战争以后，中华民族从自在走向自觉，实现中华民族独立解放成为各族人民最重要的任务。面对帝国主义、封建主义、官僚资本主义三重压迫，中国共产党把一盘散沙的中国人民重新组织起来，最终完成这一历史使命，领导人民创建统一多民族社会主义国家，重构中华民族共同体的现代形态和文明内涵。与此同时，我们党在民族工作领域不断深化“两个结合”，成功探索了中国特色解决民族问题的新方案，确立了中国特色民族理论和民族政策，实施民族区域自治制度。各族人民在历史上第一次真正获得了平等的政治权利，建立起了平等团结互助和谐的社会主义民族关系。

进入新时代，中国共产党确立了习近平总书记关于加强和改进民族工作的重要思想，提出了铸牢中华民族共同体意识、推进中华民族共同体建设、建设中华民族现代文明等一系列重大命题，开辟了马克思主义民族理论中国化时代化的新境界。中华民族伟大复兴进入不可逆转的历史进程，中华民族迎来了历史上最好的发展时期。

第一节　中华文明与中华民族共同体

习近平总书记指出，“西方很多人习惯于把中国看作西方现代化理论视野中的近现代民族国家，没有从五千多年文明史的角度来看中国，这样就难以真正理解中国的过去、现在、未来”[①]。要深刻理解中华民族，必须深刻理解中华文明。要深刻理解中华文明，必须深入研究中华民族发展史。

一、地理与文明

地理环境是孕育文明的摇篮。中华文明诞生于东亚大陆，中华民族长期在此繁衍生息。青藏高原隆升导致三级阶梯式地貌的出现，在阶梯过渡带及海陆交接处形成的西北荒漠绿洲交错带、西南农林交错带、东部海陆交错带、北方农牧交错带，是不同时期人们活动迁徙的地理空间，是孕育复杂多元人文样态的自然环境。这一复杂的地理结构同时孕育了中华民族向内凝聚的统一性与对外开放的包容性。西部地理结构内聚，青藏高原和帕米尔高原使中国地势西高东低、江河东流，生活在西部的人群向东部大平原迁徙比向西翻越高原峻岭对自身发展更为有利。北部地理结构开放，草原戈壁连接蒙古高原与西西伯利亚平原、中西伯利亚高原，这使得北亚与东北亚的游牧渔猎人群多次南下，中原农耕人群多次南迁北上。

同时，复杂的地理结构亦催生出各经济区域共存互惠的经济结构。黄河旱作农业区、江南稻作农业区、草原畜牧区、东北农牧区、西南农林区彼此依赖，具有极强的功能互补性，抱团发展更能抵御灾异、耐受冲击。然而，如果没有统一的政治制度与完善的基础设施，各经济区域再互相依赖也无法组合成共同受益的经济体，反而会因争夺资源而互相攻伐。世界范围内游牧人群、农耕人群、海洋人群的争斗多源于此。因此，经济共同体的繁荣需要统一的政治制度来保障。

---

① 习近平：《把中国文明历史研究引向深入　增强历史自觉坚定文化自信》，《求是》2022 年第 14 期，第 6—7 页。

中华民族共同体的形成并非只有自然地理和经济条件，还有赖于中华文明。中华文明是农耕文明、草原文明、海洋文明融聚一体的复合型文明。如果将草原文明扩展为广义大陆型文明的代称，那还包括高原、山地、沙漠、绿洲等各种复杂的自然人文样态。在内陆性上，中国虽与其他超大型欧亚大陆国家相似，但也同时拥有漫长海岸线，历史上的海上丝绸之路说明中华文明内生元素也包含海洋性元素。

连接草原文明与海洋文明的是中原农耕文明。“中原”从最初夏商周王畿所在的小片农耕地区，发展成以黄河中下游为中心的广大农耕地区，再到后来发展成政治文化共同体的核心所在。中原农耕文明最早孕育了成熟的文字和政治制度，最早建立了“天下”秩序，最早构建了天道民本的政治理念，最早形成了连续不断的历史叙事，最早开创了兼收并蓄的多族群共同体。中原是复杂地貌和多元人文的连接枢纽，来自四面八方的人群，禀赋不同、生计各异、习性有别，如果没有从制度到精神的强力凝聚，是难以长期维系大型共同体的。中原正是“大一统”从观念到制度的文明核心区，不管来自何方的人群，一旦入主中原，都会继承发展中原典章制度与人文精神，连接融汇远方人群，代代接力，将千邦万国融汇成天下一家。世界上也曾存在同样拥有陆海相兼复杂人文地貌的古代文明，最终都分裂、中断了，唯有中华文明因其特有的制度与精神，使中华民族得以克服一次次离散冲击，分而又合，终成今日广土巨族。

中华地理能够产生多元人文，中华制度能够保证多元人文在一个稳定的政治经济共同体内交往交流交融。任何二分法理论如“游牧—农耕”“内亚—汉地”都无法正确描述中国，因为中华文明不是多元文明对立冲突的结果，而是多元文明以融合会通解决对立冲突的产物。正是在这样的文明生成发展中，中华民族共同体开始孕育生成。中华民族共同体的起源、形成与发展根植于中华文明的起源、形成与发展，中华文明的特质与形态决定着中华民族的特质与形态。

在文明起源时期，中华大地东西南北呈现出满天星斗“六大区系”格局①，虽有着各自的文化渊源，却相互交流彼此影响。距今6000年前后，随着“南稻北粟”农业大发展，人口急剧增加，各区域文化大交融。黄河上中游仰韶文化空前

① 即以关中（陕西）、晋南、豫西为中心的中原，以山东为中心的东方，以环洞庭湖与四川盆地为中心的西南部，以环太湖为中心的东南部，以鄱阳湖—珠江三角洲一线为中轴的南方，以燕山南北长城地带为重心的北方。苏秉琦：《中国文明起源新探》，生活·读书·新知三联书店2019年版，第30—31页。

统一，庙底沟式的花瓣纹彩陶东达江浙，西至甘青和川西北，南达江湘，北逾阴山燕山，其范围已经涵盖后世中国主体区域的大部分。长江中下游象征权力的玉石钺传播到今日中国大部分地区，水稻农业、生产工具、陶器等则影响到包括台湾在内的华南地区。西辽河流域的红山文化玉器不仅传播到内蒙古中南部及甘肃中部，还与江淮地区的凌家滩文化有着重大交流。由此形成了一个规模与今天中国疆域大体相当的早期中国文化圈。[①] 该体系的形成不是哪个区域文化的对外扩张，而是不同文化的相互融合。如源自中原的炊器鼎，源自东方的食器豆、圈足盘和炊器鬶、酒器盉，源自华北的炊器鬲、酒器斝，源自西亚兴于中原的青铜器技术，已遍见于今日中国疆域的大部分地区。这为夏商周政治共同体的发展奠定了共同地理文化空间。

夏商时，中国从“古国”时代进入“王国”时代。松散的邦国族群[②] 联盟已发展成联系更为紧密的广域王权国家（广域王国）。夏朝的核心统治区域在今河南、山西部分区域。商朝已南过长江，东达今山东，西达今陕西。周朝疆域则北至今内蒙古南部与辽西辽东，西至今甘肃渭河上游，东至今山东，南至汉水中游与长江下游，势力远达巴蜀。王权国家每一次扩大，族群交融就进一步深化。夏代曾“万邦林立”，商代曾“诸侯三千”[③]，周代也曾“方国千余”，但都逐步向中心王朝聚拢。一方面是王权国家治理地域不断增大，另一方面是小型地方政权不断汇聚成大型地方政权。

夏商周三代交融形成的华夏共同体，是中华民族共同体的雏形。其中，周代是华夏共同体形成的主要历史时期。在观念上，周朝创造了天命观，建立起了对天下一统的认同，将夏商周三代不同族属的彼此取代解释为“三代继统”，以“天命转移”来解释王朝更替，不论政权如何变化，作为政治共同体的“中国”只能是一个。在实践上，周朝推行分封制，将夏商周许多古老族群拆分打乱，迁至另地与当地族属混居融合，以宗法关系建立了新的社会共同体。中华文明诸多政治文化观念也来源于周代，如夷夏之分。许多人误认为这是描述“华夏”与“四

① 韩建业：《早期中国——中国文化圈的形成和发展》，上海古籍出版社 2015 年版，第 79—102 页。

② 时下一些人使用“族群”作为西文“ethnic group”“ethnicity”的中文译词，指有共同的主观性族裔身份认同的文化群体。本书则以“族群”指称历史上客观存在的人群“族类”。

③ 商代可考的方国大约 150 个，但实际的方国数量应远多于此。文献中夏代“万邦林立”和商代“诸侯三千”等表述是否符合真实的历史状况难以论证。孙亚冰、林欢：《商代地理与方国：商代史·卷十》，中国社会科学出版社 2010 年版。

夷”的种族之分，实则华夏共同体从源头就包含着“蛮夷戎狄”。诸如夏代核心人群之一的姜姓之族便是来自姜戎，许多文化发达的东夷之邦在《左传》中也被称为“夏”，一度自诩“我蛮夷也、不与中国之号谥”的楚国、早期不说上古汉语口语的吴越两国在春秋时成为一方霸主，源自白狄的中山国与燕、赵、韩、魏在战国时都共同称王。华夏共同体是一个跨血缘跨地域的开放共同体。史书中固然有华夏人群将夷狄用于四夷的说法，但也有四夷称华夏为夷狄，四夷之间互称夷狄，华夏之间互称夷狄。夷夏之分从根本上说并非种族之分，而是文化认同之分。

“五方之民”的天下观是华夏居中、四夷居边，但四夷在历史上屡屡从边疆走到中央。大一统思想的集大成者董仲舒在《春秋繁露》中提出“大夷”概念，指崛起于四夷而继承中华文化的强大邦国，如秦楚吴越，它们在族群大融合中起到关键作用。曾被称为“西戎”的秦国统一天下建立秦朝，曾被称为“南蛮”的楚人对建立汉朝有极大功劳。秦汉大一统王朝正是由曾经边缘、但奋力继承发展中华文化的“大夷”完成的。中国历史上既有中原王朝继承正统，也有边疆族群入主中原继承中华文化成为正统。中华文明不是“中心永恒统治边缘”的帝国模式，而是“边缘可以竞争中心”的共同体模式。华夏与四夷并非先进与落后的关系，而是在同一个文明体系中相互塑造的关系。中华民族的长期延续与繁荣，离不开作为凝聚核心的华夏；中华民族不断变革求新，离不开“大夷”之功。那些制造“中原—边疆”二元对立的理论不适用于中国，因为中华文明体系中的边疆不是被动的，而是能动的；不是指向分离的，而是指向汇聚的。华夏共同体独特的“向心发展”路径确立了中华民族的初始格局与演化路径。

二、国家与民族

中华文明史中最重大的脉络就是国家的起源、形成与发展。中国国家形态在不同历史阶段的每一次发展都伴随着族群融合。文明是中华民族共同体形成的基础，国家是中华民族共同体形成的主脉。

习近平总书记指出，“中华文明的统一性，从根本上决定了中华民族各民族文化融为一体、即使遭遇重大挫折也牢固凝聚”[①]。秦汉奠基了“天下”秩序实体化的古代大一统国家制度，并为历代统一王朝继承发展。“天下”是超越“邦”“国”概念的超大规模共同体，既是政治与文化共同体，也是经济与社会共同体。在大一统制度保障下，多元人群在政治、经济、文化、社会层面极大增强了共同性，族群大

① 习近平：《在文化传承发展座谈会上的讲话》，人民出版社 2023 年版，第 3 页。

融合在深度和广度上达到了新的层次，形成了古代统一多民族国家。中国历史上，既有漫长的统一时期，也有时间不短的分裂时期。统一时期，族群大融合固然不断走向深化；分裂时期，族群大融合也从未停止，甚至范围更广。每一次分裂后的重新统一，总能在更广的基础上进行更深的融合。伴随着从秦汉至明清的古代大一统国家的演进，中华民族的共同性在更深与更广的不断交替中发展前行。

政治共同性的发展。在政治观念上，以“天下”统摄中央与地方、中原与边疆，是古代各族的共同信念。对于拥有复杂地貌与多元人群的大型文明来说，形成较大规模的政治共同体，才能更有效地动员人口资源和社会力量，以应对自然界各类风险，才能避免巨大规模战争所造成的各类人道灾难。那种把追求国家统一的努力，仅仅视作帝王将相的文治武功的观点是偏颇的。如果没有各族人民对政治秩序稳定的渴望与共识，中国不可能总是从内乱分裂复归团结统一。所以，在中国古代史上，无论哪个政权入主中原，都把自己建立的王朝视为统一多民族国家的正统；无论哪个政权都会为构建政治共同体添砖加瓦。

中华文明具有突出的连续性特征。连续不是停滞、更不是僵化，而是以创新为支撑的历史进步过程。在政治制度上，古代大一统国家施行多族群一体的中央集权文官体制；施行郡县制、编户齐民、统一律法，不论氏族、宗族、部族、邦族，都要服从国家管理；施行科举制，打破阶层固化而让各族群平民得以参政；施行流官制，打破区域界限而让各地人才为天下所用；施行政主教从与多元通和的宗教制度，消解了宗教战争与政教冲突的法理根源。这些巩固和发展大一统国家的重要制度是各族共同创造的，其中包括鲜卑人建立的北魏政权开创均田制与府兵制；蒙古人建立的元朝贡献行省制与宣政院；满人建立的清朝开创理藩院体制与驻藏大臣制。

历代既注重大一统制度，也注重因俗而治。古代王朝通过施行羁縻制、土司制以激发周边族群向心力，汉朝通过属国、都护府等体制将西域诸族纳入汉朝“领护”与间接管理之下；唐朝在边疆地区创设羁縻府州制，“全其部落，顺其土俗”，任命部落首领世袭担任都督、刺史；元朝在西南创设“土官”制度，将其纳入宣慰司管理；清朝施行军府制、盟旗制、土司制、伯克制、札萨克制等强化边疆治理。“守正不守旧，尊古不复古”，增进政治共同性就是中国历史的“正道”。

凡是巩固了政治共同性的多元制度，都得到了良好的发展；凡是削弱了政治共同性的多元制度，都会被改造。如北魏试图离散诸部，分土定居；辽、金逐渐废除部落联盟制，推行中央集权管辖模式；元朝土司制度一改羁縻之民贡赋版籍不上户部的情形，使土司管辖下的西南各族共同承担上缴赋税、维护驿站的国家义务；明朝土司中的文、武土官品秩，均被纳入布政使司或都指挥使司管理体系；清朝在西南大规模“改土归流”，打破“蛮不出峒，汉不入境”的地方封闭状态；等等。这些制度的形成都不是由单独的族群文化决定的，而是由大一统理念和各族群交往交流的现实需求和历史趋势决定的。正因如此，古代中国得以周期性巩固与壮大，中华民族则在周期性政治大一统中获得层层递进的向心力。

经济共同性的发展。中华民族作为经济共同体的形成与发展，始终建立在各族群需求互补与区域经济联动的基础之上。历史上，中原农耕区、西域绿洲沙漠区、塞北草原区、东北渔猎农牧区、西南山林河谷区、东南丘陵滨海区之间生产方式各异，经济互补性强。如游牧区域需要农耕区域的粮食、丝绸、瓷器、铁器、茶叶与盐巴，农耕区域需要游牧区域的马匹、皮革等畜牧产品。这些区域之间的衔接地带，形成了河西、藏彝、南岭、武陵、辽西、天山等民族交往交流交融的交通要道、贸易通道与迁徙要道。这些重要通道与北方、西南、海上丝绸之路交会连接，进一步将各区域各族群凝聚成难以分割的经济共同体。更为重要的是，经济共同体的发展始终得到国家制度力量的强力推动。无论朝代如何更替，施行统一度量衡与税收、修建大规模交通基础设施、打通分离的经济文化畛域的政策都是一贯的。如秦朝“车同轨”推动了全国交通路网的连接；北朝开创的均田制推进到吐蕃[①]；唐朝的两税法与明朝的一条鞭法，推进了全国经济的货币化与一体化；元朝建立横贯欧亚、兼容海陆、整合农牧的经济贸易网络，打通陆海丝绸之路，实现了连通农耕、游牧与海洋的经济大循环。国家力量推动了大运河、全国驿路网等大型基础设施建设，促进了历代财税政策与地方行政制度的变迁，加速了边疆地区开发、区域经济整合、全国经济一体化的进程。

文化共同性的发展。习近平总书记指出，“中华文明的包容性，从根本上决定了中华民族交往交流交融的历史取向”[②]。常有人误认为“天下一统”“六合同风”“九州共贯”是中原文化自上而下、由里向外的强制铺展，其实，史籍中的常用语是“混一天下”四字，即各地方文化充分交融混合成一个新的文化共同体。“混”即“融”，“混一”即“交融”。“混一天下”塑造了“各地文化共塑中原文化，中原文化反哺各地文化”的模式。汉代文化是战国多国文化的混合，唐代

① 吐蕃模仿唐代均田制实行王田分类、按户分田、登记造册与按册收税的改革。王忠：《新唐书吐蕃传笺证》，科学出版社 1958 年版，第 7—38 页。

② 习近平：《在文化传承发展座谈会上的讲话》，人民出版社 2023 年版，第 4 页。

文化是南朝与北朝文化的混合，元代文化是辽宋夏金与欧亚大陆多种文化的混合，明代文化是汉蒙藏回等各族文化的混合。正因“混一”的存在，中华文化的铺展不是单向的同化，而是多方的互化。东汉无神论思想家王充提出“四海混一，天下安宁”，后来成为各族所创政权的共同追求。如氐人苻坚志在“混六合为一家”；北齐政权声称“华戎混一”；北周政权声称“混一区宇”；辽朝政权声称“混一天下，成圣祖未集之功”；金朝政权声称“自古帝王混一天下，然后可为正统”；明朝朱元璋评价忽必烈是“混一天下，宽恤爱人”；清世祖入关之后更是声称“定鼎燕京，混一宇内”。

在不同区域文化的互化继承中，共同的文字是维系文化共同体的基本纽带。习近平总书记指出，中华民族的形成和发展离不开汉文字的维系。自秦朝推行“书同文”始，汉字系统代代延续。中国各地方言千差万别，但写出来的书面文字是一样的。作为表意文字，汉字具有超越方言差异的稳定结构，使得中国保持相当一致的文化连续性。正是由于汉字的交流功能，九州四海的不同古代族群才能彼此互通声息，维系数千年交往交流交融的局面；正是由于汉字的通用功能，中国古代的郡县文官制度才能维持正常运转，为交往交流交融提供稳定保障。

中华文明的包容性决定了中国各宗教信仰多元并存的和谐格局。中华文化共同体的内部结构不是同质的，不是纯粹本土的，而是具有接纳异质并交融生成新文化的能力的。如魏晋玄学是周易、道家与佛家本体论认识论融合的产物；宋明理学是儒家思想与佛、道融合的产物；佛教禅宗是佛家与儒家、道家和魏晋玄学融合的产物。各族文化也不是单一的，而是融聚共享的文化符号。如藏传佛教的神尊中，孔子被尊称为“贡则楚吉杰布”（圣、神、王的结合体），关羽被称为“革赛结波”（守护神），布袋和尚被视为藏传“十八罗汉”之一。中国穆斯林典籍《天方性理》中有“圣人之教，东西同，今古一”，《清真指南》中有“回之与儒，教异而理同也”的说法，主动开展以儒诠经；如维吾尔人玉素甫·哈斯·哈吉甫创作的《福乐智慧》，在德智修养与治国理政等内容方面深受《论语》《礼记》的影响。在文化民俗方面例子更多，如满式汉语是北京话的重要来源；彝族先民的原始图腾和部落值日制度，是中华民族十二神兽文化的重要起源；西南西北的舞龙舞狮祈福祭祀是中华文化的重要符号。

中华文化大交融始终有一个稳定的共同价值观。中华文明拥有民本品格，奉行“天视自我民视，天听自我民听”，打通天道与民心，坚持民为邦本，讲求天下归心。无论哪个族群创建的政权，只要敬天保民，就能获得统治合法性，就能推动治下族群交往交流交融。中华文明拥有和平品格，追求大同境界与天下胸怀，强而不霸，弱而不分，在国力最强盛时从不搞殖民扩张，在国力最微弱时从不放弃大一统理念。中华文明拥有包容品格，坚持执两用中，最善于兼容完全相反的矛盾体，最善于使一切“非此即彼”的事物辩证统一、和谐共生，任何排他性的宗教与文化都能得到会通与转化，任何内部多元族群文化都能得到兼容发展。从佛教东传到“伊儒会通”，从“西学东渐”到新文化运动，从马克思主义传入中国到马克思主义中国化时代化，中华文明始终在兼收并蓄中转型升级。中华文明越是包容开放，就越能得到各族群众的认同维护，就越能延绵壮大。

社会共同性的发展。古代各族群通过通婚、经贸、宗教、战争、自愿性和强制性人口迁徙等方式，逐步形成“大杂居、小聚居、交错居住”的人口分布格局。不同性质的战争与族群冲突亦带来客观交融结果。历史上，人群规模化跨区域流动持续不断，一边是中原汉人南下百越，西迁河西走廊，东迁至辽西辽东；一边是边疆各族不断内迁。春秋战国有西羌、北狄（匈奴、东胡系）、苗蛮、东夷等进入中原融入华夏；东汉有南匈奴、乌桓内附，开启“五胡”入华浪潮；隋唐有鲜卑、突厥、回鹘、粟特、沙陀、契丹、靺鞨、渤海、高句丽等大规模内迁；明初内地民众大量流向北方和西南边疆，军士戍边、移民实边、流官寓边规模达 1300 多万人；清代内地民众大规模“走西口”“跑口外”“闯关东”进入蒙古、东北边疆。在多向迁徙流动的过程中，生活方式趋同，风俗习惯互融，族群界限渐泯。在各族交往交流交融的历史进程中，各族不是谁同化谁，而是双向涵化、多方互化。“汉人”即这种多方互化的结果，如今许多姓氏正出自两千年来入华各族。由于这种互化不仅发生在中原王朝强盛时，更常常发生在中原王朝衰败乃至分裂时，说中原王朝强制同化是不正确的，因为形成一个更大共同体是古代各族人民的共同愿望。以“消失的民族”来概括这一互化过程也是不正确的，这些古老族群并没有消失，而是以一个更大共同体的身份继续发展；他们的文化记忆没有被遗忘，而是由全体中华民族传承。越来越多的研究者开始探寻中华文化人物与这些古老族群的关系，仅就唐代诗人而言，便有人探寻白居易与龟兹的渊源、元稹与鲜卑的渊源、刘禹锡与匈奴的渊源。族群流动交融的背后是独特的社会观念。中华文明少有种族观念，儒释道的平等主义思想、有教无类的包容理念、跨族群的官僚体系，在稳定社会秩序、纾解不同文化上发挥了重要作用。历史上虽然也有过“胡汉隔离”等做法，但始终没有成为历史主流，并最终为各族交融的客观实践所改变。

即便在大分裂时期，中华民族的共同性依然继续发展。在政治方面，分裂时期虽有不同区域性政权为统一天下彼此争斗，但越争斗政治制度和政治理念越趋同。如战国时期列国的政治制度最终都趋向郡县官僚制，百家争鸣在“定于一”上也达成共识。南北朝时期的“五胡”政权都效仿中原政制，废除部落联盟制。辽宋夏金各政权都争夺“中国正统”，共奉“中国”之号，共行“中国之法”。即便是西迁中亚的西辽政权也移植了中原政治制度。在经济方面，各区域经济冲破政权并立的阻碍，不断融合发展，推动形成共同的大市场。南北朝时期，草原游牧经济与中原农耕经济两大经济形态逐渐融合，内迁胡人族群实现定居化与农耕化。辽宋夏金时期，经济互补共生动力超过政治与军事力量，成为整合政治共同体的深层力量。如女真猛安谋克社会军事组织整体迁移到中原，聚族屯戍的集体经济融入小农精耕农业，女真人与汉人的经济融合势不可挡；如各政权虽各铸钱币，但宋钱在诸政权间广泛流通。在文化方面，更多的族群进入中华文化共同体，使更多的文化思想会通融合。在南北朝政权沿江对峙时期，佛教却与儒家、道家彼此会通融合，形成儒释道“三教会通”的文化共同体。之后，从匈奴、鲜卑、羯、氐、羌到西域的高昌回鹘，从吐蕃、南诏到契丹、女真、党项诸族，各族群都深受儒释道共同文化的浸润。在社会方面，分裂时期的各政权都在一定程度上推动族群融合。魏晋南北朝时期，五胡十六国政权实行官方移民达50余次，促成边疆与腹地人群双向迁徙，形成多族杂居局面；北魏政权将胡人部落与坞堡汉人统一编户；西魏府兵制让胡人与汉人共同当兵；南朝力行侨寓“土断”，统一户籍，促进北方侨民、南方族群与本地居民的融合。辽宋夏金时期，不仅上层贵族族际通婚，各政权也鼓励民间通婚。辽朝还推动多族群移民在漠北戍边与屯垦，推动各族群大迁徙混居；西夏推动多族群共同开发河西地区；金朝把中原人口（包括契丹人、奚人、渤海人、汉人）迁移至“金源内地”，推动多族群共同开发东北。这些政权的统治者拥有不同的族属文化，之所以都推行同样的混居融合政策，是因为对大一统理念有着基本共识。

三、多元与一体

习近平总书记指出：“我们讲中华民族多元一体格局，一体包含多元，多元组成一体，一体离不开多元，多元也离不开一体，一体是主线和方向，多元是要素和动力，两者辩证统一。”[①] 这一重大论断深刻揭示了中华民族形成与发展的历史规

① 中共中央文献研究室编：《习近平关于社会主义政治建设论述摘编》，中央文献出版社2017年版，第150页。

律，深刻揭示了中华民族共同体的格局特征，深刻揭示了可资解决世界民族难题的中国智慧。

多元一体之“元”，反映了中华民族和中华文明内部的多样性和丰富性。我们不仅有多样的族群，还有多样的区域、语言、宗教、习俗和文化。但是内部的多元之“元”不是各自独立互不干涉，而是持续变动互构，大到一个族群，小到一个家庭都带有“多元”的历史文化基因。每个民族都杂糅了多个族群的血缘、文化和历史记忆。汉族是中原华夏族与北方游牧民族、南方山地民族融合而成的。汉人至少有匈奴、羌、鲜卑、契丹、女真、蒙古等十多个族群的血脉。各族也基本上都有与汉族融合的历程，如维吾尔族是回鹘人与西域当地族群融合而成的；藏族与汉族有着共同的古羌族源，由汉羌血脉融合而成。中华民族的“多元”不是彼此分立、相互脱离的，而是具有共生的整体利益、共同的价值取向、共通的情感心理和共享的中华文化认同。这与西方人基于原子式的“分离”要素谈“多元主义”迥然不同。

多元一体之“体”，反映了各民族在政治、文化等各个层面的共同性和统一性。它是内部各个组成部分在共享互利秩序中“协调和合”的结果，使各个民族及其承载的多元文化彼此间建立更紧密、更亲近的关系。“一体”也反映了各民族交往交流交融的历史主线，体现了各民族在不同阶段汇入中华民族、在不同阶段融入中华文化、通过不同方式认同中华制度的事实。当前，强调“一体”绝不是搞同质化的“单一”，不是要取消内部的多样性和包容性，而是要强化统一多民族国家建设，强化中华民族共同体意识，强化基本的政治文化认同。

多元之所以聚为一体，源自各民族文化上的兼收并蓄、经济上的相互依存、情感上的相互亲近，源自中华民族追求团结统一的内生动力。中华一体的政治一统是中华民族共同体的制度根源。即便在历史上最孱弱的时期，中华民族也没有分崩离析，靠的就是国土不可分、国家不可乱、民族不可散、文明不可断的共同信念。兼容并包的中华文化是中华民族共同体的内在支撑。各族文化之所以能百川汇海，靠的就是中华文化的巨大包容力。互补共生的经济关系是中华民族共同体的经济纽带。从内蒙古草原到青藏高原，从东北松海到西南峡谷，从茫茫荒漠到点点绿洲，从定居农耕到流动商业，从陆海丝路到茶马古道，经济的互惠共生促进了文化的水乳交融。交错居住的人口分布格局是中华民族共同体建设的现实土壤，从分散的满天星斗到聚合的文明洪流，相互嵌入的社会结构和居住环境使各民族心手相连、血脉相通。得天独厚的地理环境是形成中华民族共同体的天然优势。从北方的天山长城走廊到南方的藏羌彝走廊，各条大走廊成为中华民族交往交流交融的地理通道。

中华文明的多元性对于一体性有着清晰追求，中华文明的一体性也对以兼容多元来促发自我提升有着清晰认识。多元保证“可大”，一体保证“可久”。没有一体引领的多元，再强盛也必然走向分离；没有多元交融的一体，再精纯也活力不足。欧亚大陆历史上有过很多容纳多族群的强大政治体，由于缺乏一体性，最终兴也勃、亡也忽；世界历史上有过很多古老地域性文明，由于缺乏多元性，发展格局始终狭窄。中华文明之所以既能做到“可大”，又能做到“可久”，正是因为处理好了一体与多元的关系，掌握了多元和一体的辩证法则。①

作为人类历史上超大规模共同体，中华民族传承和壮大的关键就在于有从多元到一体的历史主动性。与西方文明从“共同体”向“社会”的离散化演进不同，中华文明的“共同体”没有被多元“社会”所离散，没有被个人主义所侵蚀，而是以几千年“四个共同”历史实践为依据，继续传承着中华民族的不可分割性与精神凝聚力。中华民族即使自1840年跌入历史低谷后，也没有分崩离析，反而经过顽强奋争建立了现代统一多民族国家。

现代中国是历史中国的延续，既不是西方帝国，也不是西方民族国家。西方“帝国”是一个民族或国家通过暴力手段征服其他民族或国家，并进行政治、经济、文化的殖民统治。而中华民族共同体的拓展壮大，从来不是靠把自己的价值观念与政治体制强加于人，这是由中华文明“突出的和平性”从根本上决定的。西方意义上的“民族国家”奉行“一族一国”理论，要么是每个民族都有独立建国的权利，要么是把国内具有不同文化传统的族群完全同质化。现代中国没有遵

---

① 中西文明对于“元”和“体”的理解有比较明显的不同。西方有主客两分、二元对立的分析习惯，一体和多元难以兼容，一体会变成抽象的一体，多元会变成形式的多元。中国有整体关联、天人合一的思维传统，形成的一体是具体的一体，多元是内容的多元。西方的多元（pluralism）仅在形式上确认多元身份的平等权利，而缺少实质性的互动交融。中国的和合多元（integrated diversities）不仅有形式上的民族平等，更有实质性的交往交流交融，最终形成共生的整体利益、共同的价值取向、共通的情感心理和共享的中华文化认同。之所以如此，一是因为中华民族共同体中的“多元”在保留自身独特性的同时，具有主动和其他多元共建“一体”的自觉。二是因为中华民族共同体中的“多元”，不以与其他多元的对立来凸显自己的独特，不排斥与其他多元的会通，既向下会通更小族群，也向上会通更大共同体。三是国家统一的政治法律保障了多元会通自由。西方的一体是多元性的机械组合，中国的一体是多样性的有机系统，有一致性（consistency）和完备性（completeness）。但“一体”不是“单一”，不是要取消内部的多样性和包容性。

循这种逻辑。中国的古汉语有“民”有“族”，如“氏族”“宗族”“邦族”“部族”“种落”与“汉人”“胡人”等，却无固定的“民族”一词。“民族”作为现代汉语词汇，混杂了三重西文语义。一是种族（race），只看肤色与血统等生理因素；二是族群（ethnic group），强调历史、宗教、语言等共同因素与主观身份认同；三是国家民族（nation），对应国家（state），强调主权、领土与人口等政治共同性。如果“民族”指的是前两种，那全世界从来就没有严格意义上的“一族一国”。全球现有 2000 到 5000 个族群，但只有 190 多个国家。不光英国、法国、美国不是单一民族国家，世界上几乎所有的民族国家都不是“一个族群一个国家”。一旦实行“一族一国”，必将世界大乱。所以，不管西方国家对外如何大谈绝对多元，但它们自己却从不搞“一族一国”。

真正能与“民族国家”对应的“民族”，只能是国家民族，即由全体国民凝聚而成的民族共同体。国家层面的“一族一国”（one nation one state），本是“民族国家”的理想类型，亦经由西方国家的“（国家）民族建设”（nation-building）播散至全世界。辛亥革命后，中国建设现代国家的历史实践，也充分彰显中华民族作为“国家民族”的特征。但中华民族从多元凝聚成一体的历史事实与发展规律，并非简单来自对西方民族国家建构的模仿与借用，而是更多源自中国深厚博大的文明体系与国家秩序。事实上，中国即使自近代进入由欧美主导的“现代国家”世界体系后，也从未丧失自身传统而变异为西方式民族国家的简单复制品。中国共产党带领各族儿女创造的新中国，既不追求对外扩张，亦不追求对内同化少数民族，而是在独立自主、和平发展的统一多民族国家整体框架下，增进共同性，尊重差异性，并在现代条件下，塑造出中华民族新的牢固的共同体意识。这源于中华文明的突出特性，更源于中国共产党作为中华民族先锋队对于国家统一、民族团结的不懈追求。

第二节 中华民族先锋队与中华民族共同体

习近平总书记指出，“中国产生了共产党，这是开天辟地的大事变，深刻改变了近代以后中华民族发展的方向和进程，深刻改变了中国人民和中华民族的前途和命运”[①]。中国共产党是中国工人阶级的先锋队，同时是中国人民与中华民族的先

① 《习近平著作选读》第二卷，人民出版社 2023 年版，第 477 页。

锋队。一百多年来，中国共产党始终把为中国人民谋幸福、为中华民族谋复兴作为自己的初心使命，始终致力于捍卫国家统一与民族团结，带领中华民族从站起来到富起来到强起来，实现了中华民族从自觉到自强的历史性转变。

一、先锋队与中华民族救亡图存

鸦片战争以后，实现中华民族独立解放，成为各族人民最重要的任务；实现中华民族伟大复兴，成为中华民族最伟大的梦想。面对瓜分豆剖的民族危机，中国思想家和革命家们纷纷倡导“中华民族”和“五族共和”。他们认识到，各族儿女只有聚合为统一的中华民族，才能应对帝国主义的侵略，才能维护各族人民的利益。他们认识到，虽可学习西方民族国家体制，但不能走入西方所谓“一族一国”歧途。如果将源自西方的“民族国家”框架完全套用到中国，则“一族一国”理论势必带来国土分裂、历史中断和大一统消亡。1905 年，梁启超再次阐明中华民族是由多民族混合而成的，区分了“大民族主义”和“小民族主义”。[①] 杨度提出“中华民族”是“五族大同”，“汉、满、蒙、回、藏五族的土地和人民都不可失去，五族可合五为一，不可分一为五”；中国的民族主义应该“实现中国全体之人混化为一，尽成为中华民族”。[②] 孙中山 1912 年明确宣示：“国家之本，在于人民。合汉、满、蒙、回、藏诸地为一国，即合汉、满、蒙、回、藏诸族为一人。——是曰民族之统一。”[③] 自此，“五族共和”成为全民共识，“民族独立”成为时代强音。

正如习近平总书记所指出的，“无数仁人志士为寻求改变中华民族前途命运的道路进行了努力，历经了从技术层面、社会革命层面、实业层面到制度层面、文化层面的反复探索，尝试了君主立宪制、议会制、多党制、总统制等各种制度模式，但都以失败而告终”[④]。在从传统王朝到现代中国的转型过程中，晚清政府虽然主动强化大一统认同，开始提倡满汉平权，但在列强环伺的内外压力之下，仍是无力保全国家与民族的独立完整。辛亥革命仅是完成了现代国家转型的第一步。尽管“五族共和”成为主流政治共识，但北洋政府生搬西方民族国家制度框架，对外未能抗衡西方强权，对内未能完成现代民族国家建构。南京国民政府虽然提倡“国族”建设和现代中国建构，但无视多元一体民族格局的历史和现实，没能

① 汤志钧、汤仁泽编：《梁启超全集》第二集，中国人民大学出版社 2018 年版，第 214—215 页。

② 刘晴波主编：《杨度集》，湖南人民出版社 1986 年版，第 304、371—372 页。

③《孙中山选集》（上），人民出版社 2011 年版，第 95 页。

④ 习近平：《论坚持人民当家作主》，中央文献出版社 2021 年版，第 274 页。

解决阶级压迫基础上的民族不平等问题。尽管各种政治力量虽都确认了以“中华民族”为共同族称，以“现代中国”为中华民族国家形态，但无一例外都没有成功。究其根源，就是缺乏一个能把一盘散沙的中国人民重新组织起来的政治力量。辛亥革命后，中国大地上涌现出了数百个政党、百余个军阀。从 1911 年到 1928 年的 17 年，出现了 7 个民国总统、26 个总理，47 次政府内阁变动。从 1913 年到 1923 年整整 10 年，才勉强制定出一部正式宪法。这种“城头变幻大王旗”的所谓“宪政民主”，到头来遭罪的还是各族人民，耽误的还是救亡大业。

直至中国共产党诞生，各族人民才有了主心骨，中华民族的独立解放之路才越走越宽。在理论上，中国共产党用马克思主义阶级分析方法得出了“帝国主义和中华民族的矛盾，乃是各种矛盾中的最主要的矛盾”[①]的科学结论，提出了各民族在平等的基础上团结起来共求中华民族解放的反帝反封建的革命纲领，明确了以民族解放为目标、以阶级解放为途径的革命方略。在实践上，中国共产党以土地改革等社会革命推动政治革命，以“组织起来”的方式终结了一盘散沙状态，以“人民战争”的形式凝聚起民族解放的磅礴伟力。最终，中国共产党汇聚全民族力量，领导人民建立了新中国，结束了“人民五亿不团圆”的悲惨局面，开创了“万方乐奏有于阗”的历史新篇。历史雄辩地证明，要想实现中华民族伟大复兴，必先求中华民族的独立解放；要想实现中华民族的独立解放，必先求中华民族的高度整合；要想实现中华民族的高度整合，必先求政治力量的坚强有力。这便是中华民族先锋队引领中华民族共同体的历史必然性。

中华民族选择了中国共产党，中国共产党没有辜负中华民族。中国共产党一经诞生，就把为中国人民谋幸福、为中华民族谋复兴确立为自己的初心使命，最终完成领导建立新中国的大业，实现民族独立，使中华民族共同体以崭新的姿态屹立于世界东方。建党先驱李大钊强调各民族在中国漫长历史中“畛域不分、血统全泯”，“五族之文化已渐趋于一致，而又隶于一自由平等共和国体之下，则前之满云、汉云、蒙云、回云、藏云，乃至苗云、瑶云，举为历史上残留之名辞，今已早无是界”[②]。他还专门提出了“新中华民族主义”概念，首次提出了中华国家的再造与“中华民族的伟大复活”。为了实现中华民族的独立解放，中国共产党开始探索马克思主义民族理论中国化时代化，寻求中国特色解决民族问题的正确道路。在长征路上，中国共产党更为深入地接触、关注和思考民族工作以及革命中

①《毛泽东选集》第二卷，人民出版社 1991 年版，第 631 页。

②《李大钊全集》第一卷，人民出版社 2006 年版，第 285 页。

的民族问题，推进马克思主义民族理论中国化时代化。中央红军长征 371 天，在民族地区穿行 132 天，深入了解并团结了西南、西北的少数民族，深化了对统一多民族国家基本国情的体认。当日本帝国主义侵略成为中国社会主要危机时，中共中央在瓦窑堡会议上明确提出，“中国共产党不仅是无产阶级的先锋队，也是全民族的先锋队”，决定建立抗日民族统一战线。毛泽东在这次会议上指出，“我们的抗日民族统一战线，不但是国内各个党派、各个阶级的，而且是国内各个民族的。对着敌人已经进行并还将加紧进行分裂我国内各少数民族的诡计，当前的第十三个任务，就在于团结各民族为一体，共同对付日寇”[①]。这意味着中国共产党开始将党的阶级性和民族性统一起来，致力于团结一切可以团结的力量共御外侮、同兴中华。抗日民族统一战线成为凝聚中华民族共同体的重要政治平台。

经过长征洗礼，党的扩大的六届六中全会首次提出“马克思主义的中国化”，追求各族融聚而成的中华民族的大解放。1939 年，毛泽东在《中国革命和中国共产党》中首次系统阐述中国共产党的中华民族观，强调中华民族是全体中国人的共同民族身份，是“生死存亡利害一致的”整体；强调“中国是一个由多数民族结合而成的拥有广大人口的国家”，号召全国各族人民共同反对外来侵略。中国共产党既反对国民党的“大汉族主义”，又反对地方民族主义，强调各民族在政治、历史、文化方面的和谐性与整体性。1940 年，毛泽东在《新民主主义论》中指出，我们共产党人，“不但为中国的政治革命和经济革命而奋斗，而且为中国的文化革命而奋斗；一切这些的目的，在于建设一个中华民族的新社会和新国家”[②]。

从照搬照抄教条到马克思主义中国化时代化，从“共产国际的中国支部”到中华民族先锋队，从简单沿袭马克思主义关于民族问题的一些特定观点到独立建构“中华民族论”，这三者同时发生，绝非偶然，都是为了一个宗旨——为中华民族求解放。为了实现中华民族站起来，中国共产党成功探索出以各民族平等推动全民族解放的道路，开启了马克思主义民族理论中国化时代化。中国共产党成立不久，就提出了解决民族问题的中心任务：对外摆脱帝国主义的侵略压迫，谋求中华民族的独立解放；对内消除民族压迫与民族歧视，谋求各民族的平等、团结和进步。中华民族的独立是各民族平等的前提，各民族的平等是中华民族发展壮大的条件。在全民族解放问题上，中国共产党既继承了马克思主义反帝国主义、

① 中共中央文献研究室、中央档案馆编：《建党以来重要文献选编（一九二一—一九四九）》第十五册，中央文献出版社 2011 年版，第 621 页。

②《毛泽东选集》第二卷，人民出版社 1991 年版，第 663 页。

反殖民主义的传统理论，又赓续了中华优秀传统文化的民族精神和爱国主义；在各民族平等问题上，中国共产党既继承了马克思主义反对民族压迫、实现民族平等的主张，又赓续了中华优秀传统文化和而不同、多元一体的历史智慧，最终走出了一条以平等求团结、以团结求解放的中国道路。

与主张中华民族宗族论的国民党相比，中国共产党把中华民族大团结放在第一位，把反民族压迫作为重点，改变了少数民族与汉族的不平等地位，促进了各民族人民的平等交融，夯实了中华民族大团结的群众根基。正因如此，各族人民追随共产党，为中华民族的独立解放而奋勇抗争。少数民族英烈同汉族英烈一起，在全体中华儿女心中矗立起座座丰碑。特别是在日寇侵略最严峻的形势下，从最早举起抗战旗帜的东北义勇军，到把抗战烽火燃遍内蒙古大草原的八路军大青山支队；从驰骋华北平原的回民支队，到陕甘宁边区的回民骑兵团；从五指山抗敌的海南黎苗义军，到誓与祖国共存亡的高山族同胞，中华儿女生死相依、同仇敌忾，中华民族更加全面觉醒。最终，中国共产党代表各族同胞向全世界庄严宣告，中国人民站起来了，中华民族任人宰割、饱受欺凌的时代一去不复返了！各族人民在中国共产党领导下获得国家独立和民族解放。

二、先锋队与中华民族团结进步

中华人民共和国的建立，标志着中华民族先锋队带领中国人民真正完成了民族解放的历史任务。

新中国成立后，中国共产党重构了中华民族共同体的现代国家形态。中国共产党在解决民族问题上走出了一条与苏联不同的道路，决定了中苏截然不同的历史命运。苏联宪法规定各加盟共和国有权通过“自决”自由退出联盟，这就为地方民族主义兴起而导致之后解体埋下了隐患；中国共产党继承了大一统政治传统，将民族因素与区域因素相结合，以自治之策促进国家之统。苏联试图用阶级关系理论统领所有民族关系问题，非但没有解决民族问题，反而在民族领域犯下了一系列错误；中国共产党在国家建设和民族复兴的前提下，不仅重视阶级解放也重视民族平等，不仅重视阶级联盟也重视民族团结。苏联过度强调俄罗斯民族的优越性，激化了民族矛盾；中国共产党不断强调中华各族儿女共同构成了中华民族，创建了平等团结互助和谐的社会主义民族关系。

新中国成立后，中国共产党进一步确立了中国特色民族理论与民族政策，把民族平等作为立国的根本原则之一，实施了民族区域自治制度，各族人民在历史上第一次真正获得了平等的政治权利，开辟了发展各民族平等团结互助和谐关系的新纪元。费孝通写道："在一个和平大同的世界里，民族平等是绝不能少的条件。这个条件在我们中国首先实现，在人类历史上是应当大书特书的。"[①]

新中国成立以来，少数民族的面貌、民族关系的面貌、中华民族的面貌都发生了历史性巨变。中央人民政府不仅先后成立了5个自治区、30个自治州、120个自治县（旗），而且领导民族地区开展了民主改革，消灭了各民族之间的压迫歧视，废除了各民族内部的阶级奴役，为各族人民平等共享幸福生活提供了根本制度保障，西藏百万农奴翻身得解放，凉山彝族奴隶制社会实现"一步跨千年"的巨变，景颇族、傈僳族、独龙族等民族实现了从原始社会直接向社会主义社会的过渡。党的领导力、理论的引领力、政策的执行力、制度的保障力、各族群众的向心力互相激发，提升了各族人民的国家主人翁意识。

改革开放以来，邓小平将我国社会主义时期的民族问题纳入建设有中国特色的社会主义事业当中，提出实现"四个现代化"，是实现中华民族共同繁荣、解决好我国民族问题基本保证的论断。党和国家在实践中确立了极具创新性与实效性的对口支援政策，并通过设立经济不发达地区发展基金来扶持民族地区的经济发展。除了5个自治区，国家还对少数民族聚居人口较多的省份实行定额补助制度。此外，国家在资源配置上对边疆民族地区大幅度倾斜，实行大量的民族地区帮扶优惠政策。

作为中华民族先锋队，中国共产党从新中国成立伊始起，无论阶段性政策如何变化，都始终坚持"国家统一、民族团结"这一根本原则。坚持准确把握我国统一的多民族国家的基本国情，把维护国家统一和民族团结作为各民族最高利益；坚持马克思主义民族理论中国化时代化，坚定走中国特色解决民族问题的正确道路；坚持和完善民族区域自治制度，做到统一和自治相结合、民族因素和区域因素相结合；坚持促进各民族交往交流交融，不断铸牢中华民族共同体意识；坚持加快民族地区发展，不断满足各族群众对美好生活的向往；坚持文化认同是最深层的认同，构筑中华民族共有精神家园；坚持各民族在法律面前一律平等，用法律保障民族团结；坚持在继承中发展、在发展中创新，使党的民族政策既一脉相承又与时俱进。

三、先锋队与中华民族共同体建设

在站起来阶段，中国共产党消除民族压迫和歧视，实现民族平等，保证各民

① 费孝通主编：《中华民族多元一体格局》，中央民族大学出版社2018年版，第2页。

族共同当家作主。在富起来阶段，中国共产党支持民族地区加快发展，实现各民族共同团结奋斗、共同繁荣发展。在不断强起来的新时代，中华民族面临新的历史使命，比历史上任何时候都更加接近伟大复兴这一目标。但是，复兴之路上始终充满着风险挑战，当前民族领域亦不例外。一是西方敌对势力利用民族问题频繁对中国遏制打压；二是境外宗教极端主义与民族分裂主义渗透影响；三是极左极右民族理论带来思想混乱；四是源自境外的错误史观泛滥；五是在实行系列差别化优惠政策时，只顾“管肚子”而忽视“管脑子”，滋生了固化差异性的思想言行。以上问题与挑战，在世界百年变局与互联网高速发展时期交织叠加，致使涉民族风险隐患大幅上升。

为此，我们党将铸牢中华民族共同体意识确立为新时代党的民族工作与民族地区各项工作的主线，这是维护各民族根本利益的必然要求，是实现中华民族伟大复兴的必然要求，是巩固和发展平等团结互助和谐社会主义民族关系的必然要求，是党的民族工作开创新局面的必然要求。

铸牢中华民族共同体意识植根于马克思主义民族理论。马克思和恩格斯提倡民族融合，而不是追求差异；提倡共同体，而不是搞独联体；提倡大联合，而不是搞大分裂。马克思和恩格斯认为，“这些民族在历史舞台上曾经或长或短地存在过一个时期，但后来却成为某一个更有生命力因而也能克服更大困难的较强大的民族的组成部分”[①]。列宁支持各民族交往交流交融，他指出，无产阶级不能赞同任何巩固民族主义的做法，相反地，它赞同一切帮助消除民族差别、打破民族壁垒的东西，赞同一切促使各民族之间的联系日益紧密和促使各民族融合的东西。马克思主义经典作家关于“共同体”与“民族融合”的丰富论述，是铸牢中华民族共同体意识的理论依据。

铸牢中华民族共同体意识也植根于中华优秀传统文化。习近平总书记指出，“多民族的大一统，各民族多元一体，是老祖宗留给我们的一笔重要财富，也是我们国家的一个重要优势”[②]。中华优秀传统文化把大一统视为“天地之常经，古今之通义”。先秦人说“四海之内皆兄弟也”，汉朝人说“天下之大义，当混为一”，隋朝人说“协同内外，混一戎华”，元朝人说“天下一家，一视同仁”。统一成为中国历史的主流，大一统成为各民族共同的社会理想和政治追求，这是中华民族五千多年文明一脉相承、源源不断、生生不息的奥秘所在。习近平总书记对铸牢

① 《马克思恩格斯全集》第十六卷，人民出版社1964年版，第176页。

② 《习近平谈治国理政》第二卷，外文出版社2017年版，第299页。

中华民族共同体意识的一系列重要论述高度概括了中华民族的千年传统和历史规律，充分赋予了马克思主义民族理论中国气派。

以铸牢中华民族共同体意识为主线，完整、准确、全面学习领会和贯彻落实习近平总书记关于加强和改进民族工作的重要思想，是做好新时代民族工作的根本遵循。

一是突出新时代党的民族工作主线。习近平总书记指出，“铸牢中华民族共同体意识是新时代党的民族工作的‘纲’，所有工作要向此聚焦”[①]。铸牢中华民族共同体意识、推进中华民族共同体建设是习近平总书记提出的重大原创性论断，是马克思主义民族理论中国化时代化的最新成果。中华民族共同体作为各民族交往交流交融的历史结晶，是数千年中华文明的载体。铸牢中华民族共同体意识能够有效弥合不同民族之间的利益冲突、文化隔阂、价值分歧，使全体中华儿女上下一心，共同构建美好家园，共同享有民族复兴荣光。铸牢中华民族共同体意识，就是要引导各族人民牢固树立休戚与共、荣辱与共、生死与共、命运与共的共同体理念。铸牢中华民族共同体意识，必须赋予所有改革发展以彰显中华民族共同体意识的意义，以维护统一、反对分裂的意义，以改善民生、凝聚人心的意义，让中华民族共同体牢不可破！

二是坚持正确的中华民族历史观。习近平总书记指出，我们辽阔的疆域是各民族共同开拓的，我们悠久的历史是各民族共同书写的，我们灿烂的文化是各民族共同创造的，我们伟大的精神是各民族共同培育的。只有坚持正确的中华民族历史观，才能了解中华民族的形成脉络，才能回答中华民族从哪里来、到哪里去的历史之问、时代之问，才能确立文化自信和历史自信，才能使各民族为共同缔造这样一个伟大的国家而倍感自豪。只有坚持正确的中华民族历史观，才能自觉抵制错误史观的干扰。别有用心炮制出来的错误史观，无视中国历史上的各个王朝不论由哪个民族主导，都主动认同大一统；无视不同民族之间发生战争，只是为了争夺统一的主导权，而不是为了将自己从中国独立出去；无视中国正统王朝对“天下”秩序的维系根本不是西方帝国的殖民扩张。那些错误史观是对五千年文明史没有基本常识，是对中华民族交往交流交融史没有客观了解，是对中华民族多元一体格局没有正确认知。越是身处百年变局，越是要激浊扬清，正本清源，坚持正确的中华民族历史观。

①《习近平谈治国理政》第四卷，外文出版社2022年版，第246页。

三是构筑中华民族共有精神家园。习近平总书记指出，“加强中华民族大团结，长远和根本的是增强文化认同”①。回望历史，从“赵武灵王胡服骑射”到“北魏孝文帝改革”，从“洛阳家家学胡乐”到“万里羌人尽汉歌”，呈现的都是文化互鉴、民族融合的生动实践。正是历史上各民族文化的互鉴融通，才有今天中华文化的历久弥新；正是各民族文化的交相辉映，才有铸牢中华民族共同体意识的深厚底蕴。增强文化认同，核心是认同大一统理念。习近平总书记指出，团结统一是福，分裂动荡是祸，是中国人用血的代价换来的宝贵经验教训。因此，维护国家统一，反对民族分裂，化解社会离心力、增进国家凝聚力，是中华儿女的基本义务。在新的历史起点上建设中华民族现代文明与中华民族共同体，必须牢固树立“五个认同”，由历史观铸牢文化观，由文化观引领民族观，由民族观拱卫国家观，再以对伟大祖国的认同增强对中国共产党和中国特色社会主义的认同，各族人民才能做到“中华民族一家亲，同心共筑中国梦”。

四是促进各民族广泛交往交流交融。各民族交往交流交融是历史事实和必然趋势。凡是自诩纯粹的民族必为明日黄花，凡是兼收并蓄的民族定会生机勃勃。中国历史上，没有哪一个民族是纯粹单一的，每个民族都通过交往交流交融不断增进共同性，不断壮大中华民族共同体。历史证明，经济发展的互补共享、社会生活的相互嵌入、文化心理的互鉴贯通、多向迁徙的人口流动，是促进各民族交往交流交融的必由之路。在新时代新征程上，各族人民必将进一步交往交流交融，增进认同、追求共同、彰显大同，更有效地促进民族团结进步，更有力地保障各民族合法权益，更有利地实现各民族共同繁荣发展，凝聚成认同度更高、凝聚力更强的命运共同体。

五是推动各民族共塑中国式现代化。以中国式现代化全面推进中华民族伟大复兴，是中国共产党的中心任务，也是各族人民的共同期盼。人口规模巨大的现代化，意味着疆域辽阔、人口众多且具有统一大市场的中华民族共同体，各民族通过先进制度与文化认同融聚一体，为中国式现代化提供强大根基与超大动能。全体人民共同富裕的现代化，意味着“一个民族都不能少”，1.25 亿少数民族群众都要过上美好生活。物质文明和精神文明相协调的现代化，意味着各民族既要厚植物质基础，又要构筑中华民族共有精神家园，使各民族人心归聚、精神相依，形成人心凝聚、团结奋进的强大精神纽带；各族人民越是掌握国家通用语言文字

---

①《习近平著作选读》第一卷，人民出版社 2023 年版，第 285 页。

和先进文化，越能拥有更充分的就业机会、更宽广的发展舞台、更美好的生活前景。人与自然和谐共生的现代化，意味着民族地区作为生态功能区、水系源头区、资源富集区，必须激活传统生态智慧，共传共享天人合一的中华生态环境文化，为中华民族永续发展提供绿色屏障。走和平发展道路的现代化，意味着向全世界讲好民族团结的中国故事，讲清楚中华民族没有殖民帝国的征服扩张，没有资源掠夺和种族灭绝，只有长达几千年的交往交流交融。讲好民族团结的中国故事，提供民族和谐的中国智慧，我们有底气也更有责任。

小　结

习近平总书记指出，要高度重视和加强中华民族史研究，从中华民族共同体的高度把握历史叙述权和话语权。只有站在“铸牢中华民族共同体意识”的理论制高点，在“四个共同”视野下，才能清楚地看到中华民族从千邦万族融聚成一体的壮阔历史。正是各族儿女对共同疆域的开发，才造就了辉煌灿烂的锦绣河山。正是各族儿女对共同历史的书写，才造就了中华民族强而不霸、弱而不散，无论在高峰还是低谷始终恪守着国土不可分、国家不可乱、民族不可散、文明不可断的大一统集体共识。正是各族儿女对共同文化的塑造，才造就了多元一体中华文明。中华民族既有数千年形成的中华优秀传统文化，也有近代的革命文化与社会主义先进文化；既能各美其美、美人之美，也能美美与共、天下大同。这是我们文化自信的根源，也是我们建设共享的中华文化符号的最大底气。正是各族儿女对共同精神的培育，才造就了辉煌灿烂的民族精神。中华民族将高举爱国主义光辉旗帜，在世界民族之林始终保有独特的精神品格和民族气节。历史已经并还将证明，中华民族不是各民族拼凑起来的虚指总称，而是融聚一体的实体民族；不是抽象的政治符号，而是具有实质内涵的政治族体；不是近代建构出来的“想象的共同体”，而是中华大地不同人群生生不息、多元交融的历史结果；不是你归你、我归我的民族“大拼盘”，而是你中有我、我中有你、血脉相连的“大家庭”。

中华民族历史的发展脉络充分表明，中华民族共同体的多元一体格局深深植根于中华五千年的灿烂文明。在新时代铸牢中华民族共同体意识，就是要推进建设一个政治上团结统一、经济上共富共享、文化上美美与共、社会上互嵌共融、生态上和谐共生的命运共同体；就是要准确认识中华民族取得的文明成就是对人类文明的重大贡献，增强对中华民族的认同感和自豪感；就是要立足中国历史实践和当代实践，坚持走自己的路，为实现中华民族伟大复兴的中国梦而团结奋斗。

思考题

1. 如何理解正确的中华民族历史观？
2. 中华民族共同体的共同性基础是什么？
3. 中华民族共同体多元与一体的关系是什么？
4. 为什么说中国共产党深刻改变了中华民族的前途和命运？

第三讲　文明初现与中华民族起源（史前时期）

> 要把中华文明起源研究同中华文明特质和形态等重大问题研究紧密结合起来，深入研究阐释中华文明起源所昭示的中华民族共同体发展路向和中华民族多元一体演进格局。
>
> ——习近平

伟大祖国拥有连续不断的百万年人类史、一万年文化史、五千多年文明史。

距今 1.2 万年左右，动植物的驯化、陶器的生产、定居等文化要素在中华大地各处出现，部分先民率先从狩猎采集转向农业生产。距今 8000 多年，各地开始形成自己的特色文化，部分地区出现频繁交往。距今约 6000 年起，中华民族先民孕育出有鲜明特色且互动交流的多个区域性文化。以彩陶、玉器等为共同符号的文化纽带联结起中国的大部分地区，后又影响到今西藏、新疆和蒙古高原区域，形成了规模广大的早期中华文化圈。

距今 5000 年左右，各地出现复杂的社会组织和建立在血缘基础上的政治共同体，中华文明正式形成，进入万邦林立的“古国文明”阶段。距今约 4100 年，夏王朝建立，开启了具有“一统”观念雏形的“王国”时代，标志着万千邦国族属进一步汇聚交融的新起点。

正是在史前时期，中华大地的农耕、渔猎、畜牧等经济形态不断互动与演进，各区域文化不断交流互融，各族群不断迁徙交融，共同塑造了中华文明与中华民族多元一体的起源特征和发展格局。

第一节 中华民族起源

中华文明和中华民族多元一体格局可以追溯到遥远的史前时期[①]。中华文化圈的起源和早期发展过程，就是中华民族共同体的起源和早期发展过程。

一、中华大地早期人类与文化

早在约 200 万年前，中华大地上就有了古人类活动痕迹。已出土的众多旧石器时代的古人类化石显示（图 3-1），诸如矢状嵴、印加骨、朝向前方的颧骨、扁塌的鼻骨、铲形门齿、第三臼齿先天缺失等体质特征，构成了区别于欧洲、非洲的东亚地区人类的颅骨形态。

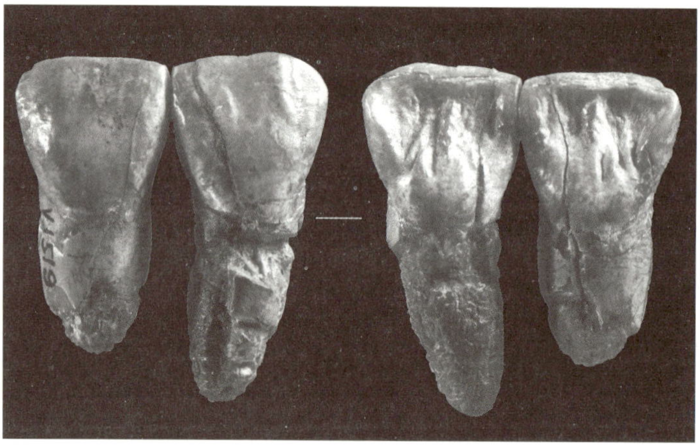

图 3-1 云南元谋人的门齿

以元谋人为代表的原始人，是中国迄今发现的早期直立人类型的代表。元谋人早于“蓝田人”“北京人”等猿人，把中国发现的最早人类化石的年代往前推了 100 多万年。其铲形门齿是东亚蒙古人种较为突出的体质特征。

从旧石器时代到新石器时代，中华民族早期先民的石器加工技术逐步从多样打制走向磨制。源自陕西蓝田上陈遗址的“小型石片石器技术”，在河北阳原泥河湾、北京周口店第一地点、河南许昌灵井、内蒙古乌兰木伦等遗址普遍存在，说明这一技术被广泛使用并连续发展。浙江长兴、安徽宣州（今宣城市宣州区）陈

① 史前时期是指文字出现前的人类历史时期。我国成熟文字从商朝殷墟的甲骨文开始出现，但一般将夏朝之前称为“史前时代”或“史前时期”，它包括以打制石器为特征的“旧石器时代”和以磨制石器为特征的“新石器时代”。

山、湖北郧县（今十堰市郧阳区）曲远河口、广西百色盆地、广东郁南磨刀山、福建三明万寿岩船帆洞等广大南方地区遗址，则流行大型砍砸器的“砾石石器技术”。此外，山西襄汾丁村、湖北丹江口库区、陕西洛南盆地、四川稻城皮洛（图3-2）等地相继发现了“阿舍利技术”的手斧。内蒙古金斯太、新疆通天洞、云南富源大河等遗址出现了“莫斯特技术”的石器。旧石器时代晚期，在这些适应多样环境的多元石器加工技术的基础上，新的磨制技术发展出来。磨制的石（玉）器、骨鱼镖、骨针、骨管、贝壳、鸵鸟蛋壳等不断涌现，为新石器时代的到来做好了技术铺垫。

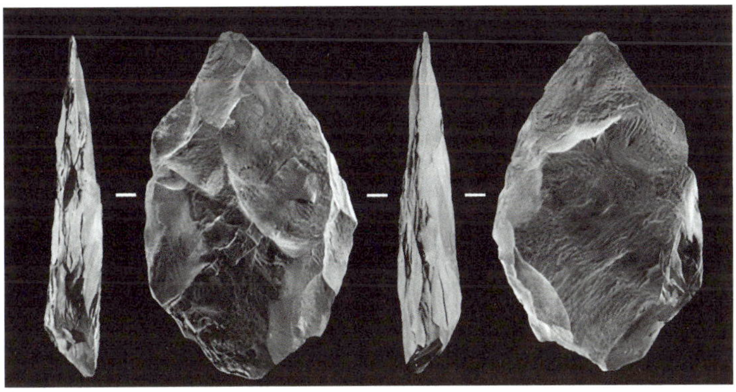

图 3-2　四川稻城县皮洛遗址发现的石制手斧

皮洛遗址位于四川省甘孜藏族自治州稻城县金珠镇皮洛村，遗址年代距今约 13 万年。皮洛遗址发现的手斧、薄刃斧等遗物是目前所见东亚地区最典型而精美的阿舍利技术遗存。

整个旧石器时代，不同时期不同区域存在一定程度的文化差异，也不时与外部发生基因和文化上的交流。但总体上，该时代在人类体质演化和文化演变上表现出显著的连续性和统一性。

二、早期中华文化圈的形成与发展

距今约 1.2 万年的湖南道县玉蟾岩、江西万年县仙人洞和吊桶环等遗址出现了食用水稻的痕迹。约 1 万年前，华南地区的浙江上山先民开始驯化水稻，华北地区的北京东胡林先民开始种植粟黍（图 3-3）。[1] 距今约 2 万年前，江西仙人洞先民制造出了陶器。随着农业、制陶技术的发展，人口激增，定居聚落产生，为早期中华文化圈的孕育准备了条件。

① 赵志军：《中国农业起源概述》，《遗产与保护研究》2019 年第 1 期。

图 3-3 万年前的碳化种子

1、2. 北京东胡林遗址出土的粟、黍；3. 浙江浦江上山遗址出土的稻米。以这些考古发现的碳化农作物种子为代表的北方旱作农业的粟黍和南方水稻，为中华文明的起源、形成与发展提供了物质基础。

距今 1 万年左右，长江下游地区和华北山麓地带的中华先民率先进入新石器时代，磨制石器、陶器以及明显的农业与定居迹象出现了。距今 9000 多年，中华大地农业初步发展，定居聚落增多、联系加强，形成了一定范围的文化区和区域交流。如长江中游的彭头山文化与长江下游的上山文化在陶器器型和装饰纹样上，就存在相互联系。

距今 8000 多年，“南稻北粟”的谷物种植，伴以猪、狗等动物的驯化饲养，使稳定的农业体系初步形成。各区域文化迅速发展，交流明显加速，联结出更大的文化关联区。以豫中地区为核心形成了一定规模的定居聚落，发展出裴李岗文化，其先民拥有稻米、野大豆、莲藕、菱角、猪、鹿、鱼等丰富的食材，用石磨盘与磨棒加工粮食，用陶鼎炊煮食物，有些人群还能佩戴磨制精美的玉石装饰品，用骨笛吹奏音乐，使用牛骨制成的叉形骨器、龟甲与大自然和祖先沟通，甚至在龟甲上契刻出表意符号，文化内涵十分丰富（图 3-4）。裴李岗文化对渭河流域、汉水上游、冀南豫北地区、黄河下游的海岱地区[①]产生了强烈影响，并将这些文化区初步联系成一个相对的文化统一体，“早期中华文化圈”或“文化上的早期中国”开始萌芽。

此时，中华大地还存在着许多分布空间相对稳定的其他农耕文化区、渔猎文化区、狩猎采集文化区等。长江中游澧阳平原的彭头山文化，以圜底钵、浅腹盘、罐形釜、盆形釜、双耳罐等为主要陶器组合；在稻作农业基础上，发展出大规模

① 海岱地区：海指渤海，岱指泰山，海岱地区一般泛指黄河下游的整个山东地区。

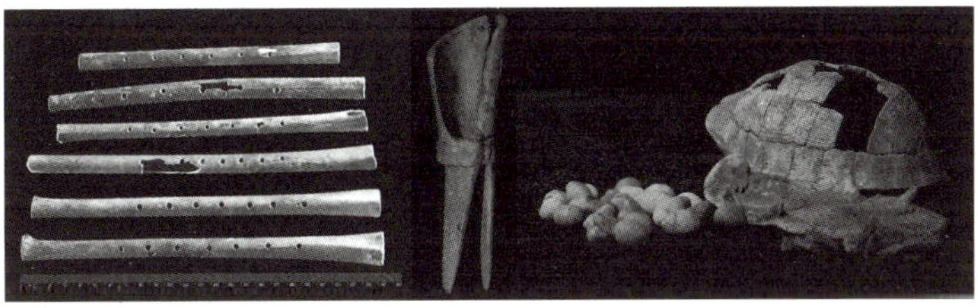

图 3-4　河南舞阳贾湖遗址出土的骨笛、叉形骨器、龟甲

贾湖遗址（距今 9000—7800 年），属于裴李岗文化。遗址出土的骨笛、叉形骨器、内装石子的龟甲、契刻符号等，为研究当时原始宗教的自然崇拜、巫术仪式以及汉字起源等提供了重要的实物依据。其中，遗址发掘出的骨笛是世界上迄今为止发现最早、保存最完整的管乐器。

的环壕聚落，聚落内无严格规划，显示出较为平等的社会发展状况。长江下游的跨湖桥文化，以釜、罐、盆、钵、圈足盘、豆等为主要陶器组合，拍印绳纹的釜类器最具特色。大量炭化稻谷和骨耜的发现，反映出稻作农业的初步发展。骨镞、骨镖等工具及独木舟遗存，则是渔猎经济的证明。以内蒙古东部和辽西地区为中心的兴隆洼文化（图 3-5），以筒形罐、陶钵为陶器组合，石器种类丰富，骨器制作精致，局部的生产专业化出现。精美的装饰玉器、统一规划建设的聚落、公共礼仪场所、石块堆成的龙形等，都显示出其独特的文化气质。

图 3-5　兴隆洼遗址出土的玉石器

兴隆洼文化（距今 7500—6500 年）玉石群是目前中国史前仅晚于小南山遗址的玉石群，属中国玉文化的肇始阶段，兼有工具类的玉斧、玉锛、玉凿和装饰类的玉玦、玉管。

这些文化区之间发生着广泛的交流。中原裴李岗文化广泛传播，粟作农业扩展至西辽河流域和黄河流域大部分地区，与长江中游的彭头山文化相互影响。彭头山文化和跨湖桥文化相互影响，稻作农业向北扩展至黄河下游地区。美石美玉观念在这些文化区内广泛流行。

距今6000年前后，长江中下游与华北地区史前农业文化生态系统完全建立，农业快速发展与传播，人口和聚落急剧增长。各地区文化内涵逐渐丰富，分布范围不断扩大，内部联系进一步增强。黄河中上游地区的仰韶文化内部统一趋势明显，以黑彩描绘的花瓣纹彩陶器最具特点。甘肃张家川圪垯川遗址的大粮仓、河南南阳黄山遗址的粮仓群，都表明彼时农业的繁盛。半坡、姜寨（图3-6）等环壕聚落的向心结构布局则反映出利益与共、血缘凝聚、秩序井然的平等社会状态。受仰韶文化影响，黄河下游的大汶口文化早期产生了花瓣纹的彩陶器，而本地的陶觚形杯、三足带把罐、獐牙勾形器、石钺等特色器物，为后来礼制的出现埋下了伏笔。长江流域的马家浜文化、河姆渡文化和大溪文化等已有成熟的水稻种植技术，出现大量包括楫构件、方形榫卯等在内的木器，以及骨、角、牙器等工具，其以干栏式排房为主要建筑形式的聚落，在强调集体秩序上与仰韶文化聚落异曲同工。

图3-6 陕西西安临潼姜寨聚落复原图

姜寨聚落遗址统一的规划和功能分区，表现了一个有结构、有层次的社会面貌。姜寨聚落保存之完整、布局之清晰，为国内外同期遗址中所罕见。

这一时期，不同文化要素出现空前的跨区域传播交流，中华大部地区文化交融联结成一个文化共同体或文化圈。庙底沟式的花瓣纹彩陶（图3-7）等向周围广大地区传播，东达海岱、江浙，西至甘青和川西北，南抵江湘，北逾阴山、燕山，远至蒙古高原，其范围已经涵盖如今中华文明的主体区域。长江中下游的水稻种植、生产工具、陶器等文化交流，影响到包括台湾在内的广大华南地区。西辽河流域的红山文化和江淮地区的凌家滩文化存在玉器方面的互相交流（图

3-8)，红山文化玉器的影响远至内蒙古中南部、海岱地区甚至甘肃中部。无论在地理上，还是在文化意义上，这个庞大的文化共同体都为夏商周乃至秦汉以后的中国奠定了基础，标志着早期“中华文化圈”或者文化意义上早期“中国”开始形成，也意味着中华民族共同体的起源。

图 3-7 河南三门峡庙底沟遗址出土的花瓣纹彩陶钵

以花瓣纹彩陶为代表的庙底沟文化因素在山东王因遗址、湖北雕龙碑遗址、陕西渭南泉护村遗址等均有发现，体现了当时分布在中原地区的仰韶文化庙底沟类型的广泛影响。

图 3-8 安徽凌家滩遗址和辽宁牛河梁遗址出土的玉人

凌家滩遗址和牛河梁遗址均出土玉质人像，人物造型十分相似，均是萨满向上天祈祷形象，显示了以凌家滩遗址为代表的长江流域史前文化和以牛河梁遗址为代表的西辽河流域史前文化之间的交流互鉴，以及约 5000 年前中国史前原始宗教敬天的共性。

早期中华文化圈是一个有中心、有主体、有层次的多元一体结构。以晋西南、豫西及关中东部为中心区，出现了数十个上百万平方米的大型中心聚落、数百平方米的宫殿式建筑，此区域的花瓣纹彩陶流畅典雅，最具代表性。向外是黄河中游地区的主体区，聚落和建筑规模都远小于中心区，其花瓣纹彩陶也略显稚嫩迟滞。再向外是黄河下游、长江中下游和东北等与仰韶文化邻近的边缘区，在庙底沟文化刺激下也都陆续出现中心聚落、大型祭祀中心、大墓等，此地时见花瓣纹彩陶，但装饰有庙底沟类型式花纹的传统器物依然最为常见。[①]

三、区域文化的早期交融

以黄河中下游及长江中下游为核心的文化互动圈，具有强烈辐射力，今天的西藏、新疆、内蒙古东部、东北、岭南等地区，很早就与其频繁交流互动，成为早期中华文化圈不可或缺的一部分。

被称为“世界屋脊”的青藏高原，在20万年前就有人类活动。藏北高原的尼阿底、川西高原东部的四川稻城皮洛、西藏西部的夏达错等遗址的石器加工技术，与华北和华南旧石器文化之间存在着密切联系。西藏昌都卡若（图3-9）、小恩达以及山南昌果沟、拉萨曲贡等新石器时代遗址的发现，表明这种联系进一步加强。如卡若遗址吸收了粟类农作物、半地穴式的红烧土房屋、彩陶纹饰、陶器造型、石器加工技术等黄河上中游地区的文化要素。卡若遗址的双体彩陶罐更成为沟通黄河上游、川西北及滇西北史前文化的共同文化符号。卡若和小恩达遗址的陶器装饰技法又连接了长江上游的金沙江流域。此外，遗传学的研究也表明，

图3-9 西藏昌都卡若遗址出土的双体陶罐

双体陶罐周身遍布几何形状的刻画纹，线条流畅、有力，技艺娴熟。

① 韩建业：《论早期中国的“一元多支一体”格局》，《社会科学》2022年第8期。

在距今约6000年，黄河流域的部分农业人群分批次进入了青藏高原，与本地人群融合成后来的藏族先民，留居黄河流域的一支成为华夏族的先祖。语言学研究也表明，汉语与藏语同出一源。文化的融合和农业人群的扩张，表明今天的青藏高原在史前就已融入早期中华文化圈之中，不仅扩展了早期中华文化圈的地理范围，更丰富了其文化内涵。

新疆在5万年前就有人类活动。距今1.1万年左右，新疆出现的细石器文化与华北及东北亚地区细石器技术存在密切联系。阿勒泰地区吉木乃县通天洞遗址距今约5000年，其中发现了起源于华北地区的黍类作物。距今约4000年，彩陶文化进入新疆东部，在距今约3500年，扩展至天山南北的广大地区，成为彩陶文化最后的辉煌。阿尔泰地区的石人雕像、哈密的铜牌饰和后来殷墟的和田玉等发现，都表明今天的新疆在史前已与中华文化圈的核心地区发生了紧密的联系。后世文献中的神话故事也反映出这两大区域的密切联系，如居住于新疆昆仑山地区的西王母通过本地的“昆仑玉”与中原地区黄帝、舜有着直接的交往，而影响深远的女娲补天、夸父逐日、精卫填海、后羿射日等神话故事，也都源于“昆仑神话系统”。新疆虽地处早期中华文化圈的边缘，但走在了早期中华文化圈的前沿，诸如小麦种植、青铜技术、羊牛牧养等西域文化元素经过新疆传入早期中华文化圈核心地带，极大地丰富了中华文明的物质内涵。

内蒙古草原地带一直是文化交流的活跃区。距今五六千年前，内蒙古中南部的河套地区和东部的辽西地区吸收了华北地区的彩陶文化，各自形成了具有本地特色的文化类型。早期中华文化圈的彩陶，也经此扩展至蒙古高原。大量流动于欧亚草原的文化因素向东传播，遇见大兴安岭及其余脉后折向南，部分进入华北平原，成为中华文明发展的重要内容。

此外，与马家窑文化有关的文化从四川西北部南下，到达成都平原的一支成为宝墩文化，到达云南的一支奠定了后世云南文化的基础。长江中下游和辽河流域的农业文化也向东南沿海和东北边疆地区传播。如岭南地区石峡文化、福建地区昙石山文化出现了明显的稻作迹象，嫩江流域昂昂溪文化出现了栽培粟。东南沿海的早期文化越洋进入今天的台湾岛，发展出以大坌坑文化为代表的新石器时代文化，水稻种植业也随之进入。语言学和遗传学的研究也都表明，福建地区是南岛语族的发源地。

因长期互动和频繁交流，到夏朝建立时，早期中华文化圈的范围西到新疆东部，西南到西藏东部、云南西部，南至两广地区，东南至包括台湾在内的沿海地区，东达山东半岛，东北达黑龙江南部地区，北部涵盖整个内蒙古中南部甚至更远，和现在的中国疆域已很接近。在这一多元互动的早期中华文化圈内部，各种文化元素在相互影响和作用下共同发展，形成了一个以中原文化为核心，包括不同经济文化类型和不同文化传统的分层次联系的重瓣花朵似的格局。[①] 这奠定了中华民族多元一体格局的基础。

第二节　华夏初立

文明是人类文化和社会发展的高级阶段，表现为生产力发展基础上出现社会分工和社会分化，形成阶级、王权、都邑性城市。这些文明特征是逐步出现和汇聚的，以“国家”为集中表现形式。距今 5300 年前后，中华大地陆续出现了许多政治中心和早期国家，进入邦国林立的“古国时代”[②]。各种“古国”文明相互碰撞融合。距今 4300 年前后，黄河中游的中原“古国”崛起，加速了社会一体化进程。距今约 4100 年前，以中原地区为核心的夏王朝建立，中华大地进入观念“一统”的“王国”时代，华夏初立。[③]

一、邦国林立

距今 5800—5300 年，中华大地开始出现零星的文明迹象。西辽河流域的辽宁牛河梁（图 3-10），黄河流域的甘肃大地湾、河南双槐树，长江中下游的安徽凌家滩、江苏张家港东山村等遗址，曾出现有精美玉器随葬的高等级贵族大型墓葬、规模宏大的祭祀遗迹和超大规模的地区中心聚落。此时阶层分化相当明显，权贵阶层已形成，王权或其雏形也已经出现，并通过垄断宗教祭祀权掌握了对社会的控制权，部分地区已步入文明社会。

距今 5300 年前后，黄河流域、长江流域的国家文明形态开始出现。分布于长江下游环太湖地区的良渚文化（图 3-11），以神人兽面为统一的精神信仰。良渚社会曾调动大量人力，构筑大型水利工程和古城。贵族居住并埋葬在人工堆筑的高大夯土台之上，掌握着专属的高等级手工业产品生产与产品分配，形成了明显的区域控制。良渚遗址以外的环太湖区域存在着与良渚在信仰等方面保持一致的地

① 严文明：《中国史前文化的统一性与多样性》，《文物》1987 年第 3 期。

② 苏秉琦：《迎接中国考古学的新世纪》，《华人·龙的传人·中国人——考古寻根记》，辽宁大学出版社 1994 年版，第 236—251 页。

③ 严文明：《黄河流域文明的发祥与发展》，《华夏考古》1997 年第 1 期。

图 3-10 辽宁牛河梁遗址第二地点的坛冢

牛河梁遗址第二地点三环石坛，应为红山文化先民祭祀上天的场所。三环之间的距离比值与《周髀算经》所记古人对天文观察的二分日与二至日的日行轨迹有关，反映了当时人的宇宙观，同时准确表述了分至日的昼夜关系，具有较强的实用性。

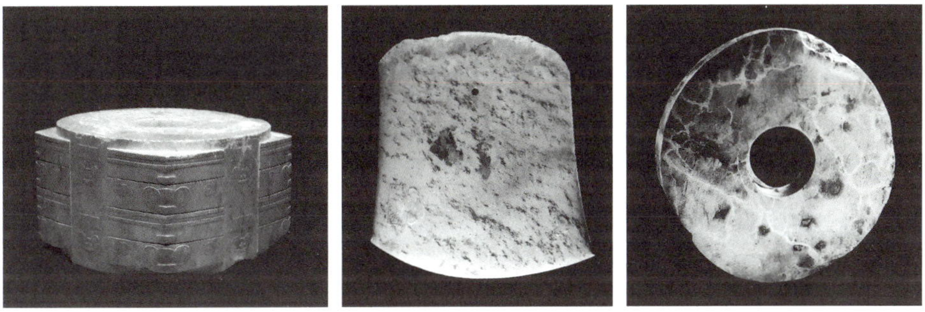

图 3-11 良渚文化玉琮、玉钺、玉璧

良渚先民创造出了一套包括玉琮、玉钺、玉璧在内的玉礼器系统。以其为载体的精神信仰已得到了全社会的广泛认同，同时，这也显示出一种建立在等级分化基础之上的规范化用玉制度业已形成。

方行政中心。良渚社会有共同的经济模式、共同的信仰、共同的社会分层方式和统一的资源调配模式。紧紧围绕良渚这一社会中心，形成了中央与地方的社会结构，最初的地域国家正式形成。

同一时期，黄河中游陇东地区的甘肃庆阳南佐遗址，长江中游的屈家岭—石家河文化社会的石家河、鸡叫城、城河遗址，中原地区仰韶文化晚期的双槐树遗址、庙底沟二期文化和黄河下游大汶口文化晚期社会，都不同程度地具有了国家特征。

距今4300年左右，各区域社会复杂程度和整合性进一步提高，体现公共利益的区域中心不断涌现。各区域大型城址的出现是文化整合的结果，进而为更大范围的跨区域文化整合和广域王权的形成奠定了基础。

位于晋中南襄汾的陶寺遗址（图3-12）是这一时期中原地区出现的规模最大、等级最高的都邑性聚落。该城址面积约300万平方米，城内由贵族居住区、王族墓地、手工业作坊区、庶民居住区等功能区组成。城南围出一个独立的小城作为宗教祭祀区，设有“观象台”。王族墓地随葬鼍鼓、石磬、铜铃、彩陶龙盘、玉钺、玉琮等高级物品。陶寺宫城、王族墓地等所体现的“王权”社会，各类礼乐器所反映的“礼制”文明，均与夏商周三代文明一脉相承。

图3-12 山西襄汾陶寺遗址“观象台”

观象台以观测台为圆心，13根夯土柱呈半圆形分布，古人利用两柱之间的狭缝来观测正东方向的塔儿山日出，并依据日影来推测季节与节气。该发现证实了《尚书·尧典》上所说的“历象日月星辰，敬授人时”的真实历史背景与社会现实，是研究中国上古时期天文历法的重要实物例证。

同时期，陕北黄土高原北部边缘出现的石峁遗址，是这一时期亚洲地区规模最大的石构城址。它由皇城台、内城、外城三部分组成，面积超过400万平方米。城址以皇城台为核心，内外城环套布局，皇城台顶部有大台基和高等级墓地，四周被阶梯状石墙层层包裹，形似“金字塔”。石峁遗址与陶寺中晚期文化关系密切。两地发现的由双鋬鬲、折肩罐器组成的陶器群高度相似，齿轮形铜器、骨制口簧、玉牙璧等基本相同，瓮棺、壁龛、随葬猪下颌骨、彩绘等习俗互见。分子生物学研究也表明，石峁人群与陶寺人群具有遗传学上的密切关系。有学者甚至认为陶寺中晚期文化的变化是石峁人群南下的结果。此外，石峁遗址文化与更广大的地区也有交流，玉钺、牙璋等玉器受到海岱地区大汶口—龙山文化影响，玉琮有着齐家文化风格，鳄鱼骨板来自长江流域，部分石人面形象、铜器（小刀）以及羊、牛等家畜是典型的欧亚草原因素。

古国时代，各地区的交流更加频繁和深刻，最终形成了广幅的社会网络。良渚的琮、璧等玉器出现在珠江流域的石峡文化和黄河上中游的齐家、石峁、陶寺等遗址中，南佐遗址的白陶原料瓷石、水稻、朱砂、绿松石等来自长江中游，大汶口文化刻有符号的陶尊见于长江中游的屈家岭—石家河文化、黄河中游的仰韶文化庙底沟二期类型，屈家岭—石家河文化的酒祭器红陶杯等见于黄河中游和江淮地区……这些与高等级祭祀礼仪相关的物品，在各“古国”之间的广泛交流，体现出各“古国”间的政治经济联系，表明当时中国大部分地区已形成联系密切的社会网络。

居天下之中、八方辐辏之地的中原，因其居民掌握了冶金、种植麦类作物、养羊等新生产技术，率先突围，成为物质与信息的中心和枢纽。来自四面八方的文化、思想以及政治经验在此交汇，相互包容、相互融合，既体现了中华文明的发展方向，也有利于增强群体凝聚力，以中原为中心的文化发展趋势形成。[①]

二、王国初统

中华大地追求社会统一稳定的信念可追溯到文献所载的传说时代。《史记》有载，据传远古时期，各部落互相侵伐，百姓受难，轩辕黄帝为稳定中原大局，与炎帝部落战于阪泉之野，后结成包含众多从属部落的联盟。后来，蚩尤率东夷集团西进攻击炎帝部落。炎帝部落节节败退，求救于黄帝。黄帝遂与蚩尤在涿鹿展开激战，大败蚩尤，黄河流域一统，天下咸服。在以炎、黄二帝为核心的政治联盟下，包括蚩尤部落在内的不同部落人群相互融合，逐步演变为后来的华夏族，成为中华民族的前身，中华民族自称“炎黄子孙”“华夏儿女”也由此而来。

为巩固安定团结的社会，黄帝进行了多方位的改革和创新，大力发展文化，增强“国”力。他设立新官职辅佐国家治理，起用具有特殊能力的人才发展文化事业，如命仓颉造字、大挠作天干地支、隶首作算数等。黄帝亲力躬行，划分疆域、分层管理，设计礼服、推广宫室建筑、制货币、作《内经》、采铜制鼎等。虽为古籍传说而未有考古实证，但之前和之后的许多文化成就都被归功于黄帝和他

① 赵辉：《以中原为中心的历史趋势的形成》，《文物》2000 年第 1 期。

的大臣们，反映出后人将史前人类集体文化成就置于自己先祖之身，并予以神化的文化过程，这是对以黄帝为先祖的华夏族的认同。之后的统治者颛顼、喾、尧、舜、禹、启，商的始祖契，周的始祖后稷，也都被认为是黄帝的后裔。因此，黄帝也被尊祀为中华民族的“人文初祖”。

在距今约4100年的龙山时代末期，伴随着跨区域的文化整合，一些区域性文明中心逐步衰落。占据核心区位的中原龙山文化在与周边文化的大规模整合中脱颖而出，进入了具有统一性质的广域王权国家阶段，完成了政治上的统一，夏王朝诞生。

禹通过“征三苗”将长江中游纳入统一的政治版图，“划九州”建立起“王天下”的政治王权。统一的政治秩序得以建立，区域内背景复杂的不同人群得以整合。中原地区文化面貌趋向统一，聚落形态也由多中心、对抗式聚落布局演进到单中心、凝聚式的布局结构。① 以二里头文化为代表的夏文化与辽西夏家店下层文化、太行山东麓下七垣文化、黄河上游齐家文化、黄河中游东下冯文化、黄河下游岳石文化、长江上游三星堆文化、长江中下游斗鸡台文化和马桥文化等多地区文化，存在密切的交流，互见彼此要素。

夏王朝的建立是史前文化从诞生到“早期中华文化圈”形成，再到中华文明起源，最后统一于广域王权国家的结果。中华文明从此进入成熟的“王国文明”阶段。

第三节 中华文明特性的基本形成

中华文明的突出特性，在史前时期文明起源和早期发展过程中就已初步展现。

一、连续演化

中华文明流而不断，连续性是其最为鲜明且最为基础的特质。中华文明的史前连续性，主要表现在人类遗传基因的赓续不辍和文化基因的世代相承。

中华先民的体质奠基于旧石器时代。自新石器时代以来，南北方人群之间通过迁徙互动与基因融合，形成了“你中有我、我中有你”的基本遗传格局，反映出我国近万年来主体人群的连续性。

中华文明的起源、形成和发展是一个连续的过程，大量的文化基因在此过程中生成、发展、代谢，保证了中华文明的连续性。肇始于约9000年前的玉器，由

① 王立新：《从嵩山南北的文化整合看夏王朝的出现》，杜金鹏、许宏主编：《二里头遗址与二里头文化研究》，科学出版社2006年版，第410—426页。

实用装饰品发展为用于巫术、祭祀的“神玉”，再演变为具有礼仪功能的“王玉”，后在儒家、道家等文化的影响下形成延续至今的中国特色用玉文化。始于约 9000 年前的彩陶，集中延续了 5000 多年，在我国分布广泛，其图文符号仍延续在今天的瓷器之上。源于约 8000 年前的龙形（图 3-13），遍布中华大地，贯穿整个新石器时代直至今天，成为中华民族共有的图腾。

此外，诸如榫卯、髹漆（给工具上漆）等技术，蒸煮食物、理疗治病等习俗，观象授时、天人合一、祖先崇拜等观念，也都可以追溯到史前时期。

图 3-13　有关龙的图像

1. 苍龙七宿；2. 甲骨文“龙”字；3. 陶寺龙纹盘；4. 凌家滩玉龙；
5. 翁牛特旗黄谷屯“C”形玉龙；6. 余杭后头山龙形玉器；7. 石峁石龙雕刻。

二、创新发展

创新性是中华文明保持连续性和活力的重要因素。史前中华文明的创新性主要体现在处理人与自然、人与社会关系的技术创新和思想创新。

技术创新为中华先民创造了丰富的物质生活。距今约 2 万年，中华先民发明了世界上最早用于炊煮食物的陶容器；距今约 1 万年，中华先民驯化了水稻、粟、黍和猪，为自己的生息繁衍提供了物质保障。距今约八九千年，中华先民发明了髹漆、制玉、制酒、造船之术；距今约五六千年，中华先民创造出夯土建筑、养蚕丝织等技术，在丰富了物质文化的同时，也塑造了中华文明的面貌。距今 4000

多年，中华先民创新了复合陶范铸铜器技术，更是创造了夏商周三代独树一帜的青铜文明（图 3-14）。

图 3-14　二里头遗址出土的青铜鼎

这是我国迄今发现的最早的青铜鼎，象征着礼制文明的萌芽。它体现了中华文化对外来文化进行吸收、融汇和创新的过程，是表现中华文明包容性、创新性的重要物品。

思想创新为中华文明增添了丰厚的精神内涵。从 8000 多年前开始，中华大地上出现了“天圆地方”的宇宙观、“观象制器”和中正的设计理念，以及“聚族而居，聚族而葬”、敬天法祖、礼乐等思想。它们共同孕育了中华民族天人合一、祖先崇拜、礼法秩序、和合共生的文化基因。祭祀天地传统的延续，成为中国古代政权合法性的仪式源头；祖先崇拜、宗族观念流传至今，成为中华民族孝慈伦理、家国情怀的渊薮。

此外，燧人取火、伏羲画卦、神农尝百草、大禹治水、仓颉造字等流传久远的神话故事，也都彰显出中华先民的创新意识和创新能力。

三、包容开放

史前中华文明的创新性，离不开包容性所提供的文化厚重与灵气。这种包容性主要表现为内部文化的互通互融，对外来文化的兼收并蓄，以及对文化传统的承续。

一是内部文化的互通互融。粟黍和水稻分别起源于约 1 万年前的华北、华南地区。距今 2000 年左右，粟黍类作物分布到了南方的珠江流域，水稻发展到了北方的辽东半岛，中原地区则形成了粟黍和水稻共存的农业形态，保证了整个中华文明发展的经济弹性。位于中原的陶寺文化吸收了长江下游良渚文化的玉琮、玉璧，黄河下游大汶口—龙山文化的玉石钺与双孔石刀，长江中游江汉平原后石家河文化的玉兽面，西北地区的铃和齿轮形铜器等不同区域的文化要素，涵养为自身的文化特质。

二是对外来文化的兼收并蓄。在旧石器时代晚期，欧亚草原带来的石器技术影响了部分北方地区。新石器时代以来，西方的小麦、大麦等植物，山羊、绵羊、黄牛、马、骆驼等动物，青铜技术、权杖头、金器等文化要素陆续传入中华大地。它们因时因地地融入不同区域的不同文化之中，促进了中华文明的多样性和统一性。特别是青铜技术与中华大地两万年制陶技艺相结合，创造了冠绝全球的青铜文明。东西走向的多条文化通道①，将欧亚大陆西侧的不同阶段文化要素源源不断地引入中华大地，也将中华文明的原创性成果惠及欧亚大陆西侧。

三是对文化传统的承续。史前的高等级建筑、祭祀中心、墓地基本都持续几百甚至上千年地使用，体现出对传统理念和文化的尊重与认同。

四、从分到合

中华文明史前的连续性和包容性孕育了其统一性，这种统一性主要表现在文化和政治两个层面。

文化由多元走向一体。在旧石器时代，中华大地石器加工形成南北二元技术体系且各具特点，但南北方却存在各自内部的统一性。进入新石器时代，农业技术支撑下的定居出现，中华文化遍地开花，多区域文化交往交流逐步加深，统一性不断加强，以彩陶和玉器为纽带的共同文化符号联结起今天中国的大部分地区。例如，发源于湖南怀化高庙文化白陶上的獠牙兽面纹，在兴隆洼陶器、仰韶彩陶、良渚玉器、石家河玉器、石峁石雕等不同地区不同文化中延续发展。

政治统一是文化一体化发展的结果。距今 5300 年前后，各地区出现了以良渚“古国”为代表的各个区域文明中心。区域性的文化统一发展成为区域性的政治统一，开启了政治统一的历程。各“古国”在相互碰撞中，文化和政治进一步融合。距今 4100 年前后，大禹“征三苗”“划九州”，完成了中原地区的政治统一，政治

① 如草原丝绸之路、绿洲丝绸之路、高原丝绸之路、南方丝绸之路等多条沟通东西的“丝绸之路”，开辟于不同年代，流动着不同的文化要素，为欧亚大陆东西两侧的互联互通发挥着重要作用。

上的“中国”形成。政治统一推动了更大范围的文化统一，以牙璋和酒器为载体的礼制文明传至今天中国的大部分地区，影响至今。

此外，中华文明的和平性也初见端倪。万邦林立的龙山时代，大量城址的出现是社会关系紧张的表现。这些“古国”文明如何处理彼此的利益冲突，是极重要的社会问题。尧舜禹时代为寻求最大共识与共同利益，建立起平等、民主的邦族联盟，《尚书·尧典》中“协和万邦”就是对此现象的概括。《韩非子·五蠹》记载：“当舜之时，有苗不服，禹将伐之，舜曰：‘不可。上德不厚而行武，非道也。’乃修教三年，执干戚舞，有苗乃服。”[①] 可见舜不用武力，以和平的“文教”征服有苗。

小　结

早期中国形成了以黄河—长江—西辽河流域为主体的、以黄河中游（或中原地区）为中心的多层次的“一体”文化格局。萌芽于约 8000 年前、形成于约 6000 年前的“早期中华文化圈”或者“文化上的早期中国”，在后世发展成为“文化上的中国”。“文化上的中国”是“政治上的中国”分裂时向往统一、统一时维护统一的重要基础，一定程度上和“中华文明”具有对等性。与世界上其他文明的生成发展相比，“文化上的中国”既在本质上趋向于“一体”和“统一”，又内含多种发展变化的可能性；既有能力长期延续自身主流传统，又有能力兼收并蓄，是一种超稳定的巨文化结构。这个“多元一体”格局跟文献记载的夏商周时期圈层结构的畿服制“天下”格局吻合，与此相适应的文明起源模式可称为“天下文明”模式。

思考题

1. 简述早期中华文化圈的形成与发展。
2. 谈谈史前中华文明的重要特性。
3. 如何理解早期中华文化圈的多元一体结构？

① 《韩非子·五蠹》，高华平等译注，中华书局 2015 年版，第 702 页。

第四讲　天下秩序与华夏共同体演进（夏商周时期）

> 早在先秦时期，我国就逐渐形成了以炎黄华夏为凝聚核心、“五方之民”共天下的交融格局。
>
> ——习近平

夏是中国历史上第一个世袭王朝，建立于约前2070年，标志着中原及其周边地区形成了诸多族群归属于一个王朝的政治格局。约前1600年，东方的商人崛起，建立商朝。至前11世纪，西部的周人兴起，代商而建立周朝，定都丰镐（今陕西西安），史称“西周”。前771年，西周灭亡，随后周平王东迁洛邑（今河南洛阳），史称“东周”。东周大致分为春秋（前770—前476）和战国（前475—前221）两段，是历史上群雄争霸追求一统的动荡时期，也是族群大迁徙大交融的重要时期。

最迟在夏中晚期，中原地区就已经发展出空前繁荣的经济生活与文明形态。经由夏商周三代不断治理与巩固，中原地区成为中华文明的核心区。在这一核心区，分布着诸多不同族源的邦国，自称为“夏”或“华”，形成了具有共同文化认同的“诸夏”。“四夷”人群（包括“三苗”）有的居住于核心区域的周边地带，有的在核心区域内与诸夏人群混居，受到华夏文化的浸润与影响。

夏商周三代，王朝疆域逐步扩大。夏朝统治的范围主要限于黄河中下游的中原地区。商朝已扩大到河南大部、河北中南部、山西南部以及山东西南部。西周时，已北至燕山南北，南到江汉流域，东至山东半岛，西达甘肃天水。随着疆域的扩大、族群的增多，商朝和西周都实行分封制和灵活开放的族群治理政策，各族群间的交往交流不断加深。

西周初年出现了华夷交战与“华夷之辨”，但没有改变“诸夏”邦国之间、“诸夏”与“四夷”之间边界弱化的趋势。春秋后期，“华夏”的观念开始出现，并逐渐取代“诸夏”。相比于多个邦国集合体的“诸夏”，“华夏”强调一个人数众多、边界开放的文化、社会、经济、政治共同体，认同华夏文化的“诸夏”“四夷”皆处于其中。随着族群交融与思想交汇的深化，华夏共同体日趋发展、稳固与成熟。

春秋战国时期，分裂带来的战乱让“统一”越发成为各邦族的共同追求，使得“天下”作为贯通政治秩序、经济结构、社会形态、精神世界的整体性体系得以确立，“天下一家”成为世人普遍接受的观念。崛起于“四夷”之地但继承华夏文化的强大邦国，如楚、秦、吴、越，在促进文化交流与族群融合中发挥了重要作用。最终，曾被视为“大夷”的秦国实现了天下一统。

正是在夏商周时期，华夏共同体出现并发展；各族群在政治认同和文化认同上不断加强、凝聚，越来越多的族群与文化进入共同体，为秦汉大一统王朝奠定基础，也为中华民族共同体的形成确立了初始格局与演化路径。

第一节 华夏共同体的孕育

夏商时期是中华文明的早期发展阶段，也是早期国家初创的时期。中华文明核心区在这一时期初步形成，被“天下”各族群认可为“共主”的中央王朝出现并逐渐稳固，族群交流范围主要集中于中原及周边地区，文化层面的交流范围则远超王朝疆域，汉字文化圈初具雏形。

一、中华文明核心区

夏（约前2070—约前1600）直接统治的疆域大致是山西省南部、河南省西部一带。夏朝处于早期国家初创阶段，比较完整地保留了氏族组织结构。文献中所见的夏朝邦国，基本都是以“氏”为称，如有扈氏、斟鄩氏、彤城氏、褒氏、费氏、杞氏、辛氏、冥氏、斟戈氏、防风氏、有穷氏、豢龙氏等。这说明当时“族”是构成邦国的基本单位，一邦就是一族。这些邦族最初建立的合法性及日常管理规则并非来源于夏。而夏朝相对强大的军事实力和文化辐射力，形成了周边邦族对其“中央”地位的认可，但这种等级从属关系较为松散。

夏早期政权异动频繁。根据古史传说，大禹通过治理水患确立了“天下共主”的地位，但其子启则是通过与伯益部族的战争才夺得王位。后来有扈氏反对启，爆发了甘之战。至启子太康为政时，有穷氏首领后羿（又叫“夷羿”）夺取夏政权。后来有穷氏又被寒浞取代。历经数代争斗，夏王室后裔少康最终夺回王权，夏朝的统治才得以稳定。

夏朝中后期（约前 1800—约前 1600），中原地区突破了地域局限，对周边区域产生了前所未有的文化影响，创造了空前璀璨的文明。河南偃师的二里头遗址被认为极有可能是夏朝后期的都城，二里头文化的典型器物“牙璋”扩散并影响到东亚大部分地区，北至陕北地区，南至岭南珠江流域，东到山东半岛，西到四川盆地，标志着中华文明和中华民族的核心区已在中原形成。

这一时期，生活在东亚大陆东部的人群已与生活在今新疆地区的人群有所交往，并发生血缘融合。21 世纪初，于新疆罗布泊地区发掘的小河墓地（距今约 4000 年—约 3400 年），其时代与夏朝大体相当。古 DNA 检测证实，小河墓地人群的母系遗传构成已有东亚人群的遗传成分。

二、“内服”与“外服”

到夏朝晚期，与东夷有密切联系的商部落逐渐兴起，他们通过战争推翻夏朝，建立了商朝。商朝的疆域仍以中原为核心，但直接治理的“王畿”范围已涵盖今河南省中部、北部的大部分地区，较夏朝治理范围有所扩大。同时，商朝还在距离“王畿”较远的地区建立了若干军事据点，实现对更广袤疆域的有效掌控。例如东下冯商城（今山西夏县）、垣曲商城（今山西垣曲）、盘龙城商城（今湖北武汉），均在商朝早期就已建立，其目的是安定夏朝遗民、西方族群和南方族群。商朝的政治辐射至河南大部、河北中南部、山西南部以及山东西南部，其与周边族群交往交流的范围不断拓展。西南已达四川盆地，对古蜀文化影响至深。三星堆祭祀坑中出土的大量玉器，在类型、形制上与中原的玉器有诸多共性；三星堆青铜尊（酒器）、青铜罍（酒器）的造型，基本仿照了中原青铜器的同类器型。西北则触及新疆地区，殷墟妇好墓中就发现了由新疆和田玉料制成的玉器（图 4-1）。

商朝后期，商人结束了频繁迁都，都城稳定于殷（今河南安阳）。以国都为核心的“王畿”地区被称为“商”，也称作“大邑商”，是商人的统治区与核心聚居区，商朝的各级贵族多居于此。“王畿”之外是“四土”，包括东土、西土、南土、北土。那些名义上臣服于商朝的邦族分布于“四土”，如东土的人方、林

图 4-1 河南安阳殷墟妇好墓出土的新疆和田玉羊头和玉鸟

殷墟妇好墓出土的玉羊头和玉鸟，皆是选用新疆和田籽玉琢制而成。这说明早在商朝后期，中原王朝已与数千里之外的新疆地区建立起了联系。

方、危方，西土的羌方、羞方、召方，南土的雇、息、虎方，北土的土方、孤竹等。“王畿”与“四土”，又被称为“内服”与“外服”，对应着不同的管理方式和职官体系，它的雏形可能在夏朝就已出现，到晚商时期发展成为较为完备的制度，体现了商朝族群治理的智慧。

商朝对“内服”实行直接统治，对“外服”的邦族则一般不干预其内部事务。臣服于商朝的邦族要履行一定的义务，如定期向商朝纳贡，商王征战时要派兵参战；商王也可以到“外服”邦国的土地上田猎。总体来看，各邦族与商王室的联系仍然不够紧密，其忠诚度主要取决于与商王室关系的亲疏程度。到商朝晚期，“天下”还未形成一个完全将各邦族囊括在内且稳定有序的政治实体。

三、文字与青铜器

文字是中华文明最重要的载体，也是历史上中华民族内部各族群间文化交流的主要媒介。商朝各族群交流融合的广度和深度，较之夏朝已进一步提升，其重要的标志之一就是文字的广泛传播与应用。虽然先秦时期各族群语言并不相通，但文字的使用打破了语言的界限。汉字的萌生可能很早，目前所知最早的成体系的汉字材料是发现于安阳殷墟的商朝后期甲骨文，这是一种刻写在龟甲或动物骨头上的文字，主要记载当时占卜的内容。在商朝晚期，甲骨文的使用范围已大大超出中原，西方的陕西周原、东方的山东大辛庄均发现了甲骨文字。1959 年，湖南宁乡出土了一件商朝晚期铸有“大禾”铭文的人面纹方鼎（图 4-2），这里不在当时商朝的政治影响范围内，但文字仍在此使用。

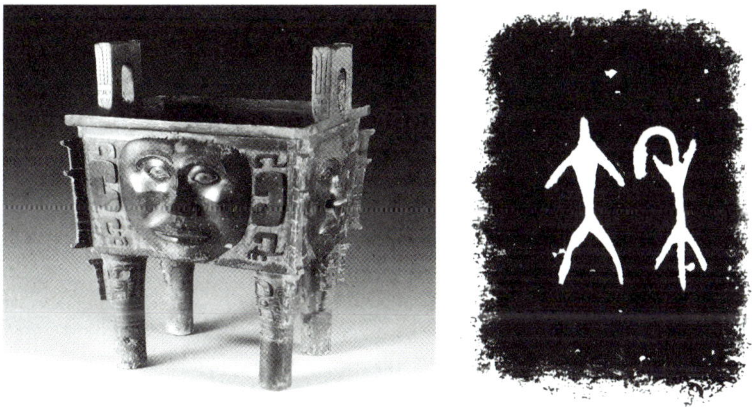

图 4-2　大禾方鼎及铭文

大禾方鼎，也称人面纹方鼎。这种纹饰具有非常鲜明的南方地域色彩，与中原青铜器的纹饰风格迥然不同。“大禾”是这件方鼎内壁上的铭文，亦可读作“禾大”。

青铜器的大规模使用也加强了商朝与周边族群的经济、政治、文化联系。商朝是中国青铜文明的高峰，对青铜矿料有极大需求。青铜的合金成分主要是铜和锡，中原地区缺乏大规模、高品质的铜、锡矿产，而南方的长江流域则分布着较为丰富的此类资源。因此，商人在长江、汉江交汇处建立城市，以此控制南方的铜、锡资源，并在中原与长江中游之间建立起转运此类矿料的通道。部分方国接受了商朝以青铜器为代表的礼乐政治文化，如大辛庄、苏埠屯、新干大洋洲、三星堆等遗址都出土商式青铜器。可见，青铜文明的发展极大地扩展了族群间直接交往交流的范围，有效地将黄河流域与长江流域的诸族群联系起来。

族群间的文化交流从来不是单向的。殷墟妇好墓中发现了大量体现周边文化元素的文物，包括具有草原文化元素的青铜器、承载海洋文化元素的海贝，以及和田玉料等。同时，先秦时期并非只有中原语言文化影响了周边族群，周边族群也给中原文字文化增添了若干新词，其中一些已成为汉语中的基本词汇。如“贝”“牙”“狗”等可能是来源于苗瑶语、侗台语等语言的词汇，已经成为汉语中不可分割的要素，体现了“润物细无声”这一历史上中华民族内部各族群文化交流交融的常态。

商朝虽不再像夏朝邦国那样以“氏”为称，而改为以“方”为称，却仍未改变聚族为邦、一族一邦的社会结构。其各族群地域意识加强，但尚不具备族群间大规模交融的条件，未形成深入社会基本单位的族群交融环境。

第二节 华夏共同体的发展

周人原本是中原的古老部族，其始祖后稷是尧舜时期的重臣。周人最早活跃在陕西泾河中游，后西迁至陕西渭水流域，并与更西面的甘肃陇右姜姓羌人部族深度融合而逐渐发展壮大。到了商朝中后期，周已成为西土的重要方国。公元前11世纪上半叶，西周（前1046—前771）建立。西周时期，“天命观”大行其道，加强了各族群对中央王朝的政治认同。随着“诸夏”集团的形成，“华夷之辨”开始出现。但由于分封制的推行，各族群出现了大规模混居与通婚。遍布天下的“周道”路网亦加强了族群间的经济和政治联系，开启了各族群间社会文化深度融合的新篇章。

一、周初分封

西周建立前的先周文化是一个多源融合的文化，它由姬姓周人、姜姓之族和其他众多非姬姓族群共同创造。周朝经“牧野之战”建立政权，而东方的殷商遗民随后发起对抗周朝的“三监之乱”。为应对这场叛乱，周公亲自东征。这一场旷日持久的大战，改变了中原及其周边地区的政治格局，拓展了周朝直接治理的区域。为加强对殷商故地的治理，周公在当时人们认为的“天下之中”营建新都洛邑，即“宅兹中国”（何尊内铭文，图4–3），作为东方诸侯朝见周王和缴纳贡赋的东都洛邑是周朝的东方政治经济中心，也被称为“成周”。以东都洛邑和西都丰镐为核心的王畿绵延超过千里，是周朝政治、经济、文化中心地带。西周统辖疆域更是北至燕山山脉，南到江汉流域，东至山东半岛，西达甘肃天水。

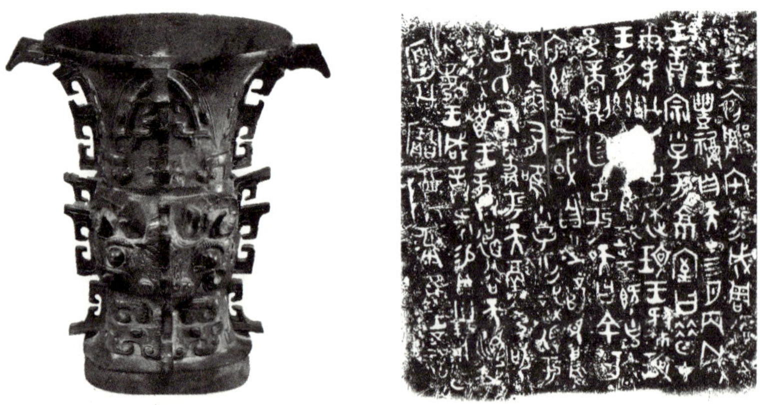

图4–3 何尊与“宅兹中国”

何尊以其上铭文“宅兹中国”而闻名。铭文记述了周成王营建成周、举行祭祀的一系列活动。其中记录了天子对于“宗小子”（周朝的年轻贵族）的训诰之辞，还引用了周武王克商后祭天时的祷辞，即“余其宅兹中或（国），自止（之）乂民”。定都天下之中以统治万民，这是周朝开国之君革故鼎新、接受天命的宣言。

为了在广大的疆域内建立起稳定的政治秩序，周朝实行分封制，册命了数量众多的诸侯，分赴各地建立邦国。为避免诸多殷商遗民再次聚合发动叛乱，周朝借着大行分封的契机，将这些大族进行拆分和迁徙。这一过程与周初分封诸侯是同步进行的，文献中记载了许多邦国分封时都曾“授民”。如分封鲁国时就将“殷民六族”一并封给了鲁公伯禽，命他统治这些殷人宗族；分封卫国时将“殷民七族”分给卫康叔；分封晋国时将“怀姓[1]九宗”分给唐叔虞。20 世纪 80 年代，在北京房山琉璃河燕国墓地发掘出土的克罍（图 4–4）、克盉铭文记载了分封燕国的情景，也提到将羌、驭、髟等族封给燕国。那些殷商时期十分兴盛的大族，如举族、戈族等，在西周时期都分散到了天下各地。

图 4–4　北京房山琉璃河燕国墓地出土的克罍及铭文

克罍记载了西周初年周成王册封燕侯的史实，涉及周初册封和燕国的世系，是研究西周时期燕国历史的重要信息来源，实证了北京三千年的建城史。

有些曾激烈反抗周朝的族群，在被拆分后远迁数千里，彻底远离本族旧地。如秦人的祖先，原本生活在嬴姓族群聚居的山东半岛，而在周公东征之后，秦人被西迁到数千里之外的甘陇地区。部分殷商大族亦被拆分后安置在王畿腹地，如

① “怀姓”又作“隗姓”，是典型的戎狄之姓。

周原和洛邑。近几十年来，两地考古发掘出大量西周时期的殷商人墓葬。另外，由于殷商贵族文化程度较高，所以很多殷商遗民被周人重用，他们被派往各地担任史官或“作册”，服务周朝的贵族。譬如，根据西周早期的作册令方彝铭文记载，出身殷商遗民的作册矢令就成了周公之子明保的家臣。

虽然周初的族群拆分与迁徙出于稳固政权的政治目的，但客观上也打破了自夏商以来聚族为邦、一族一邦的局面，使“天下”各族群大规模混居杂处。当时很多邦国的族群结构较为复杂，一般分为周人统治者、被迁徙的殷商遗民、当地居民三类人群，这给各族群在血缘和文化上的交流融合创造了条件。为了应对这一全新的局面，周朝和列国统治者多采取较为开明的政策。

如齐国始封君太公吕尚，为了安定境内大量的夷人，采取“因其俗，简其礼”的政策，促使周人与当地族群交流融合，快速稳定了齐国政局，也塑造了活泼开放的齐国文化。又如周公的长子伯禽被分封到殷人势力强大的商奄，建立了鲁国。为了让周人与殷人和平相处，鲁都曲阜不仅有周社，还有专供殷人活动的亳社，充分尊重了殷遗民的信仰和文化。南方的曾国是周初重臣南公（南宫适）的封国，湖北随州叶家山发现的曾国墓地，虽然总体属于周文化体系，但也出现了殷商文化的元素，如墓葬中有腰坑，腰坑内有殉狗，以及青铜器铭文中出现商代已有的族徽。另外，该墓地还富有地方文化特色，其墓葬朝向基本都是东西向，而周人墓葬一般为南北向，这说明被分封曾国的周人不仅与随行分封殷商人群杂居交融，也吸收了当地居民的文化习俗。

随着各族群不断迁徙杂居，文化和礼俗的发展逐渐趋同，原本在周初泾渭分明的各族群文化，到了西周中后期就已基本融合。

族群杂居也必然造成族际联姻。在“溥天之下，莫非王土”的统一稳定政治秩序下，即使是相隔很远的族群，也常常建立婚姻关系。周礼中规定了严格的“同姓不婚”原则。上古时期的姓很稀少，目前可知的只有二十多个。因此，“姓族”是非常庞大的，而男女婚姻必须跨“姓族”，也就有可能跨越族群边界。在周朝建立前，姬姓与姜姓、姬姓与姞姓已经常联姻，这些族群早已深度融合。

进入西周时期，“华夷之辨”的观念虽已萌发，但诸夏列国与其他族群通婚联姻的例子并不少见。譬如，晋国势力范围内的倗国与霸国是隗姓的戎狄之国，学界推测它们是周初跟随晋国分封至此的“怀姓九宗”中的两个。但倗、霸仍与许多周朝分封的姬姓列国保持了频繁的通婚，这在山西绛县横水倗国墓地和翼城县霸国墓地出土的青铜器中有充分体现。

跨族群的通婚不仅出现在诸侯列国中，也见于周王室。西周晚期，周王曾娶南方噩（鄂）国的姞姓女子，而噩（鄂）国是江汉流域的邦国，在商朝时就很强大，也并非完全臣服于周朝。周天子也曾娶戎狄女子为王后。如西周末年的周幽王，娶了西申国的国君之女姜氏为王后，西申在当时又被称为“申戎”。春秋早期的周襄王，也娶了隗姓的狄人女子为王后。

二、周礼秩序

西周是一个初步完成疆域统合和族群统合的统一王朝。周人用“天命观”将天下各族融合为一个政治实体，以“天命之转移”解释王朝更替。“天命”只是从夏人转移到商人再转移到周人，并非族群间的相互征服取代，统治集团的更迭并不影响各族群之间已存在的凝聚力。得“天命”者便具有了更强的合法性和号召力，从而将更多的族群纳入其主导的政治共同体中。

周朝的政治版图由周天子分封的列国和向其臣服的邦国共同构成。分封的诸侯国，兼具列国与周朝地方组织的双重性质，其源于地缘、血缘的族群性质被极大地削弱。这些诸侯建立的合法性、日常治理的政治制度以及维持贵族家族内部秩序的礼法仪节均来源于周朝，甚至邦国的执政大臣和军队首领也由周朝任命。加之严密的宗法制以及频繁的跨族姓联姻，这些封国与周朝凝聚成为一个内部联系十分紧密的政治实体。

周朝分封的列国须行周礼、尊宗法，且周礼与其他邦族纷繁各异的政治文化须显著地区分开来。当时天下仍有大量邦族并非周朝分封，他们多数不行周礼，根据各自的传统治理国家，逐渐被“诸夏”列国视为异己，并被冠以“蛮夷戎狄”之称。周初建立新政治秩序开“华夏”观念之端倪，也催生了“华夷之辨”的出现。

周人自称为“有夏”，称自身居住的地方为“区夏”。因此，周王朝分封的诸多邦国被称为“诸夏”，有时也称“诸华”（“华”和“夏”皆有大、美之义）。“诸夏”主要包括姬周王室的分支建立的邦国，长期与西周联姻的若干姜姓、姞姓邦族（包括齐、吕、申、许、南燕等），虞舜、夏禹、商汤后裔建立的邦国（包括陈、宋、杞、鄫等）。而楚国、吴国、越国、山东半岛上的许多东夷邦国以及更多尚未发展到国家形态的部族（如郯、任、宿、须句、颛臾、邾、莒等）则不被视为“诸夏”。

对于那些分封制之外的非“诸夏”邦族，只要臣服于周，周朝便很少干涉其内政，甚至默认这些国君在国内称王。在西周金文文献中可以找到很多诸侯称王的例子。譬如在关中平原的宗周王畿之内就存在着一位“夨王”，从西周早期一直传承到晚期，且经常参与王朝贵族事务（图 4–5）。目前已发现的西周时期称王的邦族已近十个。这些国君虽然称王，但大多时候臣服于周天子，也不同程度地受到礼乐文化影响。

图 4–5　夨王方鼎盖及铭文

由铜器铭文及器物本身可知，夨早在西周初期就已自称为“王”，且一直延续到西周晚期。夨国与许多诸侯都有联姻关系，和周朝也长期融洽共处。

西周固然通过分封制极大地扩展了统治疆域，但也和夏、商王朝一样，面临着如何管理和安定境内各族群势力的问题，以当时的生产力发展水平，仍无法实现直接管理。因此，周王朝沿用并改进了前代的“服制”，采取相对灵活的治理政策。对于直接分封的诸侯，依照比较严格的礼法进行管理；对于那些分封制没有覆盖、血缘联系淡薄、文化差异较大或距离较远的邦族，则只需其在名义上臣服于周王室。

在西周时期，纵然天下有若干个“王”，但周天子的共主地位是很明确的。即使到了春秋战国这样的乱世，称“王”者越来越多，但大家都很默契地把“天子”之位空出来。因为曾经的周天子是统治天下的共主，没有成为天下共主的“王”是不能称“天子”的。由此可见，天下各族应当归属于一个统一政治秩序的观念，在西周时期就已出现，这是中国能够出现大一统王朝以及各族得以凝聚成中华民族的重要前提。

三、“周道”路网

周朝建立后，面临与商朝同样的青铜矿料资源需求。因此，西周初年就在江淮之间分封了强大的曾国以控制南方的铜、锡资源。曾国位于今湖北随州，是沟通南北方的交通要道。根据科技考古发现，曾国青铜器与大冶铜绿山铜料的相关数据很接近，与成周、宗周王畿的青铜器也有重叠。[1]这说明，西周铜矿供应很大一部分来自长江流域，通过曾国进行转运，到达中原地区和王畿。这条从长江中游向中原地区输送铜、锡矿产的道路转运系统，在周朝铜器铭文中被称为“金道锡行”（图 4-6）。

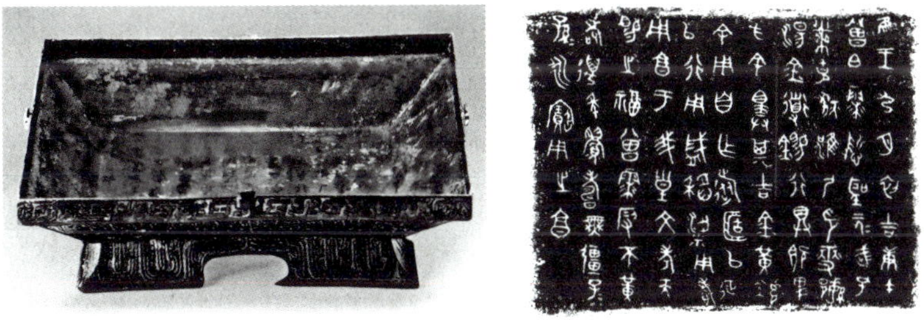

图 4-6　曾伯霥簠及铭文

曾伯霥簠铭文记载了曾伯霥征伐淮夷，“抑燮繁阳”，开拓了以南方金锡入贡或贸易的道路。其中繁阳为地名，是当时中原与淮南的交通枢纽，可能在今天的河南新蔡境内。“金道锡行”便是运送铜、锡等金属矿料的专线道路。

这一时期，楚人在长江流域的势力逐渐扩大。据“清华简”《楚居》记载，楚人的核心氏族曾生活在中原，在商后期逐渐南迁，来到了江汉平原。随着楚人发展日益强大，周朝的“金道锡行”受到影响。据西周铜器史墙盘铭文记载，周昭王南征的目的就是“惟贯南行”，即打通通往南方的道路。

金属矿料的运输需要有便于运输的道路。西周时期已经有了官方修建且遍布天下的道路网络，这就是著名的“周道”。“周道”以宗周丰镐和成周洛邑为两个中心，向四周发散，将周朝的两个政治中心和重要的诸侯列国联系起来。“周道”东至齐鲁，南至淮水、江汉，北至燕国，西至大散关，基本触及当时华夏人群所熟知的地理边界，“东夷”“西戎”“南蛮”“北狄”活跃的区域也在“周道”的覆盖范围内。

“周道”的道路质量非常高，《诗经》形容为“周道如砥，其直如矢”，说“周道”的路面像磨刀石那样平坦，路线像箭矢那样笔直。考古学家在周原地区发现

① 郁永彬、陈建立、梅建军等:《关于叶家山青铜器铅同位素比值研究的几个问题》,《南方文物》2016 年第 1 期。

了一段周道遗址，这是连接岐周旧都与丰镐新都之间的道路。道路以夯土筑成，十分坚实，中间略高，两边略低，以便排水；路面宽达十米，有四组车辙，可双向通行。“周道”沿途有行道树、水井和供行人休息的场所，配备道路管理和维护人员（“野庐氏”）。故研究者将其称为古代的“高速公路”。[①]

“周道”路网的出现，说明周朝并非松散城邦国家的联合，而是一个具有相当集权程度的统一王朝，否则不可能修建并维护这样庞大而严密的道路体系。这一道路体系修建完成后，又大大地加强了天下各邦国之间的联系，增强了凝聚力。即使平王东迁、周朝衰微后，强势的霸主仍然可以凭借“周道”频繁地盟会诸侯、掌控天下局势。同时，便捷的道路网络也促进了不同族群间的人员往来，以及物产和文化的交流。

“周道”主要是服务于政治，比如使者往来、战争行军、政令公文传递；也用于物产资源运输，其中既有朝贡，也有贸易。西周分封制下，根据地理位置的远近和宗法关系的亲疏，规定了天下邦国须各自给周王室纳贡。以周朝为中心，各地诸侯周而复始地进行着物产资源交流。能够进行强有力管控的亲旧之邦以及臣服的“蛮夷”，须向周王进献布帛、粮食、人力；远离“王畿”、难以管理的邦国，只需象征性进贡。除了朝贡，各族群间的经济往来更多地靠贸易实现。西周时期，商业贸易多由官府主导。成周洛邑是天下道路的中心之一，也是当时的商业中心。各地邦族根据自己的物产和需求参与贸易活动。如晋国就将自产的盐卤南运到“金道锡行”的中转站繁阳，向楚国换取铸造青铜的材料。

“周道”为贸易提供了客观条件，货币则是贸易活动中的重要媒介。在夏商周时期，已经出现了能够流通于天下的货币，其中流通时间最长、通行范围最广的就是贝币。根据考古发现，夏朝就已经有了以石、骨仿制的贝。到了商朝，各地的遗址和墓葬中大量出现海贝（图 4–7），甚至甲骨文、金文中也出现很多以“贝”为偏旁的字，多与财富、贸易有关。贵族赏赐下属，往往也直接赐贝，少则一二朋，多则上百朋。到西周时期，商业进一步发展，贝币流通范围更广。海贝除了在宗周、成周等核心地区大量被发现，在宁夏固原、甘肃灵台、山东济阳等更广袤的区域均有发现。这说明贝币不仅在中原使用，也在边远地区使用；不仅贵族使用，平民也在用。一直到战国之前，贝币都是通行天下的主要货币。

---

① 丁岩：《岐丰“周道”及相关问题》，《文博》2003 年第 4 期。

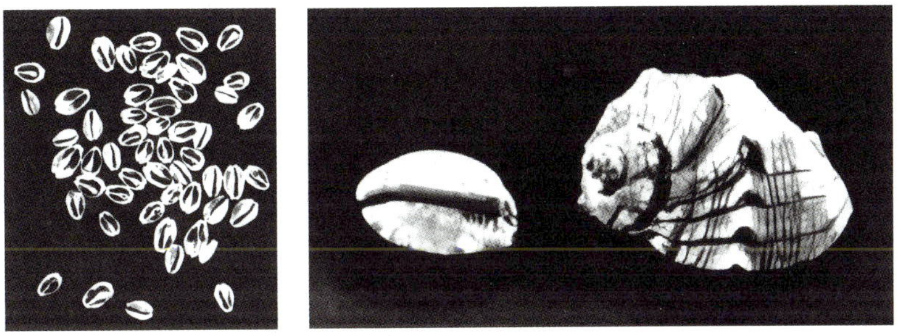

图 4–7　河南安阳殷墟妇好墓中出土的海贝与海螺

妇好是商王武丁的王后，也是一位军事统帅。她的墓葬于 1976 年被发掘。因没有被盗掘过，出土了丰富的随葬品，其中就包括大量海贝与海螺。

九州之地，各有物产，每一种物产都是宝贵的财富，皆可用于改善人们的日常生活，“皆中国人民所喜好”。上古时期的人们修筑了最早的路网。道路所及，人群皆行。物产资源的往来承载着文化的交流，华夏共同体就在这种日常而频繁的交融中进一步发展。

第三节　华夏共同体的成熟

春秋战国是一个群雄并峙、战争不已的动乱时期，也是中国历史上第一个族群大融合的时代。五百多年里，大国鲸吞小国、强国兼并弱国从未停止，连年的兼并战争中，先后涌现出“春秋五霸”和“战国七雄”，促成了区域性的政治统合和族群融合，造就了一批对中华民族历史进程影响至深的“大夷”，也极大地拓展了中华民族的核心区。在频繁而深入的交流融合中，“诸夏”凝聚为“华夏”，与“四夷”等族群共同融汇成华夏共同体，如江河汇入湖海一样再也无法分割。随着“天下一家”观念的深入人心以及对“天下一统”的追求，列国林立的局面最终被统一多民族王朝所取代。

一、从“诸夏”到“华夏”

西周灭亡后，诸侯崛起，周王朝名存实亡。在强烈的统一王朝观念作用下，实力强劲的诸侯开始了一系列探索，试图弥合分裂的政治局势，建立起新的天下秩序。

春秋早期，北方戎狄大规模南下，与诸夏列国发生了一系列冲突与战争，甚至灭掉了邢国与卫国这两个重要的姬姓封国。齐桓公以此为契机，打出“周天子”

的名号，高举共同对抗“戎狄”的旗帜，统合天下秩序，领导天下诸侯。因此，后世将齐桓公称霸的策略总结为“尊王攘夷”。这一策略很大程度上被此后的春秋霸主所继承。从短期来看，这一策略起到了凝聚认同的作用，诸夏列国共同面对一个强有力的“他者”，彼此之间差异弱化，加强了相互之间的交融和认同；但从长期来看，无论是“尊王”还是“攘夷”，都是诸侯在周王朝衰微的情况下尽力维持天下秩序的一种手段，而非主要目的。实际上，霸主们既没有真正“尊王”，因为周朝仍处于持续衰落中；也没有真正“攘夷”，因为齐、晋等国虽与北狄的部分支系爆发过较为激烈的战争，但其规模与强度在春秋时期不算突出。诸夏列国与“东夷”诸国长期和平共处、深度融合，与“南蛮”大邦楚国也在大部分时间里维持了和平交往，北方戎狄的许多部族也与诸夏列国保持着友好关系。而在春秋霸主中，除了齐国和晋国，其余的楚、秦、吴、越均在不同程度上一度被中原列国视为“戎狄”。[①]然而，一方面，楚、秦、吴、越积极学习中原文化，在文化和政治形态上有了质的跨越；另一方面，中原诸夏列国并未将之视作仇敌，而是积极调整战略，与之充分合纵连横。当“霸主”都曾出身于“蛮夷戎狄”，而列国甚至周天子也在事实上认可其地位时，春秋霸主“尊王攘夷”也不具备实质意义。

春秋后期，“华夏”的观念开始出现，并逐渐取代了“诸夏”。“诸夏”是一个复数概念，先有了一个个“有夏”之邦，再有这个集体的统称。个体边界是明确的，一般就是一个邦族，因此“诸夏”作为一个集体的边界也是相对明确的。而从“诸夏”“诸华”到“华夏”，不仅是从复数概念变成了单数概念，也从若干邦族的集合体变成了一致认同的共同体，这意味着内部个体界限的逐渐消弭，如同多条河流汇聚成一片江海。

但是，华夏共同体并没有只停留在“诸夏”的边界，而是继续融汇更多族群。北狄的大规模南下并未造成华夷之间不可调和的矛盾，反而促进了戎狄与诸夏人群的大规模融合。杂居是族群大规模、深层次融合的重要因素。由于自然环境变化等原因，春秋时期“蛮夷戎狄”深入中原与诸夏列国混居。春秋前期还颇为常见的华夷交战，到后来就转变为华夷之间的交错融合。到春秋战国之际，中原的族群分界已经相当模糊，无论是原来的“诸夏”，还是“蛮夷戎狄”，基本都融入华夏共同体。

---

① 楚王多次自称“我蛮夷也”（《史记·楚世家》）；中原列国“皆以夷狄遇秦，摈斥之，不得与中国之会盟”（《资治通鉴·周显王七年》）；吴、越北进时，也被称为“蛮夷入伐”（《左传·成公七年》《左传·哀公二十六年》）。

春秋时期的列国兼并，也是推动族群融合的一大原因。春秋霸主都是通过兼并小国而成的。据文献记载，楚国、晋国均灭国数十，秦国灭国十二，齐国、吴国、越国也吞并了若干邦族。这些大国的兼并行为，一方面是政治上的区域统合，另一方面也是区域性的族群融合。楚国统合了江汉流域的族群，晋国统合了黄河以北的族群，秦国统合了关中平原和河湟地区的族群，齐国统合了山东半岛北部的族群，吴、越统合了淮水下游至太湖、钱塘江流域的族群。随着各国内部集权和县制推行，区域内各族群遂归属于同一政治实体。

当历史进入战国时期，天下分裂已久，甚至文字已经分为晋、楚、秦、齐、燕五个系统，彼此差别较大。但长期以来各族群强烈认同天下的政权应当集于一统，“分”终究要归于“合”，这已经成为中国历史理所应当、势所必然的基本逻辑。所以，当梁惠王问孟子“天下恶乎定”时，孟子明确地回答他“定于一”。虽然当时诸子百家政治见解各异，但有一条共同的底线，即建立“统一秩序”。儒家强调“定于一”；法家强调“车同轨、书同文”；墨家强调“尚同”与“执天下为一”；即便主张“无为而治”的道家，也反复探讨“取天下”和“天下王”的奥秘，主张“万物虽多，其治一也”。“天下一统”是包括儒、法、墨、道等诸子百家各门各派的共同主张，也是处于战乱中的天下各族的共同心愿。最终完成天下归一的并非诸夏列国，而是“大夷”秦国。

西汉思想家董仲舒在《春秋繁露》中将所谓“蛮夷戎狄”分为两类：“小夷”和“大夷”。“小夷”指的是不具国家形态、未聚合成邦国的赤狄、白狄、犬戎等，“大夷”则是充分吸纳华夏文化、已形成邦国且国力相当强大的楚国、秦国、吴国、越国等。楚、秦、吴、越长期被中原列国视为“蛮夷”“虎狼”，但无论是政治统合，还是族群交融，这些“大夷”都起到了至关重要的作用。

二、杂处与通婚

春秋时期，戎狄与诸夏列国杂处的情形非常普遍。狄人中的赤狄与白狄两大分支纵横中原，西至晋国、东至齐鲁的列国多与之交战，同时也不断融合。在“天下之中”的伊洛平原上，也生活着扬巨、泉皋、伊洛之戎和陆浑之戎。近年来考古发掘的河南伊川徐阳墓地，多数学者认为就是陆浑戎的墓葬。[①] 诸夏列国与这些戎狄之间，有和平交往，也有兼并战争，但都使得交往交流程度不断深入，最

① 郑州大学文物考古研究院（洛阳）、洛阳市文物考古研究院：《河南伊川徐阳东周墓地西区2013—2015年发掘》，《考古学报》2020年第4期。

终走向融合。当时亦有很多重要政治人物因各种原因来到别族之地生活，并在杂居中完全融入。

如楚国贵族苗贲皇，本是楚国公室分支若敖氏的族人，其父还担任过楚国令尹，后来因政治斗争失败而来到晋国，成为晋国的著名贤臣。另一位楚国贵族屈巫臣，因为得罪了当时在楚国掌权的令尹子重和司马子反，投奔了晋国，为晋国策划了扶持吴国以制衡楚国的战略，成为晋楚争霸形势改变的转折点。苗贲皇和屈巫臣为晋国效力的故事，就是成语“楚材晋用”的写照。而屈巫臣的儿子屈狐庸，则被派遣常驻吴国担任“行人”。40年后，屈狐庸已经成为彻底的吴国人，作为吴王的使者与晋国沟通。晋国大夫伯宗，被晋国的权臣家族郤氏杀害，其子伯州犁被迫迁往楚国，成为楚国显赫的贵族。后来，伯州犁之子郤宛又被楚国的奸臣费无极陷害，自杀身亡，其子伯嚭被迫迁往吴国，成为掌握吴国政权的太宰。

战国时期，华夏人群开始与北方草原族群杂居交融，也对“流沙以西”和巴蜀以南的人群逐渐有了进一步了解。譬如，战国中期赵国的赵武灵王攻占了原阳（今内蒙古呼和浩特东南），利用这里广阔丰美的草原养马练兵，而兵源既有华夏边地的善骑之民，也有招揽收编的胡人骑兵。华夏人群在和胡人接触后，充分认识到“胡服”的便利性，于是改穿草原游牧族群的上衣下裤和胡衣胡帽，这就是著名的赵武灵王“胡服骑射”。

上古中原先民对“天下”西界的认知长期停留在河西走廊一带，再向西则夹杂了具有神话色彩的地域想象，这种情况到战国时期有了根本性的改变。《逸周书》《山海经》等典籍中记载了生活在“西域”的各族群之名，如大夏、莎车、竖沙、居繇、月氏。这些都是那个时期生活在新疆到中亚地区的族群，如“大夏”就是“吐火罗”的音译，说明华夏人群已经开始有意识地和新疆地区的人群进行直接交往。

华夏人群与巴蜀以南也就是今云南地区人群的直接交往是由楚人推动的。战国后期，楚国将军庄蹻受楚王派遣，沿长江而上，经略黔中、巴蜀等地，进而向南进入云南。庄蹻及其部众在滇池一带开辟了数千里肥沃的土地。由于秦国攻占巴蜀，断绝了归楚之路，庄蹻及其部众就留在滇地，和原居于此的人民一起开发这片土地。庄蹻积极融入当地人群，接受当地文化，改穿滇地的服装，成为滇地人民的首领。从考古学上看，战国晚期滇地的青铜文化有一次飞跃式的发展，很可能与庄蹻入滇带来了先进的制度文化和青铜冶炼技术有关。

随着各族群间的血缘融合更为深入，许多重要的历史人物都诞生在跨族群婚姻的家庭中。如晋文公与孔子。晋文公重耳是晋献公和狐姬所生，他一直与自己母族狐氏狄人关系密切，其舅狐偃是一直陪伴在他身边的股肱之臣。晋文公在流亡的 19 年间，有 12 年生活在狄人部族中。他还娶了另一支戎狄廧咎如的女子季隗为妻，生下了晋襄公。就是这位出身于族群融合家庭中的晋文公，日后带领晋国成为天下霸主，对中国历史的发展进程具有深刻影响。

孔子的父族是宋国国君后裔，而宋国国君又出自殷商王室，所以孔子常以“殷人”自居。春秋初年，孔子的先祖迁徙到了鲁国都城曲阜，在这个周礼最兴盛的邦国生活了数代。其父叔梁纥娶了颜氏女，生下孔子。而颜氏据传说是东夷之邦郲国的公族后裔。孔子出生于其父亲担任长官的陬邑，这里曾是郲国的旧都。他的身上流淌着商王族和东夷人的血液，生于东夷旧地，长于周礼之邦。身兼多种族群文化身份的孔子，成为儒家的创始者，是古代中华文明最重要的代表性人物。似晋文公和孔子这样的跨族群家庭后代，在春秋时期十分常见。

春秋晚期，东南方的吴国崛起。原本诸夏列国都将吴国视为“蛮夷”，但随着吴国的强大，列国纷纷与吴国联姻，不少姬姓国也打破“同姓不婚”的礼制与吴国联姻。如鲁昭公就曾迎娶吴国国君的大女儿为妻，蔡昭侯则将自己的大女儿嫁给了吴王（在陪嫁青铜器蔡侯申盘的铭文中记载了此事，图 4–8）。

图 4–8　蔡侯申盘及铭文

蔡侯申盘，1955 年出土于安徽寿县蔡侯墓，盘内底有长篇铭文，记载了蔡国与吴国之间的联姻。蔡国原本是楚国的仆从国，但因蔡昭侯受到楚国令尹的羞辱，转而寻求与吴国联合，联姻就是蔡、吴联合的直接体现。

三、“同文”与“共祖”

周朝建立后，随着疆域的扩展和各族群的大规模迁徙，“汉字”文化圈也进一步扩展。文字所承载的文化对“西戎”“北狄”“东夷”“南蛮”产生了深远影响，推动了各族群间的文化交融。

春秋后期，有一位名叫“驹支”的戎人首领，曾明确表示，虽然“诸戎”与华夏之间多不能进行直接的语言沟通，但他本人深谙华夏文化和诗书典籍，是一位能够在政治活动中“赋诗言志”的博雅君子。

战国时期的中山王是白狄的分支鲜虞的后裔。20 世纪 70 年代，考古工作者在河北省平山县发现了中山国的都城灵寿故城以及中山王墓。该墓出土了“中山三器”（图 4–9），三器的铭文集中体现了中山王对华夏文化的高度接受。其铭文书法隽永，文辞典雅，很多语句与《论语》《诗经》《礼记》《周礼》《左传》等儒家经典颇为接近。如铜鼎铭文“寡人闻之，与其溺于人也，宁溺于渊”与儒家典籍《大戴礼记 · 武王践阼》中“与其溺于人也，宁溺于渊”的词句基本一致。方壶铭文“夫古之圣王，务在得贤，其次得民。故辞礼敬则贤人至，㥁爱深则贤人亲”体现出儒家“民本”“仁政”思想。这与传世文献中记载这一时期的中山国“专行仁义，贵儒学，贱壮士，不教人战”（《太平寰宇记 · 定州》）相呼应。由此可见，这位北狄出身的中山王是熟读经典、推崇儒学的，足见中山国的上层贵族早已接受了汉字，并且受到了华夏文化的深远影响。

图 4–9　河北平山中山王墓出土的“中山三器”

1974 年，考古工作者在河北省石家庄市平山县发现了中山国的都城灵寿故城。所谓“中山三器”是中山王厝墓中出土的“铁足铜鼎”“夔龙铜方壶”“铜圆壶”三件铜器。其上镌刻的铭文，是中山国强盛时期最强有力的“国家宣言”，内容丰富，含义深刻，填补了史书中关于中山国记载的诸多空白，也表现出昔时中山国的王室动态、政治风云、文化风貌和艺术追求。

东夷诸国本身就是非诸夏族群中文化较为发达的一支，东夷郯国国君郯子就是孔子的老师。大概在孔子 30 岁的时候，郯子到鲁国朝拜。鲁国的大夫叔孙昭子问起“少皞氏鸟名官”之事，郯子就对鲁国的贵族讲起了黄帝、炎帝、共工、太皞、少皞等族群的职官名称由来，以及少皞氏以鸟名为官称的详细情况。孔子听到之后，感慨道“天子失官，学在四夷”，拜郯子为师。

早期楚国是“南蛮”的代表，常常被中原列国贬称为“荆蛮”。早在西周时期，楚国贵族就已经广泛地使用汉字了。如传世的“楚公家钟”“楚公家戈”“楚公逆钟”“楚公逆镈”等，都是西周时期楚国国君的青铜器，其形制与铭文格式都与中原诸夏列国的青铜器大同小异。到了春秋时期，楚国与诸夏列国的文化交流更为密切。尤其是春秋晚期的周景王之子王子朝带着周王朝所藏的典籍出奔到楚国后，楚国迎来了文化大发展时期。中原礼乐文化与楚地本土文化，孕育出绚烂多彩又颇具特色的楚文化，催生了先秦文学的高峰——《楚辞》以及大文学家屈原、宋玉。楚地原本若即若离地处在华夏文化圈的边缘，此后即成为华夏文化圈的核心组成部分，其南方的百越、滇地也逐渐受到华夏文化的影响。这是先秦时期中华民族核心区的一次重要扩展。

相较于楚国人群，地处东南方的吴越人群与诸夏列国的文化差异在早期更为显著。在《说苑》所载的《越人歌》和《越绝书》所载的《维甲令》中，都保留了春秋战国时期用汉字记录的百越人的部分语音。根据当代语言学家的研究，古越语与现今的壮侗语族有密切的关系。[①] 但百越是较早学习使用中原“雅言”的地区，早在春秋战国时期，吴越贵族使用的文字就是汉字，并且对汉字的字形进行了艺术化改造，形成了历史上有名的“鸟虫书”。大量吴越青铜器上都有以“鸟虫书”铸刻的铭文，如现藏于湖北省博物馆的国宝“越王勾践剑”（图 4-10）。“鸟虫书”字形繁复优美，极具艺术价值而又不失汉字构形的理据，是古吴越人对汉字文化创新发展作出的重要贡献。

春秋中后期，吴越与诸夏列国才开始有所接触，短短数十年后，吴国就出现了一位以“晓诗书、通礼乐”折服了中原列国的人物——王子季札。季札曾出使中原列国，与当时许多著名的士子，如叔孙豹、晏婴、子产、叔向等结下深厚的友谊，留下一系列充满智慧的对话。季札在鲁国遍观周乐，聆听《诗经》中的国风、大雅、小雅和颂，还欣赏了虞舜、夏禹、商汤、周文王、周武王等不同时期的音乐。对这些乐舞，季札都做了精妙的点评，堪称中国音乐史上第一篇系统的乐评。后人赞誉季札为“穆穆延陵子，灼灼光诸华”。

---

① 韦庆稳：《〈越人歌〉与壮语的关系试探》，《民族语文》编辑部编：《民族语文论集》，中国社会科学出版社 1981 年版。

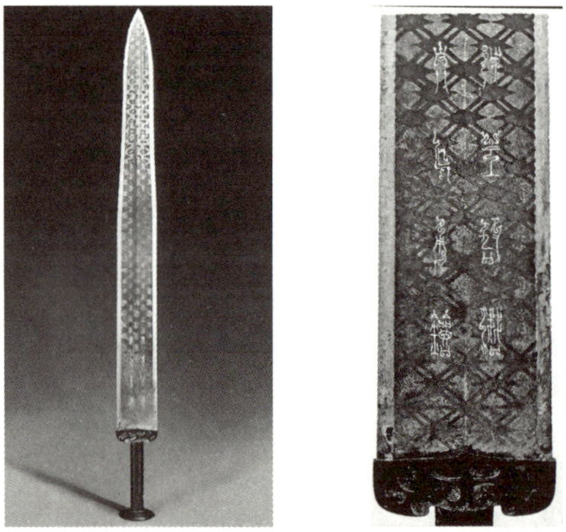

图 4-10 越王勾践剑及其剑身上的鸟虫书铭文

越王勾践剑于 1965 年秋在湖北荆州市江陵县马山区望山 1 号楚墓出土，现藏于湖北省博物馆。此剑极为精美，剑格饰是蓝色琉璃，背面镶有绿松石，剑身满布菱形暗纹。虽距今已有两千余年，但出土时仍然锋利无比，是先秦时期高超的金属冶铸技术的集中体现。

经过长期的交往交流交融，各族群开始酝酿出更深层次的文化共性，形成了共同的祖先认同。在商代和西周时期，中国大地上生活的各个族群有各自不同的祖先神。据甲骨卜辞，殷人祭祀的始祖是“高祖夒”（有学者认为其就是“帝喾”）。《诗经·大雅·生民》记载，周人的始祖是后稷。《左传》和《国语》中记载了很多邦族的祖先，譬如郯国的祖先是少皞，任、宿、须句、颛臾等风姓邦族的祖先是太皞，六国和蓼国的祖先是皋陶，姜姓的祖先是太岳（亦称“四岳”）。楚国是祝融的后裔所建，陈国是颛顼的后裔所建，秦国是伯翳的后裔所建。

到春秋时期，黄帝的传说已经出现，但当时黄帝还不是各族群的“共同祖先”，而只是姬姓人群的始祖。孔子的老师郯子将黄帝、炎帝、共工、大皞、少皞并列，说明在当时的观念中，黄帝还只是各族群众多始祖中的一位。

进入战国时期，原本纷繁并列的众多祖先传说开始出现融合的迹象，黄帝走向“共祖”的地位。较早的史料记载，姬姓的始祖是后稷，姜姓的始祖是太岳，彼此并无联系；后来，姬姓的始祖上溯到黄帝，姜姓的始祖上溯到炎帝，而黄帝、炎帝是同父同母的亲兄弟[①]，这就从血缘上将二者的祖先紧密联系起来了。

① “昔少典娶于有蟜氏，生黄帝、炎帝。黄帝以姬水成，炎帝以姜水成。成而异德，故黄帝为姬，炎帝为姜。”（《国语集解·晋语四·文公在狄十二年》）

在《世本》记载中，原本与黄帝并列的祖先神帝喾和颛顼，也变成了黄帝的曾孙和孙子。《大戴礼记》中的《五帝德》和《帝系》两篇，则建构了自黄帝以下完整的祖先传说体系，这一体系后来被司马迁的《史记》继承发扬。原本以帝喾和颛顼为始祖的邦族，此时自然也统统归属于黄帝世系之下，将黄帝作为自己的始祖。譬如晚清出土的战国青铜器“陈侯因齐敦”（图 4-11），是田氏代齐后的齐威王所作，他仍称自己是“陈侯”，说明他认同自己是陈国后裔；但在追述自己的祖先时并未提到颛顼，而是直接上溯到了“高祖黄帝”。

图 4-11　陈侯因齐敦及铭文

陈侯因齐敦先后被陈介祺、刘体智等著名金石学家收藏，现下落不明。敦是一种盛放粮食的青铜器。“陈侯因齐”就是战国时期著名的齐威王，他名“因齐”，也作“婴齐”。齐威王的祖先公子完原本是陈国国君陈厉公的儿子，因陈国内乱投奔齐国，成为齐国的卿大夫。公子完的后代后来取代了原本的齐国姜姓公室，成为新的齐国国君，这就是“田氏代齐”，也叫“陈氏代齐”。

类似的现象，也发生在秦国与楚国。据《史记·秦本纪》记载，秦国的祖先伯翳是颛顼的后代；据《大戴礼记·帝系》记载，楚国的先祖重黎是老童之子，而老童是颛顼之子。据载颛顼是黄帝之孙，所以说秦国、楚国之人自然也都是黄帝的后裔了。

汉朝以后，东夷的祖先神少皞（少昊）与太皞（太昊）也不同程度地融入了黄帝传说的体系中。据许多文献记载，黄帝与少皞之间是父子关系，有说“黄帝者，少昊之子”的，也有说“少昊，黄帝之子”的。太皞则与伏羲合二为一，成为黄帝之前的一位远祖。

在中国古代历史中，黄帝后裔的群体规模不断扩大。据《史记·越王勾践世家》和《史记·匈奴列传》的记载，本不说汉语的越人和匈奴人被视作“禹之苗裔”和“夏后氏之苗裔”，而夏禹是黄帝的后代，黄帝也就被视作越人与匈奴人的始祖。此后的史家也延续了这种叙事体系，譬如《魏书·序纪》记载鲜卑人是黄帝之子昌意少子的后代；范晔《后汉书·南蛮西南夷列传》将“西南夷”纳入黄帝世系之下，源生于西南山地人群的祖先神，也进入了华夏文明的神话传说体系。可见历史上各族文化绝非单向输出，周边族群对华夏文明的影响也相当深刻。

黄帝是各族共同祖先这一观念的形成，是春秋战国时期各族群不断交流融合的结果。将黄帝认同为“共祖”，虽不能反映全部真实的历史，但确实可以反映春秋战国时期各族群不断凝聚成一个更大共同体的主观意愿。当原本分立的各族群因不断交流融合而形成共同体时，彼此之间的区别就退居其次了。既然大家都认同彼此属于同一群体，就会反过来重构自己的祖先传说，形成世人皆认可的共同祖先。

因此，有研究者认为，通过修改本身的族源历史，各族群相互结合，并由共同的族号来宣示新的族群范围，形成族群的自我意识。就中华民族而言，这一过程大致发生在西周、春秋时期。此时黄河、长江中下游各人群间，出现共同的族号（华、夏、华夏或中国）以及共同的祖源（黄帝）。

小　结

夏商周上承五帝时代，下启秦汉王朝，是古代中华文明由萌发走向兴盛的关键阶段，也是中华民族共同体的孕育阶段。在近两千年的漫长历史进程中，中原及其周边地区逐渐发展出诸多族群归属于一个国家的政治格局，“天下一家”成为各族群普遍接受的观念。各族群在不断杂居与通婚中打破了旧有的血缘边界，实现了深度融合和共同发展。汉字文化圈不断扩展，各族群在交流融合的基础上形成了共同的祖先认同。周朝修建了纵横天下的道路体系，进一步将天下各地的族群紧密地联系在一起。跨地区的物品资源流通也加强了各族群间的经济联系。中华大地上的先民们“最终熔铸为一个人数众多的文化、经济、政治共同体”[①]，确立了华夏共同体的基本框架。

华夏共同体在长期动荡战乱的春秋战国时期趋于成熟，但政治上的分裂也一定程度上影响了华夏共同体的进一步融合和扩展。秦、楚、

① 许倬云：《说中国——一个不断变化的复杂共同体》，广西师范大学出版社2015年版，第47页。

齐、燕等列国之人心中的强烈地域意识不容忽视，更遥远的北方匈奴、南方百越、西域诸国、西南滇人等仍被视为“他者”。华夏共同体内部的更深层交融和以更开放的姿态拥抱更多周边族群文化，则需要在大一统王朝建立的时候才能得以实现。

思考题

1. 简述华夏共同体形成及发展的主要脉络。
2. 商朝和西周采取了哪些族群治理政策?
3. 黄帝成为各族“共祖”说明了什么?
4. “大夷”对中华民族的发展起到了怎样的作用?

第五讲　大一统与中华民族初步形成（秦汉时期）

秦国“书同文，车同轨，量同衡，行同伦”，开启了中国统一的多民族国家发展的历程。

——习近平

前221年，秦王嬴政统一六国，一改西周的分封制，建立了中国历史上第一个中央集权大一统王朝——秦朝，但仅历二世便亡。前202年，刘邦建立汉朝，史称西汉。8年，外戚王莽篡汉立新。25年，刘秀称帝，国号仍为汉，史称东汉。东汉政权在黄巾大起义后走向瓦解，220年被权臣曹丕篡夺。

秦汉两朝是疆域空前广大的大一统王朝。秦朝疆域东北达今朝鲜半岛西北部，北抵蒙古高原南缘，西至今甘肃东部及四川、云南等地，南部延及大陆最南端。汉朝鼎盛时期，其疆域东北拓展到朝鲜半岛中部，西北延伸到河西走廊和西域，西南发展到哀牢山脉，向南直抵中南半岛东部沿海。

秦汉时期，除中原王朝外，还有多个边疆政权并立，诸多族群迁徙交融，继续开拓中华民族生存发展的广阔空间。前209年，匈奴冒顿单于统一北方草原各部落，形成以蒙古高原为中心的强大游牧政权。匈奴以东，东胡支系的鲜卑、乌桓等以大兴安岭为中心繁衍生息。黑龙江、松花江流域生活着肃慎、夫余等族群。青藏高原及甘肃、四川等地活动着唐牦、发羌、丁零羌等。澜沧江流域及缅甸东北部是哀牢人的活动区域。海南岛、台湾岛在汉代分别被称为珠崖、夷洲。

秦汉建立并巩固了中央集权制度体系，设置由中央政府直接管理的郡县，将七国故地整合成统一国家，并依托郡县制设置道、属国、都护府等以治理周边不同生产生活方式的族群，匈奴、西域诸族、乌桓、鲜卑、羌、百越、西南夷的大部或部分进入大一统体系。秦朝建立书同文、车同轨、量同衡、行同伦的国家治理体系，汉朝确立了以儒家思想为主导的国家文化形态。秦汉统一货币、法律，打通关隘，修建道路，活跃关市，将彼此分割的几大经济区域整合为一个大经济共同体；整顿地方风俗，推动中原各地区之间、中原与边疆之间人口的大规模流动。这些措施都对后世大一统王朝产生了深远影响。

在大一统制度的保障下，曾经地域特色鲜明的东周列国文化交融汇聚，形成一体；各边疆地区大量吸收中原文化，同时中原文化的内容也得到了丰富。秦汉集各区域、各族群的文化优长为一体，“各地文化共塑中原文化、中原文化反哺各地文化”的秦汉模式奠定了历代多民族大一统王朝的文化发展路径。

作为周秦之变的历史性飞跃，秦汉王朝统一性的广度和深度是夏商周三代所不能比拟的。中央集权的大一统制度带来的政治共同性、经济共同性、社会共同性、文化共同性显著增长。正是在秦汉时期，中华大地上不同区域、不同族源、不同风俗文化的多个古代人群融为一体，“自在的”中华民族开始形成。

第一节 构建大一统政治秩序

自周代开始，虽已有“溥天之下，莫非王土，率土之滨，莫非王臣”[①]的观念，但春秋战国时期，周天子权威式微，各诸侯国互相攻伐，旧的统治等级秩序与政治统一格局逐步瓦解。乱世之中，饱受战乱分离之苦的广大民众内心最深切的渴求就是和平、稳定与统一，诸子百家纷纷提出整合寰宇、一统天下的主张。比如，《论语·颜渊》提出“四海之内，皆兄弟也”[②]，《孟子·梁惠王上》提出天下“定于一”[③]，《荀子·儒效》提出“四海之内若一家”[④]，《荀子·非十二子》提出“一天下，财万物，长养人民，兼利天下”[⑤]。秦国顺应时势，积极变法，最终完成了天下一统，建立了中国历史上首个中央集权大一统王朝。其后，汉承秦制，进一步巩固了大一统的政治共同体。

① 《毛诗正义》卷一三《小雅·北山》，《十三经注疏》本，中华书局2009年版，第994页。
② 《论语注疏》卷一二《颜渊》，《十三经注疏》本，中华书局2009年版，第5436页。
③ 《孟子注疏》卷一三《梁惠王章句上》，《十三经注疏》本，中华书局2009年版，第5807页。
④ 《荀子·儒效》，方勇、李波译注，中华书局2015年版，第94页。
⑤ 《荀子·非十二子》，方勇、李波译注，中华书局2015年版，第73页。

一、中央集权与郡县制

秦朝建立后，秦王嬴政兼采传说中“三皇五帝”尊号，确立了“皇帝”称号，自称“始皇帝”，制定了一整套朝仪、典章和文书制度，以彰显中央集权的大一统皇权至高无上的权威。其后，皇帝之下的中央官僚体系也逐步完善，形成三公九卿制，分工执行中央政令。这一套中央政治体制深刻影响了后世王朝的政权组织形式。

秦朝在全国境内推行郡县制。郡县制起源于春秋时期（郡源于秦国、县源于楚国），到战国时期商鞅变法时，秦国开始废分封，普遍推行县制。秦国统一六国后，为有效管理空前广袤的国土，在全国普遍设郡，每郡有守、尉和监各一；郡下辖县，郡守、县令、县长都由皇帝直接任命。《史记》记载秦设三十六郡，而出土文献大大扩充了已知的秦郡数量，如里耶秦简记载了洞庭郡和苍梧郡，岳麓秦简记载了江湖郡、河间郡、恒山郡、衡山郡、庐江郡、清河郡、四川郡等。秦县更是达到了一千多个。新设郡县被称为“新地”，由秦故地官员前去治理，同时推行徙民实边、行役戍边的政策。在边疆族群聚居地区，则设“道”以管理，道、县为同级别的地方行政机构，都受郡的管辖。

郡、县（道）是中央政府实施直接治理的地方行政单位，通过垂直集权的郡县制，秦朝将中央的法、律、令推行至全国各地，实现了高度的政治统合，中央集权制度从此确立。在中央集权郡县制的制度运转体系里，无论民众以前属于哪个邦国、哪个族群、哪种文化，都成为秦朝的“编户齐民”，都在同一体制下生活，这就大大弱化了族群界限和地域区隔，而强化了其政治共同性。这对巩固疆域、稳定政局、促进交融起到重要作用，有力塑造了高度统一的大一统政治共同体。

汉朝在建立之初采取郡县与封国并行的体制。汉初五十余郡，有三十多郡属于诸侯国，基本都在齐楚吴等国故地；中央直辖的只有十余郡，大多在秦故地。汉初的封国不同于西周的封国，下辖的不再是贵族的采邑而是郡县，所以有“郡县之制，无改于秦”[①] 一说。不过，封国与郡县并行的双轨制的确弱化了中央对边地的控制。与此同时，边疆还出现了南越、东越、匈奴等政权，西南夷诸君长也纷纷自立。

当汉朝统治趋于稳固时，朝廷着手加强对诸侯王国的控制。汉景帝行“削藩”

① 魏徵等：《隋书》卷二九《地理志》，中华书局 1973 年版，第 806 页。

之策，平定七国之乱。汉武帝颁布推恩令，进一步分散封国力量，设刺史监察郡国，加强朝廷对郡国的管理，强化中央集权。汉武帝还积极经略边疆，先后统合迁徙南越、东越、西南夷，将匈奴逐往漠北。宣帝神爵二年（前60），设立西域都护府，全面掌控西域。最新考古证实，汉武帝时期，古滇国国王降汉，汉武帝在该地设郡，封滇国国王为滇王（图5-1），建立以郡县制为基础的行政管理体系，对该地区行使治权。至此，汉朝郡县统治区域得到极大扩展，在东北、西北、西部、西南和南部边界都设立新郡，郡守管辖的土地与匈奴、羌人等族群聚居的土地交错，各族群间的交往交流交融在这片土地上更为广泛地展开。

图5-1　云南晋宁石寨山古墓出土的西汉“滇王之印”

石寨山被认定为“滇王及其亲族的墓地”。石寨山古墓群出土的“滇王之印”，与司马迁在《史记·西南夷列传》中的记载相对应，可证《史记·西南夷列传》中关于“滇”的记载为信史。

秦汉建立的中央集权郡县制，奠定了大一统的制度基础。这一制度的运行并非仅靠自上而下的行政推动，如果没有中下层官吏的认同与执行，没有追求统一、安定社会局面的主流民意的认可和支持，这一庞大的制度体系不可能如此迅速建立并历经秦汉两代而基本定型，且影响此后两千多年的中国央地治理传统。里耶秦简就充分展现了在“新地”洞庭郡迁陵县，秦吏勤勤恳恳组织人民开垦荒地和探明山川物产、开发国土、登记民户、绘制地图、上报到朝廷归档阅存等治理细节。1975年底，在湖北省云梦县发掘了睡虎地秦简。根据其中记载可知，睡虎地M11号秦墓墓主是一位基层的小吏——“喜”，其遗体周围放置着秦王朝的法律文书、案例等简牍史料。同墓还出土了《编年纪》，依年代顺序记载了秦国的国家大事与“喜”的个人事迹，一个普通小吏以如此方式将自身与国家的命运紧密相连。

可见，秦朝大一统国家体系的建构和运转，离不开千千万万个“喜”这样的基层小吏、战士和平民百姓。正是他们怀着自发的忠诚与情感，才为秦汉开创大一统政治传统提供了内在历史动力。

秦汉建立中央集权大一统王朝的过程，是多元一体超大规模政治共同体形成的过程。比如，秦灭六国可以视为政治上完成统一，但六国的制度文化在秦汉王朝融会贯通、日臻完善。如县制，最早由楚国开创，晋国继之，又为秦及之后王朝长期沿用；秦朝立郡县，项羽复分封，而汉高祖采取郡国并行，则是秦楚杂用；叔孙通以齐鲁之地的儒家礼仪为汉王朝制定礼乐典仪，董仲舒将齐儒之学融入“汉道”；源于齐国的黄老之学和经济之术，源于燕赵的军事制度，源于韩魏的纵横刑名，也都融入秦汉统治制度，最终形成稳定的大一统制度体系并垂范后世。不仅政治层面如此，社会层面的族群交融、文化层面的多元合一，都体现出多元和一体的有机统一，这一精神被后来的历代统一多民族王朝所传承发扬。

多元一体政治共同体的建构伴随着官吏的广泛流动。郡县制下，天下一家，官员的选拔不受地域和族群限制。早在秦统一六国之前，任将相的外来客卿就甚多。[①] 西汉时，姓名、籍贯可考的京兆尹有近 40 人，籍贯在关中之外者占绝大多数，如渤海（汉朝渤海郡，辖今河北沧州、衡水，山东德州一带）人隽不疑、代郡（今河北蔚县）人范守、蜀郡（今四川西部地区，治所在今成都）郫人何武、涿郡（今河北涿州）高阳人王伯、东海（今山东郯城）兰陵人毋将隆、巴郡（今四川东部地区）阆中人徐诵、会稽（今钱塘江以南的浙北地区）吴人陆恭等，来自五湖四海。江苏连云港尹湾汉墓出土的简牍记载了西汉东海郡各县、侯国官员的履历，其中有人来自梁国蒙县（今河南商丘），曾任象郡象林县（今越南广南会安一带）候长，因功劳迁为建陵侯国家丞。可见当时基层官吏亦有极强的流动性。内附族群也可入朝为官，如匈奴休屠王之子金日磾，入汉之后，因才干勇略获得武帝赏识，最终成为武帝的托孤大臣，其后代成为显赫世族，为巩固西汉政权、维护民族团结作出重要贡献，彰显了大一统政治体系的包容性与多元性。

二、藩属治理体系

秦汉王朝还通过设属邦或属国，置持节领护及行羁縻、怀柔等多种举措治理边郡，建立藩属体系，将周边匈奴、乌桓、鲜卑、羌及西域各国不同程度地纳入

---

① 宋朝洪迈考证：“始与之谋国以开霸业者，魏人公孙鞅也。其它若楼缓赵人，张仪、魏冉、范雎皆魏人，蔡泽燕人，吕不韦韩人，李斯楚人。”（《容斋随笔·秦用他国人》）

大一统王朝的政治秩序。

属邦之制在战国时期的秦国即已出现。秦兵器铭文有“属邦”一词，睡虎地秦简中也有《秦律十八种·属邦》。“属邦”负责管理归附的“臣邦”和有“蛮夷”聚居的“道”，兼具中央集权与地方自治的双重特征。其中，《秦律十八种·属邦》就规定，道官输送隶臣妾和因家人犯罪而被收捕的人，必须写明已领口粮的具体日期，是否领取了衣物、是否婚配，符合规定条件的即按照法律供给衣食。这一方面说明秦朝已经在“蛮夷”聚居地区设置了“道”这一政权机构及其官吏（“道官”）。另一方面，也表明“蛮夷”中的普通罪犯与秦人罪犯待遇相同，秦人罪犯并无优待之处。秦统一后，属邦主要在陇西地区，辖有县、道，管辖界内“蛮夷”和秦人。始皇三十三年（前 214）之后，秦将新并入的“蛮夷之地”全部划归郡下之道，由国家派官吏管理，采取变通措施推行编户化，基本实现了郡县一元化，同时也体现了政治一体下治理策略的多元性和包容性。

两汉时，“属邦”因讳刘邦之名改称“属国”。汉初国力未盛，统治者无力营边。文景时，中央设置“典属国”一职，专门负责处理归顺“蛮夷”事务。汉武帝平定四裔，远征匈奴，边地归附人口激增。元狩三年（前 120），以匈奴浑邪王入降为契机，汉武帝在北部边塞设立属国，由都尉统领，以安置浑邪王部落。武宣时，汉朝先后在西北边疆设置安定、天水、西河、上郡、五原、张掖和金城七个属国，以安置降附的匈奴、羌人等。此后，设置属国成为汉代处理降附地的常用举措。东汉光武帝时，朝廷虽大量裁撤郡都尉和关都尉，但仍保留边郡的属国都尉，属国的治理方式也逐渐向一般郡县靠拢。

对于不具备设置属国和边郡条件的边疆族群，如匈奴、乌桓、鲜卑等，朝廷则酌情派遣临时性的“持节领护”统筹管理，如使匈奴中郎将、护羌校尉、护乌桓校尉等，分别处理匈奴、羌与乌桓事务，统理中原王朝与北方、西北边疆各族群的往来。对于西域诸国，则设西域都护府加以管理。通过不同的政治联系和治理方式，汉官吏与当地统治者交流频繁，带领各族人民修治沟渠、广置屯田、发展生产，共同创造了当地的和平与繁荣。

除设官置吏等制度建设外，秦汉王朝还采取和亲、纳质、册封等策略羁縻周边族群。

“和亲”是将皇族女性嫁给对方，以改善双方关系的一种政治结盟方式。两汉时期，汉匈和亲次数最多，最初多是在军事压力下被迫而为，后来多是匈奴主动求娶。汉元帝竟宁元年（前 33），以后宫良家子王嫱（字昭君）赐嫁呼韩邪单于，为汉匈双方带来了长期的和平与兴旺。1954 年与 1981 年在内蒙古包头等地的汉末墓葬中发现了内有“单于和亲”“单于天降”“四夷尽服”等文字的瓦当，就是这一时期汉匈关系和洽的实证。西域诸国也常与汉王室和亲通婚，细君、解忧两位公主嫁至乌孙，为乌孙与汉朝的友好关系作出了卓越贡献。

“纳质”指边疆族群与中原政权间派遣王子“入侍为质”和“纳质为臣”的制度。汉武帝时，西域楼兰、大宛、尉犁、危须、扜弥、乌孙等国纷纷“纳质”。“纳质”虽然有不平等因素，但客观上加强了边疆族群与中原地区的政治、经济、文化等联系。质子们学习汉朝典章制度，参加朝廷礼仪活动，耳濡目染华夏文化，思想情感上也向华夏凝聚。

册封周边君长，赐予王号，也是重要的羁縻措施。东汉初期，光武帝恢复原西汉藩属的高句丽王[①]、白马氐王侯君长的称号，又各封乌桓、鲜卑等族首领为侯王君长，获得周边族群的拥戴和认同。《后汉书·东夷列传》载：“自中兴之后，四夷来宾，虽时有乖畔（叛），而使驿不绝。”此后，东汉统治者大体遵循光武帝之策，继续强化与四夷的友好关系，中原与边疆保持了较长时间的稳定交往。

三、边疆政权演化

秦汉时期，以长城为分界线，呈现出农耕、游牧社会持续不断交往交流交融的壮观景象。

匈奴是当时最重要的北方族群，他们生活在蒙古高原，以游牧为生，逐水草迁徙。秦时，匈奴各部落形成联盟，匈奴地区已建有一些城堡，有少量的农业生产，有些部落已开始使用铁器。汉初，冒顿单于以其“控弦之士”三十余万，东败东胡，北服丁零，西逐大月氏，使“诸引弓之民，并为一家”[②]。其统治区域东起东胡故地，横跨蒙古高原，向西与氐羌相接，向南延伸到河套乃至今晋北、陕北一带，统一了北方草原。

强大起来的匈奴，屡犯西汉边郡，对西汉政权造成了极大的威胁。元朔二年（前 127），匈奴入犯，汉遣卫青出击，夺回河套一带，解除了匈奴对长安的直接威

① 范晔的《后汉书·东夷列传》记载：“建武八年，高句丽遣使朝贡，光武复其王号。”但西晋人陈寿的《三国志·魏书·高句丽传》记载，“王莽……更名高句丽为下句丽。当此时为侯国，汉光武帝八年，高句丽王遣使朝贡，始见称王”；且在西汉时，玄菟郡高句丽县管理“句丽蛮夷”，“高句丽（县）令主其名籍”，由此有学者认为，此时的高句丽县是汉的行政郡县，而非藩属。

② 司马迁：《史记》卷一一〇《匈奴列传》，中华书局 1982 年版，第 2896 页。

胁，随后设置朔方郡（今内蒙古鄂尔多斯西部及巴彦淖尔西南部），徙十万人于朔方。汉得朔方后，匈奴连续进犯，卫青数度迎击。元狩二年（前121），霍去病自陇西出兵，过焉支山（今甘肃山丹东南），西入匈奴境内千余里，缴获匈奴休屠王的祭天金人。同年夏，霍去病越过居延海，南下祁连山，大败匈奴。同年秋，匈奴浑邪王率众归降，汉分徙其众于西北边塞之外，因其俗而治。后又陆续设立酒泉、武威、张掖、敦煌四郡，管理河西走廊地区。元狩四年（前119），卫青、霍去病率兵与匈奴决战漠北，卫青北至窴颜山赵信城而还，单于率残部向西北败退，从此"漠南无王庭"。霍去病军出塞两千余里，至狼居胥山，临瀚海而还，败匈奴左部左屠耆王。此役之后，汉军占领朔方以西至张掖、居延间的大片土地，汉廷又调发60万人移入上郡、朔方、西河等地。

匈奴向西远徙以后，内部分裂，出现五单于并立局面。宣帝甘露元年（前53），呼韩邪单于归汉，引众南徙于阴山附近，后与汉恢复和亲，结束了百余年来汉匈争战局面。

东汉时，匈奴分裂为南北二部，南匈奴遣使称藩。光武帝将南匈奴安置在五原、朔方、云中、定襄、雁门等地，居于汉与北匈奴之间。此后，南匈奴被北匈奴打败，汉朝又令单于徙居西河，派遣使匈奴中郎将常年驻军单于王庭，设置官署吏员，负责管理归附的匈奴人。从此汉匈杂居成为常态，内附的南匈奴逐步习得了中原农耕的生活方式。东汉延光三年（124），新降匈奴复叛，胁迫呼尤徽一起造反。呼尤徽说："我老矣，受汉家恩，宁死不能相随！"[①]北匈奴被鲜卑与汉击败后西迁，最远的迁至现在的欧洲，不断与其他族群交融，而匈奴作为一个古代的族称最终成为一个历史名词。

这一时期的北方游牧族群还有乌桓，亦作"乌丸""古丸""乌延"等，属东胡系统。汉初，匈奴击破东胡，乌桓役于匈奴。漠北决战后匈奴败退，乌桓内附于汉，汉朝迁乌桓人于上谷、渔阳、右北平、辽东等郡，置护乌桓校尉进行管理。东汉光武帝时，辽西乌桓归附，光武帝复置护乌桓校尉于上谷郡宁城，同时管理鲜卑人。明帝时，设度辽将军，置度辽营，屯于五原郡，安抚内附的鲜卑、乌桓人。从这时起，乌桓人与汉人开始了长期的错居杂处，相互交融。

在东北，接受中原和东北各族群文化的影响，高句丽势力壮大。汉元帝建昭二年（前37），高句丽始祖王朱蒙建政，以纥升骨城（今辽宁桓仁五女山城）为都

① 范晔：《后汉书》卷八九《南匈奴列传》，李贤等注，中华书局1965年版，第2959页。

城；平帝元始三年（3），高句丽第二代王琉璃明王迁都国内城（今吉林集安），同时筑尉那岩城（丸都山城）。此后420多年间，集安地区长期是高句丽政权的政治、经济、文化中心。

秦汉时期的西域主要指今甘肃省玉门关、阳关以西的地带。当时在塔里木盆地南北边缘绿洲分布着楼兰、焉耆、龟兹、疏勒、且末、于阗、莎车等几十个绿洲小国；天山以北还有乌孙游牧政权；帕米尔高原以西有大宛、大月氏、大夏等国。匈奴强盛时，西域诸国多受匈奴控制。汉武帝时，张骞两次出使西域，与西域多国建立联系，开辟丝绸之路，史称“凿空”。其中，车师国国都交河城（今新疆吐鲁番西北），东向敦煌，南通楼兰、鄯善，西达焉耆，西南连乌孙，东北接匈奴，扼丝绸之路的要冲。西汉与匈奴“五争车师”，前89年，车师开始归附于汉，汉朝控制区域得以扩展，但尚不稳定。

前72—前71年，西汉、乌孙、丁零和乌桓联军大败匈奴。前60年，匈奴日逐王先贤掸率众降汉，西汉遂设西域都护府，治乌垒城（今新疆轮台东北），掌管西域诸国，前后任命西域都护18人。西域都护府的设立，打破了西域各地小国林立、互不往来的隔离状态，造就了在中央政府的统一管理之下西域各地相互交流日益增多的局面，增进了西域诸城邦国、各民族间的相互了解与信任，增强了西域各地各民族对中央政权的认同，对于大一统国家和中华民族的形成有着重大意义。

西域诸国君长接受汉朝册封，当地佩戴汉朝印绶的官员达370余人，西域被纳入汉王朝管辖范围。新疆阿克苏地区曾出土西汉西域都护李崇私印，以及西汉政府颁给边疆羌人首领的“汉归义羌长”铜印等，均为西汉管辖西域的重要物证。新疆民丰县尼雅遗迹出土的木牍封泥上印有“鄯善都尉”；新疆新和县排先拜巴扎乡古代遗址发现一枚卧驼钮，新和县兰合曼古城发现一枚卧狮钮，两枚印章印文均为“常宜之印”。“常宜”应是汉代吉语“常宜子孙”的缩写。这都是汉王朝对西域实行经营和加强管理的历史见证。东汉最著名的西域都护班超，苦心经营西域三十年，“得远夷之和，同异俗之心”[①]。后因年迈，汉章帝召他回朝，班超出发后，疏勒举国恐慌，都尉担心疏勒被龟兹所灭，拔刀自刎。班超行至于阗，很多人放声大哭，抱住班超的马腿，不愿让他离去。这足以说明以班超为代表的汉朝官员对西域的有效管理，增强了西域对中原的向心力和凝聚力。

① 范晔：《后汉书》卷四七《班超传》，李贤等注，中华书局1965年版，第1582页。

莎车曾是丝绸之路上的重要驿站。西汉于前60年设置西域都护府后，莎车国便隶属于中央王朝管辖。莎车国归属汉朝后，大约在汉元帝时期（前48—前33），莎车王的儿子延作为质子久居长安。回到西域继承王位后，他积极推行汉朝中央政府的政令，依照汉朝典章制度来治理地方，促进了莎车国的快速发展。他常教导儿子们：应祖祖辈辈忠于汉朝，不能背叛。莎车王延去世后，汉朝追赠他为“忠武王”，并任命延的儿子康继承莎车王位。遵循父亲的教导，康继续领导西域各族进行反抗匈奴的斗争。西汉灭亡时，西域大乱，莎车王康尽力收容和保护原西域都护府所属的一千多名没能撤走的汉朝官吏、士兵和他们的家属，使之免遭匈奴残害。莎车王延、康的事迹，是当时西域诸国忠诚于汉朝的一个缩影。这种忠诚爱国的历史传承与多元文化的深层交流，奠定了新疆是中国领土不可分割的一部分的坚实基础。

西北、西南地区散居的羌人部落与中原王朝战和不定。羌人原居于黄河的湟水、赐支河流域，《后汉书·西羌传》中记载有一百多个羌人部落。至东汉，支系繁多的羌人已广布在秦陇以南的广大地区，包括今甘肃、青海、四川西部、西藏和新疆昆仑山区。汉武帝元鼎六年（前111），西羌联合匈奴围攻枹罕（今甘肃临夏），汉朝派兵破西羌，设置护羌校尉，管理西羌事务；东汉长期沿袭。护羌校尉不仅发挥了政治抚绥的作用，而且深入当地社会，带领羌人屯田农耕，使河西地区呈现出一派繁荣景象。这一时期，部分羌人部落还远徙入西藏地区，传播了汉朝的生产技术和文化，与生活在青藏高原的本地人群融合，大大促进了区域经济社会发展，使当地人口有了较大增长。

岭南和东南沿海地区活跃着百越部落。其中，南越部落主要分布在今我国广东、广西及越南北部等地。秦始皇开五岭，置南海郡（治所在今广东广州）、桂林郡（治所在今广西桂平）、象郡（治所在今广西崇左）三郡，徙谪戍民50万人以经营之。秦亡后，南海尉赵佗据其地自立为王，向南拓展疆域至今越南北部和中部，之后得到汉高祖加封，南越成为汉藩属国（图5-2）。汉武帝时，在南越分设九郡，徙部分居民于江淮，移汉人杂居其地，此后当地不同族群逐渐融合。闽越主要分布在今福建地区，秦统一后置闽中郡（治所在今福建福州）。秦亡后，闽越旧酋长无诸占旧地，获汉高祖加封为闽越王。汉武帝灭闽越，徙其众于江淮间，与汉人杂居融合。除南越、闽越外，长江以南还分布着众多百越族系。正是在秦汉时期，国家力量进入岭南地区，中国的南方疆域大致成形。

图 5-2 广州南越王墓出土的西汉南越国透雕龙凤纹重环玉佩

玉佩分为内外两圈，内圈透雕一条游龙，外圈透雕一只凤鸟。凤鸟站在龙的前爪之上，龙尾和后爪伸向外圈，凤冠和尾羽上下延成卷云纹，把外圈空间填满。龙凤相对，寓意吉祥。

秦汉时期，在东北地区以至朝鲜半岛北部、中部，生活着汉、夫余、高句丽、濊貊、沃沮等族群。汉武帝元朔元年（前 128），朝鲜半岛濊君南闾等，因不满卫氏朝鲜王右渠的控制，率 28 万人口到辽东归附汉朝，武帝一度在辽东塞外置苍海郡。[①] 元封二年（前 109），汉武帝以半岛南部族群诉朝鲜阻碍其与汉朝通商为名，从水陆两面发兵 5 万攻灭卫氏政权，并在其地设置乐浪郡、玄菟郡、真番郡、临屯郡。这四郡之下又设县，郡县长官由汉朝中央派遣汉人担任。在汉朝管理之下，大量汉人官吏、富商大贾与农民前往任职、经商与垦荒，中原文化得到广泛传播，特别是乐浪郡呈现出一派汉文化景象，形成了考古学所称的“乐浪文化”。

第二节 形成统一经济体系

伴随着大一统政治秩序的建构，秦汉王朝进一步统一货币、度量衡和经济律法，建立纵横全国的道路系统，加强各区域、族群间的经济互动，增进中原和边疆的经济联系，初步形成全国性统一经济体系。

一、统一度量衡

战国时期，各诸侯国铸币形制繁多，单位不一，不利于全国性市场流通。秦

① 东汉服虔《汉书音训》注：“秽貊在辰韩之北，高句丽、沃沮之南，东穷于大海。”唐代颜师古《汉书》注：“南闾者，薉君之名。”“薉”即古“秽”字。

废除六国旧币，统一使用两种货币。一种是黄金，称为上币；另一种是圆形方孔、以半两为单位的铜钱，称为下币。秦对“半两钱”的质、量、形、用有明确的法律规定，且严禁私人铸币，保障其流通信誉。出土的秦“半两钱”分布于陕西、山东、江苏、四川、广东、内蒙古等地，可见其流通广泛。

元狩五年（前118），汉武帝废除秦“半两钱”，铸造五铢钱，统一规定钱文为“五铢”二字，重五铢。五铢钱的流通更为广泛，不止于黄河、长江流域，在朝鲜、越南、日本、中亚地区也有出土。直到东汉末年，五铢钱始终为法定流通货币。即使在王莽改革币制时，民间也流传着“黄牛白腹，五铢当复”的童谣。割据西蜀的公孙述继续使用五铢钱。汉末董卓改铸五铢，也只缩小形模，不改名称。五铢钱信用之强、影响之大，以至后代铸币仍袭五铢之称，直到唐初。

战国时期，各诸侯国的度量衡规制也不一致。秦令“一法度衡石丈尺”[①]，现存的秦国铜权（秤）与方升（图5-3）就刻有当年的诏文。汉朝进一步完善度量体系，形成“五度”“五量”“五权”单位制，单位间进位关系明确，换算方便。

图5-3　晚清时期出土的商鞅青铜方升

商鞅方升是商鞅为秦国变法统一度量衡时监制的标准量器，方升较窄的一端有一中空柄，其余三个侧面与底面都刻有铭文，铭文可分为两组。这样一件小型青铜器受到了极大的重视，它见证了久远历史中的重大节点，成为中华文明经济秩序奠基之途上的“强国重器”。

在经济制度上，汉朝推出“均输法”和“平准法”。均输法指将郡国给朝廷的贡品交由均输官转运各地贩卖，以此增加政府收入。平准法配合盐铁专营和均输法创立。政府在长安设平准官，管理均输官存储的物资，贵时抛售，贱时收购，以平抑物价。均输、平准的实施，打击了富商大贾囤积居奇的投机行为，使中央政府掌

① 司马迁：《史记》卷六《秦始皇本纪》，中华书局1982年版，第239页。

握的物资大量增加，从而降低了收购和运输成本，加速了区域间的物资流通。

统一货币、度量衡和经济律法，为汉代的商业繁荣创造了良好条件，名商巨贾屡见于史。燕地的栗子、晋地的枣子、蜀地的橘子、淮河与黄河之间出产的梓树、陈地的漆、齐鲁的桑树和大麻、渭河流域的竹子等，都可以在全国范围内销售流通。

二、车同轨

战国时期，各诸侯国割据称雄，纷纷据险修建关塞、壁垒和堤防。秦统一后，则毁壁垒、决川防，修治驰道、统一车轨，从而使政令达于四方，食货统一流转。

秦代规格最高的道路是驰道。前 220 年，秦始皇下令修筑驰道，以咸阳为中心，通往全国各地，“东穷燕齐，南极吴楚，江湖之上，濒海之观毕至”[①]。秦朝著名驰道有上郡道、临晋道、东方道、武关道、西方道、滨海道等。经由四通八达的秦驰道，秦始皇先后五次出咸阳巡视全国，几乎走遍了六国的旧都和重要城市。

秦朝统一之前，列国马车车轨不一，道路宽窄有别，交通极为不便，秦朝实行“车同轨”，要求车辆两轮距离一律六尺。这极大减小了马车损坏概率，提高了行驶效率，降低了运输成本，保障了军队、民众及货物的快速流动。更重要的是，统一的交通路网加速了七国故地的融合，缩小了各地差异，有助于大一统的实现。

两汉时期，道路的标准化、统一化建设持续推进。在秦岭南北，汉武帝修褒斜道五百余里，王莽通子午道，明帝通褒余道，顺帝罢子午道、通褒斜道。在西南，通西南夷道千余里。在南疆，光武帝时，桂阳太守卫飒凿山通道五百余里。汉章帝为方便转运物资，又开零陵、桂阳峤道。在南楚地区，通过从长沙马王堆汉墓出土的帛书古地图，能判别出的道路多达二十余条。长期的道路建设，强化了中原王朝对边疆的治理，促进了中原与边疆的往来。

在西北地区，丝绸之路自长安向西，经河西走廊后分南北两道：南道出阳关，经鄯善，傍依昆仑山北，沿河西行至莎车，西出葱岭，可至大月氏、安息等国；北道出玉门关，经车师前国，傍依天山南，沿河西行至疏勒，西出葱岭，可至大宛、康居等国。为维持丝绸之路的畅通，汉朝设河西四郡，布以重兵，并在西域道旁屯田，设置亭障，保护过往使节、商人的安全。1959 年，新疆和田地区民丰县尼雅遗址发掘出土了东汉“司禾府印”（图 5-4），证明此地就是当年东汉屯田的一个区域。

① 班固：《汉书》卷五一《贾山传》，中华书局 1962 年版，第 2328 页。

图 5-4　司禾府印

“司禾府印”出土于新疆民丰县尼雅遗址。考古学家判断该印为汉代在尼雅遗址所在区域内管理屯田官署的印章。印文“司禾府”未见于史书记载，但与其相似的官署名称在史书中可以找到，如《后汉书·西域传》记载：“置宜禾都尉以屯田，遂通西域……”

“司禾府印”的出土表明，东汉时期已在民丰县尼雅遗址所在区域内屯田。它既是汉朝推行屯田戍边政策的历史见证，也是汉朝对这一区域有效治理的历史见证。

秦汉水路交通建设成效明显。秦始皇派监御史在今广西兴安开凿灵渠，通湘水、漓水，将长江水系与珠江水系连在一起。汉武帝发卒数万，在渭河流域开凿了三百余里的漕渠。光武帝时，大司空张纯开凿阳渠，引洛水为漕。东汉明帝时，黄河水患，连接中原与江淮的汴渠被冲毁，王景率数十万士卒，历时一年，恢复汴渠水运。汉安帝时，武都太守虞诩开通沮县至下辩县的航道，每年节省了大量运费。

秦汉发达的全国性交通路网是各区域经济互动的重要纽带，中原、漠北、西南、南越、西域等几大经济区域由此联结，其经济联系更为紧密。

三、关市不乏

秦朝重农抑商，设关置卡限制商业活动。这一政策到两汉大为松动。《史记·货殖列传》载：“汉兴，海内为一，开关梁，弛山泽之禁，是以富商大贾周流天下，交易之物莫不通，得其所欲。”汉时中原与边疆的贸易主要通过官府管理下的边关互市展开，民间“私市”也十分繁荣。

西汉时，中央政府对匈奴设有关市，也称“胡市”。匈奴以游牧和狩猎为主，吃肉、穿皮革和毡裘，但也需要农业地区的五谷、缯帛和铁质工具等。汉人以农耕为主，但也需要匈奴的皮革、良种马和先进的养马技术。农牧经济的互补性使得汉匈双方都有通关市的需求。即便在交战期间，双方依然没有停止关市贸易。

考古发掘发现，西汉中期的漠北伊沃尔加城址和灰坑中出土的铁质农具与中原同类器物形制非常相似。这些铁农具应该是从中原地区带去的，或者以中原农具为原型在当地制造的。呼韩邪单于归附后，关市成为常态。北匈奴也曾多次要求与汉和亲，远驱牛马与汉合市。东汉章帝元和元年（84），北匈奴单于驱万余头牛马来与汉贾客交易。长城和驰道不再是战争前线，而逐渐成为经济交流与民族融合的纽带。

西汉时，西域与中原的贸易往来更为密切。西域都护府建立后，丝绸之路上的往来商贾络绎不绝。由于商队贸易的活跃，中原的丝绸、铁器、凿井技术等不断向西域传播，西域的马、驴、骆驼等大型畜力，苜蓿、葡萄、石榴、红蓝花、胡麻、胡豆、胡蒜、胡瓜、胡桃、胡琴等域外物产源源不断传入中原。

关市贸易的繁荣进一步催生出诸多城镇和驿站。今敦煌市与瓜州县交界处的悬泉置遗址（图 5-5）出土了大量反映西汉时期邮驿机构日常工作的简牍文书。从中可见，往来汉王朝和西域之间的无数商队、使者，乃至解忧公主、西域都护郑吉、长罗侯常惠以及西域各国的王公贵族，都曾经由悬泉置这样的邮驿机构招待。这一扼守丝绸之路要道的地方驿站为中华民族的交往交流交融作出了巨大贡献，亦使边关要道上呈现出“驰命走驿，不绝于时月；商胡贩客，日款于塞下”[①] 的繁荣景象。

图 5-5　悬泉置遗址航拍图

悬泉置遗址以出土数量众多的汉简闻名于世，为研究中国秦汉史、西北地方史、中西交通史、西北民族史和两汉丝绸之路及其他专门史提供了丰富资料。

① 范晔：《后汉书》卷八八《西域传·车师》，李贤等注，中华书局 1965 年版，第 2931 页。

西汉与百越也有经济往来。秦统一前，岭南铁器数量极其有限。秦统一后，大批中原人南下，推动了铁器在岭南普及。秦末汉初，南越国主动保持与中原的交往，连度量衡都与汉朝一样，百越之地逐步融入中原经济文化圈。

东北和西南地区也与汉朝有关市性质的贸易。在东北地区，汉武帝时，大量中原人口迁移到辽东及朝鲜半岛。东汉时，北匈奴西迁，鲜卑壮大，汉与鲜卑之间“通胡市”。在西南地区，汉与西南夷贸易往来密切，夜郎、邛都等地都曾设边关互市。西汉短暂关闭过蜀郡关市时，巴蜀商人甚至私越边塞开展互市贸易。

“关市不乏，治国之道也。”[①] 关市贸易既是经济活动，也是汉朝治理边疆、扩大政治影响力的重要手段。关市贸易汇聚了众多北方胡族，密切了民族关系，成为中华民族共同体充满活力的经济纽带，进一步推动了大一统经济体系的建立，甚至将中华民族的影响拓展到西域之外更远的国家和地区。

第三节　重塑社会生活

秦汉时期，不同地域、不同族群间的社会交往交流机会大为增加，中国历史进入更广泛深入的社会大融合阶段。“编户齐民”制度为全国人口管理与国家统一提供了制度保障，“行同伦”的整合策略增强了社会认同，“徙民实边”促进了社会流动，“天下一体”“天下一家”的观念成为社会主流意识。

一、编户齐民

秦汉社会生活的重塑源自社会基层组织的重组，“编户齐民”制度发挥着至关重要的作用。

“编户齐民”主要是通过登记户籍的方式掌握人口信息。这一制度可溯源到周朝的人口登记制度、春秋时楚国和晋国建立的户籍制度，在商鞅变法中正式定名实施。“编户齐民”在秦统一后推广到全国，在汉代趋于成熟和定型。编入户籍的民户主要是广大农民，也包括无爵位的地主和小官吏。官府依据户籍来制土处民、征收贡赋、规定禄食、兴发力役、组织军旅。

通过“户”及其相应的组织建制，秦汉王朝建立了有效的纵向控制体系，国家对社会基层的治理效能大为提升，即便是来到中原的胡人也受这一制度制约。从里耶秦简可以看到，秦中央政府要求各县都登记并上报辖域内诸“蛮”的户籍

① 司马迁：《史记》卷一二九《货殖列传》，中华书局1982年版，第3256页。

信息，湖南沅陵虎溪山汉墓出土的《计簿》就记录了西汉文帝时期沅陵侯国的“蛮夷”人口数。不管是俘虏、聚族内附的居民、擅长乐舞百戏的乐师，还是为汉官服务的奴仆，都成为编户民。还有一些胡人被征召入伍，“胡骑”与“越骑”是守卫王朝秩序和安全的重要力量。

编户齐民的实质是对春秋战国以来社会结构的重组。它彻底改变了以往以宗族集团作为基本社会单位的政治模式，转而以家户作为国家治理和社会生活的基本单位，打破了过去的血缘关系，通过地缘与政治达成社会治理，有利于民族交往交流交融。此后，编户齐民制度成为中国古代政治的基础性制度，也构成“百代皆行秦政制”的重要内容。

二、行同伦

秦统一后，除了推进编户齐民等制度建设外，还非常重视规范社会风俗，推动“行同伦”，用统一的伦理纲常规范各地民众行为，从而达到“六合同风，九州共贯”之效。

秦统治者以立法形式纠肃民风，郡县各级长官都有考察和整肃民间习俗、督治风俗教化的职责。秦始皇三十七年（前 210）书写的会稽刻石铭文，批评了民间盛行的不良风气，以皇帝名义严令禁止淫逸之事。睡虎地秦简《语书》是秦的南郡守“腾”下达给所辖各县的政令，其中明确提到“圣王作为法度，以矫端民心，去其邪避（僻），除其恶俗”[①]，谆谆教诲各县官员应积极敦化“乡俗”，可见秦王朝对风俗教化的重视，始终不断敦促各级官吏贯彻落实。在县下各乡，还设有专门执掌教化的乡官，称“三老”，这一建制为后代承袭。

西汉时期，随着儒学被确立为国家意识形态，朝廷也试图通过齐整风俗来实现国家整合。其中，派遣循吏到边疆任官，不仅能为边疆地区带去先进的农业技术，还普及中原伦理文化，是对边疆社会实施教化、推动民众移风易俗的重要手段，如著名的“文翁化蜀”。汉景帝末年，文翁任蜀郡太守，栽培当地小吏，使其赴长安学习，学成归蜀后，或安排他们担任重要职务，或通过察举向朝廷推荐，有人因此官至太守、刺史。文翁还在成都兴建学宫，从学的年轻人可免除徭役，学成后，根据能力高低授予不同的官职。文翁还经常让学子跟随自己观摩处理政务。蜀郡之俗为之大变，文教大盛。

在西南，东汉桓帝时，牂牁郡（今贵州黄平、贵定二县间）采用中原礼俗教

① 睡虎地秦墓竹简整理小组：《睡虎地秦墓竹简》，文物出版社 1978 年版，第 15 页。

育民众，以中原文化融合凝聚各“蛮夷”部落。在南方，光武帝时，桂阳郡（今湖南郴州）太守卫飒兴修学校，传布儒家伦理及婚丧礼仪，当地社会风貌大变。九真郡（今越南清化）旧以射猎为业，无嫁娶之规，太守任延铸农具，授农耕之法，并定婚配礼法。当地民众感激太守，多给子孙起名为“任”。治郡循吏受到各地百姓拥戴，百姓多为其建祠祭祀，影响深远。在官民各方努力下，中原与边疆的伦理风俗交流融合，大一统社会共同性逐渐凝聚。

三、人口迁徙

秦汉大一统第一次将内部具有差异性的广土众民塑造为一个社会性的统一体，并吸引和推动周边族群加入这个统一体。

首先，是中原地区内部的人口大迁徙。秦统一前后，为加强对六国故地的控制，实行“出其人”[①]“移秦民万家实之”[②]的政策。六国居民开始大规模搬离原住地，其中一部分贵族迁入秦国本土，如秦始皇二十六年（前221）“徙天下豪富于咸阳十二万户”[③]；一部分豪侠迁往巴蜀，“秦惠文、始皇克定六国，辄徙其豪侠于蜀”[④]；更多的民众则在六国之间迁徙，如秦始皇二十八年（前219）“徙黔首三万户琅邪台下”，三十五年（前212）“徙三万家丽（骊）邑，五万家云阳”[⑤]；等等。上述中原内部移民总数达到20余万户，规模在百万人以上。出土秦简上的“新地吏”“新黔首”等称谓，证明了当时各地的人口流动。同时，这类移民并非临时性质，睡虎地秦简《封诊式》有“迁子”案例，明确规定迁“蜀边县”的“终身毋得去”。

汉初，将六国旧贵族迁往关中地区，如齐国诸田，楚国昭氏、屈氏、景氏等大族，燕、赵、韩、魏诸国的宗室后人及关东各地的豪强名家；同时，汉朝新设置陵邑（高祖长陵、惠帝安陵、文帝霸陵、景帝阳陵、武帝茂陵等），前后迁移10万余人进入关中，从而增强了关中地区的实力，客观上促进了中原各区域的人口交融和文化交流。两汉时期的田延年、田千秋、第五伦等名臣，祖上都来自这些迁徙入关的群体。

其次，中原到边疆也有大量人口流动。秦汉推行“徙民实边”政策，由内地

① 司马迁：《史记》卷五《秦本纪》，中华书局1982年版，第206页。

② 常璩：《华阳国志校注》卷三《蜀志》，刘琳校注，巴蜀书社1984年版，第194页。

③ 司马迁：《史记》卷六《秦始皇本纪》，中华书局1982年版，第239页。

④ 常璩：《华阳国志校注》卷三《蜀志》，刘琳校注，巴蜀书社1984年版，第225页。

⑤ 司马迁：《史记》卷六《秦始皇本纪》，中华书局1982年版，第244、256页。

向边疆地区迁移农业人口。秦始皇三十三年（前214），蒙恬收复“河南地”（今内蒙古河套以南地区），之后从中原迁出一批“犯人”及其家属戍守边地。同年，秦始皇还迁徙50万人戍守岭南，与越人杂居。秦始皇三十六年（前211），秦向河套至阴山一带的北河、榆中移民3万户。汉朝向边疆转移人口的规模有增无减。汉文帝时，募民为戍卒，徙居塞下屯田。汉武帝先后徙10万人居朔方，徙70余万人至新秦中，发卒60万在上郡、朔方、西河等郡屯田戍边。取得河西走廊后，元狩二年（前121），武帝在浑邪王故地置酒泉郡，移民实之。

两汉时期，还有大量的中原人口自发向塞外迁徙。其中，流入匈奴的汉人总数10余万，包括逃亡的官员及奴婢、战俘等。这些汉人在为匈奴增加劳动力的同时，也带去了中原文化和技术。如武帝、昭帝时期的卫律，投降匈奴后，在当地着胡服，用胡俗待客，同时向匈奴单于献穿井筑城、治楼藏谷之计。

最后，周边族群向边郡或中原流动。如光武帝建武十一年（35），羌人归顺，东汉朝廷曾多次将大批降附的羌人迁往天水、陇西、扶风三郡；明帝永平元年（58），将羌人降众七千多人迁置三辅（长安及附近的关中之地）；和帝永元十三年（101），将羌人降众六千多人迁往汉阳、安定、陇西等郡。在南方，朝廷将部分东瓯和闽越人迁往江淮，这些移民从此融汇于中原人口之中。

更值得一提的是，两汉之际和东汉末年分别出现了两次向南部地区，尤其是江南的移民潮。

两汉之际战乱，大量中原人“避难江南”。通过比较元始二年（2）与永和五年（140）的户口数字，可以看到江南地区户口数增长140.50%，人口数增长112.13%，而同时期全国户口数与人口数均为负增长。

东汉末年，受天灾、战乱影响，中原人口再度大规模南迁。一时英才皆聚于南方，《三国志·魏书》称“士之避乱荆州者，皆海内之俊杰也”①。当时不少黄河流域居民为避难，竟远迁至“交州”（今广东、广西及越南北部、中部）。

北方“流民”南迁与江南地区的开发是同步的。有学者指出，东汉以后，政府经营的重点转移到了南方地区，史著中反映江南生产、赋税情况的记载也明显增加。人口的流入不仅促进了江南农业、手工业的发展，促进了江南的开发，而且因生产环境和通婚环境的改变而有利于江南人口素质的提高。同时移民也是文化的载体，移民流向江南也带着北方文化流向江南，所以，移民的过程也是中华

① 陈寿：《三国志》卷二一《魏书·王粲传》，陈乃乾点校，中华书局1982年版，第598页。

文化融合和扩展的过程。[①]

随着越来越多的周边族群与汉人杂居共处，民间族际通婚亦成为常态，既有周边族群迁居内陆与汉人通婚，也有汉人迁往周边族群聚居区与当地人通婚。秦朝时，民间的族际通婚已到一定规模，政府不得不制定法律予以规范。如睡虎地秦墓出土的秦律规定，若父母皆为部族人，其子称“真”；父为部族人，母为秦人，子称“夏子”。

在汉朝出使西域的使者中，有不少人娶过“胡妻”“胡妇”。张骞被匈奴羁押时，身边有胡妻，即使逃归中原其胡妻也一路随行。苏武也有匈奴配偶。李陵、李广利降匈奴后，皆娶单于之女为妻。汉人与胡人通婚所生后代被称为“秦胡”。汉顺帝时，马子硕因任官留居陇西，娶羌女，生子马腾，马腾及其子马超就是典型的“秦胡”。东汉名将段颎手下有秦胡步骑五万余人。族群间各种形式的通婚，客观上使不同族群从血脉上连成更加不可分割的共同体。

经过长期的迁徙流动、通婚聚居和多方互化，不同族群的生活方式趋同，血脉联结加深，族群界限渐泯。将黄帝作为共祖，将不同族群都视为“天下一家”中的一分子，成为族群交融加深的重要反映。这鲜明地体现于《史记》的编写思路和历史观中。基于天下大一统的实现，司马迁撰写《史记》时梳理出一条以黄帝为华夏族群共同始祖的谱系。这一谱系不仅有华夏圣王“血统”脉络，还包括地处“蛮夷”之邦的吴、越、秦、楚，甚至称“匈奴，其先祖夏后氏之苗裔也，曰淳维”[②]，由此开创了华夷同祖的族源叙事模式。更重要的是，司马迁还为匈奴、南越、东越、朝鲜、西南夷、大宛立传，将其纳入“国史”视野，彰显“华夷共祖”“四海一家”的大一统思想。这一做法后来也为《汉书》所继承，成为中华民族内在多元却不失一体的标志。

四、汉人形成

秦汉时期，中国历史上人口规模最为庞大的“汉人”群体开始出现。虽然“汉人”作为确切概念用于自称和他称的具体时间还有待细考，但确凿无疑的是，汉人共同的文化心理与价值追求在这一时期已初步形成。

在族源构成上，汉人前身是春秋战国时期在族群大融合中形成的华夏共同体，融汇了包括炎黄、“东夷”、“苗蛮”、越人、戎、狄、羌等在内的多个古代族群。

① 黄今言：《秦汉江南经济述略》，江西人民出版社 1999 年版，第 32 页。

② 司马迁：《史记》卷一一〇《匈奴列传》，中华书局 1982 年版，第 2879 页。

经历四百余年秦汉大一统，华夏共同体融入了更多周边族群。他们长期生活于统一的王朝，形成了明确的大一统政治文化认同，演化成了具有鲜明社会文化特征的“汉人”群体。

在文化心理上，因为族源和生存环境多样，汉人除了农耕文化之外，还吸收了游牧、狩猎、山地、海洋等多样文化元素，交融形成以农耕文化为主体和枢纽、汇聚兼容多种文化样态的汉文化，确立了古代中国最主要的伦理秩序和社会规范。这使得汉文化在保持共同性、统一性的同时，始终保持极大的包容性和开放性，从而能够不断与时俱进。

在价值追求上，汉人在形成过程中发展出了以儒家文化为代表的诸子百家思想，进而构造了大一统观念与制度，推动其成为中华民族漫长历史中的基本价值追求和制度实践。秦汉以来，不论是“混一海内”的统一王朝还是政权并立的分裂乱世，大一统都成为中华大地各族群、各政治体的共同追求。

第四节　深化文化交融格局

秦汉时期，伴随着“书同文”政策的推行，百家思想汇流于儒，华夏文化认同得以奠基。中原文化向周边地区广泛传播，对各地文化交融发展起到了主导作用。周边族群的文化、艺术、习俗、生活方式也传入中原，塑造了秦汉文化的多样性和丰富性。在这一复杂的历史进程中，大一统王朝不是简单地“以一化多”，而是集区域和族群的多元特征于“一体”，再以“一体”去融汇“多元”，进一步拓展了多元一体的中华文化发展格局。

一、书同文

秦代是汉字发展成熟的关键期。古文字经过长期发展演变，到战国时期，由于诸侯国各自为政，“文字异形”现象比较严重。秦始皇统一中国后，下令“书同文字”，统一全国的语言文字，规范字形、用字、用语体系。

以秦系文字取代六国文字，是“书同文”政策最重要，也是最见成效的方面。秦系文字以小篆为正体。李斯作《仓颉篇》，赵高作《爰历篇》，胡毋敬作《博学篇》，合称“三仓”。“三仓”以小篆书写，作为推广标准文字的范本颁行全国，对当时的普通民众和基层官吏起到了文字启蒙与知识普及的作用。这些字书在秦汉遗址的考古发掘中多有发现。

秦朝还有一种书体，称为隶书（秦隶），笔画方折平直，比小篆简化，书写更为简便。相传秦始皇统一中国后，程邈搜集民间书体，删繁就简，创三千隶字，以利书写。但隶书并非秦统一后产生，至少在战国晚期就已经广为使用，睡虎地秦简就是以隶书写就的。[①] 因为秦“官狱多事”[②]，政务繁忙，用秦篆书写公文极不方便，隶书就流行开来，最终成为日常通用的书体。

除了统一字形之外，“书同文”的内涵还包括规范用字、规范名物称谓及避讳等，为秦代官府行政工作提供统一的标准。从里耶秦简“更名方”可以看到，秦统一后对全国官方文书中使用的字词都作出了详细规定。汉代的标准语“洛语”，承袭先秦的雅言，称“正音”“雅言”。“洛语”的使用没有地域限制，也称“通语”。在当时，推广“通语”被上升到法律的高度。

“书同文”的文教政策要求在全国范围内推广一种通用的语言文字，使汉字走向统一、规范和定型，不仅便于制度法令的传布与推行，而且促进了不同地域的文化交流。在岭南，今广西贵港罗泊湾汉墓出土器物的文字与各地发现的秦文字风格一致，说明秦统一岭南后，统一的文字得到了广泛的推行。在北方，因匈奴无文字，与汉朝通信均用汉字和汉字书信格式。在东北，汉字是高句丽人的通用文字，留存至今的《好太王碑》等均用汉字书写。在西域，自西域都护府设置后，地方政权在认同自己和汉朝政府之间的隶属关系的基础上，自愿听从汉廷的指令，汉语遂成为通行于各族群间的官方通用语。新疆尼雅遗址发现汉简《仓颉篇》，充分说明两汉时期，西域已经使用中原的通用文字抄写范本。

总之，后世常常用“书同文”来形容天下统一、社会大治，就在于秦汉时期的这一文教政策推动并彰显了大一统政治建构，对形成中华民族共同的文化心理产生了深远影响。

二、儒学正统

秦始皇统一六国后，初置博士官，传诸子百家之学。而后为统一思想和学术，秦始皇采纳李斯的建议，颁令焚书，禁绝私学。汉初，社会生产得以恢复，统治秩序逐渐巩固，遂成“文景之治”。但是，随着经济渐趋繁荣，新的社会问题开始出现，诸侯势力威胁中央，富商豪强兼并农民土地，匈奴不断进犯。如何统一思想，做到规范一致、政令畅通、官民和谐，成为统治者无法回避的问题。汉武帝

① 赵平安：《隶变研究》，河北大学出版社 2009 年版，第 7 页。

② 班固：《汉书》卷三〇《艺文志》，中华书局 1962 年版，第 1721 页。

采纳了董仲舒的建议，确立了儒家思想的官方意识形态地位，为大一统政治实践奠定了坚实的意识形态基础。

董仲舒将阴阳家形而上的宇宙观与儒家政治哲学相结合，从理论上论证了大一统政治社会制度的合法性，解决了汉王朝的道统问题。他提出，“《春秋》大一统者，天地之常经，古今之通谊也”。如果“师异道，人异论，百家殊方，指意不同”，人君就无以持一统，因此，他建议“诸不在六艺之科、孔子之术者，皆绝其道，勿使并进”。[①] 建元五年（前 136），汉武帝接受董仲舒建议，设五经博士，尊崇儒家经典，优礼延揽儒生数百人。但实际上，汉武帝的政策并非简单地独尊儒术，而是儒法兼用，并融汇了道家、墨家、阴阳家等多家思想，各家思想在儒学框架内实现会通。

此后，西汉太学均以儒家经典为教授内容，察举制的官员选拔也以儒家思想为标准，所选官员主要出自儒生。皇权与儒家官僚体制逐渐形成相互支持并相互制约的共生关系，从制度上保障了儒家思想的正统地位，以及后世儒家士大夫阶层持续存在并发展的可能性。四方之民积极向化，儒学对凝聚中华文化认同起到了不可替代的重大作用。

三、列国文化交融

东周列国文化可划分为七个文化圈，分别为中原文化圈、北方文化圈、齐鲁文化圈、楚文化圈、吴越文化圈、巴蜀滇文化圈、秦文化圈。[②] 随着秦汉大一统王朝的建立和巩固，这些文化圈交融汇聚，逐渐形成了具有统一风貌的汉文化的基本样态。

关中地区是秦汉王朝的政治文化中心，因特殊的陵邑政策和多次移民运动而表现出“五方杂厝，风俗不纯”[③] 的特殊文化风格。从秦朝至西汉中期，相继有数十万移民陆续迁入此地，周秦文化传统得以部分继承。但由于移民的大量涌入，特别是西汉初年“秦中新破，少民”，而由东方移民“益实”[④]，这一地区的文化构成已大为改观，一个新关中文化圈实际已经形成。班固《西都赋》提到长安及诸陵邑形势，有“英俊之域”“冠盖如云”[⑤] 等赞誉，说明此地广聚天下“英俊”，集

① 班固：《汉书》卷五六《董仲舒传》，中华书局 1962 年版，第 2523 页。

② 李学勤：《东周与秦代文明》，文物出版社 1984 年版，第 11—12 页。

③ 班固：《汉书》卷二八《地理志》，中华书局 1962 年版，第 1642 页。

④ 班固：《汉书》卷四三《娄敬传》，中华书局 1962 年版，第 2123 页。

⑤ 范晔：《后汉书》卷四〇《班彪传附班固传》，李贤等注，中华书局 1965 年版，第 1338 页。

会四方“豪杰”，早已打破传统地域文化界限。他们从汉代各个地区（包括各边疆族群）流动而来，造成了帝陵附近人口的增殖及人才的汇合，形成一个特殊的区域文化。①

楚地特有的民俗风情和艺术风格对秦汉文化的塑造和形成有重要作用。秦末反秦运动的主力多为楚人，项羽、刘邦等人均有关于喜好“楚歌”“楚舞”的记载，以屈原等人作品为代表的楚辞，对汉赋、诗歌的发展产生了深远影响。战国晚期至秦汉的宫殿建筑一反从前的多重院落式风格，出现高台建筑和巨型建筑组群，追求气势雄浑、崇高博大、“非壮丽无以重威”②的效果，而这正是楚宫建筑的传统，号称“天下第一台”的楚国章华台就是典型代表。秦代漆器的龙凤纹样、咸阳秦宫遗址的壁画和瓦当、秦始皇陵出土的铜车马和秦俑等，均带有楚地的风韵。

齐鲁文化影响秦汉历史文化进程最突出的表现是儒学向西传布，并成为主流意识形态。齐鲁儒生中多有代表，如秦始皇时期，数十位五经博士均为齐鲁人，汉武帝时则有丞相公孙弘等人。自西汉昭、宣时期到西汉末年，丞相多为掾史文吏和经学之士，出身齐鲁者占比约三分之一。《汉书·儒林传》中单独立目的有二十七人，齐鲁籍的有十二人。

滨海地区因其特殊的经济优势，在当时文化格局中占据重要地位。由于“擅海滨鱼盐之利”，滨海地区往往经济繁荣。从《管子·海王》中可见“海王之国”的政治理想。燕、齐、吴、越等滨海地区的早期商贸活动和航海实践也使秦汉文化中包含了海洋文化元素。目前所见汉代铁官、盐官遗存文物，位于滨海地区的甚多。除《汉书·儒林传》中籍贯可考的众多儒学名士外，西汉一代名医淳于意、东汉造纸专家左伯、学术大师郑玄等人也都来自滨海地区。

区域文化的长期交融不断增进秦汉文化的共同性。如山西、河南、湖北、内蒙古、四川等地原本多见的秦式墓葬，至西汉初年已基本不复存在。在司马迁的《史记·货殖列传》里仍然可以看到各地文化风情的差异，全国被划分为“山西”“山东”“江南”“龙门、碣石北”四个经济文化区；但到了西汉晚期至东汉，黄河流域已经可以大致归并为关东（山东）、关西（山西）两个基本文化区。东汉以后，区域文化融合进程进一步加快。汉人扬雄《方言》中的某些地方语言词汇，到了晋人郭璞《方言注》的时代，已经成为各地通语。许多关西关东方言当时已

① 武伯纶：《五陵人物志》，《文博》1991年第5期。

② 司马迁：《史记》卷八《高祖本纪》，中华书局1982年版，第386页。

经混化。这些都表明中华民族文化共同体进一步形成。

不仅如此，秦汉时期的国家祭祀与民间信仰也开始逐步整合。秦汉帝王巡行的重要目的之一是祭祀天地、山川、鬼神。《史记·封禅书》中有秦始皇“东游海上，行礼祠名山大川及八神”[①]的记载。所谓“八神”，原本是齐文化的崇拜对象，包括天、地、兵、阴、阳、日、月、四时之神等。秦始皇在先秦各国山川祭祀习俗的基础上，整合秦国关中的七大名山加上关东的五大名山，建构出一个相对固定的山川祭祀体系。西汉以降，朝廷基本承袭了秦时祭祀制度，汉武帝确定的“五岳”体系，到汉宣帝时“自是五岳、四渎皆有常礼”[②]，标志着五岳之序最终明确下来。长江的祭祠规格升为一岁四祠，仅次于黄河（一岁五祠）。汉朝对南方长江水域祭祀系统的认同，与秦汉时期对南方广大区域的开发、人口流动和族群交融密切相关。“五岳四渎”的祭祀体系最初并不固定，与各地的祭祀圈都有重合，如河神为秦、晋、齐人共祭，汉（沔）水为楚、秦人共祭，但随着秦汉大一统的发展，这些独立的祭祀圈最终被整合成覆盖全国的大祭祀体系。

四、中原与边疆互动

秦汉时期，得益于政治大一统带来的便利，农耕文明与游牧文明持续互动，中原与边疆的文化艺术交流达到了新的高度。中原地区的思想、文化、艺术不断向边疆族群传播；同时，边疆乃至更远的异域文化也为中原文化注入了新鲜元素。各区域文化都跨出了自己的地理局限，彼此借鉴互融，共同塑造了博大精深的中华文化。

作为中原王朝的正统思想，儒家思想由中原向边疆传播，对边疆族群产生了潜移默化的影响。今内蒙古和林格尔县发现的汉墓壁画中绘有圣贤、豪杰、孝子、贤妻、良母的故事图，其中“金日磾拜母像”壁画描述匈奴休屠王太子金日磾向母像跪拜的场面，很有典型意义，壁画上的金日磾还穿着汉服。匈奴习俗本是贵壮贱老，金日磾是匈奴人，却受到汉人孝悌文化观念的影响，他的子孙也均以忠孝显名。

在西域，新疆民丰县尼雅遗址出土的“五星出东方利中国”织锦护臂（图5-6）采用白、青、绿、赤、黄五色经丝，代表了汉代织锦技术的最高水平，反映了汉人的阴阳五行思想在西域的流传。“五星出东方利中国”织锦护臂上有在新

① 司马迁：《史记》卷二八《封禅书》，中华书局1982年版，第1367页。

② 班固：《汉书》卷二五《郊祀志》，中华书局1962年版，第1249页。

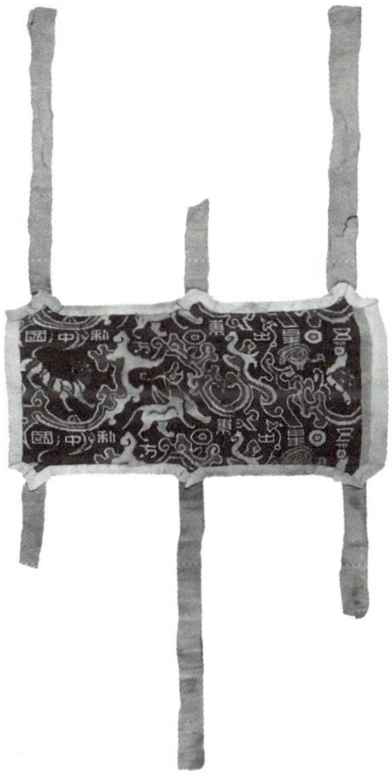

图 5-6 “五星出东方利中国”织锦护臂

织锦图案总体采用山状云作骨架，沿纬向连续铺展。织锦纹样别致，自右至左依次织有四种鸟兽纹，围绕这些“大瑞”纹样的则是景云、嘉禾等，“五星出东方利中国”等文字巧妙地列置其中，表达祈佑祥瑞的寓意。

疆地区发现的最早的“中国”二字，距今两千多年。“中国”最初是一个地域概念，泛指黄河流域的中原地区。最早明确记载“中国”二字的是西周初期的青铜器“何尊”铭文，铭文中有“宅兹中国”字样，指以洛阳盆地为中心的中原地区。专家考证认为，“五星出东方利中国”织锦护臂是由蜀锦匠人专门为汉朝皇家织造的，最终却出现在新疆地区的汉代墓葬中，表明边疆和汉王朝之间往来密切。该遗址还发现了八枚精绝、且末等地贵族用汉隶书写的互致问候的书简，其中一枚正面写“奉谨以琅玕一致问”，背面写“春君幸毋相忘”，反映当时汉字是西域与中原人士之间交流的主要媒介。在蒙古高原匈奴单于庭龙城遗址中出土了“天子单于”汉字瓦当，这充分说明了汉代时匈奴使用“天子”等中华文化的观念建构其政治核心概念。楼兰古城平台墓地出土的连弧柿蒂纹“长宜子孙”铜镜、“家常富贵”铜镜、星云纹铜镜，以及尼雅遗址出土的“君宜高官”铜镜、龙虎纹铜镜等，其样式与西汉中晚期和东汉时期中原地区常见的样式一致。如在西南夷地区，云贵高原出土的汉代铜钟，是在中原乐钟文化的影响下产生的，属中国古代乐钟体系的地方类型，但很多方面又打上了本地文化的烙印。在青海羌人区上孙家寨发掘的西汉至东汉中期墓葬群，保留了羌人特有的埋葬习俗，但墓葬形制和陪葬陶器种类基本与中原地区一致。匈奴分裂后，南匈奴一改前期单人葬式，墓葬加入了许多汉人丧葬文化因素，出现家族式多人合葬墓，随葬器物中有大量的汉式陶器。

中原的音乐对边地产生了重要影响。如在西域，细君公主在乌孙，经常抚琴长歌，创作了脍炙人口的《黄鹄歌》。汉宣帝时，解忧公主之女弟史，与丈夫龟兹王绛宾一起去长安“学鼓琴”，受赐“歌吹数十人”，回到龟兹后“撞钟鼓，如汉家仪”[①]，这是西域主动学习和传播中原音乐的明确历史记录。龟兹石窟早期壁画中出现了排箫、阮咸等中原乐器，当与此段历史有关。[②]元帝竟宁元年（前33）春，呼韩邪单于朝汉，汉赠其衣、锦、帛、絮，以及竽、瑟、卧箜篌等乐器。在西南地区，迁往巴蜀的豪族带去的中原礼乐使得巴蜀之地“箫鼓歌吹，击钟肆悬”[③]。

与此同时，边疆地区的文化与艺术对中原也产生了重大影响。西汉中期，佛教传入西域，此后逐渐流行于民间。永平七年（64），汉明帝遣使赴西域访求佛法，使者在大月氏国迎请天竺高僧摄摩腾和竺法兰以及佛像经卷至洛阳。两位高僧居于白马寺，组织翻译了《四十二章经》等。桓、灵二帝时，西域僧、居士接踵来到中原，翻译大量佛经，佛教开始在中国广泛传播，深刻影响了中华文明在后世的发展。

两汉时期，西域、西戎、西南夷等周边地区的音乐舞蹈等艺术作品大量传入中原，受到各阶层欢迎。自汉代张骞出使西域后，来自西域的胡乐就源源不断地进入中原，琵琶、竖箜篌、胡笳、羌笛等乐器传入中原，如今都是中国常见的乐器，成为中华民乐的重要组成部分。秦汉时期的音乐考古发现了来自古代两河流域和波斯的丝弦乐器图像，出土了箜篌的实物。《急就篇》注：“空侯，马上所弹也”，可理解为其最初源起和普遍使用与草原民族文化有密切的关系。

秦汉时期，于阗乐、龟兹乐、印度和西域的佛教音乐等都加入西乐东渐的行列。武帝时，受胡乐《摩诃兜勒》启发，李延年造新声二十八解，成为朝廷的武乐。当时每每举行盛大演出，就会有西戎乐曲“狄鞮”，以及西南夷传入的“巴渝

① 班固：《汉书》卷九六《西域传·渠犁》，中华书局1962年版，第3917页。

② 霍旭初：《新疆音乐文物综述》，《中国音乐文物大系》总编辑部：《中国音乐文物大系·新疆卷》，大象出版社1999年版，第2—3页。

③ 常璩：《华阳国志校注》卷三《蜀志》，刘琳校注，巴蜀书社1984年版，第225页。

舞”等。龟兹乐舞是发源于中国古代西域的一种舞曲。音乐家苏祇婆推动了龟兹调式在中原的发展，龟兹“五旦七调”乐律，冲击了宫廷僵化的乐制，为中国传统音乐注入了新的活力。龟兹乐中的“般涉调”在中原长期流行，在民间很有影响。班固《东都赋》叙述明帝款待四夷使者，除表演汉朝乐舞外，还有“僸佅兜离”的四夷乐舞加入。东汉灵帝时期，诸多以“胡”为名的文化因素已经在社会中广泛流行。“灵帝好胡服、胡帐、胡床、胡坐、胡饭、胡箜篌、胡笛、胡舞，京都贵戚皆竞为之。”[①]可见当年胡汉交融、载歌载舞的盛况。

总之，在秦汉时期，各区域性文化都大大超出了自己的原生地域，传播至更为遥远的地方。游牧文化就从北方扩展到中原甚至更南的区域，如曾在北方代地长期生活的薄太后，其陵墓外藏坑就出土大量金银饰品，上有马、熊等动物形象，还有颇具草原风情的纹饰；江西南昌海昏侯汉墓所出双狼猎猪纹石嵌饰为本地制作，纹饰亦借鉴了北方草原地区的动物断杀纹。南越国遗址所出随葬品，就体现出多种区域性文化元素的杂糅，在越文化的基础上，不仅吸收中原政治文化，还包括了楚文化甚至草原文化。如该地出土的36件青铜鼎，就可分为汉式鼎、楚式鼎、越式鼎三种类型，各具特色，共同构成南越王政治地位的象征；还有惟妙惟肖的“虎噬羊”牌饰也采用了战国以来北方草原地区民众喜爱的艺术主题，同样受到南越地区统治者的欢迎。端午节祭祀屈原的活动起初仅在楚地一隅发生，后传至王朝各地。端午吃粽子纪念屈原的习俗相沿至今，成为海内外中华民族共同的文化符号。

小　结

秦汉建立中央集权制的大一统王朝，有力地推动多元融为一体、一体统摄多元格局的形成。秦朝通过推行书同文、车同轨、量同衡、行同伦的治理体系，构筑了各民族交往交流交融的历史主基调。汉朝汲取七国所长，将秦国的法家制度、鲁国的儒家思想、齐国的黄老之术与管子的经济思想、楚国的文化艺术、韩魏的纵横刑名、燕赵的军事制度等融为一体，最终形成稳定的大一统制度体系，奠定了两千余年统一王朝的基本法度，并塑造了中华民族独特的社会和文化结构。

大一统的实践不仅仅是统治者自上而下的政治意志和个人决策，更

① 范晔：《后汉书》志第一三《五行》，李贤等注，中华书局1965年版，第3272页。

是千千万万基层官吏和普通百姓的共同要求，体现了不同生产生活方式的人群对建设大规模政治共同体的一致渴望。特别是两汉的长期强盛，不仅达到了大一统政治传统的第一个高峰，也达到了中华民族交往交流交融的第一个高峰。正如东汉唯物思想家王充所言：“古之戎狄，今为中国；古之裸人，今被朝服；古之露首，今冠章甫；古之跣跗，今履商舃。以盘石为沃田，以桀暴为良民，夷坎坷为平均，化不宾为齐民，非太平而何？”①

秦汉大一统政权在东汉后期开始衰落。由于宦官外戚专政、地主豪强发展、农民起义不断、军阀武装割据，周边部族豪强纷纷进入中原，中国历史上迎来了族群空前大迁徙、大交融的魏晋南北朝时期。但秦汉制度与文化400余年的浸润与辐射，创造了任何政治军事分裂都无法动摇的中华认同，开启了迁徙族群“中华化”进程。

思考题

1. 简述秦汉政治统一对中华民族形成发展的意义。
2. 试述货币与度量衡的统一如何促进了大一统经济格局的形成。
3. 谈谈“书同文”对提升中华民族凝聚力的启示。

① 王充：《论衡校释》卷一九《宣汉篇》，黄晖校释，中华书局1990年版，第823页。

第六讲　“五胡”入华与中华民族大交融（魏晋南北朝时期）

要深入挖掘云冈石窟蕴含的各民族交往交流交融的历史内涵，增强中华民族共同体意识。

——习近平

魏晋南北朝时期从220年曹丕称帝开始，到589年隋文帝杨坚灭南陈统一中国为止，近370年。其间，中原大部分时间处于政治分裂、社会动荡、南北对峙的局面。这一时期的族群大融合对中华民族共同体的发展具有承上启下的作用。魏晋南北朝时期既是古代中国自秦汉以后首次出现较长时间割据对峙的时期，也是中国历史上第二次大规模、长时段的族群融合时期。

西晋重建一统，结束了魏蜀吴三国鼎立的局面，但仅20多年即因“八王之乱”走向内乱崩溃。内迁胡人纷纷在中原起兵，引发“永嘉之乱”，中原陷入大规模战乱之中。为逃避战乱与灾疫，大量汉人士族与流民南渡长江，也有的西迁到河西走廊等相对稳定的地带，还有的向东北迁移到辽西、辽东一带。316年，西晋灭亡。次年，司马睿在南方建立东晋王朝。与此同时，史称“五胡”的匈奴、鲜卑、羯、氐、羌等族群建立多个并立政权。

这一时期，除东晋外，实力较强、比较有代表性的政权有16个，史称“十六国时期”。随着不同时期胡人族群大规模入迁，中原地区形成胡汉杂居、诸胡杂居的局面，北方族群的人口结构和分布格局改变了。439年，北魏拓跋鲜卑统一北方，十六国时期结束，北方进入北朝时期。后来，北魏分裂为东魏和西魏，后又分别被北齐和北周取代。577年，北周灭北齐，统一北方。581年，杨坚代周称帝，隋朝建立。在南方地区，420 年，刘裕称帝建刘宋，取代东晋，标志着南朝开始。南朝先后经历了宋、齐、梁、陈四个朝代。589 年，隋朝南下灭陈朝，再次完成多族群国家的统一。

族群交融和文化交融是中华民族此一时期发展的时代特色。魏蜀吴政权在各自统辖区域内促进了中国北方、西南、东南的族群融合。北方汉人与胡人逐渐交融，西域与中原人群交融，南下的汉人与南方诸族交融。

伴随着族群大迁徙大交融，中原文化与胡人文化相结合产生了北朝文艺，与南方各族文化相结合产生了六朝文艺。经由丝绸之路传过来的异域宗教文化，如佛教、祆教等也纷纷进入中原。佛教开始与儒、道文化会通，开启中国化进程。

“中华化”是这一时期的历史主流。尽管对立政权互相攻伐引发的战争给天下百姓带来深重苦难和精神创伤，但南北各政权对中华文化的认同、对大一统的追求、对中华正统的竞逐是相同的。族群结构的变化造就了北方政制不断向中原政制靠拢，入华各族“中华化”程度不断加深与扩大。同时，南北各区域在经济方面的互相依赖，并没有因为政治分割而减弱，而是保持了紧密的区间贸易，为日后隋唐大一统奠定了经济基础。

魏晋南北朝时期，战争与分裂无法阻挡中华民族共同体的进一步发展。在中华文化的引领下，多元族群的大碰撞最终指向重建大一统，多元族群的大迁徙客观上使交往交流交融的范围更加广阔，这为在更广阔的人群基础上实现更深层的民族大融合准备了条件。

第一节 政权并立与政制趋同

“五胡”建立的政权都经历了“汉号”立国、“礼法”治国、“郡县”理国、“经史”记国的中华化的进程。[①] 尤其是拓跋鲜卑建立的北魏政权及其后继者（西魏—北周）更以改革创新精神，融合胡汉，开启了均田制、三长制、府兵制等体现大一统精神的制度革新。各政权在“中华正统”的竞争之下，政治制度与政治文化趋同，进一步扩大了“中华”认同的范围。

一、政制趋同

中原王朝授予周边族群首领官号爵位，周边族群向中原王朝遣送质子，是中

① 祁美琴、陈骏：《中华民族史观视野下北族王朝的概念与性质》，《中华民族共同体研究》2022 年第 5 期。

原王朝与内迁胡人族群政治交往的重要途径。

东汉末年至西晋时期，长城内外及内迁的匈奴、乌桓、鲜卑、氐、羌及诸蛮等众多族群，大多处于中原王朝所设的领护官员、边郡属国都尉乃至郡县官吏管理之下。[①] 这些族群首领大多被中原王朝授予“王”“侯”“仟长”“佰长”“什长”等各级官爵，带有“归义侯”“率善王”等能表明臣服于朝廷的名号。这些名号并非徒有虚名，而是表明周边族群已被纳入以中原王朝为核心的天下秩序之中。周边族群首领作为臣属要向中原王朝遣送质子，表示对中原王朝的臣属与效忠。[②]

最具象征意义的是中原王朝的朝贺礼仪（图 6-1）。西晋完善了用以宣誓君臣关系、反映天下秩序的元会礼仪程序（晋武帝时更定《咸宁仪注》）。[③] 周边族群首领在元旦朝贺礼仪之中，必须按等级次序向西晋皇帝行礼，体现了周边族群首领对天下观与天下秩序的认同。[④]

“五胡”族群从上层到普通民众都深受这种礼仪文化的熏习浸染。南匈奴部落[⑤] 在东汉时期就跨过长城，深入中原腹地，与中原汉人杂处，形同编户。[⑥] 南匈奴部落的首领刘渊自幼就拜上党儒生崔游为师，学习《毛诗》《京氏易》《马氏尚书》《春秋左氏传》等儒家经典，深谙《孙子兵法》，博览《史记》《汉书》及诸子百家。西晋时，刘渊在洛阳入质期间与西晋文人政客相熟，对中原政治制度与礼

---

① 如度辽将军、护匈奴中郎将、护羌校尉、护乌桓（丸）校尉、东夷校尉、西域都护、西域长史、戊己校尉。

② 魏晋南北朝时期，作为东北地方政权的高句丽与中原王朝时有兵戎相见，但也接受中原王朝的册封和赏赐，并频繁向中原王朝南北政权朝贡。据张哲、何方媛《南北朝之前高句丽与中原王朝关系研究》（《东北史地》2010 年第 5 期）统计，高句丽向魏晋十六国中原王朝南北政权朝贡共达 14 次。据刘文健《高句丽与南北朝朝贡关系变化研究》（《东北史地》2010 年第 2 期）统计，高句丽向北朝朝贡 112 次，向南朝朝贡 42 次。还有鄯善、拘弥、于阗、车师前后国、龟兹、疏勒、乌孙、焉耆等西域诸国，均曾向东汉和魏晋纳质或遣子入侍，东汉魏晋朝廷则有保护诸国不受侵犯、接受其朝贡的义务。余太山：《东汉与西域》《曹魏、西晋与西域》，《两汉魏晋南北朝与西域关系史研究》，商务印书馆 2011 年版，第 132、152 页。

③ 沈约：《宋书》卷一四《礼志一》，中华书局 1974 年版，第 343—344 页。

④ [日] 渡边信一郎：《元会的建构——中国古代帝国的朝政与礼仪》，[日] 沟口雄三、小岛毅主编：《中国的思维世界》，孙歌等译，江苏人民出版社 2006 年版，第 376—377 页。

⑤ 部落是北方游牧族群社会的基本组织单位，此处使用“部落”具体是指东汉时内附到山西定居的“五部匈奴”。

⑥ 曹魏时，南匈奴单于庭设置在左国城（今山西吕梁方山），大量五胡族群在当地定居，与汉人杂处。

图 6-1 西藏阿里故如甲木墓地出土的“王侯文鸟兽纹锦”

2012 年，西藏阿里地区故如甲木墓地出土了一件距今 1800 多年的带有“王侯”汉字的织锦。据专家考证，此织锦正是汉晋时期（2—3 世纪）中原王朝赐予边疆地区前来觐见的首领的赠品，展现了汉晋时期宏大的交流网络，是反映早期西藏西部与中原地区交往交流交融的重要考古实证。

仪文化谙熟精通。刘渊起兵反晋、建立“汉国”时，并没有采用之前匈奴传统的草原政权模式，而是努力结合中原传统，与汉人士族合作。他追尊蜀汉后主刘禅为孝怀皇帝，“立汉高祖以下三祖五宗神主而祭之”[1]，以汉朝皇帝后嗣的名义立国。他还建立中原式官制，大量起用汉人名士担任要职。

拓跋鲜卑首领拓跋什翼犍[2]曾入质后赵。他在即位之初开始任用代北汉人，定都盛乐（今内蒙古和林格尔西北），制定刑罚，设置百官，“余官杂号，多同于晋朝”[3]，推动了拓跋代国“中华化”进程。4 世纪建立在今青海省境内的吐谷浑国由鲜卑与羌、氐等融合而成，大力吸收中原政治制度，采纳中原官制，强化中央集权。史载夸吕在位时期，“建官多效中国”[4]。吐谷浑国还设立博士弟子，任用汉人，使用汉文，尊崇儒学。

“五胡”首领建国时主动采纳汉式国号，并不突出“族性”，体现出“五胡”

① 房玄龄等：《晋书》卷一〇一《刘元海载记》，中华书局 1974 年版，第 2650 页。

② 西晋时期鲜卑索头部首领拓跋猗卢建立代国（315—376），是北魏的前身。建国元年（338），代王拓跋翳槐去世后，在后赵入质的拓跋什翼犍回国继位。

③ 魏收：《魏书》卷一一三《官氏志九》，中华书局 1974 年版，第 2971 页。

④ 杜佑：《通典》卷一八九《边防五》，王文锦等点校，中华书局 1988 年版，第 5129 页。

并非以建立“族性政权”为目标，而是自觉认同与继承中华文明。如诸燕政权（慕容鲜卑建立的前燕、西燕、后燕、南燕与冯氏之北燕）之所以称燕，是因为蓟辽一带是先秦时燕国的故地，据燕地而称燕，体现了其对先秦历史的传承意识。如在河西走廊建立政权的鲜卑、氐、卢水胡及汉人等，虽然族属不同，却都纷纷以“凉”为国号，互相承继“凉”的国统，这源于他们对两汉在凉州地区具有巨大影响的共同历史记忆。其他如在陕北、关中等地崛起的前赵（汉赵）、后赵、前秦、后秦，也均与战国、秦汉的国史相关联，赫连勃勃的大夏国更是直指所谓华夏本源。“五胡”首领对这些汉式国号的选择，是这些政权合法性建设的必然要求，决定了这些政权最终必汇入中华文明。[①]

“五胡”政权由多族群参与，建有胡汉杂糅的官僚体制。在匈奴汉赵政权可统计的 263 名官员中，匈奴 114 人（包括皇族），汉人 131 人，其他族群 18 人。[②] 后燕中央职官 175 人中能确定族属者的，慕容氏一族占 26%，其他鲜卑人占 11%，其他少数族群占 10%，汉人占 53%；军事职官 110 人中能确定族属者的，慕容氏一族占 27%，其他鲜卑人占 14%，其他族群占 14%，汉人占 45%；地方职官 93 人（刺史级 34 人）中能确定族属者的，慕容氏一族占 24%（刺史级 18 人），其他鲜卑人占 9%，其他族群占 4%，汉人占 63%。[③] 后秦可统计的 30 种中枢之官 32 人中，皇室 6 人，汉人 19 人，羌人 3 人，氐人 3 人，休官人 1 人。[④] 大夏可统计的 66 个职官中，铁弗匈奴 27 人，汉人 26 人，鲜卑人 4 人，匈奴 4 人，羌人 2 人，吐谷浑 2 人，屠各 1 人。[⑤]

中原王朝赐予胡人首领爵位、封号等方式，也被当时的胡人政权所承袭。他们之间也互相赐予封号，如后秦姚兴授南凉秃发傉檀“为使持节、都督河右诸军事、车骑大将军、领护匈奴中郎将、凉州刺史，常侍、公如故，镇姑臧”[⑥]；永安元年（401），姚兴还给北凉沮渠氏封号“镇西将军、沙州刺史、西海侯”[⑦]；等等。这充分显示了内迁胡人对中原政治制度的认同。

① 祁美琴、陈骏：《中华民族史观视野下北族王朝的概念与性质》，《中华民族共同体研究》2022 年第 5 期。

② 周伟洲：《汉赵国史》，山西人民出版社 1986 年版，第 184 页。

③ 高然：《慕容鲜卑与五燕国史研究》，北京大学出版社 2018 年版，第 204—206 页。

④ 俄琼卓玛：《后秦史》，上海古籍出版社 2018 年版，第 129—130 页。

⑤ 吴洪琳：《铁弗匈奴与夏国史研究》，中国社会科学出版社 2011 年版，第 132—133 页。

⑥ 房玄龄等：《晋书》卷一二六《秃发傉檀载记》，中华书局 1974 年版，第 3149 页。

⑦ 沈约：《宋书》卷九八《胡大且渠蒙逊传》，中华书局 1974 年版，第 2413 页。

二、中华认同的扩大

魏晋时期南北政权分立，各政权都不遗余力地宣扬正统观以证明自身的合法性，主要立足于“敬德保民”的“天命授受论”与“五德终始说”两个方面。所谓“天命授受论”，是指统治者无论华夷，只要敬德保民就能获得天命。“五胡”君主最爱引用孟子“舜……东夷之人也。文王……西夷之人也。……得志行乎中国，若合符节”[①]的话论证其政权合法性。匈奴后裔、前赵（汉赵）国主刘渊说：“夫帝王岂有常哉，大禹出于西戎，文王生于东夷，顾惟德所授耳。”[②]氐人首领、前秦国主苻坚说：“帝王历数岂有常哉，惟德之所授耳。”[③]

所谓“五德终始说”，是按照五行相生之说，用木、火、土、金、水五德循环来推演王朝历运行次的理论。基于此论，魏以“土”德继汉之“火”德，晋以“金”德继魏之“土”德，晋遂以“金”行。熟悉德运学说的刘渊建立“汉国”时，认为其政权接续了三国时期蜀汉的正统，这相当于彻底否定了魏晋王朝的合法性。刘渊侄子刘曜继位时，局势发生了变化。其主要对手已不是晋，而是刘渊部下羯人石勒，故采取了更符合历史事实的做法，承认魏晋正统，改国号为“赵”（史称“前赵”），以此否定实际控制华北地区的石勒的正统性。几乎同时，石勒确立了同样的国号“赵”（史称“后赵”）。两个赵政权都自居“水”德以继晋之“金”德。前赵政权甚至宣称“我皇家之先，出自夏后，居于北夷”[④]，这是历史上首次以胡人身份宣称在中原建立中华式政权，开始从法统意义上把胡人建立的政权纳入中华历史序列。

其后，慕容鲜卑的前燕最初按照汉儒的习惯，以后赵残暴不足以为正统，自认取代晋之“金”德而居“水”德。十余年后，前燕政权意识到否认后赵可能隐含胡人不能居正统之意，故又承认赵之“水”德，自居“木”德以继之。[⑤]氐人苻氏的前秦本为后赵部属，出于同样的原因自居“木”德。前燕和前秦尊重了正统的连续性和实际政治历史，开创了尊胡人所建政权为中华正统的新传统，不复以功德善恶论德运，模糊并忽略了“华夷之辨”。由此，后赵成为最早获得正统王朝

① 《孟子·离娄下》，《十三经注疏》本，中华书局 2009 年版，第 2725 页。

② 房玄龄等：《晋书》卷一〇一《刘元海载记》，中华书局 1974 年版，第 2649 页。

③ 房玄龄等：《晋书》卷一一四《苻融载记》，中华书局 1974 年版，第 2935 页。

④ 李昉等：《太平御览》卷一一九《偏霸部三》，中华书局 1960 年版，第 576 页。

⑤ 前燕慕容儁称帝时，群臣多主张承晋为“水”德，但汉人韩恒认为，后赵拥有中原是天命所系，“赵有中原，非唯人事，天所命也”（《晋书·慕容儁载记》）。这对于前燕继承后赵正统性的决策产生了重要影响。

地位认可的“五胡”政权（承晋朝“金”德为“水”德），这为北方“五胡”政权的中华化奠定了合法性基础。此后，北魏孝文帝经过长期合法性建设后，已不担心否认诸胡政权的合法性带来的政治后果，故重新排列正统，以北魏之“水”德直承晋之“金”德，相当于既否定了十六国政权的合法性，也否定了东晋南朝的合法性，强调了北魏自身接续中华正统的合法性。[①]

对中华“正统”的竞争反映出“中国”“中华”认同的扩大，已经超越了地理上的中原地区或定都于中原地区的政权等含义，成为周边族群共同认可与竞争的文明身份。[②] 因此，魏晋南北朝时期各族群、各政权在处理对外关系时多自称“中国”，都追求中国一统。例如，刘渊建立“汉国”时，有族人提出“天厌晋德，授之于我”，应联合乌丸、鲜卑，“兴我邦族，复呼韩邪之业”[③]，统一草原各部。但刘渊认为要做崇冈峻阜，而不要做培塿（小土丘）；要复兴刘邦（至少是曹操）的大业，而非呼韩邪统一草原的事业。石勒平定北方后每念及“吴蜀未平，书轨不一，司马家犹不绝于丹杨”[④] 就神色不悦。孜孜于“混六合以一家，同有形于赤子”的苻坚[⑤]，每想到天下尚未统一，东南一隅尚未宾服，就急得吃不下饭。他相信只有“统一”才能使他得到“天命”，以致不顾劝阻，仓促发动统一战争，招致淝水之败。占据河湟的吐谷浑政权曾以“永为中国之西藩”[⑥] 自居，其第九代首领阿柴（或为“豺”）可汗曾登临西强山（今青海东部和甘肃西南部交界处），观览垫江源头（今白龙江），发出“水尚知有归，吾虽塞表小国，而独无所归乎”[⑦] 的慨叹。偏居一隅的大夏政权赫连勃勃（匈奴铁弗部人，匈奴和鲜卑混血）将其国都统万城（今陕西榆林市靖边县白城则村）四个城门命名为“招魏门”（东门）、“朝宋门”（南门）、“服凉门”（西门）、“平朔门”（北门），表达“统一天下，君临万邦”的梦想。甚至远在漠北草原活动的柔然在与南朝萧齐往来的一份文件中也自称其政

---

① 罗新：《十六国北朝的五德历运问题》，《中国史研究》2004 年第 3 期。

② 北魏孝武帝以中华正统自居，称南朝为“南伪相承，窃有淮北，欲擅中华之称”（《魏书·韩显宗传》）。北魏围彭城时将给予守将南朝宋宗室刘义恭等的文书称为“诏”，宋大臣张畅当即反驳：“君之此称，尚不可闻于中华，况在诸王之贵！”（《宋书·张畅传》）

③ 房玄龄等：《晋书》卷一〇一《刘元海载记》，中华书局 1974 年版，第 2648 页。

④ 房玄龄等：《晋书》卷一〇五《石勒载记附石弘传》，中华书局 1974 年版，第 2753 页。

⑤ 房玄龄等：《晋书》卷一一三《苻坚载记》，中华书局 1974 年版，第 2896 页。

⑥ 房玄龄等：《晋书》卷九七《四夷列传·吐谷浑》，中华书局 1974 年版，第 2540 页。

⑦ 魏收：《魏书》卷一〇一《吐谷浑列传》，中华书局 1974 年版，第 2235 页。

权为“皇芮”，并声言要“剋期中原，恭行天罚”“光复中华”。[①]

南朝作为魏晋王朝在南方的延续，自居中原正朔，一直把恢复中原作为政治旗帜。从东晋的祖逖、庾亮、桓温、谢安，到宋武帝刘裕刘义隆父子、梁武帝萧衍、陈宣帝陈顼等，200多年中，共有十数次北伐。在华夏大地上，任何统治者，谁要放弃了大一统，就等于失去了合法性。

无可否认，“五胡”大举入据中原的确导致原有“中华”王朝的崩溃。但漫长的族群融合与政治整合，却带来了“中华”体系的扩大。“中华”并非族别称谓，而是一套无偏私的理性制度化的文明体系，具有极大的包容性与开放性。此一时期，北朝与南朝都以中华正统自居，这就为南北统一之后的隋唐“华夷融合”奠定了认同基础。魏晋南北朝至隋唐是“中华”概念形成并日臻成熟的重要时期。在这一历史时期，“中华”成为兼容胡汉、兼容南北的概念，到唐代最终成为新的胡汉融合体的统称。

三、从胡汉分治到胡汉一体

十六国早期，“五胡”政权大多延续了传统的部落联盟体制，进入中原后实行胡人当兵掌握军权、汉人种地提供粮食赋役的胡汉分治体制。但这种体制极为不稳定，宗室贵族（例如部落大人）掌握军权，控制部落兵，无法形成强大的中央集权，一旦开国君主去世，宗室就会陷入内斗，政权会迅速覆亡。前秦苻坚迅速败亡的部分原因，就是他没有解散归附的慕容鲜卑部落，以致在遭遇淝水之败后，慕容集团仍可依托部落力量反叛复国。

同时，“五胡”政权面临着西晋大一统政权解体带来的严峻政治、经济与社会问题。北方“永嘉之乱”后，西晋基层政权在中原解体。北方陷入了地方割据、族群冲突、战乱频仍的乱局。北方各地汉人以宗族乃至乡里为组织单位，结成坞堡屯聚自保。坞堡成为集政治、军事、经济功能于一体的基层组织。政治上，在大量刺史守令弃官而逃、郡县无宰的情况下，坞堡主（一般是留在北方的世家大族首领）就成为地方官，在坞堡内兼有很多行政权；军事上，坞堡民众在坞堡主的领导下武装起来，防御流寇与胡人军队的攻击；经济上，大量流民投靠坞堡寻求庇护，变成世族的领户、佃客与部曲，在坞堡主的保护之下从事生产。坞堡与胡人政权既有对抗，也有合作。胡人军队经常攻陷坞堡以获取粮食与人口，但由于坞堡是独立的武装割据组织，必须一一攻陷，胡人不得不与坞堡主妥协，或授

① 萧子显：《南齐书》卷五九《芮芮虏传》，中华书局1972年版，第1024页。

以将军都尉的名号，或任命为郡守县宰，并且承认这些豪族的权力。[①] 这种局面造成了胡汉在政治、经济上一定程度的分治。

彻底解决以上问题的是拓跋鲜卑建立的北魏。不同于内迁中原时间较长的其他族群，拓跋鲜卑长期主要活动在草原及草原边缘的农耕地区（图 6-2），很晚才进入中原，人口较多，军事实力较强。他们在进入中原前就掌握了管理农业人口、获取财政收入的技术，同时也拥有大量军事战略资源，掌握了游牧骑兵的军事技术。拓跋部在边塞地区长期经营所积累的农耕地区治理经验，使其改革审慎而有效。

图 6-2 嘎仙洞与嘎仙洞祝文

嘎仙洞位于内蒙古自治区呼伦贝尔市鄂伦春自治旗阿里河镇西北 10 千米山谷中，是拓跋鲜卑的发祥地之一。1980 年，考古工作者在洞内发现了北魏太武帝拓跋焘于 443 年派遣中书侍郎李敞祭祖时所刻的 201 字祝文。这一重大发现，证明了嘎仙洞就是《魏书》中提到的拓跋鲜卑的祖庙石室。

① “五胡”政权恢复了魏晋以来的北方士族，如石勒“清定五品”“复续定九品”“典定士族”“副选举之任”（《晋书·石勒载记》），苻坚“复魏晋士籍”（《晋书·苻坚载记》）等。

太和八年（484），北魏孝文帝在冯太后的辅佐之下开启了轰轰烈烈的“太和改制”。太和九年（485），在吸收周礼、晋制与计口授田制的基础上，北魏政权颁布均田令，建立以自耕农为生产单元、奴婢耕牛参与授田、劳动力与土地充分结合的均田制。北魏政权规定授予 15 岁以上男子露田（无主土地）40 亩、桑田 20 亩，授予女子露田 20 亩。人丁死后，露田须归还官府，不准买卖；桑田为世业田，可以世袭。均田制是北朝十六国胡人统治者将部族传统与儒家治国理念、官僚行政系统相结合的产物[①]，是“自秦废井田以后两千年内最重要的一次土地制度变革”[②]。它解决了困扰汉晋数百年的土地兼并问题，使“土不旷功，民罔游力”[③]，将土地和人力资源潜力充分用于生产。这使坞堡汉人与内迁胡人成为一体化的编户民与自耕农，有助于形成共同生产生活的经济社会共同体，促进了胡汉深度融合。

北魏太和十年（486），孝文帝采纳汉人士族李冲的建议，对地方基层组织进行了彻底改革。在改革之前，北魏实行“宗主督护制”。这是由华北地区的坞堡体制转化而来的。北魏统一北方后，倚赖豪强坞堡主为地方基层政权之“宗主”，督护百姓，被称为“宗主督护”。宗主督护行使地方基层政权的管理职能，向农民征发租调力役。史载“魏无乡党之法，唯立宗主督护；民多隐冒，三五十家始为一户”[④]，这说明宗主督护制存在着宗主隐冒户籍，国家税赋因此减少的严重问题。486 年，孝文帝废除“宗主督护制”，实行“三长制”，“五家立一邻长，五邻立一里长，五里立一党长”，建立乡里组织，“取乡人强谨者”[⑤]为长，从而结束了部族封建式统治，将基层政治经济纳入政权管辖范围。经过均田制与三长制改革，秦汉的编户齐民体制得以重建，北魏从氏族封建变为郡县一统。后来，三长制发展成为北齐、隋、唐时期的乡里组织，影响深远。

此外，北魏还实行百官俸禄制与官员考课制，使官僚体系制度化、规范化。孝文帝之前，北魏官员不设俸禄，政权的运转主要依靠战争掠夺、赏赐、临时征

---

① 学界认为，均田制源于拓跋氏对国人的“计口授田”，与部落的原始平等精神和村社传统相关，保证了每位国人都有一块土地。阎步克：《波峰与波谷：秦汉魏晋南北朝的政治文明》（第二版），北京大学出版社 2017 年版，第 174 页。

② 赵冈、陈钟毅：《中国经济制度史论》，新星出版社 2006 年版，第 46 页。

③ 魏收：《魏书》卷五三《李安世传》，中华书局 1974 年版，第 1176 页。

④ 司马光：《资治通鉴》卷一三六，齐世祖武皇帝四年二月，中华书局 1956 年版，第 4271 页。

⑤ 魏收：《魏书》卷一一〇《食货志六》，中华书局 1974 年版，第 2855 页。

调等途径。484年，孝文帝诏令“朕顾宪章旧典，始班俸禄”[①]，建立了以农业赋税为基础的百官俸禄制。不同于秦汉的月俸制，北魏实行季俸制，并为北齐和隋所继承。同时，孝文帝在迁都洛阳后整顿官僚队伍，将在职的宗室、代北武人都纳入考课机制，实行“三年一考”，并设置精细的考核标准，促使贵族政治向官僚政治转变，中央集权得到强化与巩固。

孝文帝改革的一项重大措施是将都城从平城（今山西大同）迁到洛阳。太和十七年（493），孝文帝借南伐定下迁都洛阳之计。北魏群臣就此展开了激烈的辩论。虽然南迁意味着远离草原马匹这一最重要的军事战略物资，尚武的文化将转向崇文，鲜卑人也将受到“南方”酷暑的折磨，但最终孝文帝居天下之正以确立正统、追求“文治”和“移风易俗”的政治理想胜出。北魏的政治中心迁到“崤函帝宅、河洛王里”的洛阳，实现了“制御华夏、辑平九服”[②]的目标。

此外，孝文帝改制的重要内容还包括系统学习中原王朝的礼仪制度。首先是庙制改革。定都平城之后，北魏效法汉魏中原王朝，“始营宫室，建宗庙，立社稷”[③]，但所祭祀的祖先较为久远，宗庙体系较为复杂。太和年间，君临中原的第一位皇帝道武帝拓跋珪被尊为太祖，而原太祖平文帝拓跋郁律庙被迁毁。这意味着称帝以明一统之志才能成为正统，偏居一隅的代国不足以构成正统。

其次是祭祀制度改革。北魏前期仍行西郊祭天制度，保留了部落制度的不少遗俗，维系着各部落对拓跋部的政治忠诚。太和年间，北魏改行中原王朝的圆丘祭天，方泽祭地，并且重新排列德运次序，不再承认诸多胡人政权的正统性，“以皇魏承晋为水德”[④]。

最后是官方语言与社会风俗改革。如鲜卑人改说汉语，禁止在朝廷上说鲜卑语，“不得以北俗之语言于朝廷，若有违者，免所居官”[⑤]“断诸北语，一从正音”[⑥]。北魏时期，称鲜卑语为“北语”，汉语为“正音”。孝文帝规定，在朝廷内，30岁以上的鲜卑官吏要逐步改说汉语，30岁以下的则要立即改说汉语。如有故意说鲜卑语者，降爵罢官。孝文帝禁止鲜卑人着胡服，议定衣冠制度，大体依照南

① 李延寿:《北史》卷三《魏高祖孝文帝本纪》，中华书局1974年版，第100页。
② 魏收:《魏书》卷一九《任城王传》，中华书局1974年版，第464页。
③ 魏收:《魏书》卷二《太祖纪》，中华书局1974年版，第33页。
④ 魏收:《魏书》卷一〇八《礼志四》，中华书局1974年版，第2747页。
⑤ 魏收:《魏书》卷七《高祖纪》，中华书局1974年版，第177页。
⑥ 魏收:《魏书》卷二一《咸阳王传》，中华书局1974年版，第536页。

朝款式；禁止妻后母、寡嫂及同姓为婚的胡俗；改鲜卑姓为汉姓，如拓跋氏改姓为元；改代北籍贯为洛阳，规定死后葬在洛阳邙山，不得归葬代北。由此，北魏形成了鲜卑士族、关中河东士族、山东士族等地位高下有别，但享有共同意识形态的统治集团。

北魏在平城周边依然保留部落体制，设置军镇。孝文帝改革后，六镇没有改镇为州，让其仍承担戍边重任。朝廷还把许多犯人流放到六镇，加之六镇将兵待遇下降，依靠军功升迁的路径受到限制，六镇军民逐渐被边缘化。这使六镇部落豪帅与南迁洛阳的北魏朝廷之间矛盾尖锐，最终导致“六镇暴动”。然而，从六镇集团中分化出来的宇文泰集团与高欢集团，仍然继承了孝文帝胡汉一体化改革的方向，他们进入中原之后，没有向部落联盟制倒退，而是继续推行均田制与解散部落的经济社会改革。

后来，西魏宇文泰延续北魏改革的精神，开创了打破胡汉隔阂的府兵制。宇文泰吸取孝文帝按周礼改制的经验，按照周礼规划西魏军制和政体，“融治关陇胡汉民族之有武力才智者，以创霸业”[①]。542 年，西魏宇文泰把流入关中地区的六镇军人和原在关中的鲜卑诸部编为六军，即所谓“府兵”。宇文泰在中央设立八位柱国大将军，即八柱国[②]，但由于一些刻意的人事安排，其中只有六柱国实际分别统兵，比附于周官六军之制。[③] 每位柱国下又设两位大将军，每位大将军下再设两位开府，共计 24 位开府，组成 24 军，后发展成为府兵制。543 年，西魏在与东魏的邙山大战中兵败，为了补充兵源，宇文泰下诏“广募关陇豪右，以增军旅”[④]，“籍民之才力者为府兵”[⑤]，并且通过关中汉人豪强之间的宗亲关系招募乡兵，不断收编关陇汉人豪族的乡兵部曲[⑥]，纳入府兵体制。同时，宇文泰也按照周礼实行官制改革：他标榜继承姬周（后来即以“周”为国号），改九品官品为《周礼》九命；废

① 陈寅恪：《唐代政治史述论稿·统治阶级之氏族及其升降》，《陈寅恪集》，生活·读书·新知三联书店 2009 年版，第 234 页。

② 八柱国的设置乃模仿拓跋鲜卑的“八部大人”制度。

③ 宇文泰是八柱国之首，“都督中外诸军事”；八柱国之一的元欣，因是宗室不掌实权，所以实际上只有六柱国执掌兵权。《周礼》有“天子六军”之制，宇文泰“仿周典，置六军”（《文献通考·兵考三》）。

④ 令狐德棻等：《周书》卷二《文帝纪》，中华书局 1971 年版，第 28 页。

⑤ 司马光：《资治通鉴》卷一六三，梁太宗简文帝大宝元年十二月，中华书局 1956 年版，第 5058 页。

⑥ 两晋动乱时期，关中汉人豪族为了自保往往会征募乡人为兵。

尚书、中书、门下三省，行《周礼》六官；公文采用《尚书·大诰》文体。正如史学家所言，这一改制的用意与精神是以府兵制为主的“关中物质本位政策”和以“周礼官制”为主的“关中文化本位政策”，产生“维系其关陇辖境以内之胡汉诸族之人心，使其融合成为一家”① 的巨大效果。

到北周宇文邕建德二年（573），府兵人员构成之中“夏人（汉人）半为兵矣”②。这就打破了原来胡人当兵、汉人种地的胡汉分治格局，在具有浓厚部落色彩的兵制下改变了胡人部落兵、部曲私兵的状态，构建了中央集权之下的国家职业化军队，孕育了后来统一中国的关陇集团，成为西魏、北周、隋、唐初的统治核心。

经过北魏孝文帝改革，胡人部落渐趋解体，胡汉豪强土地兼并的势头受到抑制，独立小农得以休养生息，胡汉隔阂也渐趋湮灭。这场改革兴起45年之后（529），一度打进洛阳的南朝陈庆之也不禁赞叹北朝“礼义富盛，人物殷阜”“衣冠士族并在中原”，改变了此前南人“长江以北尽是夷狄”③ 的看法。而经此剧烈的社会变革，汉人、鲜卑人以及其他胡人族群在碰撞、冲突、交流与互动之中，得以不断加速融合。

第二节 分立政权下的经济交往

魏晋南北朝时期，中原汉人北迁、西迁，北方胡人南下中原，中国北方的游牧经济与农耕经济深度融合。同时，中原汉人也不断南下，将中原先进农业生产技术带入南方“蛮夷”部落地区，促进江南经济开发，使得南方的农耕经济与山地经济深度融合。由于南北对峙，无法流通统一货币，商品经济有所退化。但资源的多样化和地区分散等特点，使新的区域间交换不断产生，各地还能维持一定的城镇化，各区域经济互相依赖的程度并没有因为战争而减少。

一、游牧与农耕互补

在中原汉人先进农耕经济的影响之下，内迁胡人实现定居化、农耕化（图6-3），是魏晋南北朝经济区别于其他历史阶段经济的突出特征。

① 陈寅恪:《隋唐制度渊源略论稿·职官》,《陈寅恪集》，生活·读书·新知三联书店2009年版，第101页。

② 魏徵等:《隋书》卷二四《食货志》，中华书局1973年版，第680页。

③ 杨衒之:《洛阳伽蓝记校释》卷二《城东》，周祖谟校释，中华书局2010年版，第93页。

图 6-3 高台县骆驼城苦水口 1 号墓画像砖《二牛抬杠》

该画像砖出土于甘肃省张掖市高台县骆驼城苦水口 1 号墓，反映了魏晋时期河西地区先进发达的农耕技术。在魏晋时期，有大量中原移民涌入河西地区躲避战乱，河西地区成为多种文化的交汇交融之地，也保留了中原文化的一线命脉。受到中原先进农业技术的影响，河西地区的游牧族群也逐渐农耕化，实现定居生活，以至"家家丰足，仓库盈溢"[1]。

曹魏时内迁到北部边郡的乌桓，在郡县官员引导下已成为缴纳租调、服兵役的编户小农。慕容鲜卑在曹魏时开始向辽西、辽东迁徙，至西晋元康四年（294）内迁辽西大棘城（今辽宁义县），开始从游牧向农耕转变，"教以农桑法，制同于上国"[2]。西晋永兴元年（304），刘渊建汉反晋后，西晋在北方的统治崩溃，大批华北汉人士族豪强率领宗族乡里投奔慕容鲜卑，慕容廆设置侨郡县管理汉人。大量拥有先进农业生产经验的汉人移入，促使慕容鲜卑吸收中原田制，如慕容皝在辽西实行的魏晋屯田制及其收获物分成制度，加速了其农耕化进程。

登国元年（386），拓跋珪建立北魏后，如同十六国内迁胡人一样，北魏开始由游牧向农耕过渡，在国都盛乐周边"息众课农"[3]。北魏统一北方之后，开展大规模官方移民与边地屯田政策，建立由国家主导的集体经济。天兴元年（398），北魏将后燕华北故地大量人口迁到平城，进行族群大混编的"计口授田"。北魏政权控制"计口授田"的整个过程，如提供土地、生产工具和耕牛，并对生产过程进行严格管理，以劝课农桑。尽管"计口授田"属于国家强力控制下高投入、低效率的经济活动，难以维持，很快便被均田制取代，但还是在客观上促进了游牧族

① 陈寿：《三国志》卷二七《魏书·徐邈传》，裴松之注，中华书局 1982 年版，第 740 页。

② 房玄龄等：《晋书》卷一〇八《慕容廆载记》，中华书局 1974 年版，第 2804 页。

③ 魏收：《魏书》卷二《太祖纪》，中华书局 1974 年版，第 20 页。

群农耕化的胡汉交融进程。

北魏还从北边柔然、高车等游牧族群获得大量牲畜，保持了相当规模的游牧经济。北魏为控制代地之外的土地和人口，在北边军镇、河北诸州、江淮一带的沿边地区进行屯田，胡汉族群在长期共同生产与生活的环境中逐渐融合。

二、平原与山地联结

随着东晋南朝对江南、西南地区的经略开发，中原精耕农业与南方山地经济实现互补与融合，繁荣了区间贸易，促进了区域经济共同体的形成。“蛮人”聚居区地域广大，物产丰富，人力充沛，为东晋南朝政权提供了更多样的物资、特产与人力资源。随着东晋南朝在“蛮人”聚居区设官分职，实行郡县化管理，双方资源实现交换互补。《华阳国志》记载了“蛮人”供给东晋南夷府以数万计的“牛、金、旃、马”[①]；《隋书》记载了岭南“蛮人”供给南朝“翡翠、明珠、犀象”[②]等珍宝，其首领也被南朝任命担任各级官吏。

“蛮人”也从汉人处获得铁器、粮食、丝织品等生产生活物资。如西晋时陶侃任武昌太守，设立夷市，周边的五水蛮前来贸易，汉人赴“蛮人”聚居地经商也是平常之事。“蛮人”在向郡县交纳租赋外，也与汉人互通贸易，并重视对商路的控制。蛮汉频繁的经济交往，提升了“蛮人”聚居地经济社会发展的水平，也使汉人豪强逐渐融入“蛮人”社会，与“蛮人”聚落结为一体。如梁陈之际，晋安郡（辖境今福建东部与南部，治所在今福州）位列“闽中四姓”的豪强陈宝应父子深入“蛮人”之中并成为其首领。[③]侯景之乱后，江南经济遭到严重破坏，陈宝应依靠其蛮汉双重首领的身份，得以整合当地蛮汉经济资源，通过海道北上浙东开展贸易。六朝时南方“蛮人”与汉人形成了密不可分的经济联系，贸易范围遍及巴蜀、长江南北、岭南、江南等南方各地。

北来汉人先进的农业生产方式大大提高了“蛮人”聚居地的农业生产水平。“蛮人”聚居地的农田水利设施有很大发展，“蛮人”吸收汉人旱作精耕的技术后，其农业耕作水平也有很大提高。蛮汉经济的紧密融合，使蛮汉杂居的广大长江沿岸地区经济，至南朝刘宋大明年间（457—464）有了很大发展，“荆城跨南楚之

① 常璩：《华阳国志校注》卷四《南中志》，刘琳校注，巴蜀书社 1984 年版，第 363 页。

② 魏徵等：《隋书》卷二四《食货志》，中华书局 1973 年版，第 673 页。

③ 史载：“卉服支孽，本迷爱敬。梁季丧乱，闽隅阻绝，父既豪侠，扇动蛮陬，椎髻箕坐，自为渠帅”（《陈书·陈宝应传》）。

富，扬部有全吴之沃，鱼盐杞梓之利，充仞八方，丝绵布帛之饶，覆衣天下”[①]。

三、跨族群经济发展

魏晋南北朝时期，虽然政权并立、相互征战，但战争并没有阻断区域之间、族群之间物资与人员的往来。这一时期，中外经济交往活跃发达。大批粟特胡商，经西北丝绸之路来到西域以及中国内地经商贸易。中国西南也开辟出了西南丝绸之路，经横断山脉，由云南进入今缅甸、印度等地。中原的丝绸、瓷器经西北与西南丝绸之路远销今西亚、欧洲。这些区间贸易与远途贸易使魏晋南北朝各族群、各地区经济深度融合，呈现异彩纷呈的开放性以及向中原内聚的凝聚性，推动形成了以中原经济区为核心的经济共同体。

张骞开通西域丝路后，西域与中原联系密切。曹魏统一北方后，在西域重置戊己校尉、西域长史经营西域。西晋时期龟兹、于阗、康居、乌孙、疏勒、月氏、鄯善、车师等西域诸国年年朝贡。据《晋书》记载，西域长史府下辖的军队除了管理屯田，还负责维护社会治安，保障丝路畅通。魏晋南北朝时期，高昌（今新疆吐鲁番东哈拉和卓堡西南）成为中原王朝经营西域并与西域各族群交往交流交融的枢纽。大量汉人聚居在高昌，西晋的戊己校尉驻地也在高昌。考古资料证明，中原的均田制已推广到麴氏高昌。[②]

十六国时期，作为河西走廊丝绸之路重镇的前凉都城姑臧（今甘肃武威）、前秦都城长安（今陕西西安西北）、东晋襄阳（今湖北襄阳）均设有进行贸易的互市机构，以及由粟特胡商充当的“互市人”。粟特胡商自丝绸之路开通后，就由西域进入中原，构建了从西域经河西走廊到关中长安，再到并州（今山西太原一带）、洛阳、邺城（今河北临漳），以至荆襄（今湖北荆州、襄阳一带）、益州（今四川成都）、建康（今江苏南京）的遍布中国南北的丝绸之路贸易网络。粟特人及其后裔或定居或经行，或贸易或任官，甚至形成军事武装聚落，以及陇西米氏、西平曹氏等郡望，并逐渐交融于当地族群之中。

三国时期，黄龙二年（230）春，孙权派遣卫温、诸葛直进入夷洲（今台湾），得夷洲数千人还。从此，海岛夷洲不再神秘莫测，岛内居民与东南沿海地区居民开始有了更为密切的贸易往来。通过海上丝绸之路，东吴甚至与今东北地区的公孙渊政权及高句丽开展往来。

① 沈约：《宋书》卷五四《沈昙庆传》，中华书局1974年版，第1540页。

② 张鸿儒：《麴氏高昌的土地买卖和推行均田制的某些迹象》，《河北大学学报（哲学社会科学版）》1988年第1期。

南北朝时期，南北双方的物资商品交换与互市贸易依然频繁。北朝频繁派遣使团赴建康购买香料等稀有物品，而南朝一直用珍贵物品换取北朝的马匹，香料、明珠翠羽等物品的转手贸易使南朝获利颇丰。

北魏施行均田制改革并且迁都洛阳后，所控制的人口和物资资源远超南朝，经济达到极盛。这使占据中原的北魏经济对周边各族群形成强大的吸附力。南朝吴地商人权贵，柔然等北边游牧族群，东夷、西北各族酋豪纷纷来到洛阳开展贸易。为此，北魏在洛阳专门设置“四夷馆”“四夷里”加以安置，数量众多的中亚粟特胡商和拜占庭商人也来到洛阳经商定居。

在魏晋南北朝三百多年动乱、分裂的格局下，中国的经济网络依然延续与活跃，并随着各政权对边疆的开发经营，范围不断扩大，所囊括的族群也更多。中原经济的强大辐射力和区域间畅通的贸易网络将南方汉人、西域诸族群、北边游牧族群、西南各族群及东北各族群紧密地凝聚在一起，一个休戚与共的经济网络日渐形成，为迎接日后大一统国家的再现不断累积经济基础。

第三节　社会变迁中的结构重组

“五胡”政权兴起与纷争导致了更大范围的大迁徙、大交融、大编户。随着社会组织重组和社会结构的大调整，人为的区隔被冲破，族群交融达到前所未有的高峰。

一、北方部落制的解体

在北方，胡人南迁中原，带来了游牧族群的部落体制，深刻改变了北方社会的阶层结构与基层组织结构。胡人部落组织“落”逐渐遍布中国北方，其统帅被称为“部落大人”，逐渐转化为豪强酋帅。

汉末以降的乱世中，边郡汉人往往投奔胡人部落寻求庇护。鲜卑首领慕容廆将很多汉人士族吸纳到统治集团中，以河东裴嶷、代郡鲁昌、北平阳耽为谋主。北方胡汉族群因各种经济政治需要，相互学习借鉴对方的制度和文化，形成胡汉交融的社会。

北魏实行了一项至关重要的“离散部落”政策，即解散部落组织。天兴元年（398），北魏攻打后燕取得大胜，在代地大范围解散部落民，使其“分土定居，不听迁徙”，部落大人“皆同编户”[①]。拓跋珪在登国元年（386）改称魏王后不久，北

① 魏收：《魏书》卷八三《贺讷传》，中华书局1974年版，第1812页。

魏就实行了“散诸部落，始同为编民”[①]，后又数次针对不同群体实行了类似政策。这一政策试图使各部落大人与其部民（牧民）脱离关系，使牧民由部落成员转变成为国家的编户，定居、分得土地以从事农耕或定居牧放，不得随便迁徙。基于血缘的氏族转变为基于地缘的编户。由此，北魏加强了中央集权，开拓了财源和兵源，各族群胡人旧有的社会关系也被重组，使前秦苻坚那种一场战役失败后部将即各奔本族、独立称王的局面不复重演。

二、南方族群的编户化

东汉末年以至南朝，各政权在其所经营区域不断推进“蛮夷”部落的郡县化与编户化。同时，“蛮人”酋帅官僚化的趋势也不断推进，带动了“蛮夷”部落风俗的华化与族群融合。

一方面，南方行政的一体化体现为南方“蛮夷”部落地区的郡县化、编户化与“蛮人”酋帅的官僚化。战国秦汉时期，“蛮夷獠越”广泛分布于江淮以南至岭南珠江流域。[②]东汉时，朝廷曾强行将部分“蛮夷獠越”纳入郡县管理，增重赋税与兵役，引起武陵蛮长期反抗。三国时期，蜀国与吴国的统治范围深入“蛮夷”部落地区。诸葛亮经营南中（今贵州西部、四川西南部和云南大部），采取怀柔方式，将孟获等西南夷首领接到益州任职；将南中“蛮夷”编为部曲，颇多北移蜀地及汉中。东吴立国江东后，频频将收服的山越迁至平地，“强者为兵，羸者补户”[③]，使山越由山中聚落转变为郡县编户下承担兵役和徭役的自耕农。此后，南朝继承这一政策，因地制宜，因俗而治，在“蛮夷”聚居地保持部分部落或聚落组织，任用其酋帅，设置宁蛮府、左郡左县、俚郡、僚郡等特殊政区进行管理。

南方族群实现编户化、郡县化，对推动“蛮户”与汉人文化融合、风俗教化发挥了重要作用，也推动了蛮、汉基层民众的社会交融。经长期交融，“蛮人”与汉人风俗文化已无别。以荆州蛮为例，“其与夏人杂居者，则与诸华不别”[④]。郡县化又推动了“蛮人”酋帅的官僚化。东吴、东晋与南朝在“蛮人”聚居区所设州郡县的各级官吏，有相当多是由当地酋帅担任，每一个任官的酋帅都会建立与汉人豪强类似的记载家族组织与家族世系的族源叙事，谱写家族迁徙的历史，如

① 魏收：《魏书》卷一一三《官氏志》，中华书局1974年版，第3014页。

② “巴、蜀、蛮、獠、谿、俚、楚、越，鸟声禽呼，言语不同，猴蛇鱼鳖，嗜欲皆异。江山辽阔将数千里。”（《魏书·司马叡传》）

③ 陈寿：《三国志》卷五八《吴书·陆抗传》，中华书局1982年版，第1344页。

④ 魏徵等：《隋书》卷三一《地理志》，中华书局1973年版，第897页。

《爨龙颜碑》(图 6–4)所载家族信息。南方族群还与汉人进行频繁通婚，如高凉冼氏世为南越(俚人)诸部落首领，南朝萧梁大同(535—546)初年，罗州刺史冯融为其子高凉太守冯宝聘冼氏女为妻。在之后的梁、陈与隋朝，冼夫人为俚汉融合与南越开发，为在海南岛俚人地区设立中原郡县制起到重要作用。长期郡县管理促使蛮汉杂居交融。侯景之乱后，江南土豪酋帅作为新兴的政治势力登上历史舞台，成为支持南陈的力量之一，实现了与中国统一历史大势一致的融合。

图 6–4　南朝宋《爨龙颜碑》拓本

《爨龙颜碑》全称为《宋故龙骧将军护镇蛮校尉宁州刺史邛都县侯爨使君之碑》，立于南朝刘宋孝武帝大明二年(458)。碑文共存 904 字，追溯了爨氏家族的历史。碑文记载爨氏源自祝融，至春秋时先祖是令尹子文，辅佐楚王称霸。其后，班氏源出令尹子文，而爨氏源出班氏("子文铭德于春秋，班朗绍纵于季叶")，至汉末"采邑于爨"，遂以为姓。

另一方面，南方行政一体化还体现在侨州郡与本地州郡户籍的统一上。东汉末至东晋时，大量北方汉人为躲避中原战乱与饥疫，向南方迁徙。从西晋永嘉年间(307—312)至刘宋，南渡人口约有 90 万人，占刘宋编户人口的六分之一。他们或在世家大族的统率下迁往会稽等江浙地区；或在"行主""流民帅"的带领下，去往江西、湖南。一旦定居，世家大族与"流民帅"就会转化为地方豪强，很多流民依附其下，成为荫户、私属与部曲。同时，南方族群的酋长，也会转化为地方领袖。凡此豪强大族的力量，与国家争夺人口与税源，造成国家行政的分割。

东晋南朝为了安置北方迁移过来的流民，在其定居之地按其原籍设立侨州郡，给予赋役优惠，穿插于当地行政疆域之内。侨州郡分布在荆、襄、梁、益等地，与南方“蛮夷”部落交错杂居。但北来流民归属于“白籍”[①]，不受所居住地方的行政管辖，与原来在此居住的人口（归属于“黄籍”[②]）形成人为的区隔。东晋及南朝宋、齐、梁、陈各代多次推行土断政策，厘正户籍。所谓“土断”，就是将侨郡县的人口划归所居住地方的编户之下，打破“白籍”与“黄籍”的分割，统一户籍。土断政策清理出被大族荫庇的大量户口，削弱了世家大族的力量，也推动了外来移民、本地居民与南方族群的融合。

三、南北族群的双向迁徙

汉魏之际北方长期战乱，人口锐减，内迁胡人数量与分布范围持续扩大。曹魏幽州刺史毌丘俭征伐高句丽后，将部分高句丽人迁到河南荥阳，“户落百数，子孙孳息，今以千计”。至西晋泰始年间，山西匈奴“户至数万，人口之盛，过于西戎”。西晋元康九年（299），作为氐羌重要内迁地的关中，胡汉人口比例已达到“戎狄居半”[③]的程度。鲜卑各部从长城沿线向南迁徙，拓跋鲜卑占据漠南，向山西北部发展；慕容、段氏、宇文等东部鲜卑占辽西、辽东及河北北部；吐谷浑、秃发、乞伏鲜卑部迁到青海、河西、陇西等地。根据粗略统计，东汉到南北朝时期，包括“五胡”在内的南北方众多族群共计内迁1136万人。[④]

“五胡”政权实行的人口政策，是更彻底的大迁徙、大融合、大编户。其大规模移民多达50余次，数量动辄百万，且都是在核心区域。匈奴之刘汉，迁徙了63万户汉、氐、羌人到首都（平阳、长安）；羯人之后赵，迁徙了几百万汉、乌桓、鲜卑、巴、氐、羌等人口，将其安置在各个政治军事重镇。鲜卑之前燕，迁移了

① 流民在以其原籍命名的地方行政机构里登记临时户籍，以白纸书写，故称白籍，享受免调役的优待。

② 两晋南朝时称正式户籍为黄籍。

③ 房玄龄等：《晋书》卷五六《江统传》，中华书局1974年版，第1534页。

④ 据统计，内迁和降附的南北匈奴共约85.58万人，氐人约有99万，内迁羌人降附总数约为75.568万人。东部鲜卑（慕容氏、段氏、宇文氏）共有93.25万人，西部鲜卑（乞伏氏、秃发氏、吐谷浑氏）共约84.9万人。北部鲜卑（拓跋氏）共75万人。东、西、北三方的鲜卑总人数约有253.15万人。北魏、西魏、北齐俘获或降附的柔然总人口数约为184万人，乌桓总人口数为30万。高车部落降附或被虏获的共有144.3万人。南朝“蛮人”降北魏、北周共约89.3万人。“獠人”降附北魏、北周共约116.3万人。奚轲、稽胡等杂胡融入中原人口数共计59万人。朱大渭：《朱大渭说魏晋南北朝》，上海科学技术文献出版社2009年版，第124—129页。

段氏、高句丽、宇文部等，人口由是激增。氐人之前秦，把远方的鲜卑、乌桓、丁零等大量人口迁至根据地关中，又将关中氐人 15 万户迁至关东“散居方镇”。羌人之后秦则将各地流人及雍、凉等边地人口迁往关中，达百万余口。[①]

人口的迁移不是单向的胡人南下，北方汉人为躲避战乱灾疫，也大量北迁（如辽西、辽东）、西迁（如河西）与南迁。自东晋南朝以来，南方“蛮人”逐渐从山谷出居到江、汝、淮、颍之间，与汉人杂居。例如，豫州蛮从南郡迁至汉水下游，渐推移至庐江（今安徽庐江西南）。荆、雍州蛮原居于长沙、武陵（今湖南常德一带），后渐北上荆、雍州，分布于陆浑（今河南嵩县东北），逼近洛阳近畿等地，他们在与汉人的杂居交往中逐渐融合于汉人之中。

大规模的人口迁移导致各族群杂居错处，使得各族群日常生活相互影响，如汉人由席地而坐改为据案坐椅。族际通婚实现了胡汉、蛮汉的交融，北朝皇室与汉人士族、鲜卑上层贵族之间的频繁通婚尤为典型。1965 年，大同发掘的北魏司马金龙夫妇合葬墓（图 6–5）出土了三块墓志，提供了司马金龙家族与鲜卑勋贵三代通婚的证据。

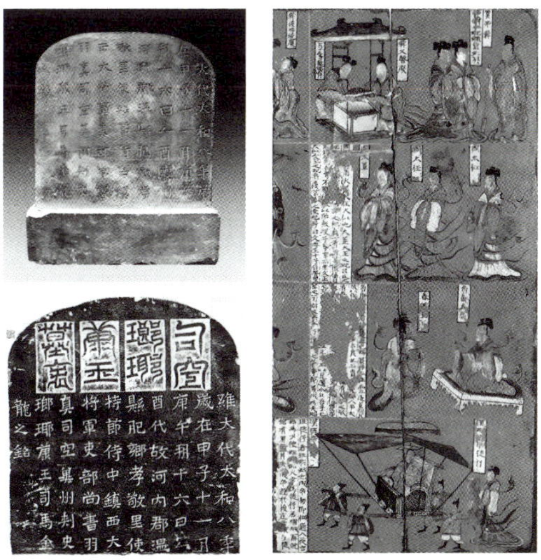

图 6–5　北魏司马金龙墓志、墓表、漆画屏风

1965 年，大同发掘的北魏司马金龙夫妇合葬墓，出土了 5 块比较完整的漆屏风，屏风两面均绘制有帝王、忠臣、孝子、烈女、高士、名贤等人物故事（包括帝舜、周太姜、卫灵公、齐宣王、晋文公、孙叔敖、汉成帝与班婕妤等），并有文字题记和榜题，其画风与《女史箴图》等有共通之处，是一件典型的汉文化风格的文物。

① 潘岳：《中国五胡入华与欧洲蛮族入侵》，《中央社会主义学院学报》2021 年第 2 期。

第四节 动荡时期的文化发展

北方胡人入主中原以后，无一例外地接受了以儒家思想为核心的中原文化传统，并十分注重对西域地区的经营与治理。西域在加强“华化”的进程中，也对中原文化产生重大影响。

一、北朝时期西域华化

19世纪末以来，新疆地区陆续出土大量魏晋时期儒家经典与史书汉文写本残卷（图6-6），包括《诗经》《诗毛氏传》《尚书孔传》《礼记》《春秋左传》《孝经》《论语》《战国策》《三国志》等纸质写本残卷，印证了古代西域地区与中原地区密切的文化交流交融盛况。

图6-6 新疆出土的十六国时期（304—439）《论语》写本

十六国时期（304—439）《论语》写本，出土于新疆吐鲁番鄯善县洋海一号台地四号墓，从女性墓主左鞋中拆解而出，由两个鞋面和一个鞋底组成，共存文字25行。写本内容为《论语·公冶长》篇“天道不可得文（闻）尒已矣”至“吾大夫崔子违之之一邦则”与《雍也》篇“子曰回也其心三月不违仁”至“中人以下不可以语上矣”两段文字。此卷是废纸再利用，残存文字无多。这些或是当年从中原辗转流传下来，或是当时西域人学习汉字后写成，充分证明了西域和中原之间自古以来文化交融，联系密切。

新疆地区出土如此众多魏晋时期的汉文经典写本残卷，归因于十六国北朝时期中原王朝（如前秦）与河西地方政权（前凉、后凉、北凉、南凉、西凉）对西域的大力经营与有效治理。如《论语》《春秋左传》等儒家经典写本残卷的发现，印证了“五胡”政权在西域推进儒学教育的盛况;《千字文》写本残卷（图 6-7）的发现，表明新疆地区与中原地区的启蒙教育多有相似;《三国志》写本残卷的发现，表明它在成书不久后便被传抄到西域，彰显了中原文化影响的深度和广度。

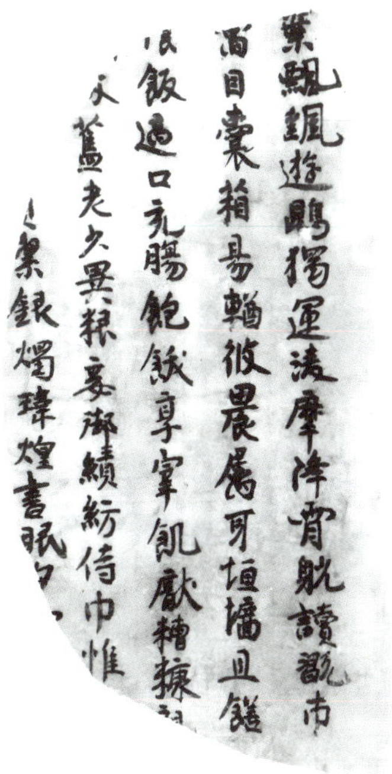

图 6-7　麹氏高昌时期（497—640）《千字文》写本

《千字文》是南朝梁周兴嗣奉命编成的一种四言韵文，囊括了丰富的天文地理、历史人文知识，后世多用作童蒙识字课本，是古代最为通行的蒙学教材，至今使用者不乏其人。该写本出土于吐鲁番地区的一座唐墓内，存文字 18 句近 70 字，偶有错讹，大约是学生习字本，这说明同中原地区一样，《千字文》也是该地区的蒙学教材。

西晋灭亡后，原属西晋的河西四郡转变为前凉。在前凉经营之下，河西安定，吸引大批汉人士族前往避难，使河西保存了一脉魏晋文化。陈寅恪说：“西晋永嘉之乱，中原魏晋以降之文化转移保存于凉州一隅，至北魏取凉州，而河西文化遂输入于魏，其后北魏孝文、宣武两代所制定之典章制度深受其影响。”[①] 前凉于 327 年在今新疆吐鲁番地区设置高昌郡，这是中原的郡县制第一次在西域地区出现。楼兰

① 陈寅恪：《隋唐制度渊源略论稿·唐代政治史述论稿》,《陈寅恪集》，生活·读书·新知三联书店 2009 年版，第 4 页。

古城出土的李柏文书是目前发现的年代最早的中国纸本书信实物（图 6–8），证实了前凉经营西域的历史，也证实了郡县制在西域地区推行。前凉之后，后凉、西凉、北凉也先后在高昌设郡，尤其是西凉和北凉灭亡后，其遗民都把高昌作为避难之所，大批河西民众移民高昌。442 年，北凉沮渠无讳率领万余家弃敦煌，西迁至高昌。[①] 在西迁的移民队伍中，有大量河西的汉人大族与官僚，如敦煌张氏、宋氏、索氏、夏侯氏等汉人大族望族。[②]

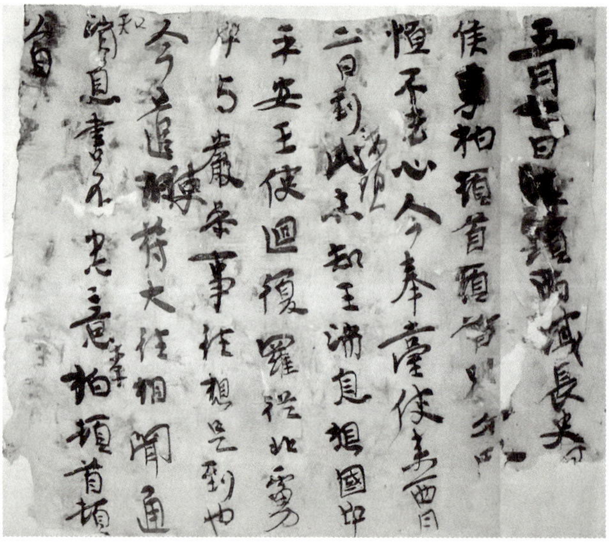

图 6–8 楼兰古城出土的李柏文书

李柏原是西晋西域长史，驻节楼兰，西晋南迁后，入前凉政权，仍担任西域长史。该书是李柏写给焉耆王有关讨伐驻地在高昌的西域戊己校尉叛将赵贞的书信。

5 世纪中叶至 7 世纪中叶，新疆吐鲁番地区出现了四个汉人创建的政权，分别是阚氏高昌、张氏高昌、马氏高昌及麹氏高昌。高昌逐步成了汉人的聚居地，人口不断增加，农业生产和经济文化日益繁荣，族际通婚现象明显增多。高昌与中原之间的文化交流也日益密切，且深受中原儒家文化影响。例如《北史 · 高昌传》记载：“（北魏）明帝遣假员外将军赵义等使于嘉（高昌王麹嘉）。嘉朝贡不绝，又遣使奉表，自以边遐，不习典诰，求借《五经》、诸史，并请国子助教刘燮以为博士。明帝许之。”“（高昌）文字亦同华夏，兼用胡书。有《毛诗》《论语》《孝经》，置学

① 沈约：《宋书》卷九八《氐胡列传》，中华书局 1974 年版，第 2417 页。

② 杨荣春：《论沮渠无讳与大凉政权》，《青海师范大学学报（哲学社会科学版）》2018 年第 1 期。

官弟子、以相教授。”[1]从已发现的汉晋时期的遗址来看，除去烽燧据点外，其他遗址如罗布泊遗址、尼雅遗址，都曾发现中原移民和当地人交错杂居的证据。

中原民众，包括到西域的汉人、屯田将士，他们的大量西迁带来了先进的农具、农作物和牛耕技术，西域的农业生产和社会经济都有了一定程度的发展。同时，西域诸国大多能够自觉寻求和接受中央王朝的册封和赏赐，还“遣子入侍”，将王子派到中原学习先进的文化。

魏晋南北朝时期，西域地区作为丝绸之路上的重要中转站与战略要冲，成为佛教传播到中原的必经之地，也成为东西方文化交融荟萃的中心。不仅众多高僧大德经由西域到中原弘扬佛法，大量的佛经也是经由西域传译到中原地区的。而且，佛教从南亚、中亚等地传入西域后也已经开始本土化。西域地区成为佛教中国化的起始地，也是汉传佛教向中亚地区传播的中转站。在这一时期，龟兹、于阗、疏勒、高昌成为西域四大佛教中心。尤其是疏勒（今新疆喀什），连接中华文明、印度文明和波斯及地中海等文明，成为佛教东传的必经之地，是古代印度佛教东传中国的第一站。当时，疏勒佛教兴盛，盛行上座部佛教与汉传佛教，名僧云集，讲经说法，造塔建寺。莫尔寺就是此一时期佛寺的重要代表（图 6–9）。

图 6–9　莫尔寺遗址

该寺始建年代可追溯到 3 世纪后半期，其最初的建筑风格是覆钵式圆形塔（俗称莫尔佛塔），后在魏晋南北朝时期陆续修建僧舍和“回”字形佛殿，直到 8—9 世纪仍然沿用。这种由中心正殿和两侧配殿、配房等构成的长方形大佛殿是今新疆地区极少见的佛殿类型，具有中原佛寺的特征，初步判断属于汉传佛教建筑。莫尔寺遗址体现了中华文明多元一体、兼容并蓄的特征。

① 李延寿：《北史》卷九七《高昌传》，中华书局 1974 年版，第 3214—3215 页。

二、儒释道文化交融

胡人统治者推崇儒学，也重视律学与法制建设。按照儒家的标准教育选拔人才，使大量汉人儒生自觉自愿地与这些胡人政权合作，促进了儒释道文化的交融。

十六国北朝胡人统治者“或亲临讲试，或建坛宫中，虽旦夕小朝，兵戈云扰，而文教之盛，转胜江东”[①]。例如，后赵石勒称王后，建社稷，立宗庙，起明堂、辟雍，署汉人为经学祭酒、律学祭酒、史学祭酒，并且亲临各类学校，对学生进行测试，按成绩给予奖赏。苻坚“博学多才艺”，谙熟汉人历史典籍，每与群臣论对，常随口引用历史典故，曾巡视太学，“问难五经，博士多不能对”[②]。后秦姚兴立律学于长安，“召郡县散吏以授之，其通明者还之郡县，论决刑狱”。他也经常亲临咨议堂“听断疑狱，于时号无冤滞”[③]。孝文帝元宏在北魏诸皇帝中汉文化素养最高，史称其“雄才大略”“经纬天地”。据《魏书·高祖纪》载：“雅好读书，手不释卷。《五经》之义，览之便讲，学不师受，探其精奥。史传百家，无不该涉。善谈《庄》《老》，尤精释义。才藻富赡，好为文章，诗赋铭颂，任兴而作。有大文笔，马上口授，及其成也，不改一字。”[④]北周文帝宇文泰也崇尚儒术，对儒家治国要旨识见明睿。北周武帝宇文邕不仅精于儒学，还通佛、道经义，曾两次召集百僚和沙门、道士等，亲讲《礼记》。

在律学与法制上，魏晋实现了重大进展。汉律还存在着律令不分、礼律杂糅的问题，即刑律、行政法规和礼乐制度交错杂糅，在部类划分上界限不清。魏明帝时制成魏律18篇，将刑法条文内容尽数纳入其中，晋武帝时又制定了《泰始律》20篇，由此使“律”的内容集中于刑律，行政制度的内容另行置于“令”，即《晋令》40卷中。由此，“律”是刑法，“令”是行政法，二者性质被清晰界定。魏晋“律令分途”在中国法制史上具有重大意义。[⑤]然而，在法治思想上，北魏律也深受汉代以来儒法合流趋势之影响，遵循汉魏以来礼法结合的精神，具有鲜明的礼的色彩，符合魏晋儒家系统引礼入律之典型特征。如其所规定之存留养亲制度、

① 李慈铭撰，由云龙辑：《越缦堂读书记·历史·晋书》，中华书局2006年版，第214页。

② 房玄龄等：《晋书》卷一一三《苻坚载记》，中华书局1974年版，第2884、2888页。

③ 房玄龄等：《晋书》卷一一七《姚兴载记》，中华书局1974年版，第2980页。

④ 魏收：《魏书》卷七《高祖纪》，中华书局1974年版，第187页。

⑤ 阎步克：《波峰与波谷：秦汉魏晋南北朝的政治文明》（第二版），北京大学出版社2017年版，第156—157页。

以“不道”罪禁同姓为婚制度等，体现了法制建设上的胡汉交融。[①]

佛教进入中国后在胡人政权中大为流行，同时与儒家忠孝伦理发生冲突，开启本土化、中国化的进程。佛教主动与本土儒家、道家思想相适应，借用道教“自然”“真人”“道”等术语翻译佛经概念（如“空”“佛”“菩提”等），造成此一时期“格义佛教”之发展。石勒、石虎对西域胡僧佛图澄倍加尊崇，佛图澄用异能方术与因果学说不断劝二石效“王者”行“德化”。鸠摩罗什是这一时期佛教中国化最为关键的人物。鸠摩罗什出身天竺望族，十几岁就已四处讲经，名闻西域诸国；20岁时受“比丘戒”，正式成为佛教僧侣。史载，鸠摩罗什“道流西域，声被东川”[②]，声望远播中原与江南。401年，鸠摩罗什历经艰辛来到长安，建立译场，译佛经数百卷。他和南朝真谛、唐朝玄奘并称为我国佛教三大翻译家。谙熟汉语的鸠摩罗什开创了“质而不野，简而必诣”[③]的意译方法，成为佛经汉译的典范，为佛教中国化初奠基础。如“一切有为法，如梦幻泡影，如露亦如电，应作如是观”[④]“小水长流，则能穿石”[⑤]，富含汉语典雅韵味。鸠摩罗什翻译的经典许多都成为佛教文学的精品，如《金刚经》等。

此一时期，南北政权隔江分治，但南北佛教交流从未中断。后赵灭亡后，佛图澄弟子道安一路弘法，南下襄阳，首次提出“不依国主，则法事难立”[⑥]。道安的弟子慧远南下庐山东林寺传法，慧远弟子道生又北上长安向鸠摩罗什求学。佛教各大宗派主要在这300年中创立，经过多番曲折，初步理顺了佛教与政权的关系，确立了“政主教从”；初步理顺了佛教观念与伦理观念的关系，从此因果与孝悌没有矛盾；初步理顺了佛学与中国哲学的关系，为日后禅学与理学的发展开启先声。

在与佛教竞争中，道教也吸收、借鉴了佛教在教义、仪式、僧团组织等方面的经验，结合道家哲学与民间信仰，形成了道教完整的体系。道教并非仅仅是汉

---

① 《魏书·刑罚志》引法例律云：“案法例律：诸犯死罪，若祖父母、父母年七十以上，无成人子孙，旁无期亲者，具状上请。流者鞭笞，留养其亲。”

② 释道世：《法苑珠林校注》卷二五《见解篇》，周叔迦、苏晋仁校注，中华书局2003年版，第802页。

③ 释僧祐：《出三藏记集》卷一一《百论序》，苏晋仁、萧炼子点校，中华书局1995年版，第403页。

④ 僧肇注：《金刚般若波罗蜜经注》，中华书局2019年版，第347页。

⑤ 智旭述：《佛遗教经解》，中华书局2021年版，第538页。

⑥ 释慧皎：《高僧传》卷五《义解二》，汤用彤校注，汤一玄整理，中华书局1992年版，第178页。

人的宗教，其信众还包括胡人、“蛮人”族群。“南蛮”、氐、羌都不同程度地受到道教影响。道教的初创和传播，与长江流域的“板楯蛮”[①]“盘瓠蛮”“廪君蛮”有较大的关系。“汉末，张鲁居汉中，以鬼道教百姓，賨人敬信巫觋，多往奉之。”[②]东汉顺帝时，张陵入巴蜀地区传教，在“板楯蛮”中传道，经张陵、张衡、张鲁祖孙三代经营，数十万“板楯蛮”皈依了道教，巴地成为五斗米道中心。建安二十年（215），曹操平定汉中，将賨人迁徙关陇地区，五斗米道随之在更广大的范围内流播。道教在秦陇地区的氐、羌各族中也有广泛的传播，这可以《北魏荔非周欢道教造像碑》为证。碑文中出现的主要供养人题名多为荔非氏，是魏晋南北朝时期活动在关中地区的羌族部落。

随着各族群交往的日益深入与密切，佛教、道教成为多族群共享的宗教信仰。宁夏固原出土的北魏墓葬漆棺画（图 6–10）展现了儒教孝行图，汉人士族形象，东王父、西王母、天河等道教元素和佛教人物形象以及鲜卑人游牧狩猎图等儒释道多族群文化交融的场面。

图 6–10　宁夏固原北魏墓葬漆棺画

该漆棺画生动形象地展现了北魏太和时期（477—499）的族群交融。棺盖主要位置上画有道教东王父、西王母及天河的图像。前挡正中画着身穿鲜卑族服装的墓主人宴饮的场景，一手持杯，一手执麈尾，两侧站

① 板楯蛮：秦汉至魏晋时期，生活于今天湖南、湖北、四川、贵州相邻区域的古代族群，因其使用的防御武器是在木板上覆盖着虎皮的盾牌，故称“板楯蛮”。由于其曾帮助刘邦攻下关中，故其七姓渠帅得免赋税，一般民众则出賨钱四十。所谓賨，即制作精良的“賨布”，因而，他们也被称为“賨人”。

② 房玄龄等：《晋书》卷一二〇《李特载记》，中华书局 1974 年版，第 3022 页。

立着侍从，俨然是南朝士族的形象。下方两侧有两个站立的菩萨。棺两侧则是连环画式的孝行图（包括孝子舜、郭巨、蔡顺、尹吉甫等孝行故事），但每个人物皆着鲜卑人服饰。棺侧和棺盖之间画有众多佛教天人、菩萨形象，表现出佛教艺术和西域画风的融合。

当然，文化交流从来不是单向的，而是相互影响、相互汲取、相互涵化的。鲜卑入主中原，将粗朴的草原文化带入中原农耕文化圈，两种文化激荡碰撞、互相汲取。在文学领域，魏晋南北朝时期诞生了族群文化融合的结晶《敕勒歌》和《木兰辞》等千古绝唱。民歌《敕勒歌》赞美了漠北阴山草原景色与游牧生活。现可见的歌辞文本乃东魏时敕勒人斛律金奉高欢之命而唱。“其歌本鲜卑语，易为齐言，故其句长短不齐”①，是用汉语译写北方胡人诗歌较早的优秀作品，流传极广。② 脍炙人口的《木兰辞》，作为汉语五言长诗，是孝文帝迁都洛阳实行改革，研究正音，锐情文学，在族群交融的土壤上开放的一朵奇葩。其风格刚健，气概豪迈，词兼胡汉（“天子”“可汗”并用），反映了北方各族妇女的英雄气概。北方民歌以其质朴刚劲之风对文学影响深远，促进了隋唐北方粗犷豪迈、雄奇刚健与现实主义的诗风的发展。

在乐舞方面，“戎华兼采”③，胡乐对中原地区影响深远。胡笳、羌笛、琵琶、竖箜篌、羯鼓等胡乐器及胡曲在中原民间广泛流行。晋室南迁后，清商乐发生变化，形成“陈梁旧乐，杂用吴楚之音，周齐旧乐，多涉胡乐之伎”④ 的现象。龟兹乐和西凉乐对我国北方音乐影响很大。皇亲贵族都酷爱龟兹乐舞，北齐文宣帝高洋在演奏龟兹乐时，甚至亲自击鼓伴奏。北齐的《兰陵王入阵曲》与北周的《城舞》是北方族群融合的艺术结晶，对后世戏剧等产生了一定影响。此外，胡舞、胡戏等对中原文化的影响也很明显。

在语言方面，南北汉人日常用语中时而杂有胡语或夷越之音。在书法方面，魏碑上承汉隶传统、下启唐楷新风，为现代汉字的结体与笔法奠定了坚实的基础。在雕刻和绘画艺术上，大同云冈石窟、洛阳龙门石窟、敦煌莫高窟等佛教塑像、壁画与北朝胡人墓葬壁画等，融合了中原儒道文化、中原建筑风格、青绿山水画风与游牧生活场景、佛教信仰等多种元素。如云冈石窟即为多种文化融合的典范，

① 郭茂倩编：《乐府诗集》卷八六《杂歌谣辞》，中华书局 1979 年版，第 1212 页。

② 这也表明族群之间的多向融合。敕勒人用语属突厥语族，而鲜卑人用语属蒙古语族。斛律金身为敕勒人，却用鲜卑语唱《敕勒歌》，表明迁至敕勒川的很多敕勒人已经“鲜卑化”。

③ 魏徵等：《隋书》卷一四《音乐志》，中华书局 1973 年版，第 313 页。

④ 刘昫等：《旧唐书》卷二八《音乐志》，中华书局 1975 年版，第 1041 页。

先是凉州僧匠带来西域风格的佛教造像艺术，之后是昙曜建议征集全国各地宝像于京师，最后是徐州僧匠北上主持云冈佛事[①]，各族群共同创造出云冈石窟这座旷世无双的佛教艺术殿堂。而云冈石窟的佛教造像艺术融汇了鲜卑、汉以及中亚文化的精髓，成为各族交往交流交融的结晶。

此外，北朝胡人墓葬壁画也鲜明生动地反映了中西文化交融、多族群文化交融的盛况。陕西西安发现北周大象元年（579）去世的同州萨保安伽墓，出土有安伽的墓志和一套完整的围屏石榻，围屏上刻画着12幅贴金彩绘图像（图6-11）。墓主人安伽是从凉州武威迁到关中的安国粟特人（安姓为昭武九姓之一），他最后官至同州（今陕西大荔）萨保。萨保即商队与聚落的首领，兼任宗教领袖。安伽的墓志与墓葬壁画反映出他已经高度本地化与“华化”，如《安伽墓志》载“其先黄帝之苗裔，分族因居命氏”[②]，显示他已自认为黄帝子孙。此外，还有北周史君墓、北周康业墓等来华粟特人的墓葬信息也显示了当时多族群文化交融的盛况。

图6-11 西安北周安伽墓围屏石榻胡人乐舞图

安伽墓围屏石榻图像展示了粟特聚落内宴饮、狩猎、会客、出访等日常生活场景，显示了他们婚姻、丧葬、信仰等方面的信息。据考证，安伽墓围屏石榻上的胡人乐舞为胡腾舞与胡旋舞，反映了这一时期西域乐舞艺术在中原地区的流行与多族群文化交融的盛况。

① 徐州义学高僧受孝文帝邀请北上，“唱谛鹿苑，作匠京缁”（《全上古三代秦汉三国六朝文·全后魏文卷七·为慧纪法师亡施帛设斋诏》）。

② 尹申平、邢福来、李明：《西安发现的北周安伽墓》，《文物》2001年第1期。

三、夷夏共祖的历史书写

魏晋以来，大量北方族群南迁，深入中原地区，突破了“内诸夏而外夷狄”[①]的地理畛域，打破了“裔不谋夏，夷不乱华”[②]的中心与边缘的分布格局。为解决“自古无胡人为天子者”[③]这一根深蒂固的观念，掌握政权之后的胡人君主主动认同华夏祖源，确立了脉络清晰的“夷夏同源”历史叙事。

建立“汉国”的匈奴后裔刘渊，以汉室之胄自居，建国号为“汉”，祭祀的祖先是自汉高祖以下的“三祖五宗”。同为匈奴后裔且与刘渊同族的赫连勃勃自认为夏后氏，“自以匈奴夏后氏之苗裔”而称为“大禹之后”，立国号为“大夏”，宣称要“应运而兴，复大禹之业”[④]。慕容鲜卑自称“有熊氏之苗裔”[⑤]。拓跋鲜卑追认祖源为黄帝之子昌意，“国有大鲜卑山，因以为号”[⑥]。建立前秦政权的氐人苻氏自称为“有扈氏之苗裔”[⑦]，而有扈氏乃大禹之后。建立后秦政权的羌人姚氏自称“有虞氏之苗裔”，而有虞氏则为“舜少子”[⑧]。北周宇文氏自谓出于炎帝神农氏，只不过神农氏被黄帝打败之后，其子孙只好遁居北方草原地区。东魏时期，柔然王室后裔在族源认同上自诩为轩皇苗裔，认同是黄帝轩辕氏后裔华夏一员。除北方胡人外，南方“蛮夷”也主动认同炎黄后裔，书写其族群起源历史。《华阳国志》记载“蜀之为国，肇于人皇，与巴同囿。至黄帝，为其子昌意娶蜀山氏之女，生子高阳，是为帝喾，封其支庶于蜀，世为侯伯”，表明蜀与巴均认黄帝为祖先。在该书《蜀志》之末，常璩在对蜀地之赞词中称“故上圣则大禹生其乡，媾姻则黄帝婚其族”[⑨]，更反映了此时代的蜀人认同中，黄帝、大禹都是值得骄傲的历史记忆。

十六国南北朝时期，内迁族群通过族源寻根，将本族起源追溯至炎黄，展现了接续中华文明正统、融入中华文明大家庭的自觉与认同。夷夏同源的历史叙述，

① 《春秋公羊传·成公十五年》，《十三经注疏》本，中华书局 2009 年版，第 4988 页。

② 《春秋左传·定公十年》，《十三经注疏》本，中华书局 2009 年版，第 4664 页。

③ “自古诚胡人而为名臣者，实有之，帝王则未之有也。”（《晋书·石勒载记》）

④ 房玄龄等：《晋书》卷一三〇《赫连勃勃载记》，中华书局 1974 年版，第 3202、3205 页。

⑤ 房玄龄等：《晋书》卷一〇八《慕容廆载记》，中华书局 1974 年版，第 2803 页。

⑥ 魏收：《魏书》卷一《序纪》，中华书局 1974 年版，第 1 页。

⑦ 崔鸿：《十六国春秋辑补》卷三一《前秦录·苻洪》，汤球辑补，聂溦萌等点校，中华书局 2020 年版，第 381 页。

⑧ 房玄龄等：《晋书》卷一一六《姚弋仲载记》，中华书局 1974 年版，第 2959 页。

⑨ 常璩：《华阳国志校注》卷三《蜀志》、卷四《南中志》，刘琳校注，巴蜀书社 1984 年版，第 175、330 页。

也有效地弥合了内迁族群与本地族群之间的界线，使得中华文明容纳的族群范围进一步扩大，天下一家的文明气魄更为恢廓，对中华民族共同体的形成发展产生极为深远的影响。

不仅如此，胡人所建政权在史书撰写方面，也多承中原王朝修史传统，体例包括“记”“录”“起居注”“国志”“国记”等。最重要的著作是北魏崔鸿撰写的《十六国春秋》。崔鸿在十六国政权各自撰写的国史和起居注等基础上，辨析真伪、去粗取精、除繁补缺，最终写成一部记载十六个政权历史的史书。北魏道武帝拓跋珪曾命邓渊修史撰《国记》十余卷，未成，太武帝拓跋焘又命崔浩、邓颖等续修，成《国书》三十卷，孝文帝拓跋宏也命李彪、崔光修史……这些修史活动为后来魏收等编撰《魏书》提供了重要的史料来源。这些政权不仅继承了王朝修史传统，也通过国史书写，将自身政权与中华政制相接续。在这种历史叙述下，胡人、“蛮人”实现了华夏身份的自我认同与共祖追溯。

小 结

魏晋南北朝时期，一方面，战争频仍，生产破坏，人民流离失所，饱受战乱之苦。另一方面，不同族群之间离散聚合、交错杂居，族群融合在规模、深度和影响上却是空前的。近 370 年 30 余个大小政权兴替，经过魏晋南北朝时期“五胡”族群大规模南下中原，中华文明实现了长城边缘地区与中原农耕地区的一体化整合，巩固了中华民族多元一体的基本格局并塑造了“华夷一统”的政治传统。

经过此一长时期的族群融合，周边族群融汇于中原的内聚性更加强烈，族群碰撞、交流与融合的程度更为剧烈，北方汉人与胡人逐渐融合，百越以及西南部的居民与南下汉人的文化与血缘交融也在深化。匈奴、鲜卑、羯、氐这些曾经在历史上叱咤风云的族称，在后来的历史进程中逐渐消失了，但这些族群及其文化早已融入中华民族之中，彰显中华民族多元一体的形成特点。这样的大交融，不是一方同化另一方，而是双向涵化与多方互化。魏晋南北朝时期正是各族群相互涵化，形成“你中有我、我中有你”的中华民族共同体的重要阶段。

思考题

1. 魏晋南北朝时期民族融合发展对中华民族共同体的形成和发展有哪些历史作用？
2. 魏晋时期中华认同是怎样不断扩大的？
3. 北魏政权采取哪些主要措施推行胡汉一体化？
4. 魏晋南北朝时期南北经济互补与交融主要体现在哪些方面？

第七讲 华夷一体与中华民族空前繁盛
（隋唐五代时期）

自古以来，中华民族就以“天下大同”“协和万邦”的宽广胸怀，自信又大度地开展同域外民族交往和文化交流，曾经谱写了万里驼铃万里波的浩浩丝路长歌，也曾经创造了万国衣冠会长安的盛唐气象。

——习近平

589 年，隋灭陈，重建大一统王朝。618 年，隋被唐取代。907 年，唐被后梁取代。随之而来的 70 余年，是五代十国时期。此一时期，中华大地上还存在过边疆族群建立的吐蕃、回纥、南诏、渤海等。

中华民族在隋唐两代一度经历了空前繁盛的发展阶段。唐朝疆域鼎盛时，一度东至安东，西至安西，南至安南，北至单于、安北。在政治层面，唐朝成功塑造了皇帝“天下共主”的权威，建立了农牧结合与族群交融的大一统王朝。通过因俗而治的治理体系，在边疆地区先后设立安西、安北、安东、安南、单于、北庭等都护府以及八百多个羁縻州府，将突厥、薛延陀、回纥、黠戛斯、契丹、靺鞨、室韦、吐谷浑、南诏等纳入统一政治体内。通过胡汉兼用的官僚体制，将天下各族的有才之士汇聚到中央政府及其下辖的各级行政军事机构，为大一统王朝政治运行提供重要保障。

经济层面，通过陆上、海上、草原、西南丝路，茶马古道、唐蕃古道以及营州—渤海道等四通八达的道路系统，建立起以中原为核心，辐射周边族群以至东亚、中亚与西亚的庞大贸易网络。绢马及茶马贸易使农牧经济实现一定程度的统合，大运河贯通了南北经济，推动中国经济重心逐渐南移。

社会层面，隋唐社会以开放的胸襟对待不同族群，无论是统治集团“杂有胡族血胤”，还是基层社会“夷夏混居”，以及广泛的族群流动、迁徙、通婚、混居，无不彰显出“四海同风”“无隔华夷”的交融新局面。这极大地丰富了大一统王朝的内在多元性，塑造了胡汉一家的社会风貌，形成了主辅相承的更大规模社会共同体。

文化层面，隋唐继承北朝的“制度”与南朝的“礼乐”，融入更多胡人文化，包容景教、祆教、摩尼教、伊斯兰教等异域宗教文化，吸引周边及域外人士主动学习效仿中华的制度、科技与文化，造就更高水平、更大规模的中华文明圈，孕育了覆盖整个东亚，辐射至东南亚、中亚、西亚的世界性文明体系，为后世族群交融和文明互鉴开创了可资借鉴的盛唐模式。

安史之乱是唐朝由盛而衰的转折点。国家统一受到威胁，各族人民被卷入战火，也由此埋下藩镇割据的祸根。前中期开放包容的族群关系理念受到一定质疑，兼容并蓄的文化理念出现一定收缩。然而，唐朝约三百年文明高峰所塑造的中华认同并未随着政治军事的衰败而消亡。五代十国时期，族群融合与文化融合继续发展，唐朝的流风余韵被周边族群吸收继承，为宋辽夏金时期的中华民族进一步融聚发展奠定了深厚基础。

第一节　共构政治格局

隋唐结束了魏晋以来政治分裂、社会动荡的乱局，重建了“天下共主”的政治秩序，大一统的特征更为凸显。李唐皇族“取塞外野蛮精悍之血，注入中原文化颓废之躯，旧染既除，新机重启，扩大恢张，遂能别创空前之世局”[①]。隋唐王朝之所以能够成功重建中华一体的共同体，正是源于北朝与南朝文化的混合。隋唐总体上继承了北朝的“制度”与南朝的“礼乐”。盛唐的根基更是建立在北朝开创的均田制、府兵制之上，在后期又经历了“南朝化”的过程。

一、共融的政治秩序

在北方和西北，隋朝与唐前期关注的重心是草原地带崛起的突厥。隋初，突厥和南陈分别据有长城以北和长江以南等地。隋文帝对突厥采取分化策略，促使

① 陈寅恪：《李唐氏族之推测后记》，《金明馆丛稿二编》，生活·读书·新知三联书店 2001 年版，第 344 页。

突厥分为东西两部。东突厥的沙钵略可汗、启民可汗先后率众内附。隋文帝对此下诏赞赏："今作君臣，便成一体。情深义厚，朕甚嘉之。"隋朝将北方水草丰茂的地区划给他们居住，牧区呈现出"人民羊马，遍满山谷"的繁荣景象。启民可汗称隋文帝为"圣人可汗"，上书感谢他"怜养百姓，如天无不覆也，如地无不载也。诸姓蒙威恩，赤心归服，并将部落归投圣人可汗来也"，在融入隋朝后，他与族人如"枯木重起枝叶，枯骨重生皮肉"。①

为加强中原与河西走廊及西域各族群的联系，隋炀帝亲巡河西，驾临张掖，登焉支山。高昌等27国遣使同来谒见。隋炀帝与诸国会盟，举办规模宏大的朝贡贸易，西域诸胡积极前来互市，现场焚香奏乐，盛况空前。当时，裴矩负责西域事务，他倾心结交胡商，掌握了很多西域自然、人文的知识，最终写成《西域图记》。书中写道："皇上应天育物，无隔华夷，率土黔黎，莫不慕化，风行所及，日入以来，职贡皆通，无远不至。"②

隋末，李渊在太原起兵，得到了东突厥的支持。其后，为了防止唐朝威胁到自己的统治，东突厥又联合北方群雄限制唐朝的发展。唐贞观四年（630），趁东突厥汗国内乱，唐朝发兵击败东突厥汗国，俘获东突厥首领颉利可汗。唐设置顺、祐、化、长四州都督府以及定襄都督府、云中都督府，以管辖投唐的突厥各部，从此将漠南纳入唐朝版图。贞观二十一年（647），在完成对漠北的统一后，唐朝设置燕然都护府，将铁勒各部纳入统一政治体。唐朝统一北方草原地区的过程，也是推进农牧一体新格局的过程。农牧地区的长期纷争与冲突得到解决，各族深度交融，共同缔造了一个农牧结合的王朝。

在南方，征服南朝陈后，隋朝将江南地区纳入版图，结束了南北对峙局面。《隋书》记载了南方各族与中原之人杂居共处的场景："与华人错居，曰蜒，曰獽，曰俚，曰獠，曰㐌，俱无君长，随山洞而居，古先所谓百越是也。其俗断发文身，好相攻讨，浸以微弱，稍属于中国，皆列为郡县，同之齐人。"③其中"列为郡县"是指该地区施行郡县制，"同之齐人"则说明当地各族人民已成为国家的编户。隋炀帝初年，岭南的人口急速增长，远超此前东晋、南朝的统治时期，也好于两汉的情况。隋朝铲除了以自然环境据险自立的地方豪强，大力推动岭南完全融入大一统体制，为南北人群流动、各族互鉴共生奠定基础。

① 魏徵等：《隋书》卷八四《突厥传》，中华书局1973年版，第1870、1873页。

② 李延寿：《北史》卷三八《裴矩传》，中华书局1974年版，第1389页。

③ 魏徵等：《隋书》卷八二《南蛮列传》，中华书局1973年版，第1831页。

在国家统治权力深入地方社会的同时，边疆族群主动归附逐渐成为趋势。如主动归隋、维护区域安宁的冼夫人。在隋文帝灭陈统一之际，冼夫人作为俚人[①]普遍崇敬的“圣母”，率众迎接奉旨南下的韦洸，积极助其平叛；在岭南出现反隋势力时，她立即派孙子冯盎与叛军战斗，自己也披甲乘马护送隋朝特使裴矩抚慰各州，并竭力劝说当地俚、僚诸首领归附；得到隋文帝封赏后，她每年都训诫子孙要忠君爱国：“汝等宜尽赤心向天子。我事三代主，唯用一好心。今赐物具存，此忠孝之报也，愿汝皆思念之。”[②]

为了促进南北整合与族群融合，在唐朝前期，中央政府大量析置州县、采用南朝旧县名，既照顾到南方百姓的情感，也加强了对新附州县的管理。采用都督府等众多军政机构，强化了对南方的军事管理。进一步复兴儒学教育，强调儒学正统地位，努力消除南北朝以来的文化分歧，凝聚文化认同，维护国家统一。

随着大一统国家的重建与兴盛，中原与边疆地区的政治、经济与文化联系更为紧密。此一时期，各族群共荣的向心力在边疆地区凸显。在东北，契丹、靺鞨等或归附，或遣使纳贡。隋朝采取招抚政策，赢得一个“二十年间，天下无事，区宇之内晏如”[③]的社会环境。唐初，中央政府与东北政权的互动不断。在漠北地区，居住在娑陵水（今蒙古国和俄罗斯境内的色楞格河）周边的回纥联合仆固、同罗、拔野古等部族逐步摆脱突厥统治，接受唐朝管辖。在青藏高原，建立了统一吐蕃政权的松赞干布，主动与唐朝交往交流，以和亲等多种方式增进联系，互鉴交融。在西南地区，南诏逐渐兴起，它是乌蛮联合西南各蛮建立的地方政权，统治中心在今云南大理地区。其逐渐兴起、壮大、衰落的整个过程与唐王朝的兴衰相伴始终，是中华民族边疆史的重要一环。南诏辖境大致相当于今天云南地区，其先民为秦汉时期的“哀牢夷”。当地本有六诏，蒙舍诏地在最南，因称南诏。649 年，蒙舍诏首领细奴逻建“大蒙国”，自称奇嘉王，随后臣属于唐，遣使入贡。南诏自细奴逻至末代王舜化贞，共 13 王统治了 253 年，有 10 位王接受了唐朝的封号。开元二十六年（738），唐朝对皮逻阁云南王的册封，标志着南诏国历史的正式开始，自此南诏从唐朝统治下的地方势力，转变成奉唐朝正朔的藩属国。此后一百余年，南诏作为我国西南的地方政权，积极推动西南边疆治理，接受并传

① 俚人源于先秦时的西瓯、骆越和苍梧，“俚”之称最早见于东汉，唐代之后与南迁的中原人逐渐融合，形成了独具一格的岭南俚文化。

② 魏徵等：《隋书》卷八〇《谯国夫人传》，中华书局 1973 年版，第 1803 页。

③ 魏徵等：《隋书》卷二《高祖本纪》，中华书局 1973 年版，第 55 页。

播中华文化，为祖国西南边疆的确定和发展作出重要贡献（图 7-1）。

图 7-1　唐袁滋题记摩崖石刻

唐袁滋题记摩崖石刻是唐贞元十年（794），德宗皇帝派遣以御史中丞袁滋为首的使团到云南册封蒙异牟寻为南诏王，经过石门关（今云南盐津豆沙关）时，摩崖刊题纪事的遗迹。唐袁滋题记摩崖石刻的内容与《新唐书》《旧唐书》《蛮书》《资治通鉴》等书记载一致。册封南诏王，是云南历史上的重大事件，反映出唐与南诏友好关系的史实。此石刻是民族团结的象征，也是研究唐与南诏交往交流交融的重要实物资料。

边疆汇聚为中国，中华认同随着唐朝政治秩序的建立（图 7-2）传播四方，被普遍接受。贞观七年（633）十二月的一天，唐太宗与父亲李渊在未央宫设宴款待三品以上的官员，开怀畅饮之际，突厥颉利可汗起身舞蹈，南越酋长冯智戴即兴咏诗。面对此情此景，李渊赞叹："胡、越一家，自古未有也！"[①] 宴饮中各族一家亲的欢乐气氛，是唐代族群关系和睦的缩影。

隋唐政治制度被周边部族政权效仿。先天二年（713），唐册封大祚荣为渤海郡王（图 7-3）。宝应元年（762），唐朝下诏升渤海为国。渤海国王接受唐朝中央

① 司马光：《资治通鉴》卷一九四，唐太宗贞观七年十二月戊午，中华书局 1956 年版，第 6104 页。

图 7–2　唐代蒲类州之印

蒲类州之印为铜质，高 3.6 厘米，边长 5.7 厘米，1973 年出土于新疆吉木萨尔县北庭故城遗址，现藏于新疆维吾尔自治区博物馆。它是新疆发现的首枚唐代官印。

图 7–3　唐鸿胪井刻石

唐玄宗先天二年（713），遣崔忻往辽东册封大祚荣为渤海郡王。第二年（714），崔忻原路返回长安，途经都里镇（今辽宁旅顺）刻石记录此事。刻石文字共 29 字，分 3 行自上而下自右向左书写："敕持节宣劳靺羯使、鸿胪卿崔忻井两口，永为记验。开元二年五月十八日。"唐鸿胪井刻石成为这次册封的重要实物资料。大祚荣"自是始去靺鞨号，专称渤海"[1]。

① 欧阳修、宋祁：《新唐书》卷二一九《渤海传》，中华书局 1975 年版，第 6180 页。

政府的册封，渤海积极学习吸收唐朝文化，“其王数遣诸生诣京师太学，习识古今制度，至是遂为海东盛国”[①]。唐代的佛教文化、文学、书法绘画艺术等在渤海非常盛行，除传世文献记载，相关出土墓志、壁画、瓦当（图 7–4）等均有体现。渤海“遵礼义而封部和乐，持法度而渤海宴宁，远慕华风，聿修诚节。梯航万里，任土之贡献俱来；夙夜一心，朝天之礼义克备”[②]，长期与唐朝保持着“车书一家”的亲密关系。

图 7–4　渤海国上京城遗址出土莲花纹瓦当

莲花纹瓦当是渤海国典型建筑材料之一。唐代中原建筑和云冈石窟、敦煌石窟的雕塑和壁画中，也多见形制稍异的莲花纹瓦当。莲花纹瓦当的出土反映出渤海国建筑深受中原影响。

在政治制度上，渤海全面模仿唐朝政治制度。根据唐朝的三省六部一台九寺五监，渤海设立中枢管理机构，模仿唐制，建立五京，还设有十五府、六十二州。五代时期，渤海为契丹所灭，其五京制度与府州制度被辽吸收。

总之，中原王朝在直接统辖的地方实行州（郡）县制；通过授予周边族群政权首领官职，将其纳入统一的政治体系；在藩属地区实行羁縻藩臣或舅甥式管理模式。羁縻府州制兼顾各个族群发展程度的不同和治理方式的差异，加强了中央对地方的行政管辖，促使边疆地区进入唐朝政令、法律所及范围，对内地边疆一体化治理和族群交往交流交融起到推动作用。[③]

① 欧阳修、宋祁：《新唐书》卷二一九《渤海传》，中华书局 1975 年版，第 6182 页。

② 封敖：《与渤海王大彝震书》，董诰等编：《全唐文》卷七二八，中华书局 1983 年版，第 7506 页。

③ 范恩实：《唐羁縻州制度是一体而治的重要一环》，《历史评论》2022 年第 1 期。

在处理与周边部族政权关系中，隋唐形成了维持天下秩序的多种制度，这彰显了大一统体系的包容性，维系了巩固大一统体制的多元平衡机制，有力地夯筑了中华民族共同体的一体性和统一性。

二、兼容的社会治理

在隋唐五代的上层中，不少人拥有胡系血统。隋唐皇室均有北方草原族群血统。西魏/北周重臣独孤信（图 7–5）有七个女儿，有三个都嫁给了皇帝。大女儿嫁给了北周明帝宇文毓，四女儿嫁给了唐开国皇帝李渊之父李昞，小女儿嫁给了隋开国皇帝杨坚。杨坚长子杨勇娶鲜卑元氏，唐高祖李渊以鲜卑窦氏为皇后，其子唐太宗李世民以鲜卑长孙氏为皇后。南宋人朱熹曾说："唐源流出于夷狄。"[1] 政治核心团体的族群交融意味着诸族互动与融合是隋唐统治的重要特征。这培育了整个社会对边疆诸族的包容态度，升华为隋唐"南北统一、胡汉一体"的治理理念。唐代前期，"严夷夏之防"的族群观逐渐被"安辑夷夏，九服同轨，六合一家"[2] 的族群观取代。

图 7–5　独孤信多面体煤精印

印的主人是西魏八柱国之一、鲜卑上层人物独孤信，原名独孤如愿。该印以煤精制作成近球形的 8 棱 26 面体，其中正方形印面 18 个，三角形印面 8 个。印文只刻于正方形面上，共计 14 个面，合计 47 字。印文包括公文用印、上书用印和书简用印。

---

① 黎靖德编：《朱子语类》卷一三六《历代》，王星贤点校，中华书局 1986 年版，第 3245 页。

② 王钦若等编纂：《册府元龟》卷六三《帝王部·发号令第二》，周勋初等校订，凤凰出版社 2006 年版，第 672 页。

南北朝时期，边疆族群各政权自觉认同中原的核心地位和“中国”正统，自觉融入中华民族，这为唐代大一统体制的发展提供了坚实基础（图 7-6）。

图 7-6　青海乌兰泉沟一号墓出土鎏金银王冠

此墓墓主可能是一位对唐朝文化高度认同的吐蕃贵族（另一说认为墓主可能是吐谷浑贵族，留在青海吐谷浑王国故地，接受了吐蕃文化，却仍然坚守鲜卑文化、吐谷浑传统，又心慕唐文化）。王冠镶嵌大量绿松石，装饰立凤、对狮题材，以丝织物作衬底等特征为吐蕃时期金银器装饰的典型特征。但该冠前檐缀珍珠冕旒的做法则是中原王朝统治者所戴冠冕的特点，是其身份地位的象征，此物是唐文化、吐蕃文化、鲜卑文化、吐谷浑文化交融的产物。

基于族群交融的历史和现实，隋唐实行开放的族群政策，大量吸收北朝的政治法律制度。唐律充分借鉴了魏律、北齐律等法典的优秀成果，比如东魏有《麟趾格》，西魏有《大统式》，“格”“式”的形成对唐代法律“律、令、格、式”体制有直接推动作用。北齐在北魏《正始律》和东魏《麟趾格》的基础上制定了《齐律》十二篇，《武德律》十二篇正是上承《齐律》。北齐律首创的“重罪十条”在隋唐发展为“十恶”制度，影响深远；北齐律所确定的杖、鞭、徒、流、死的刑罚体系，也在隋唐演变定型为笞、杖、徒、流、死的古代法制“五刑”基本格局。唐代完备的法律制度体系由此兼收并蓄，广采博取，成为中华多族群法律文化精华的集大成者，架构出唐王朝治下所有族群所共同遵守的法律话语体系，这一体系所承载的中华民族特有的法律文化观念，成为联结中华各族群的紧密纽带。

三、开放的选官体系

作为贵族政治的重要力量，世家大族曾在魏晋时期发挥了举足轻重的作用。隋唐时期，贵族政治开始从鼎盛走向衰落。隋唐的科举制，打破了门阀士族对人才的垄断和限制，拓展了国家起用人才的途径，为促进各族人才参与国家治理发挥了积极作用。隋唐科举制度建立后，各种科目考试由朝廷统一实行，需要统一的教学用书。在此背景下，《五经正义》成为官修的标准教学用书。学童从启蒙教育就开始学习诵读经文，练习楷书。科举考试从制度上保证并促进了通用语言文字的推广使用。贞观年间（627—649），吐蕃、高昌、高句丽、新罗等政权派遣贵族子弟进入唐朝太学学习。唐朝专门设置“宾贡进士”，为他们提供考取科举的门路。贞观五年（631）后，“国学、太学、四门亦增生员，其书算各置博士，凡三千二百六十员。……无何，高丽（高句丽）、百济、新罗、高昌、吐蕃诸国酋长，亦遣子弟请入国学。于是国学之内八千余人。国学之盛，近古未有”[①]。据记载，新罗地区最早的宾贡进士是金云卿，长庆元年（821）及第。至唐朝末年，新罗一共有 58 人登科，五代时也有 32 人。由此可见唐代政治体系的高度开放性。不仅如此，唐朝各类边疆族群人员还可以无障碍进入中央行政系统，甚至包括一些藩属外邦人士。例如日本遣唐使中最著名的阿倍仲麻吕（汉文名为“晁衡”），他参加唐朝科举进士及第，历任洛阳司经校书、左拾遗、左补阙与秘书监等职，随侍玄宗，终老于唐土。李白与之结下深厚的友谊，并写下著名的诗作《哭晁卿衡》。唐代宰相中，边疆各族后裔占很大比例，如宇文士及、窦抗、窦威、长孙无忌、于志宁、宇文节、宇文融、窦怀贞、元稹等数十位宰相均为鲜卑后裔，高士廉等数位宰相出身鲜卑化汉人。

科举制向周边族群的开放，加强了周边族群主动融入中华文化圈的自觉，加深了唐朝与周边政权交往交流的密切程度，巩固了边疆诸族对中原王朝的认同和信任。

唐朝的行政和军事体系在人才选拔和使用上均打破了华夷之隔。不同族群的人既可任职于中央行政系统，也可担任军队将帅。《新唐书》专辟《诸夷蕃将列传》，集中介绍了唐代著名的 20 位蕃将。除斐然的战功外，他们对唐朝稳定发展的自觉认同时常溢于言表。契苾何力是铁勒人，贞观年间成为唐朝将领。当被敌军扣押时，他“拔佩刀东向呼曰：‘有唐烈士受辱贼廷邪？天地日月，临鉴吾志。’

① 杜佑：《通典》卷五三《礼·沿革·吉礼·大学》，王文锦等点校，中华书局 1988 年版，第 1467—1468 页。

即割左耳，誓不屈"[1]。唐太宗对他高度信任，当他受伤时，还曾亲自敷药、慰问。

除蕃将外，唐朝统治者对各族士兵也信任无间，驻守西北边疆的朔方军便是胡汉杂用。名将李靖曾说，"天之生人，本无蕃汉之别，然地远荒漠，必以射猎为生，由此常习战斗。若我恩信抚之，衣食周之，则皆汉人矣"[2]，指出汉人与周边诸族是一家，没有什么"蕃汉之别"。军事活动中的互相濡染，加深了各族军士之间的情感。作为中兴名将，郭子仪率领多族群混编军队，多次平定叛乱，为国家浴血奋战。当他病逝时，各族军将无不痛哭。与郭子仪并列的中兴名将李光弼则是契丹人，也为平定安史之乱、维护国家统一作出巨大贡献。

四、柔性的区域治理

在唐代辽阔疆域之上，边疆诸族迁徙交往，情势复杂。在北方，游牧混合地带绵延在农耕政权和草原政权之间，是移动变化的"中间地带"或"缓冲区"，也是各族人民杂居共处之地。在南方，岭南一直是中国的南部边疆，中华各族先民自古在此共同开拓，岭南作为连接域外的水陆要冲，是中国与世界连接的重要枢纽和通道。朝廷把官员派往南北族群交往交流交融的前沿，旨在加强管理、维持稳定和宣告中央的怀柔政策及大一统理念。

大一统的实现以德化和恩义的政策先行，凝聚边疆诸族的关键是包容和信任，反之则会使人心离散。岭南地区是多族群高密度集中、社会经济发展不平衡的区域。"俚人"或"俚僚"是今天壮侗语族的壮族、侗族、黎族、仡佬族等的先民。唐太宗曾多次下诏关怀民众，告诫地方官员，安抚各族豪酋；唐德宗朝曾派遣德高望重的老臣或身居高位的官员前去任职，以保障地区安宁；直到唐末懿宗时，还颁布《大赦文》以表明对邕、容、桂、管等道的关注。同时，为了安抚善待诸族首领，唐懿宗强调要做到"诸溪洞酋长首领，务加优恤，喻以恩信"[3]。

置身于诸族互动最前沿的唐朝地方官员，积极推动族群间的交往互鉴，为推动中华民族共同体发展贡献力量。唐宪宗元和十年（815），柳宗元任柳州刺史，提出"皇风不异于遐迩，圣泽无间于华夷"[4]等比较开明的族群观。他特别重视发展教育，重新恢复废弃的府学，使岭南诸族得到中原礼法与文化的滋养，涵育了

---

① 欧阳修、宋祁：《新唐书》一一〇《契苾何力传》，中华书局1975年版，第4118页。

② 吴如嵩、王显臣校注：《李卫公问对校注》卷中，中华书局2016年版，第44页。

③ 董诰等编：《唐大诏令集》卷八五，中华书局1983年版，第897页。

④ 柳宗元：《柳宗元集校注》卷三八，尹占华、韩文奇校注，中华书局2013年版，第2451页。

华夏身份的自我认同。岭南诸族“文通经史，武便弓弩，婚嫁礼仪，颇同中夏”[①]，“稍臣卉服，渐化椎髻。卒为华人，流我恺悌”[②]。

天祐四年（907），朱温废唐哀帝自立，中国历史进入“五代十国”时期，中原相继出现后梁、后唐、后晋、后汉、后周五个王朝。其中，后唐、后晋、后汉皇室皆是沙陀人。南方产生前蜀、后蜀、吴、南唐、吴越、闽、楚、南汉、南平等割据政权，它们大多源于藩镇力量。

政治失序与社会紊乱是五代十国的主要特征，但其中也不乏统一的因素。一方面，各族统治者始终以统一为政治追求，后周世宗柴荣、南唐中主李璟等诸多君臣极力探索重建天下一统的格局；另一方面，周边各国也向中原王朝称臣。与此同时，普通民众更从未放弃对天下一统的渴盼。社会动荡并没能阻断族群间的交往交流交融。更多的沙陀、吐谷浑、契丹、回鹘等迁入中原，南方诸族间的经济、文化交流更为频繁。在社会交往、经济贸易、政权联合重组中，再次统一的力量不断凝聚增强，天下重归一统成为人心所向。

第二节　共塑经济秩序

大一统政治体制的重构，强化了不同区域间的经济联系，消弭了地理环境造成的族群区隔。各族群通过陆上及海上丝路贸易拉近距离，联系日益密切。具体表现为兼容内外的经济制度、全面开拓的贸易网络与共生共荣的商路贸易，呈现出“华夷共生”的特征。

一、经济重心南移

隋末唐初，连年内乱导致人口锐减，经济凋敝。为恢复社会经济，唐武德七年（624），颁布了均田令和租庸调法，以促进生产及保证租税的收入。唐之均田令规定：“凡天下之田……度其肥瘠宽狭，以居其人。凡给田之制有差。”[③]均田制承认农民对无主土地的合法占有，也使那些无地或少地的农民可向国家请受荒田，进行耕种，推动了北方农业生产的恢复和发展。租庸调法是一种以征收谷物、布

① 乐史：《太平寰宇记》卷一五七《岭南道·广州》，王文楚等点校，中华书局2007年版，第3011页。

② 柳宗元：《柳宗元集校注》卷四〇，尹占华、韩文奇校注，中华书局2013年版，第2586页。

③ 李林甫等：《唐六典·尚书户部尚书》卷第三，“户部郎中员外郎”条，陈仲夫点校，中华书局1992年版，第74页。

匹以及为政府服劳役为主的赋役制度。

作为隋朝与唐前期的基本经济制度，均田制和租庸调制被沿用和发展，并在全国范围内得到推行，包括岭南与西域等边疆地区也能迅速实行。隋唐两代均在政治上追求华夷同轨、经济上力图海内为一，制度也随之继承并不断调适。均田制和租庸调制的推行极大地推动了北方内迁各族从游牧向农耕转化。《唐律疏议》对于唐代的均田有详细的记述。敦煌吐鲁番文书有关于户口和受田、退田的记载，从这些文书所登记的“合受田”“应受田”数额来看，均与唐《田令》所规定的“狭乡”受田标准相符，可证明均田制在西域地区推行（唐朝平定麹氏高昌之后设置西州，并颁布均田令）。[①] 同时，吐鲁番出土唐代户籍文书中每丁应输纳的租税数额与唐《赋役令》的规定一致，证明唐朝赋役令也在西域得到执行。[②]

这一时期，中国经济重心的南移推动了南北之间的经济交融。秦汉时期，中华文明的政治和经济重心主要在北方黄河中下游流域。魏晋南北朝“五胡”入华时，中原人口逐步南移。隋朝统一江山后，政治军事重心仍旧在北方，而南方的经济地位日益显著。隋文帝为了解决关中粮食欠缺问题而开凿广通渠，引大兴城（今陕西西安）西北渭水东流至潼关入黄河，隋炀帝时改名为永通渠。为了统一陈朝的军事行动，隋朝还开凿了山阳渎。隋炀帝将通济渠、邗沟、江南河和永济渠凿通连为一体，沟通了海河、黄河、淮河、长江、钱塘江水系，形成历史上著名的隋唐大运河，成为名副其实的南北交通大动脉。修建大运河在隋代发挥的主要是政治与军事功能，但其客观上促进了南北经济交往，“商旅往还，船乘不绝”[③]。运河两岸商业都市兴盛，为其后的商业发展打下了良好基础。大运河连通了中华大地的几大水系，形成水运兴盛的空前景象，“且如天下诸津，舟航所聚，旁通巴汉。前指闽越，七泽十薮，三江五湖，控引河洛，兼包淮海，弘舸巨舰，千舳万艘，交贸往还，昧旦永日”[④]。南北经济文化交往交流交融加速。

① 《唐贞观年间西州高昌县手实二》有某户“应受田六十一亩”的记载，这一数额符合唐《田令》关于“狭乡”地区“一丁男”或“一中男”（18 岁以上）的受田规定。

② 吐鲁番出土唐代户籍文书中，既注明了户内人口及其年龄，也注明了户内家庭成员所处的“黄小中丁老”年状、户内人口的身份和健康状况，以及“课户见输”“课户不输”等输纳课役的情况。吐鲁番地区作为“狭乡”，执行“狭乡”标准，即每丁给田基准额是六亩永业田，租税数额是六斗。

③ 刘昫等：《旧唐书》卷六七《李勣传》，中华书局 1975 年版，第 2483 页。

④ 刘昫等：《旧唐书》卷九四《崔融传》，中华书局 1975 年版，第 2998 页。

在北方，“以木桶相连，汲于井中”[①]的水车已经开始应用于农田灌溉。南方鱼米桑茶的水乡文化传入了北方和中原。北方草原游牧文化也对中原和南方产生了影响。原因在于，中原的农业手工业生产与北方的畜牧业有着强烈的互补性。中原稳定地产出粮食、布帛、茶叶以及各种手工业制品，但不适合大规模养马；草原则主要以牲畜产品为主。中原因军事、国家邮驿系统和民间交通的需要，使马匹成为农耕社会与游牧社会之间极为重要的交换商品。唐朝与回纥进行了大规模的绢马贸易。自乾元（758—760）之后，回纥“屡遣使以马和市（指官府向百姓议价购买货物）缯帛，仍岁来市，以马一匹易绢四十匹，动至数万马”[②]。尽管大规模的绢马贸易给唐朝国家财政带来负担，却维护了唐、回纥、吐蕃三者关系的稳定以及北部边疆和平。除绢、马之外，茶也是各族人民交易的重要商品。唐代茶叶生产已经有了相当规模。饮茶之风盛行，可见陆羽撰写的《茶经》。《新唐书·陆羽传》载：“时回纥入朝，始驱马市茶。”[③]五代时期，南唐曾与契丹进行过大规模贸易，938 年，契丹“别持羊三万口、马二百匹来鬻，以其价市罗、纨、茶、药”[④]。今四川地区的前蜀也在汶、黎、维、茂等多州购买吐蕃等部的蕃马。蜀中的茶饼还广销党项夏州（今陕西靖边县一带）等地，受到各族人民喜爱。

隋唐时期，周边政权通过朝贡贸易加强与中原政权的经济联系。唐朝时期，各族使者、商贾前往长安朝贡贸易者络绎不绝，深化了游牧经济与中原农耕经济的互融（图 7-7）。全国经济贸易网络随之开拓，陆路与水路贸易并盛，隋唐社会经济一体化趋势大大增强。

二、参天可汗大道

646 年，唐太宗北上举行了规模宏大的“灵州盛会”，会见了敕勒诸部首领及使者。唐太宗的真诚之举促使漠北各部主动内附，它们以能受到唐太宗册封为荣。灵州大会上，西北番邦请求尊奉唐太宗为“天可汗”，以表对唐太宗的尊称和拥戴。这表明中原王朝与北方游牧族群诸部在血缘、地缘、政治、经济以及文化上进一步交往交流交融，有助于中华民族多元一体格局的进一步发展。

① 李昉等编：《太平广记》卷二五〇《诙谐》，“邓玄挺”条，中华书局 1961 年版，第 1936 页。

② 刘昫等：《旧唐书》卷一九五《回纥传》，中华书局 1975 年版，第 5207 页。

③ 欧阳修、宋祁：《新唐书》卷一九六《陆羽传》，中华书局 1975 年版，第 5612 页。

④ 吴任臣：《十国春秋》卷一五《南唐·烈祖本纪》，徐敏霞、周莹点校，中华书局 2010 年版，第 191 页。

图 7-7　唐陶骆驼载乐舞三彩俑

此件三彩俑表现的是流行于唐代开元（713—741）、天宝（742—756）时期的“胡部新声”，即胡汉文化融合后的新舞乐。骆驼和乐舞俑独立塑成，然后组装，复杂又严谨。唐代陶骆驼载乐舞三彩俑既是唐代文化艺术、制作工艺发达昌盛的重要物证，也见证了丝绸之路上的交流与融合。

“参天可汗道”是由回纥等草原族群主动要求开辟的。“天可汗”制度是一个以唐朝为中心，以中央集权制为支撑，覆盖周边诸族、藩属与邻国的天下体系，实现了农耕文化与游牧文化的政治整合与社会交融，融华夷为一家，进而将整个东亚世界塑造为中华文化圈。“天可汗”不仅是一种称号，更是一种实实在在的治理秩序，是唐朝统领四海万邦的重要象征。唐朝皇帝通过册封、藩国入质、入覲、朝贡等方式实现对周边藩属政权的间接统治与羁縻控制。藩属与朝贡国的君主即位，必须得到“天可汗”的认可。

在这条道路上，唐朝共设置 68 个驿站，各驿站配备马匹和食物，方便驿使高效通往。《新唐书 · 地理志》明确记载了唐朝通往回鹘的若干线路：“中受降城正北如东八十里，有呼延谷，谷南口有呼延栅，谷北口有归唐栅，车道也，入回鹘使所经。又五百里至鸊鹈泉，又十里入碛，经麚鹿山、鹿耳山、错甲山，八百里至山燕子井。又西北经密粟山、达旦泊、野马泊、可汗泉、横岭、绵泉、镜泊，七百里至回鹘衙帐。”另外一条线路：“自鸊鹈泉北经公主城、眉间城、怛罗思山、赤崖、盐泊、浑义河、炉门山、木烛岭，千五百里亦至回鹘衙帐。”[①] 由此，位于今内蒙古草原北部的回纥（788 年改称回鹘）等族群能够直达长安协商采买，也可以前往唐朝在河西地区和边地设立的马市直接交易。

7 世纪初，居住在娑陵水侧的回纥联合仆固、同罗、拔野古等部族，摆脱突厥统治，逐渐强大起来。646 年，回纥部首领吐迷度自称可汗，接受唐朝的管辖。唐在漠北设瀚海都护府，并将漠北诸游牧部落分置为六府、七州，受燕然都护府管辖。744 年，回纥部首领骨力裴罗自立为可汗，后又受唐朝册封为怀仁可汗，建立漠北回纥汗国。840 年前后，回鹘可汗被黠戛斯所杀，汗国瓦解，诸部离散，其中一部分南下降唐，其余西迁。西迁的一支到达河西走廊一带，称河西回鹘，又名甘州回鹘，后来与河西的族群相融合，发展成为今天的裕固族。西迁回鹘的主体则建立起了以高昌（今新疆吐鲁番）为中心，东抵伊州（今新疆哈密）、西至龟兹（今新疆库车）、南达于阗（今新疆塔里木盆地一带）、北越天山的西州回鹘政权。他们就是今天维吾尔族的先祖。

三、丝路贸易

唐代经济的繁荣，赢得了整个东亚社会的关注。在唐朝近三个世纪的统治中，绝大部分亚洲国家都曾遣使入唐（图 7-8）。

图 7-8 唐章怀太子李贤墓壁画《客使图》

《客使图》描绘的是唐朝的外交机构——鸿胪寺官员接待外国使节的场景。该画具有极高的史料价值，表现出高超的艺术水准和写实的绘画风格，是研究唐代艺术、文化、外交及周边地区人种、文化、习俗等方面的重要材料。

① 欧阳修、宋祁：《新唐书》卷四三《地理志》，中华书局 1975 年版，第 1148 页。

随着不同地区间经济贸易往来互动，边疆地区逐步形成诸多贸易点，如东北的幽州（今北京、河北一带），西北的凉州（今甘肃武威）、沙州（今甘肃敦煌）、西州（今新疆吐鲁番），西南的益州（今四川成都）等，均是连接中原与周边地区经济的重要枢纽。从“点状”贸易到多条商路的“线形”延伸，四通八达、纵横交错的道路网勾勒出隋唐丝绸之路的基本格局。在各族互动交往中，这些交通线路以中原腹地为中心，是唐朝与外部世界物质、文化、信息交流及传输的经脉。

在陆上丝绸之路通往中西亚的干道上，沙州、伊州、西州、北庭（今新疆吉木萨尔）、轮台（今新疆轮台）、弓月城（今新疆霍城西北）、碎叶（今吉尔吉斯斯坦托克马克）等成为主要贸易聚点。伊吾道、阳关道、莫贺延碛道、青海道等路线上，伴随边疆诸族的归附，远慕华风而奔赴者不可胜计。

在西南地区有五尺道和旄牛道[①]，它们蜿蜒于西南的崇山峻岭之间，以蜀地的中心益州为起点，一东一西南下经云贵高原出缅甸、抵印度。汉唐以来，朝廷数次疏通与修筑、维护，动员巴蜀之民拓展了原有的民间路径，还开通千里官道。随着丝路的通行，僰、滇、巂、夜郎、濮等西南族群更深地融入中华文化，学习和接受中原的生产技术、社会习俗。另外，唐朝还通过营州—渤海道连通东北各部，进而通往新罗、日本。

大运河的开凿不仅推动了南方社会经济发展，也促进了海上丝绸之路的兴起。唐代海上丝路以东海和南海航线为主。东海航线主要连通东亚诸国。隋唐时期，日本多次派出使节团、留学生、留学僧等，均是从海路进入中国。南海航线主要是从广州出发，经南海、马六甲海峡、印度洋，抵达大食（今阿拉伯半岛）等地。伴随海路贸易的发展，岭南承接江南、西南、北方带来的货物、人力，并以优良的海港如广州港、泉州港、合浦港等，开展对外贸易，丝绸之路、瓷器之路、香料之路无不与之关联。

贯穿岭南的商路沿线出现大量僚市、马会，定期举行的通商活动，让当地的族群更多地接触和融入华风。各族商贾得到招徕与认可，移舟行船前来贸易，为海上丝路贸易注入活力。各族群的共同参与创造了岭南珍宝辐辏、商贾云集的新面貌；丝路贸易的繁荣也推进了南方诸族的社会进步与经济飞跃。

隋唐五代时期，丝路贸易形式多样。丝路贸易从来不是由一个国家或某一个

① 五尺道：成都—岷江—乐山—宜宾—昭通—曲靖—楚雄—腾冲—域外。旄牛道：成都—邛崃—横断山脉—雅安—西昌—大理—腾冲—域外。

族群单独完成的，中华民族的成员如突厥、回纥、吐蕃等都曾参与了丝路贸易，发挥过积极的作用。各族群通过丝路贸易拉近彼此距离，各区域间经济交流日益密切，呈现出“华夷共荣”的特征。

第三节　共享社会文化

隋唐五代是中国古代社会发展的鼎盛时期之一，社会文化高度发达，不同区域间社会经济文化交流频繁活跃。

一、兼爱夷夏

隋唐继承和发扬传统天下观与秦汉以来大一统思想。唐太宗曾说，“自古皆贵中华，贱夷、狄，朕独爱之如一，故其种落皆依朕如父母”[①]，明确表示要同等对待各族，中华民族的各群体没有高低贵贱之分。从南北朝到隋唐，是一个族群大交融刚刚完成而又继续深化的时期。在这种条件下，“非我族类，其心必异”的观念就大为淡薄，“严夷夏之防”的思想亦不严重。

唐太宗“爱之如一”的理念不仅被此后历任统治者不同程度地继承，也极大地深入了文人、士大夫心灵。他们普遍接受“兼爱华夷”的族群观，还提出了“以德化之”的思想。如韦凑以“何隔华戎，务均安靖”[②]观念反对穷兵黩武，倡导“兼爱夷夏”；狄仁杰任宁州刺史时“抚和戎夏，人得欢心”[③]；面对族群矛盾和战争，郑回以大一统思想为指导的策略积极协调沟通，努力化干戈为玉帛。有唐一代，“虽云异域，何殊一家”[④]已逐渐成为获得广泛认同的天下观。

随着边疆诸族融入程度的加深，“夷夏混齐”的观念深入人心。至五代时期，中原对胡人保持着高度开放包容的态度，胡人政权可被视为“正统”。对于沙陀建立的后唐、后晋、后汉政权，汉人士族群体都予以认同且参与其政权建设。

隋末至五代，不同族群内聚中原，相互交织在一起，共同构成多元族群交错居住的局面。早在隋朝，突厥民众就有迁往河套地区者。唐朝开明的政策，吸纳

① 司马光：《资治通鉴》卷一九八，唐太宗贞观二十一年五月庚辰，中华书局1956年版，第6247页。

② 刘昫等：《旧唐书》卷一〇三《郭虔瓘传》，中华书局1975年版，第3188—3189页。

③ 刘昫等：《旧唐书》卷八九《狄仁杰传》，中华书局1975年版，第2887页。

④ 张九龄：《张九龄集校注》卷一一《敕突厥苾伽可汗书》，熊飞校注，中华书局2008年版，第625—626页。

周边不少族群纷纷内迁。据统计，仅唐太宗贞观四年（630），内迁的民众就达到120万人。[①]武周时期，吐谷浑先后内附千余帐，十余万人散置于凉、甘、肃、瓜、沙等州（今甘肃一带）。开元年间，铁勒部众南迁万余帐。唐时在河西一带，黠戛斯、回鹘以及西域诸族均有内附者。此外，党项、吐蕃、靺鞨、奚以及朝鲜半岛族群进入中原者，数量庞大。

隋唐社会以开放的胸襟对待不同的族群，不仅有上流阶层的“杂有胡族血胤”[②]，还有基层社会的“夷夏混居”。在我国现存的最早、最完整的法典《唐律疏议》中，明确规定，不禁异族通婚，其结果是各族群通婚现象十分普遍。而且受北方草原族群风俗文化的影响，唐代女性地位较高，唐律有对女性可以主动提出离婚的规定，也有对妇女再嫁的规定。

在唐朝直接管辖区内，边疆族群人口比例空前上升。唐前期治下人口最多时，东西突厥、吐蕃、党项、靺鞨、高句丽等族群均入居中原。太宗贞观十三年（639），关内、河南、河东、河北、陇右北方五道人口约500万，其中边疆族群移民约占1/7；玄宗天宝十四载（755），周边族群移民及其后裔约占北方人口的1/6。

各族群迁徙往来促进了社会经济交流。唐都长安是当时世界上最大的国际化城市之一（图7-9、图7-10），西域胡人寓居长安者众多，代宗时期四夷使者及四方奏记“常有数百人，并部曲、畜产动以千计”[③]。除长安之外，其他地方也有类似情形。7世纪前半叶，昭武九姓(康、安、石、曹、史、罗、何、米、贺)在沙州建立起粟特人聚落——从化乡。据敦煌文书推算，8世纪中期，该乡约有284户，人数达1400余人，他们长居于此，以大唐为家。[④]以长安县人史婆陁为例，据敦煌文书P.3813号《康莫鼻告言史婆陁违法式事判文》记载，他是一位昭武九姓胡商人，定居长安，获得骁骑尉之勋官，拥有大唐子民的待遇。部分边疆诸族的商人进一步南下，贸易于东南地区，如扬州、洪州（今江西南昌）、广州等城市，不少人在当地娶妻生子、安家。

---

① 杜佑：《通典》卷七《食货·历代盛衰户口》，王文锦等点校，中华书局1988年版，第148页。

② 陈寅恪：《隋唐制度渊源略论稿·统治阶级之氏族及其升降》，生活·读书·新知三联书店2009年版，第183页。

③ 司马光：《资治通鉴》卷二二五，唐代宗大历十四年七月，中华书局1956年版，第7264页。

④ [日]池田温：《八世纪中叶敦煌的粟特人聚落》，《唐研究论文集》，中国社会科学出版社1999年版，第3—67页。

图 7-9　何家村唐代窖藏出土镶金兽首玛瑙杯

陕西西安何家村唐代窖藏所出镶金兽首玛瑙杯造型特征来自西方，希腊人称为“来通”。其产地目前尚在讨论，或认为来自西方，或认为出自唐工匠仿制。总之，这是一件研究唐代社会中外交流的珍贵文物。

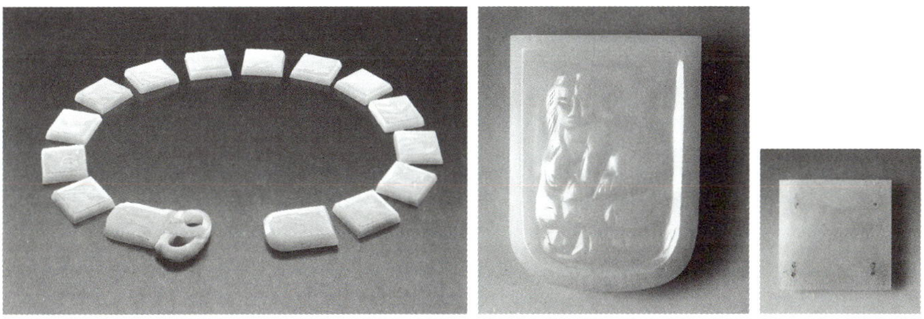

图 7-10　何家村唐代窖藏出土狮纹白玉带銙

狮子是魏晋南北朝至隋唐时期常见的艺术题材。狮子产于非洲和西亚，唐朝狮子多由西域朝贡而来。狮纹白玉带銙以于阗美玉雕刻而成，玉质温润洁白，其上雕刻的狮子纹，与胡人献宝、胡人伎乐一样，带有浓郁的中亚色彩，是唐王朝对外交流的实证。

除原居边疆的族群迁入中原外，也有不少中原民众移往边疆。隋末大乱时，大量中原民众流入东突厥汗国，给当地带去了中原先进的生产技术。即使在社会动荡的五代十国时期，北方民众南迁也促进了南方社会经济发展。为了生存发展，“十国”大力发展经济建设，兴修水利，发展贸易。正如费孝通所言，“汉族同样充实了其他民族”“移入其他民族地区的汉人很多就和当地民族通婚，并且为了适应当地的社会生活和自然环境，也会在生活方式、风俗习惯等方面发生改变……我们过去对于历史上民族之间的互相渗透和融合研究得不够……其实所有的民族都是不断有人被其他民族所吸收，同时也不断吸收其他民族的人”[1]。

无论统治集团的身份构成，还是周边族群人口的占比及多族群聚居交融的情况，都充分说明了，隋唐时期不仅是族群交融共存的典范，更是中华文明包容性的典范。隋唐时期，族际通婚与族群迁徙频繁，族群的自由流动与和平共处、风俗习惯相互涵化，加速了边疆地区的文明进程，巩固了统一多民族国家的基础。

二、文化鼎盛

隋唐时期，族群间的交往交流交融深度和广度均超过了以往任何一个时期，凸显出胡汉互鉴、胡风浸染的文化特征。唐代实行兼容并包的宗教政策，充分吸收并融合各种宗教成分，宗教中国化进一步深入。舞蹈、音乐、服饰、绘画的互鉴，体现出各族文化深度的交融（图 7-11）。同时，中外文化交流空前活跃，催生了中国历史上的文化繁荣期，形成了覆盖东亚的中华文明圈与辐射东南亚、中亚、西亚的世界性文化体系。

图 7-11　何家村唐代窖藏出土舞马衔杯仿皮囊式银壶

此壶造型主要模仿北方游牧族群使用的皮囊壶。皮囊壶是契丹人墓葬中的常见器物，在唐长安城则非常少见。这件银壶应为金银匠为适应皇家贵族外出游猎活动，巧妙借鉴契丹人皮囊壶制作而成，也是唐代中原汉文化与北方契丹文化交流的物证。

唐开元时期，前来朝贡的蕃国多达 70 余个。有东亚的日本、朝鲜和东南亚地区的诸国，有地处今日中国边疆的各类区域政权，也有中亚、西亚乃至地中海

① 费孝通主编：《中华民族多元一体格局》，中央民族大学出版社 2018 年版，第 32—33 页。

地区的一些国家。唐朝实行开放的文化教育政策。与唐朝保持朝贡关系的政权通常将自己的宗室或豪酋子弟以“质子”等形式派往唐朝学习，进入太学和地方学校，如南诏派遣大臣子弟前往成都就学。[①] 学成归国的质子们将大唐制度文化带回本国，成为文化交流使者，很大程度上提高了本国文化水平，促进了本国制度改革。从唐太宗贞观时期到唐朝末年，新罗一直派遣贵族子弟入唐学习，学成归国后的质子和留学生有些直接进入朝堂，为本国政治文化发展发挥了重要作用。贞观二十二年（648），新罗王派遣金春秋及其子入唐。二人回国后，请求本国制度、服饰学习唐制。唐高宗永徽五年（654），金春秋登上新罗王位，随后便效仿唐朝制度建立起一套新罗自身的中央集权体制。

隋唐五代，在文化艺术上胡汉互鉴、交相辉映，外来宗教与本土宗教相得益彰，壁画、音乐曲、舞蹈等艺术异彩纷呈。于中原而言，“胡”并非专指某一边疆族群而是一种文化风尚的象征。此一时期，文化艺术上“胡风”甚浓。西域音乐、舞蹈对中原影响甚大，隋“九部乐”和唐“十部乐”均借鉴其成分。[②] 唐代在隋乐基础上，形成唐“十部乐”，即《燕乐伎》《清商伎》《西凉伎》《龟兹伎》《安国伎》《疏勒伎》《高昌伎》《康国伎》《天竺伎》《高丽（高句丽）伎》。唐代《霓裳羽衣曲》就是汉乐与胡乐相结合的产物，其曲吸收了印度《婆罗门曲》中的元素。在胡舞中，胡旋舞最为著名。胡旋舞源于中亚康国，魏晋以后由粟特人传入中国。与此同时，隋唐五代时期，绘画题材范围进一步扩大。著名画家阎立德、阎立本兄弟出自汉化的鲜卑一族，《文成公主降番图》《步辇图》《历代帝王图》等相传出于二人之手。另外，隋唐在石刻、雕塑方面也融合了西域风格，榆林窟、克孜尔石窟、龙门石窟中隋唐时期的作品均展现出胡汉交融的风貌。

服饰方面，隋唐上承魏晋风貌，下启多族群交融风气。隋唐时期，中原地区胡装盛行，如羃䍦、帷帽、翻领窄袖袍等，出现在隋唐绘画及诸多壁画中。同时，中原服饰文化也影响着其他族群。高句丽、渤海、契丹、回纥、高昌、焉耆、龟兹、于阗、吐谷浑、党项、吐蕃、南诏等的服饰，皆有仿效中原的风格。比如，据《旧唐书·回纥传》记载，回纥毗伽可汗的服饰就是头戴胡帽，身着赭黄袍，赭黄

① 欧阳修、宋祁：《新唐书》卷二二二《南诏传》，中华书局1975年版，第6276页。

② 《隋书·音乐志》载：“始开皇初定令，置《七部乐》：一曰《国伎》，二曰《清商伎》，三曰《高丽伎》，四曰《天竺伎》，五曰《安国伎》，六曰《龟兹伎》，七曰《文康伎》。又杂有疏勒、扶南、康国、百济、突厥、新罗、倭国等伎。……及大业中，炀帝乃定《清乐》《西凉》《龟兹》《天竺》《康国》《疏勒》《安国》《高丽》《礼毕》，以为《九部》。”

袍显然是汉人服饰。敦煌莫高窟第409窟东壁门两侧所绘供养人像，其服饰显示出中原服饰与胡服的交融（图7-12）。相较汉人衣装，回鹘衣冠拥有纹饰绮丽、冠服华美的特点，特别是耳饰和颈饰样式非常独特，深受唐朝社会上层女子的喜爱，此风一直延续至五代，五代后蜀花蕊夫人就有“回鹘衣装回鹘马”[①]的诗句。

图7-12　敦煌莫高窟第409窟东壁门北回鹘王、王妃礼佛供养像

莫高窟第409窟开凿于五代时期，回鹘时期和清代重修过。这几身供养人像头戴回鹘冠，身着回鹘装，尤其是男性供养者身穿团龙纹长袍，并由侍从为其捧着象征权力的权杖、双龙纹扇等，应是回鹘王无疑。

唐诗是中华民族历史上最珍贵的文化遗产之一，唐朝恢宏的气度与丰富的族群文化扩展了唐诗的题材、境界、气象与意蕴。高适的《营州歌》“营州少年厌原野，皮裘蒙茸猎城下。虏酒千钟不醉人，胡儿十岁能骑马”[②]，写出了边塞地区的独特风俗；刘禹锡的《竹枝词》借助巴渝地区民歌的曲调与格调，细腻刻画了巴人的生活风情与其地自然风光：“杨柳青青江水平，闻郎江上唱歌声。东边日出西边雨，道是无晴却有晴”[③]。相传出生于唐朝安西重镇碎叶城的李白热情讴歌长安浸染胡风的酒肆生活：“五陵年少金市东，银鞍白马度春风。落花踏尽游何处，笑入胡姬酒肆中”[④]，将引人神往的胡姬风情藏于句中。可以说，盛唐的魅力在于兼收并蓄和团结统一，文化的互鉴融通经历长时段的积淀，形成典范，是国家强大文化自

① 彭定求等编：《全唐诗》卷七九八《宫词》，中华书局1960年版，第8978页。

② 高适：《高适诗集编年笺注》，刘开扬笺注，中华书局1981年版，第32页。

③ 刘禹锡：《刘禹锡集》卷二七《乐府》，中华书局1990年版，第364页。

④ 李白：《李太白全集》卷六《少年行二首》其二，王琦注，中华书局1977年版，第342页。

信的来源。

隋唐五代继承北朝以来以儒为本，道、释为辅的文化政策，表现出兼容并包的气度和博采众长的气魄。隋唐时期，长安寺庙林立，高僧云集，成为全国佛教中心，绽放出佛教中国化的花朵。此期形成天台宗、法相宗、华严宗、禅宗、净土宗、律宗等各宗派。作为一个中国化的佛教宗派，禅宗深刻影响了宋明理学，特别是陆王心学。此外，祆教、景教、伊斯兰教、摩尼教等也逐渐兴盛，并都尝试与中土主流文化相结合。如景教融合了佛道经典道义，接受儒家尊君思想，在大秦景教流行中国碑（图 7-13）碑文中，对唐朝太宗、高宗、玄宗、肃宗等皇帝歌功颂德。

图 7-13 大秦景教流行中国碑

大秦景教流行中国碑，于唐建中二年（781）立于长安大秦寺中，波斯传教士景净撰文，吕秀岩书刻并题额。碑文记载了景教（基督教聂斯托利派）在唐代贞观年间传入中国及之后 100 多年流传中土的情况。此碑是中西文化交流及早期基督教传入中国的最早见证物。

三、唐蕃互动

唐朝“和同为一家”和“大一统”的理念，使汉人与周边诸族携手开拓疆域。7 世纪初，松赞干布建立了统一的吐蕃政权。贞观八年（634），吐蕃首次“遣使者来朝，帝遣行人冯德遐下书临抚”[①]，唐蕃正式交往。在此之后 200 多年的时间里，虽然唐蕃关系存在和亲、会盟、毁盟、争战、再会盟等多种状态，但和亲会盟、舅甥友好是历史主流。

① 欧阳修、宋祁：《新唐书》卷二一六《吐蕃传》，中华书局 1975 年版，第 6073 页。

贞观十五年（641），松赞干布派遣使团前来长安迎娶文成公主。据藏文史书《西藏王统记》和《贤者喜宴》，迎亲过程中唐太宗曾对各族请求婚约的使者进行有趣的“才智测试”，留下了“五试婚使”“六试婚使”的故事。中国古代传世名画之一的《步辇图》，是一幅以唐太宗接见使臣禄东赞为主题，表现汉藏人民亲和、友好的历史画卷（图 7-14）。

图 7-14　唐阎立本《步辇图》

《步辇图》反映贞观十五年（641）春天，松赞干布派相国禄东赞到长安来迎接文成公主的重大历史事件。文成公主与松赞干布的和亲对于促进吐蕃经济、文化的发展起到了重要的作用。阎立本以此为题，绘制了这幅歌颂古代汉藏民族友好交往的作品。

作为第一位把中原文化传递到青藏高原的和亲公主，文成公主受到当地民众的崇敬和爱戴。直到清代，藏文史料在提到文成公主入藏时，还描述她带去了“书典三百又六卷”“术数书三百卷”“觉阿佛像”“工艺六十法”“四百又四医方”“诸种造食器皿”以及“锦绫与诸色衣料二万疋”等。相传由她带到拉萨的“觉阿佛像”是一尊释迦牟尼 12 岁等身像，至今仍供奉在大昭寺。文成公主入藏后，松赞干布以身示范，改变风俗——停止赭面，换下皮毛质的衣服，穿上丝绸制品，还主动向唐朝学习先进生产技术和儒家经典，请求朝廷赠予蚕种，希望中原养蚕、酿酒以及制造碾、石磨、纸墨的工匠来吐蕃传授技艺。

开元之后，吐蕃赞普对唐朝皇帝曾以“外甥”自称。如尺带珠丹赞普曾上书玄宗：“外甥是先皇帝舅宿亲，又蒙降金城公主，遂和同为一家，天下百姓，普皆安乐。”[1] 长庆元年（821），唐朝和吐蕃双方派使节，先在唐朝京师长安盟誓，次年又在吐蕃逻些（今西藏拉萨）重盟，后将盟文刻石立碑，用汉藏两种文字对照书

① 刘昫等：《旧唐书》卷一九六《吐蕃传》，中华书局 1975 年版，第 5231 页。

写，竖立于大昭寺门前。这就是历史上著名的甥舅和盟碑，又称唐蕃会盟碑、长庆会盟碑，是汉藏团结友好的历史见证。

四、西域新发展

唐朝时期，西域生活着汉人、回纥人、吐蕃人、突厥人、于阗人、粟特人等众多族群。隋唐中央政府延续了西汉以来用于管理西域的都护制，并将其进一步发展完善。640 年，唐朝统一高昌以后，在高昌的交河城设置了安西都护府①，开启了中央政权对西域治理更加完备的时代。648 年，唐朝平定龟兹，658 年，将安西都护府迁至龟兹，升格为安西大都护府，主管约今天山以南直至葱岭以西、阿姆河流域等地区的军事行政事务。702 年，武则天为了进一步巩固西北边疆，在庭州（今新疆吉木萨尔）设立了北庭都护府，管辖约今天山以北包括阿尔泰山和巴尔喀什湖以西的广大地区。北庭都护府与安西大都护府一北一南，分管天山南北地区，成为唐朝在西域的两个政治军事中心。

当时，这两个政治军事中心是整个西域最为繁盛热闹的地方。安西大都护府主要是守护丝绸之路中道和南道，在龟兹、于阗、疏勒和焉耆设军事建制，史称“安西四镇”。北庭都护府则沿丝绸之路北道驻兵屯田，维护边疆。这两个都护府既是行政管理机构，又是军事指挥机关。唐朝在西域的军制，是在大都护府下设有军、守捉、城、镇、烽戍等一套等级分明的军事管理系统。

以新疆尉犁克亚克库都克烽燧（图 7−15）为例，这是一座深藏于塔克拉玛干沙漠边缘无人区的烽燧，属于唐朝焉耆镇管辖。它经由 2019 年至 2021 年的主动性考古挖掘引起世人的关注。克亚克库都克烽燧是唐代中央政权根据西域军事形势的变化，在“楼兰路”沿途修筑的军事预警设施，学者推测其始筑于武周长寿元年（692）王孝杰收复“安西四镇”后不久，在唐贞元六年（790）吐蕃攻占北庭前后废弃，大致沿用了近 100 年。883 件尘封的文书记录下 1200 多年前唐朝军人共同守卫边疆的故事：“烽帅”如何率领“烽子”日常巡查、燃放烽火、看守仓库、照顾战马、修葺防御设施、管理军粮；士兵们遇到过怎样的威胁、刺探，并

① 交河故城遗址在新疆吐鲁番以西的雅尔乃孜沟，它曾是“西域三十六国”之一车师国的都城，是安西都护府的治所。东晋十六国时期，前凉在吐鲁番设立高昌郡，将郡县制管理模式推广到西域地区，唐代交河域成为高昌郡下设郡县之一。随着丝绸之路贸易活动的兴盛，儒学、道教等中华传统文化及剪纸、饺子等中原民俗、食品在吐鲁番盆地盛行。在交河沟西墓地出土的粟特人康延愿的墓志铭文记载，其先出自中华，迁播于交河郡，表明他完全视自己为中华民族的一分子。交河故城遗址无疑是中华文化多元一体格局的例证。

通过军功获得荣勋。戍边老兵的书信保留至今（信中有言："娘子不须忧愁，收拾麦羊，勿使堕落"[①]）。无论是来自西北和西部沙州、河州的边疆族群，还是来自雍州、岐州、豳州乃至中原腹心之地，将士们都以唐人自居。

图 7-15　克亚克库都克烽燧

克亚克库都克烽燧是我国首次对唐代烽燧遗址进行主动性考古发掘的项目。考古工作者累计发掘、清理出土各类遗物 1500 余件（组），其中有 883 件文书。这是目前我国烽燧遗址考古出土数量最多的一批唐代文书资料，内容包罗万象，涉及军事、政治、经济、文化、法律、交通、社会生活、宗教信仰等方面，大至典章制度、重大历史事件和历史人物的活动，小到私人生活的琐事，均有记录。

吐鲁番文书中保存着大量唐代在西域的郡县制材料，展现出户籍制度在该地区的施行。640 年唐朝重新统一西域后在西州（今新疆吐鲁番东南）、伊州、庭州实行了同中原地区一样的州、县、乡、里制度。这些州县的官吏都由唐朝中央政府直接任命，各地在政治、经济、文化等方面与中原基本相似。

唐朝凭借强大的国力，在西域实行了一系列的经济政策来进一步推动社会经济的发展。在农业方面，进行大规模的荒地开垦和农田水利灌溉工程建设。在赋税政策方面，实行了"租庸调制"；在商贸管理方面，主要是通过管理"互市"来实行的，唐朝专门设立管理互市的"互市监"，诸互市监总隶少府寺，组织机构完备。中原与西域的官方和民间贸易日益频繁。

① 胡兴军：《新疆尉犁县克亚克库都克烽燧遗址唐代戍边生活的考古学研究》，《中华民族共同体研究》2023 年第 4 期。

高昌地区作为西域与中原地区之间的交通要道，自汉代开始就是战略要地。唐朝时期的高昌，共分为三个阶段：麹氏高昌王国时期（618—640）、西州（640年唐朝所设立，管辖区相当于今日新疆吐鲁番和托克逊、鄯善等地）时期、高昌回鹘王国（840年以后，回鹘西迁，在西州建立）时期。无论哪个时期，中原与边疆的交往交流交融是主流，高昌地区的刑法、风俗、婚姻、丧葬，与华夏多同；“有《毛诗》《论语》《孝经》，置学官弟子，以相教授”[①]。在宗教和文化上，9世纪下半叶的高昌回鹘王国时期，上层统治者主要崇奉佛教，兼信摩尼教，创造了高度发达的佛教文化艺术。回鹘佛教受汉传佛教影响，已刊布的回鹘文佛教文献中译自汉文的大乘经典有《金光明经》《观身心经》《妙法莲华经》等。回鹘人已经进入儒释道文化圈。

唐朝时期，汉文在西域已成为一种盛行的语言文字。新疆地区出土了大量官府文牒、户籍文书、契约文书、启蒙读物等，许多都是用汉文书写而成。唐诗人岑参写道：“花门将军善胡歌，叶河蕃王能汉语。”[②]《论语》已成为西域地区官、私塾学生的必修课。考古资料里保存着生动案例：阿斯塔那363号墓出土的唐代纸质残卷显示，景龙四年（710）西州12岁学童卜天寿，不仅抄写了《论语》，还创作诗歌写下自己的心声：“写书今日了，先生莫咸（嫌）池（迟）。明朝是贾（假）日，早放学生归。”（图7-16）

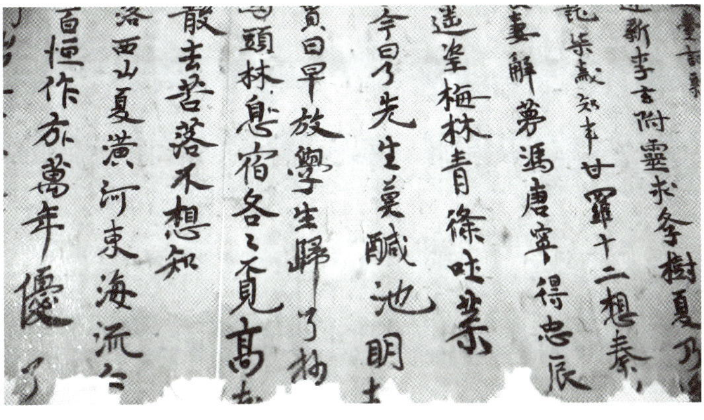

图7-16　唐景龙四年（710）卜天寿《论语》抄本

这件文书1969年出土于阿斯塔那古墓363号墓，长538厘米，宽27厘米，为唐景龙四年“西州高昌县宁昌乡厚风里”年仅12岁的学生卜天寿所书写，内容为《论语》《三台词》《千字文》和其他诗句等。

① 令狐德棻等：《周书》卷五〇《高昌传》，中华书局1971年版，第915页。

② 岑参：《与独孤渐道长别长句兼呈严八侍御》，廖立笺注，中华书局2004年版，第347页。

据出土文献和考古研究，唐代西域地区已经有儒家经典流通，而且十分流行。新疆地区出土的大量《诗经》《尚书》《论语》《孝经》《礼记》等写本残卷，即为明证。更为重要的是，唐朝政府非常重视儒学教育，在西域设立与中原地区相同的州学、县学、乡学等教育机构，教授儒家经典，并使用启蒙课本《千字文》《开蒙要训》等，教育水平不亚于中原地区。伊州、西州、庭州等地的学子还可以参加朝廷科举取士。新疆地区考古还发现大量魏晋南北朝后期至隋唐时期融合汉、胡两种风格的伏羲女娲图，说明新疆地区的各族群在文化认同上与中原地区达到了深度统一。

五、冲突与融合

自北朝起，突厥几乎一直觊觎中原。隋唐多位君主不得不提防来自北部的巨大威胁。李渊、李世民都试图和突厥修好。贞观初，突厥发生内部争斗与连年天灾，唐朝出兵东突厥。东突厥降将归唐后，太宗对留在长安的突厥将领加封升迁，五品以上者达百余人。[①] 其后，受西突厥控制的西域诸国纷纷开始与唐交往，但西突厥与唐王朝之间一直冲突不断，直至高宗年间苏定方俘虏西突厥可汗贺鲁，西突厥汗国灭亡，西域随之纳入唐王朝掌握之中。

契丹作为东北辽河流域的势力较强的部落，与唐朝之间既有朝贡和贸易，也有战争和掳掠。贞观初年，契丹归附唐王朝，唐置松漠都督府。武周时期，契丹因不满营州都督赵文翙的压迫而掀起“营州之乱”。唐玄宗时，契丹时而依附后突厥，时而依附唐，这种关系一直维持到唐灭亡。但契丹的制度与文化一直深受唐朝的影响，很多契丹人在唐朝效力而获得功勋。如平定安史之乱的中兴名臣李光弼就是契丹人，其父李楷洛是降唐的契丹人。他们之所以姓李，是因为降附唐朝而被赐国姓。契丹人原本信仰原始巫教，因受唐朝佛教文化影响，辽太祖耶律阿保机开始接受佛教，在龙化州（今内蒙古通辽科尔沁）“始建开教寺”[②]。此外，契丹音乐在唐朝宫廷音乐文化的陶染下形成特有的“宗唐”现象。《辽史》中记载契丹的乐曲分为国乐、雅乐、大乐、散乐、铙歌、横吹乐，明显受到唐代音乐文化的影响。

在东北方向先后有高句丽、渤海国等边疆政权。二者的统治区域虽有部分重合，高句丽范围主要在今中国辽宁东部、吉林省东南部与朝鲜半岛北部，渤海国范围主要在中国东北地区、朝鲜半岛东北及今俄罗斯远东地区一部分，但其核心

① 刘昫等:《旧唐书》卷一九四《突厥传》，中华书局 1975 年版，第 5163 页。

② 脱脱等:《辽史》卷一《太祖本纪》，中华书局 1974 年版，第 2 页。

统治区域不重叠。[①] 他们均行汉文汉字，接受历代中央王朝册封。考古发现，魏晋以来高句丽墓葬中的壁画多保存有青龙、白虎、朱雀、玄武及伏羲女娲等鲜明中华文化印记。隋炀帝、唐太宗都曾亲征高句丽。唐朝在总章元年（668）统一高句丽，设立安东都护府，分其境为九都督府、四十二州、一百县。高句丽王室、贵族及数十万百姓被迁入中原各地，以多种途径与各地族群融合。高句丽灭亡后，粟末靺鞨首领大祚荣于 698 年在东牟山（一说今吉林敦化，一说今吉林延吉）自封为王，建立震国。713 年，大祚荣被唐玄宗册封为“渤海郡王”，762 年，唐诏令升格为国，史称渤海国。渤海国以靺鞨人为主体，也有汉人、契丹人、高句丽人等。926 年，渤海国为契丹所灭。918 年，王建在朝鲜半岛建立以新罗人为主体的高丽王朝（又称王氏高丽），虽然也简称“高丽”，但与此前的高句丽政权（又称高氏高丽）及唐朝藩属渤海国并无继承关系。

唐高宗时期，吐蕃攻灭唐朝属国吐谷浑，之后又大举进攻唐朝，并控制今青海西部。高宗及武周时期，唐朝和吐蕃互有胜负，安西四镇曾三失三复。安史之乱后，吐蕃乘机占领河西走廊，切断唐王朝与西域之间的联系。其后，唐和吐蕃发生多次战争，直到 821 年举行“长庆会盟”才进入和平阶段，并持续到大中年间（847—860）吐蕃解体。在这期间，唐蕃文化交融程度得到极大提升。如赤松德赞墓碑上的龙、蛇图案，受到中原神话题材影响，陵前的石狮、龟形碑座就是中原墓葬文化的反映，墓葬中的冥器及辟邪石刻动物很明显受中原丧葬文化影响。还有狮子印章，如法藏敦煌古藏文卷子 P.T.1083 号上“大节度衙敕令之印”，印文由带翅蹲狮图像和藏文组成。也有印有狮子的织锦、军旗、金银器等。大昭寺殿堂的多层斗拱与中原早期斗拱类似，小昭寺汉式大屋与中原屋宇形式一样。藏历就是在藏人古老历法基础上，经吐蕃时期对中原历法知识（如阴阳五行、天干地支等）加以吸收，不断充实完善。823 年唐蕃会盟碑还效仿汉历年号用了“大蕃彝泰七年”的说法。同时，汉藏两地佛教文化交融密切。大量汉僧入蕃传法译经，吐蕃僧人到长安学经求法，并出现了译经高潮；且吐蕃社会出现了修习禅宗的风气。

南诏原为洱海地区六个实力较强的小国之一，开元二十六年（738），在唐王朝的支持下，南诏合六诏为一，统一洱海地区。后势力日盛，常与吐蕃相为表里

① 高句丽初期都城在今辽宁省桓仁，3 年迁至今吉林省集安，427 年再迁至朝鲜半岛平壤；渤海国都城 742 年迁至今吉林省和龙，755 年迁至今黑龙江省宁安，785 年再迁至今吉林省珲春，794 年复迁至黑龙江省宁安。

进扰西南。安史之乱后，南诏借机夺得今云贵高原大部分地区。由于长期与唐朝交战，南诏“屡覆众，国耗虚”，甚至到了征15岁以下的男子为兵、让妇女代替男子耕种并将收获充入军饷的地步。南诏王阁罗凤深知虽与中央一时交恶，但唐诏交好是人心所向与历史趋势。为此，他在太和城外立起了德化碑，表达自己迫不得已作战的心情：“我上世世奉中国，累封赏，后嗣容归之。若唐使者至，可指碑澡祓吾罪也。”[1] 德化碑还记叙了南诏的历史和政绩，展现南诏统治者已经接纳并采取了儒家的政治伦理（图7-17）。南诏政权还效仿唐朝官制，设立节度使，其中宁北、镇西、开南和拓东四节度使犹如唐之安北、安西、安南和安东都护府之名。贞元九年（793），南诏王异牟寻派出使团前往长安朝见唐德宗，表达归附中央的决心和诚意。唐德宗接见使臣并赏赐厚礼，答应与南诏会盟。于是，双方在羊苴咩城（今云南大理）举行会盟。次年，异牟寻与唐朝使臣崔佐时在点苍山上的神祠，立下“誓为汉臣”“永无离贰”[2] 的誓词。

图7-17 南诏德化碑碑阴拓片

南诏德化碑现存大理市太和村的太和城遗址内，即当年南诏都城太和城的国门外。碑立于唐大历元年（766），有“云南第一大碑”之誉。碑文记载南诏深受儒家忠孝伦理与德治文化的影响：“修文习武，官设百司，列尊叙卑，位分九等。阐三教，宾四门。阴阳序而日月不僭，赏罚

① 欧阳修、宋祁：《新唐书》卷二二二《南诏传》，中华书局1975年版，第6271页。

② 董诰等：《全唐文》卷九九九《与中国誓文》，中华书局1983年版，第10346页。

明而奸邪屏迹。通三才而制礼，用六府以经邦。”德化碑碑文说阁罗凤“不读非圣之书”。德化碑碑文儒雅流畅的文字和富丽的辞藻就是其深受中原文化影响最好的例证。

第四节　唐中晚期的政治文化发展

发生于755年至763年的安史之乱是唐朝由盛转衰的转折点。正如陈寅恪所说：“唐代之史可分前后两期，前期结束南北朝相承之旧格局，后期开启赵宋以降之新局面，关于政治社会经济者如此，关于文化学术者亦莫不如此。”[①] 安史之乱后，唐朝包容开放的“天下观”有所收缩内敛。这对此后中国宋代思想文化产生了影响。然而，盛唐的恢宏气象与灿烂文化所造就的盛世记忆却难以磨灭，成为文化基因，融入周边族群的血液之中，其流风余韵继续在周边族群散播、发挥影响。周边族群继续沿用唐朝的制度、语言文字与风俗文化，使盛唐文明在边疆地区深入扎根，为辽宋夏金时期边疆地区中华文化的深度发展与族群交融打下坚实的基础。

一、安史之乱

从开元之治到天宝时期，唐朝内部出现威胁政权稳定的暗流，朝廷内外奢靡腐败，均田制和租庸调制逐渐崩坏，边疆军事体制出现“内轻外重”的问题。为应对周边强大的部族，边疆节度使手握强兵、盘踞一方。“猛将精兵，皆聚于西北”[②]，中央（京畿）的防守力量严重不足。唐玄宗以募兵制代替府兵制，士兵们只知道地方将帅，不知道皇帝和朝廷。在此情况之下，唐朝不得不倚重胡人蕃将充任边防大将，借重军事力量强大的胡人部族军队维护边疆地区稳定。

开元初（713）以后，粟特人从河西走廊一带迁徙到东突厥政权所处的漠北，再从漠北进入营州地区。由此，在开元、天宝前后，该地区形成一个相当规模的粟特聚落。唐朝正是要利用这些善战的粟特胡人，防范契丹与奚这两个强蕃。安禄山是粟特和突厥的混血儿，他在和东北两蕃的战斗中成长起来。为应对愈加严峻的边疆危机，唐朝在边疆地区开始任命胡人出身的将领出任节度使以震慑边疆

---

① 陈寅恪：《金明馆丛稿初编·论韩愈》，生活·读书·新知三联书店2001年版，第332页。

② 司马光：《资治通鉴》卷二一六，唐玄宗天宝八载四月，中华书局1956年版，第6895页。

诸族，即所谓“欲以方镇御四夷”[①]。安禄山、史思明等蕃将受到重用。

安禄山发现朝廷的腐败与京畿防守的空虚后，萌生叛乱野心，以胡将代替汉将，招募和网罗奚、契丹、同罗等部族壮士 8000 人作为义子。[②]其密友史思明既是同乡，也出身杂胡（粟特人）。安禄山于天宝十四载（755）在范阳起兵，史思明配合，安史之乱爆发。天下太平已久，百姓累世不识兵戈，忽然遭逢如此强力冲击，一些州县不战而败。叛军一路攻破洛阳，打破潼关占领长安。

唐肃宗率唐军开始反攻，逐渐收复洛阳和长安。为平息安史之乱，郭子仪建议唐肃宗向回纥借兵。回纥出兵助唐前后共四次，其中三次直接与叛军交战，对平定叛乱起到重要作用。

叛乱虽然被平定，却遗留下了藩镇割据的问题。位于河朔地带的河北三镇不仅不朝贡，甚至拥兵独立实行内部自擅，主要由原安史旧将控制，具有非常强的独立性，是真正割据型的藩镇，俨然化外之地。其中也有一些汉人藩镇，它们的形成过程与职能不同于“河朔型”藩镇（即河北三镇等），主要包括承担防御河北三镇、护卫唐廷安全、保护东南漕运责任的“中原防遏型”[③]藩镇，为防御吐蕃、西南西北少数族群而设立的“边疆御边型”藩镇[④]与为唐朝提供赋税来源的“东南财源型”藩镇[⑤]。这些藩镇均由唐玄宗时期设置的节度使转化而来，或者是因平叛有功或自立为王而被唐朝封为节度使。[⑥]于是“方镇相望于内地，大者连州十余，小者犹兼三四”[⑦]。但也正是因为有其他三类藩镇的存在，唐朝才能在安史之乱后，依然延续约 150 年。

对于安史之乱的成因，从古至今讨论不断。由于安、史二人的胡人身份以及叛军队伍中的边疆诸族成分，一些意见将其归结为族群矛盾与河北地区胡化问题，认为是“羯胡乱常”[⑧]。安史之乱中确实存在一定的族群因素，但更多是不合理的政治军事因素。一方面，虽然安禄山、史思明来自边疆诸族，但其阵营中也有不少汉人，如严庄、高尚、张通儒。另一方面，保卫唐朝与安史作战的名将很多也是

① 王谠：《唐语林校证》卷八《补遗》，周勋初校证，中华书局 1987 年版，第 695 页。

② 姚汝能：《安禄山事迹》卷上，曾贻芬点校，中华书局 2006 年版，第 82 页。

③ 以宣武、武宁、忠武、泽璐、河阳和义成 6 镇为典型。

④ 包括凤翔、邠宁、山南西、西川等 17 镇。

⑤ 包括浙东、浙西、淮南以及荆南等 9 镇。

⑥ 张国刚：《唐代藩镇类型及其动乱特点》，《历史研究》1983 年第 4 期。

⑦ 欧阳修、宋祁：《新唐书》卷五〇《兵志》，中华书局 1975 年版，第 1329 页。

⑧ 王炳文：《从胡地到戎墟：安史之乱与河北胡化问题研究》，北京师范大学出版社 2020 年版。

胡人，如高句丽人高仙芝、突厥突骑施人哥舒翰、契丹人李光弼、铁勒人仆固怀恩；在前线奋勇杀敌的唐军士兵也来自诸族。在平叛过程中，还有于阗王尉迟胜亲率五千于阗子弟不远万里“助国讨贼”的故事，传为佳话。再从更长时段观察，安史之乱后割据的藩镇势力既有胡人也有汉人，如田承嗣、田悦、朱滔、刘悟、李纳等都是汉人。所以单独以族群划分阵营是错误的，安史之乱真正揭示出中华民族发展的一条基本规律：当大一统体制破败、中央政权紊乱时，各种类型的反叛都可能出现，只是时间早晚而已。要实现民族不可散，首先要实现国家不可乱；要实现国家不可乱，首要是维护大一统体制不可变。

安史之乱给唐朝造成了文化创伤和心理阴影，唐后期对唐前中期的“文化开放、民族开放”政策出现反思和质疑。无论是士大夫群体还是民间百姓，“严夷夏之防”心理开始冒头。一方面，士大夫群体开始重新强调边疆诸族的差异性，白居易、元稹等诗人的作品流露出盛世难再的恐慌与防范异族的忧思，如“天宝欲末胡欲乱，胡人献女能胡旋。旋得明王不觉迷，妖胡奄到长生殿”[①]。另一方面，文化精英对外来宗教的包容度下降。唐初，儒家并不占主导地位，佛教、道教赢得了重要的文化地位。安史之乱后，以韩愈、柳宗元为代表的士大夫发动唐代古文运动，希望借此“尊王攘夷”。韩愈更是高倡儒家道统论，视佛教为夷狄之法而排斥。[②]晚唐一度出现了灭佛运动，随之消失的还有景教、祆教等外来宗教。这些都暂时使中华文化呈内向收缩态势，但持续一段时间后“华夷一体”思潮仍又重新回归主流。这之中的教训与启示是：稳定的大一统体制是多元文化繁荣的保障；一旦大一统体制受到破坏，社会就会失去开放包容的空间，多元文化势必受到损害。无论哪个族群，无论哪种文化，都要首先维护好大一统体制，然后才能实现自身的发展与繁荣。

二、五代十国的唐风遗韵

唐朝末年，宦官专权，政治腐败，藩镇割据。在自然灾害和沉重的徭役赋税双重压迫下，爆发了黄巢起义，给了唐王朝最后致命一击，五代十国时期开始。

五代十国是唐代藩镇割据向统一局面发展的过渡期，诸多制度体系仍旧延续了唐代遗风。各政权在建立、发展的过程都不同程度地受到儒家思想的影响，接受并传承中华传统文化，包括政治文化、礼仪制度等。如出身沙陀族的后唐庄宗

---

① 元稹：《元稹集》卷二四《胡旋女》，冀勤点校，中华书局2010年版，第330页。

② 刘昫等：《旧唐书》卷一六〇《韩愈传》，中华书局1975年版，第4198页。

李存勖即位后曾明确宣布："盖前王之令典，为历代之通规。必按旧章，以令多士"[①]，表明继承唐朝；后晋高祖石敬瑭在依照后唐体制的基础上，"御文明殿受朝贺，用唐礼乐"[②]，对唐王朝的礼乐加以承袭。

北方政权多吸收中央与地方官制设置，如沿用三省六部制，只是在"三省"长官上稍有变化。在经济制度上，仍旧以取代租庸调制的"两税法"为主；在选官制度上，继承了唐代科举制。在社会文化上，北方出现胡汉语境"消解"的局面[③]，族群差异淡化。为了继承唐朝政治遗产，沙陀人李存勖直接采用大唐国号，史称"后唐"，甚至使用李唐年号。与北方相比，南方社会环境较为稳定，社会文化发展较为迅速，如吴越、南唐，文艺盛极一时。为了追求正统，南唐李昪自称为唐宪宗之后，仍旧以"唐"为国号。

唐作为政治实体消亡了，但作为文化共同体，给周边族群留下了永恒的文化印记。西州回鹘、党项等政权在交通水利、建筑设计、医药文化等方面仍旧沿袭着唐代风范。唐五代时期，孔子已在藏文化中成为重要"神灵"。在苯教文献中，孔子被改造成"圣、神、王"三位一体的"贡则楚吉杰布"，是苯教的四大护法师之一，也是苯教教主的岳父。藏传佛教则把贡则楚吉杰布看作文殊菩萨化身或弟子。虽然与孔子的本来有差距，但反映了藏人对孔子的尊崇，是汉藏人民共享的文化符号。[④]

五代初期，为躲避战争，中原汉人北迁进入契丹境内，对契丹社会产生巨大影响。契丹在政治制度上学习中原汉制，为安抚北迁汉人，专门设立"汉儿司"，同时在韩延徽等汉人帮助下，兴建城郭、开垦土地。在丧葬、建筑、绘画上，也有唐代遗风。

文字是文明的载体，作为聚合东亚的重要纽带，汉字在唐朝崩溃后仍在周边各族中发挥着重要的作用。在唐朝时期，契丹人只有语言没有文字，契丹与唐朝交往使用的是汉字。契丹立国后才在辽神册五年（920），参照汉字，在汉字的基础上添加笔画创制契丹大字3000余字。汉字在南诏是通行文字，这可见于现存的唐袁滋题记摩崖石刻等。南诏的通用语言是与唐代中原汉语无大差别的白语，仅

① 薛居正等：《旧五代史》卷三〇《唐庄宗纪》，中华书局2015年版，第412页。

② 薛居正等：《旧五代史》卷七六《晋高祖纪》，中华书局2015年版，第993页。

③ 邓小南：《论五代宋初"胡/汉"语境的消解》，《文史哲》2005年第5期。

④ 孔子在苯教中被奉为神变之王，在敦煌文献（P.tib）第988号中，"贡则"和"贡则楚吉杰布"都指孔子。敦煌石室遗书中，有一则《孔子项托相问书》的故事，在西藏地区流传。

“名物或与汉不同”（例如白语“震旦”“元”“昶”即汉语的“天子”“朕”“臣”）。唐人樊绰认为“言语音白蛮最正”[①]，即与唐代中原语音最接近。南诏还参照汉字创造了记录白蛮语言的文字（借用汉字或参考汉字结构自造新字），称为“白文”。所谓白文就是用汉字写白语、读白音、解白义。[②]唐朝灭亡后，高昌回鹘完好地保存了吐鲁番盆地的唐朝文化遗产。其名称回鹘文“Qocho”即对汉语“高昌”的音译。又如回鹘文中的墨（maka）、笔（bir）、卷（kuin）都是来自汉语的借词；回鹘人将和尚称为“toyïn”，这是对汉语“道人”的音转；回鹘王在节日里坐的精致台座叫“tauchang”，这是对汉语“道场”的音转。

小 结

隋唐王朝将疆域从农耕区扩展至游牧区，将边疆之地成功纳入中华一体的秩序，使更大范围的周边族群对中央王朝产生了向心力与认同感。这一时期，各族交往交流交融在政治上主要表现为天下共主、农牧一体、华夷一家和胡汉无差，呈现出“多族群大一统”的特征。同时，由于大一统王朝疆域的空前扩大，不同区域和族群之间的交往交流交融加速了中原与周边社会的发展。大唐王朝以极为自信的态度主动吸纳域外文化，除旧布新，将自身的成就无所保留地展现在世人眼前，这一时期的绚烂文化是各族人民共同书写的精彩华章。

然而，唐朝后期中央政府权力衰落，各族群贵族和地方豪强趁机崛起，各自拥兵自重，民不聊生，进而造成大规模农民起义。907年，唐朝在动乱中灭亡了，中原地区继之而起的是五代十国，统一多民族国家的发展转入低谷，但社会中仍保持着隋唐以来各族融合的基调。之后，是赵宋建政中原，周边的契丹、党项、女真、高昌回鹘诸族同样建立了多个政权与之并立。

① 樊绰：《蛮书校注》卷八《蛮夷风俗》，向达校注，中华书局2018年版，第216页。

② 林超民：《林超民文集》（第二卷），云南人民出版社2008年版，第169页。

思考题

1. 后世常称唐代为“盛世”，请从民族交融、文化交融的角度谈谈你的看法。
2. 请以吐蕃、回纥、南诏为例分别阐述边疆诸族在唐代有着怎样的发展。
3. 为什么诗歌会在唐代达到鼎盛？这与唐代开放包容的时代精神、各民族共兴共荣的社会氛围有怎样的关系？

第八讲　共奉中国与中华民族内聚发展（辽宋夏金时期）

对峙如宋辽夏金，都被称为“桃花石”。

——习近平

辽宋夏金时期，中华大地上政权并立。契丹人耶律阿保机建立辽朝（916—1125）；耶律大石率部众西迁建立哈剌契丹（1124—1218），史称西辽。汉人赵匡胤建立宋朝（960—1127），史称北宋；1127年，康王赵构在应天府（今河南商丘）即位，国号仍为宋，史称南宋（1127—1279）。党项人李元昊建立西夏（1038—1227）。女真人完颜阿骨打建立金朝（1115—1234）。这一时期，还有西域的高昌回鹘、于阗、喀喇汗，西南的吐蕃、大理等政权并存。

这一时期政权之间的战争使得人民流离失所，对社会生产造成巨大破坏，中华民族的共同性却继续发展。在政治方面，各政权竞逐“中国”正统，越争斗，政治理念和政治制度越趋同。在经济方面，各区域经济冲破政权并立的阻碍，形成互补共生的经济框架，成为政治整合的深层力量。在社会方面，各政权都推动所辖区域内的族群融合，这些局部性交融为后来的跨地区深度交融奠定基础，普遍的社会礼俗和共同的心理基础开始形成。在文化方面，更多族群文化汇入中华文化圈，多种思想文化会通融合，“三教会通”的文化共同体开始形成，中华文化发展到新的高度。

在辽宋夏金时期，彼此竞争的对峙政权和交流迁徙的众多族群，共尊“中国”认同、共筑“中国”版图、共承“中国”之制，始终无改对大一统的政治追求，无改共奉“中国”的统一共识，无改共塑“中国”的愿景。

内聚性运动始终贯穿这一时期历史发展的全过程，各政权为恢复大一统秩序而展开的一系列政治军事活动和社会文化事业，有力推动了边疆地区与中原地区的一体化整合。特别是辽、西夏、金等政权的开发经营，统一了原本较为分散的边疆区域，丰富和深化了多元一体格局的内涵，为元明清三代大一统奠定了坚实的基础。

第一节　竞逐“中国”正统

辽宋夏金诸政权并峙，中华大地不再呈现出统一的政治格局。但各政权彼此碰撞、攻伐与互动，以争夺“中国”正统为共同目标，力争将自己纳入中国古代正统王朝的历史发展脉络，在客观上形成了共称“中国”的政治认同，体现了各政权对大一统秩序的认可与信仰。

一、共尊“中国”认同

契丹据有幽云十六州后，开始自认“中国”，称辽人为“中国之民”，力争“中国”正统。辽太宗获取后晋“传国宝一、金印三”后，自认为“天子符瑞”尽归于辽[①]，入主中原、绍继[②]正统是理所当然。鉴于欧阳修编《新五代史》将辽朝附于四夷，辽人将宋朝开国历史附于辽朝国史。辽道宗时，耶律俨修《皇朝实录》，明确宣称辽为黄帝后裔，并作《道宗哀册》歌颂辽道宗“一统正朔，六合臣妾”[③]，以“炎黄子孙”身份接续“中国”谱系。

宋朝统一中原，文教昌盛而军事孱弱。但军事上的屡屡失利反而刺激宋人借“夷夏之辨”强调自身的正统性，以文化之强补军事之弱。朱熹作《资治通鉴纲目》尊蜀汉为正统，实质正是为南宋争正统，但他同时强调“天下为一”。受这种正统论影响，南宋的士大夫们多主张积极北伐，恢复中原。正是在这一时期，南宋于宝庆元年（1225）把澎湖纳入版图，开始对澎湖实施行政管辖。

西夏将王族祖先追溯到北魏拓跋氏，北魏拓跋鲜卑又自称黄帝苗裔，建立起西夏人乃炎黄子孙的历史叙事。西夏开国君主李元昊对内称帝，对外称“兀卒”（“青天子”之意），称宋朝皇帝为“黄天子”，“自称西朝，谓契丹为北边”[④]。这些

① 脱脱等：《辽史》卷五七《仪卫志三》，中华书局1974年版，第913页。

② “绍继”出自《三国志·魏书四·三少帝纪》，指“继承”。

③ 耶律俨：《道宗皇帝哀册》，阎凤梧主编：《全辽金文》，山西古籍出版社2002年版，第574页。

④ 李有棠：《辽史纪事本末》卷二五《西夏封贡》，崔文印、孟默闻点校，中华书局2015年版，第497页。

均反映出西夏竞争“中国”正统的意图，以及对“中国”的深度认同。

金人甫一建国，便诏告天下，取代辽朝正统；据有中原后，更自称“中国”，是黄帝后裔。海陵王完颜亮谓“天下一家，然后可以为正统”[①]。他不惜毁掉旧都上京（今黑龙江哈尔滨阿城区）会宁府，毅然将都城迁到辽南京城（今北京），在此兴建中都，还南迁太祖、太宗的陵寝，表达南下决心。迁都20多年后，“女直人寖忘旧风”，中都呈现一派“燕饮音乐，皆习汉风”的景象。[②]金世宗直言“我国家绌辽、宋主，据天下之正”[③]，明确称金朝才是天下正统。

在自称“中国”与竞争“中国”正统的同时，辽宋夏金政权逐步承认了彼此的“中国”身份。澶渊之盟后，辽宋互称“南北朝”，双方在国书中都一再强调“义同一家”，以兄弟相称。辽道宗说辽宋“虽境分二国……而义若一家”[④]；宋哲宗也说“两朝百年和好，情义至厚，有同一家”[⑤]。宋金也互称“南北”，认为“两朝通和，实同一家”[⑥]。西夏始终称宋为“中国”，李元昊遗言，“异日势衰力微，宜附中国”[⑦]，此“中国”即指宋朝。

中华大地上的其他政权也表现出了同样的“中国”认同。西域各国大多行汉制、认同中国。如高昌回鹘同时纳贡于辽、宋。924年，辽太祖耶律阿保机大举西征，高昌回鹘归附。此后，高昌回鹘经常派使到辽朝贡，《辽史·属国表》记载有50余次，统和年间（983—1012）几乎每年必贡。高昌回鹘名义上是辽朝的属国，可汗继位要受辽朝的册封。宋朝建立之初，高昌回鹘便派使团42人进贡方物。太平兴国六年（981），阿斯兰汗又以“西州外甥”的名义遣使宋朝，接续了唐朝时高昌与中原的“甥舅”关系。宋太宗也派供奉官王延德出使高昌，此后高昌回鹘向宋朝进贡不绝。

---

① 脱脱等：《金史》卷一二九《李通传》，中华书局1975年版，第2783页。

② 脱脱等：《金史》卷七《世宗本纪》，中华书局1975年版，第158页。

③ 脱脱等：《金史》卷二八《礼志一》，中华书局1975年版，第694页。

④ 李焘：《续资治通鉴长编》卷二五一，宋神宗熙宁七年三月丙辰，中华书局2004年版，第6122页。

⑤ 李焘：《续资治通鉴长编》卷五〇九，宋哲宗元符二年四月辛卯，中华书局2004年版，第12115页。

⑥ 完颜阿骨打：《与宋徽宗第七书》，张金吾编纂：《金文最》卷五〇，中华书局2020年版，第726页。

⑦ 李焘：《续资治通鉴长编》卷三一二，宋神宗元丰四年四月丙子，中华书局2004年版，第7568页。

西域的于阗政权自汉至唐，一直入贡中原。后晋天福年间，在于阗执政的李圣天自称继承唐朝正统，派遣使臣向中原王朝进贡，被后晋高祖封为“大宝于阗国王”。宋太祖建隆二年（961）十二月，“圣天遣使贡圭一，以玉为柙；玉枕一”[①]。此后，双方使者、僧侣、商人频繁来往。于阗也是辽朝的属国，辽统和七年（989），于阗国三次来贡。辽朝北面属国官下设有于阗国王府。

信仰伊斯兰教的喀喇汗王朝不仅称宋、辽为“中国”，其君主还自称桃花石汗。桃花石汗即“中国”之汗，“桃花石”是“拓跋”一词的突厥语形式。[②]6世纪的东罗马史籍与9世纪后的回鹘文献，都用“桃花石”指称中国。对于“桃花石”的含义，学界都认为指中国无疑。成书于11世纪70年代的喀喇汗王朝的《突厥语大词典》，用“上秦”“中秦”“下秦”分指宋、契丹及喀喇汗王朝辖域内喀什噶尔等地。[③]在喀喇汗王朝钱币上，常有桃花石·布格拉汗、秦之王，以及秦与东方之王等称呼，都表明喀喇汗王朝自认是中国的一部分。

在辽亡前一年即1124年，辽朝皇族耶律大石率部西迁，在可敦城（今蒙古国布尔干省青托罗盖古回鹘城）建立根据地。1132年，耶律大石在叶密立城（今新疆额敏）登基称帝。西迁的“大辽”（西辽）一直希望恢复辽朝旧疆，与金、南宋竞争“中国”正统。史载，西辽“不满二十年，克西域数十国，幅员数万里。传数主，凡百余年，颇尚文教。西域至今思之”[④]。西辽先后征服了高昌回鹘王国，东、西喀喇汗王朝和花剌子模诸政权，以及乃蛮（亦作粘拔恩）、葛逻禄、康里等诸部族，统一西域。正是由于辽朝、西辽的巨大影响及其对“中国”的认同，俄罗斯和中亚地区至今还以“契丹”（Китай）指称中国。西辽是继汉唐之后对西域地区产生深远影响的又一个中华政权，这不仅体现在它促进了中华文化在西域的传播，更体现在它以鲜明的中华文化属性维护了西域不脱离中华文化的“百年名教”。

辽宋夏金时期，吐蕃诸部中以凉州的六谷番部最强，该部多次向宋廷进贡马匹。咸平四年（1001），宋真宗加封该部首领潘罗支为盐州防御使兼灵州西面都巡检使。之后，吐蕃赞普后裔唃厮啰（藏语意为“佛子”）以邈川（今青海乐都）、

① 脱脱等：《宋史》卷四九〇《于阗传》，中华书局1985年版，第14106页。

② 刘迎胜：《“拓跋”与“桃花石”（“絛贯主”）两名关系新探》，《西北民族研究》2022年第3期。

③ 麻赫默德·喀什噶里：《突厥语大词典》，校仲彝等译，民族出版社2002年版，第479页；张广达：《关于马合木·喀什噶里的〈突厥语词汇〉与见于此书的圆形地图（上）》，《中央民族学院学报》1978年第2期。

④ 耶律楚材：《湛然居士文集》卷一二《怀古一百韵寄张敏之》，谢方点校，中华书局1986年版，第260页。

青唐（今青海西宁）为中心建立政权。唃厮啰多次遣使向宋朝皇帝纳贡，唃厮啰的子孙均由宋朝封官任职。1116 年，宋朝将其辖域全部归为郡县。大理国多次遣使请求宋朝册封，政和七年（1117），宋徽宗封大理国国王段和誉为金紫光禄大夫、云南节度使、大理国王。这都显示出各政权共同的“中国”认同。

辽宋夏金时期是中国向一体发展的重要阶段。[①] 不同政权对“中国”的认同，为后来元朝重建大一统国家奠定了坚实的政治和文化认同基础。

二、共筑“中国”版图

辽宋夏金时期，诸政权间的“战”与“和”都是在认同“天下一体”[②] 的前提下展开的内聚性活动。“战”是统一之战，“和”是“兄弟”“君臣”“甥舅”之和。这一时期的战与和，有效地强化了中原、北方、东北、西北、西南各区域的联结，共筑大“中国”版图。

辽宋的战与和，主要发生在北宋灭北汉至澶渊之盟的 20 余年间。其实质是在天下体系内，以自身为中心力图完成统一的表现，尽管双方最终均未能如愿。1005 年（宋景德元年，辽统和二十二年），辽宋缔结澶渊之盟，自此开启近百年的和平局面，促进了双方的经济文化交流和族群融合，将中原农耕区与北方游牧区紧密地联系在一起。

西夏同宋、辽的战与和同样指向“一体化”的历史发展趋势。西夏虽曾大败宋军，但并未能与宋分庭抗礼。1044 年，西夏与宋达成和议。西夏数次对辽发动战争，虽胜多败少，但整体实力仍弱于辽，为谋求联辽抗宋，依然选择臣服于辽。西夏与辽、宋的战争是在“中国”认同框架内的统一之争，结果是西夏与宋、西夏与辽之间皆形成了君臣关系。正是这种关系为党项人与北方、中原各族人民的交往交流交融提供了条件，推动了西北、北方与中原逐步内聚一体。

金宋之间在维护自身正统方面的斗争尤为激烈。金灭北宋后，想实现一统，但多次南下均以失败告终。南宋先后发起绍兴、隆兴和开禧三次北伐，力图恢复疆土，也都没有成功。宋金绍兴、隆兴和嘉定三次和议，分别约定双方为君臣之国、叔侄之国和伯侄之国。在这一时期，金以军事优势宣示“正统”，宋则以经济文化优势彰显“正统”。同时，金宋的战与和将南方、东北及中原等区域联系在

---

① 张博泉：《中华一体的历史轨迹》，辽宁人民出版社 1995 年版，第 67 页。

② “天下一体”出自韩琦、范仲淹语。李焘：《续资治通鉴长编》卷一四一，宋仁宗庆历三年五月乙未，中华书局 2004 年版，第 3386 页。

一起。

辽宋夏金时期，喀喇汗、于阗、高昌回鹘、西夏、辽、西辽、吐蕃等政权在西域也展开了长期争夺。天赞三年（924），辽太祖西征，将高昌回鹘纳入藩属；统和七年（989），辽将于阗纳入藩属。10世纪中叶，喀喇汗王朝对于阗王国发动战争，双方对峙持续数十年，最终喀喇汗王朝在11世纪初灭掉于阗。占领于阗后，喀喇汗王朝开始进攻高昌回鹘，但没有成功。当时，喀喇汗王朝并非西域诸政权中势力最大的，吐蕃、西夏同期也扩张到西域，在敦煌地区进行了激烈争夺。

辽宋夏金时期相互角力的诸政权，并非相背而行，而是逐渐内聚，它们都共居“天下”，都自称“中国”，都谋求一统；彼此之间的战与和，本质上都是一种内聚运动，将“边缘”与“中心”前所未有地联结在一起。

就“战”而言，辽宋夏金政权并立，彼此间时有攻伐，各族人民渴盼国家统一与社会秩序安定。这些并立政权所代表的区域共同体都是由多族群构成的，彼此攻伐也有正义与非正义之别，但不能简单地将之视为族群间的压迫战争，其更多属于并立政权间的对抗，并且在对抗中体现的统一“中国”的观念为多方所共享。相传为南宋岳飞所写的《满江红》，充盈着至死不灭“还我河山”的热望；金朝皇帝完颜亮的《题临安山水》，表达了“万里车书一混同”的理想。与岳飞同时期的金朝完颜宗弼（金兀术）之堂兄完颜宗翰，时任金军最高统帅国论右勃极烈兼都元帅，一直秉持“中外一统”的理念。从黑龙江到北京，金代女真墓葬遗址的考古发现一再表明，金早已完全习惯用汉文、行汉制、尊孔子。对立政权的统治者有相同的统一情结，战争双方追求的不是“中国”之裂，而是接续大一统实践的“中国”之合。

以岳飞抗金为例，这是南宋对抗外部政权压迫的战争，而非不同族属之间的战争。岳飞抗金保卫了南宋各族人民的生命财产和先进的经济文化，属于正义性质的战争。岳飞不仅在南宋受到崇奉，金章宗也称“飞之威名战功暴于南北”[①]。元朝官修《宋史》更是高度评价岳飞“西汉而下，若韩、彭、绛、灌之为将，代不乏人，求其文武全器、仁智并施如宋岳飞者，一代岂多见哉”[②]。元代哈萨克哈喇鲁部诗人迺贤的诗歌《岳坟行》[③]，开门见山地称岳飞为“真丈夫”，表达了诗人对

① 脱脱等:《金史》卷九八《完颜纲传》，中华书局1975年版，第2178—2179页。

② 脱脱等:《宋史》卷三六五《岳云传》，中华书局1985年版，第11396页。

③ 收录于《金台集》，整首诗歌描述了文武双全、骁勇善战、军民爱戴的英雄岳飞惨遭陷害的故事。

岳飞的敬仰之情。清朝顺治、康熙、雍正三帝都曾重修杭州岳庙和岳飞墓，乾隆帝不仅亲临岳庙致祭，题写庙额“伟烈纯忠”，还亲自作了 9 篇褒扬岳飞的诗文。从唯物史观的角度看，尽管岳飞精忠报国的“国”只是当时多个并立政权之一的“宋”，但在多民族统一国家尚未形成的情况下，不能夸大他的历史局限性。当时，南宋的社会经济发达程度远超金朝，岳飞抗金客观上抵御了外部政权的侵略，保护了南宋先进的社会经济形态。从传统儒家史观看，岳飞所代表的忠勇仁义精神，早已超越血统与族属，成为各族人民共同分享的价值观。在近代抗日救亡的背景下，岳飞作为中华民族英雄，发挥了凝聚中华儿女的作用，成为中华民族精神的象征。

就“和”而言，各政权积极协调内部族群关系，稳步推动所辖疆域建设，为重建大一统格局奠定了坚实的版图基础，成为中华民族共同体发展至这一时期的显著特点。如辽朝开拓广阔疆域，境内族群交融非常有效，“诸蕃岁贡方物充于国，自后往来若一家焉”[①]。如宋朝在西北辟地河湟，增设熙河路，造就“田畴垦，货殖通，蕃汉为一”[②]的和平局面；在西南广筑堡寨、扶立首领、推行互市，有效维持统治。如西夏通过战争、招诱和怀柔等手段，在不断拓展疆域的同时，促进了中华文明向边疆扩散。如金朝在东部、北部拓展深耕，形成了“华夷错杂群处，略无彼我之间”[③]的族群高度融合局面。

这一时期的西域虽然交织着多个政权的战与和问题，但其长期以来的“中华化”趋势并未减退，仍是中华文化共同体坚实的一部分。喀喇汗王朝一直同宋朝和辽朝保持着密切往来，臣属于中原王朝，接受册封，定期朝贡。早在辽太宗天显八年（933），喀喇汗王朝就向辽派遣使团，还曾向辽皇室求婚，受到邻国进攻时也向辽求援。历任喀喇汗君主都称宋朝皇帝为“阿舅”。大中祥符二年（1009），喀喇汗王朝灭掉于阗后不久便向宋朝派遣使团，之后又多次派使团入宋朝贡或贸易。嘉祐八年（1063），宋朝册封喀喇汗国王为特进、归忠保顺砙鳞黑韩王。元丰四年（1081），喀喇汗王朝遣使北宋，称宋神宗为“东方日出处大世界田地主汉家阿舅大官家”，表达了对宋朝的“倾心相向”。[④]宋朝的军力无法延伸到西域，不能对喀喇

① 脱脱等：《辽史》卷八五《萧挞凛传》，中华书局 1974 年版，第 1314 页。

② 脱脱等：《宋史》卷一九一《兵志五》，中华书局 1985 年版，第 4759 页。

③ 张行成：《议狄论下》，曾枣庄、刘琳主编：《全宋文》卷四三四四，上海辞书出版社、安徽教育出版社 2006 年版，第 378 页。

④ 脱脱等：《宋史》卷四九〇《于阗传》，中华书局 1985 年版，第 14109 页。

汗构成实质性的军事压力，喀喇汗王朝之所以主动与宋朝保持密切来往，除了经济利益、共同对付西夏的军事需要，更多的还是出于对中原王朝和中华文化的崇尚与认同，也就是宋哲宗在答谢喀喇汗王朝遣使贺登基诏书中所说的“慕义中华”[①]。

后来，喀喇汗王朝分裂成东、西两个政权，12 世纪三四十年代先后成为西辽的附庸。西辽的建立，结束了西域内部纷争的局面，大批契丹人和汉人被耶律大石带到了新疆及中亚地区，对当地各民族的生产生活方式产生了深远的影响，中华文化在西域再一次大规模传播。

三、共承“中国”之制

辽宋夏金政权的“中国”认同，在制度实践上集中体现为共同遵循“中国之制”，即在礼制、官制、行政、科举、律法等方面，继承隋唐以来的中华传统政治制度；同时结合自身情况，不断丰富治理经验，为后世大一统行政制度的发展奠定基础。辽、西夏、金制定的法律内容既吸收中原地区传统法律要素，又具有各族群自身特色，丰富了中华法系的内容。

北宋名臣富弼曾评价辽和西夏：“得中国土地，役中国人力，称中国位号，仿中国官属，任中国贤才，读中国书籍，用中国车服，行中国法令，是二敌所为，皆与中国等。”[②] 辽朝制度承续“中国”正统，“足以成一代之规模”[③]。在礼制方面，辽太祖在立国之初，就下诏建孔庙，让太子每年春、秋两季率领百官祭奠孔子；其大礼朝服经辽服、汉服兼有的阶段，到最后全部采用汉服。在官制方面，将州县制与原有的部族制相结合，形成“官分南、北”[④] 的二元制，最终确立了中央集权制。在科举官学方面，辽朝以唐宋之制取士，选拔一批肱股汉臣，加速了对中原文化的吸收与借鉴；设国子学于上京（今内蒙古巴林左旗）与中京（今内蒙古宁城），置五京学于五京，在地方设府州县学，建立了较为完备的官学教育体系。在律法方面，从辽太宗时，汉法开始适用于契丹人、奚人、汉人、渤海人相互间的纠纷，即“四姓相犯，皆用汉法”[⑤]；兴宗、道宗时制定的《重熙新定条制》《咸

① 司义祖整理：《宋大诏令集》卷二四〇《赐于阗国黑汗王进贺登位敕书》，中华书局 1962 年版，第 945 页。

② 李焘：《续资治通鉴长编》卷一五〇，宋仁宗庆历四年六月戊午，中华书局 2004 年版，第 3641 页。

③ 脱脱等：《辽史》卷五五《仪卫志一》，中华书局 1974 年版，第 899 页。

④ 脱脱等：《辽史》卷四五《百官志一》，中华书局 1974 年版，第 685 页。

⑤ 厉鹗：《辽史拾遗》卷一五《百官志二》，浙江古籍出版社 2019 年版，第 380 页。

雍条制》也多采汉法。西辽典章制度除必要的变通和修改外，也一如先朝。中原典章制度维护了辽朝的国家稳定，对于其境内各族群的融合和经济、社会、文化发展都产生了深远影响。

两宋三百二十年，制度或承袭汉、唐，或变通五代。无论礼乐制度，还是科举制度与官制，都在总结前代之制的基础上有新的推进，是同时代文治的典范。

西夏建国前就已渐行中原官制，后“大辇方舆，卤簿仪卫，一如中国帝制”①。李元昊称帝后，基本沿袭唐宋行政体制，设置府、州（郡）、县等，实行中央集权。科举官学方面，设立蕃学、国学等，形成以“汉学”为主体的官学教育体系，“策举人，立唱名法”②，以科举取士。律法方面，《天盛律令》继承了唐宋以来儒家思想中的“同居相为隐”之制，直接承袭唐宋律法之“八议”③“例减”④等制。

女真早先实行勃极烈制⑤。在攻取辽、宋时，女真人将所获的礼乐仪仗、图书文籍等全部运回都城，开国礼制参照辽宋。金太祖模仿辽人旧制，于广宁府设置枢密院，初立“汉官之制”；金太宗设置了汉式地方官，后又设尚书省，“遂有三省之制”⑥，汉制初具规模；经金熙宗“天眷官制”改革⑦，金朝建立起较为完备的

① 周春：《西夏书校补》附录一《西夏书世记》，中华书局2014年版，第1805页。

② 周春：《西夏书校补》卷三《王仁宗传》，中华书局2014年版，第109页。

③ “八议”是指八类权贵人物犯罪以后，“大罪必议，小罪必赦”，享受特殊优待，司法机关不得擅做处理的制度。“八议”为：一议亲，二议故，三议贤，四议能，五议功，六议贵，七议勤，八议宾。“八议”制度的直接渊源是《周礼》中的“以八辟丽邦法”，自曹魏《新律》始正式载于律文。《唐六典》卷六称“是八议入律，始于魏也”。“八议”制度是中国古代社会礼法结合的产物，是“刑不上大夫”礼制原则的具体体现。

④ “例减”是指五品以下七品以上官员及“八议”人员的在一定范围内的亲属，犯流罪以下，各从减一等。

⑤ 勃极烈，原义为“大部长”，是金太祖完颜阿骨打建立的倚重国相级别的高级官员统治国家的制度。金太祖以都勃极烈即位。1115年，完颜阿骨打将女真当时由都勃极烈、国相、各勃极烈参与的相对较庞大的议事会，改组为皇帝和少数国相级别的高级核心官员共议国事的勃极烈制度。

⑥ 脱脱等：《金史》卷五五《百官志一》，中华书局1975年版，第1216页。

⑦ 1135年，金熙宗即位后，废除勃极烈辅政制，采用辽、宋的汉官制度。在皇帝之下设三师，即太师、太傅、太保。朝中设尚书、中书、门下三省，其下有左右丞相，以左右丞为副相。金熙宗天眷元年（1138）又做进一步改革，正式颁行官制及换官格，即将原女真、辽和宋的官职，依照新制统一换授，按功勋授予女真贵族以不同的勋爵和封国，进一步加强了相权，并规定了百官的仪制与服色，史称天眷新制。

中央集权体制。金朝行政体制由最初的猛安谋克制[①]向“以汉制治汉人”转化，并承袭辽制，建五京，置十四总管府，共计十九路。金朝也重视儒学教育，中央设国子学、太学，地方设府学、州学、县学，形成完整的官学教育体系。金朝科举制度“合辽宋之法而润色之”[②]，金太宗曾设南北选，考试科目仿辽宋；海陵王增加殿试，合并南北选；金世宗创设女真进士科，金章宗又增制举宏词科。金朝律法在金太宗时期参用辽、宋旧法，至金熙宗时期兼采隋唐之制编成《皇统制》，金章宗又借鉴《唐律疏议》《宋刑统》制定《泰和律》，后来对元代法制产生了积极的影响。

高昌回鹘在官制方面深受中原影响。吐鲁番出土的汉字文书上，可见高昌回鹘宰相所用的一种印文，有“大福大回鹘国中书门下颉于迦思诸宰相之宝印”的字样。于阗国的行政建制、职官制度和赋税制度多仿效、借鉴唐朝，采用年号纪年，服饰、建筑也多仿照唐朝风格和样式。西辽以辽朝的正统自居，王统、文化传统和典章制度均与辽朝一脉相承，是辽朝在新地域的延续。

辽宋夏金时期的中国表面上处于大分裂的政权分治阶段，实际上却处于文明大交汇、大发展阶段。原本处于天下“边缘”的族群不仅提升了社会自我组织的能力，建立政权，更拥有了自身的文字体系。在此基础上，各族群更加认同天下体系，通过各种手段试图使自己成为“中国”（即“天下之中”），共承“中国之制”。

第二节　共享经济之利

辽宋夏金的地域环境、经济形态及发展程度皆有不同，但这些差异并未造成彼此经济体系的割裂，反而促进了各政权内部经济的共融和各政权之间的经济互补，成为推动重构大一统政治体系的经济动力。

一、区域经济交融

契丹、党项、女真族群早期都以游牧、渔猎为主要经济生活方式。随着辽、

① 猛安谋克制为金代女真人的军事和社会组织单位。《金史·兵志》记女真初起时，“其部长曰孛堇，行兵则称曰猛安、谋克，从其多寡以为号，猛安者千夫长也，谋克者百夫长也”。最初为原始社会后期由于征掠、围猎的需要而设的军事首领，随后发展为固定的军事组织。1114年，金太祖完颜阿骨打始定制以三百户为谋克，十谋克为猛安。

② 李世弼：《登科记序》，张金吾编纂：《金文最》卷四五，中华书局2020年版，第652页。

西夏、金统治区域的扩大、族群的增多、人口的迁徙，农耕经济逐渐发展壮大，农牧渔猎混合经济愈发普遍，经济生活方式更加多元化（图 8-1），极大地推动了北方、西北、东北地区的经济社会发展。

图 8-1　辽绿釉划花带盖鸡冠壶

鸡冠壶始见于辽代。契丹族在北方建立政权后，模仿其惯用的皮囊壶烧制成瓷器，作为容器既可储水，亦能装奶盛酒，实用性很强，是适应北方草原游牧生活的产物。这种器型保留了游牧民族生活用品的特色，体现了契丹工匠在制瓷工艺上推陈出新的创造精神。鸡冠壶的纹饰题材以本土花卉最为常见，线条简约粗放，体现了辽代陶瓷质朴实用的特点。

辽建立前，契丹地区的经济形态以畜牧业为主，后来农业经济逐渐兴起，与畜牧业同居经济核心地位。辽灭渤海、得幽云十六州后，大量移民到潢河、土河流域定居，设中京安置奚人，形成了南部、东南部农耕区及中部牧农交错“插花田”区。辽中后期，上京道北、西北地区的屯垦面积不断扩大，漠北地区的农业经济得以发展。整个辽境内的牧、农经济区域分布呈现出“农”向北扩、“牧”往（西）南移的趋势。中原的纺织技术、室韦和渤海的矿冶技术传至辽境，各族群相互学习生产技术，促进了不同形态经济的深度融合，为北方农、牧混合经济格局的形成奠定了良好基础。后来，西辽政权又将中原先进的生产技术和工具带到今天的新疆地区，促进了当地的经济发展。

党项人原以畜牧业为主，迁徙到黄土高原后开始学习农耕技术。西夏立国后，积极推广农耕经济，“岁时以耕稼为事，略与汉同”[①]。进入西夏境内的大量族群，或迁入农耕区耕作，或镇守州城，推动了西夏的经济开发。河西走廊一直是吐蕃、回鹘等各族群生息繁衍之地，西夏在当地设立监军司，兵民一体，将其变为粮仓与育马牧地，以及战争掳掠人口的安置区。在宋夏对峙的横山地区，各族群众建立堡寨、屯垦荒地，使之成为西夏重要的粮食生产基地。

女真起于白山黑水，最初农业发展水平有限。建立金朝后，首次对松嫩平原与长白山地区进行统一开发。金朝亡辽灭宋之后，推行“实内”政策，将大量中原人口迁移至“金源内地”[②]，强令女真猛安谋克军屯田垦荒，促进了东北与中原两大经济区域之间的商贸往来。东北区域经济结构发生变化，农耕种植所占的比例迅速提升，形成了以辽河平原和松嫩平原南部为主体的新农业核心区域，呈现出土地辟、人口增、仓廪实的繁荣景象。

西域地区与辽宋夏金均有频繁的经济交往，高昌地区的农业也有一定的发展。高昌回鹘建立时，农耕居民影响了游牧的回鹘人，小麦、水稻、棉花等作物得以广泛种植。回鹘人还广泛使用铁犁铧、镰刀等中原农具，并充分发展水利系统和灌溉农业。高昌地区还有中国境内最早的草棉产地（东汉时就引进草棉种子栽培），以此为材料制作的衣物深受高昌王公喜爱，西域的草棉培育技术也由此传入中原。

与北方相比，南方经济发展得更加明显。由于北方人口的不断南迁，两宋时期广大南方地区的经济一直呈不断发展态势。农业方面，引进占城稻，采用先进的一年两熟的稻麦复种制，遂有“苏湖熟，天下足”之丰饶。棉花种植由两广、福建逐渐扩展到江南，广南西路、川峡路则成为麻和麻布的重要产区。两浙路、成都府路的蚕桑业非常发达。茶叶为南方诸路带来大量专营收入。甘蔗、柑橘、药草、漆等经济作物的主产区也在南方。手工业方面，棉纺织业、丝织业、制糖业、漆器制造业、瓷器制造业都在不同区域形成特色和规模。商业方面，草市—市镇—城市三级市场网络体系基本形成，长江南岸逐渐形成了密度较大的城市群，农村市场上，小贩、货郎走街串巷，活跃异常。不仅如此，两宋时期南方地区的

---

① 李焘：《续资治通鉴长编》卷一三五，宋仁宗庆历二年二月辛巳，中华书局2004年版，第3222页。

② “金源内地”是指金朝的北疆地区，包括上京路、北京路和东京路等地区，即今天东北三省和内蒙古地区的东北部，尤其是以上京路（治今哈尔滨阿城区）为中心的区域是女真人的发祥地。

海上贸易比以前范围更大、商品种类更丰富、港口更多，朝廷为此专设市舶司管理。世界上最早的纸币——交子诞生于益州（今四川成都）。此外，岭南地区在两宋时期也得到了快速开发。始于隋唐时期的经济重心南移在宋代正式完成。由于社会安定与经济繁荣，南方地区既为周边地区输送了大量商品，还为许多族群提供了安居之地，明清时期江南地区的繁盛景象在此时已初见端倪。

二、榷场贸易网络

区域经济内部整合的同时，辽、宋、西夏、金、吐蕃、回鹘、大理、于阗等不同区域间的经济交流与共构也在展开。辽宋夏金等政权互鉴“食货之制”，共同搭建了榷场商贸网络，形成了以中原钱货流通为中心、共享“中国之利”的统一经济体系。

宋辽之间很早就有边境互市，即使在双方战争期间，榷场也不废罢，“戎退商行”成为常态。缔结澶渊之盟后，宋辽正式确立榷场之制，并“固守盟好，互市不绝”[①]。榷场贸易中，宋向辽输出的主要有香药、犀角、象牙、茶、苏木、九经书疏、缯帛、漆器、粳糯等商品；辽向宋输出的主要有银钱、布、羊、马和骆驼等。羊是北宋宫廷御膳及祠祭的必备食品，也是京师官员极为喜爱的美味，因此成为辽宋官方贸易大宗，宋朝每年在河北榷场买羊数万只。

宋和西夏的榷场贸易同样繁盛。宋多用缯帛、罗绮、香药、瓷漆器、姜桂等交换西夏之驼马、牛羊、玉、毡毯、甘草、蜜蜡、麝脐、毛褐、羱羚角、硇砂、柴胡、苁蓉、红花、翎毛等土产。西夏还大量向宋输出青盐，青盐味优于解盐，在宋朝很有市场。

此外，辽与西夏、西域诸国、吐蕃各部也都保持着榷场边市或朝贡贸易。辽夏之间主要进行贡赐贸易，西夏向辽进贡驼马、井盐等，辽则回赐细衣、弓箭、器杖等。辽宋与回鹘人亦多有往来，回鹘商人在中亚、西亚大量使用宋钱，又将河西、中亚、西亚等地的珠宝、玻璃器、玉石等运往中原。契丹与高昌回鹘也曾建立类似榷场的贸易场所。熙宁之后，喀喇汗王朝与宋朝的朝贡贸易频繁，“远不逾一二岁，近则岁再至”[②]，贡物品类繁多，有珠玉、珊瑚、翡翠、象牙、乳香、木香、琥珀、花蕊布、硇砂、龙盐、西锦、玉鞦辔马、腽肭脐、金星石、水银、安息鸡舌香等。地处丝绸之路南线的吐蕃唃厮啰政权，在西域诸族与中原王朝的丝

① 脱脱等：《宋史》卷一八六《食货志下》，中华书局1985年版，第4563页。

② 脱脱等：《宋史》卷四九〇《于阗传》，中华书局1985年版，第14108页。

路贸易和贡赐贸易中发挥着重要作用。西夏控制河西走廊后，吐蕃商人们改经青海道入中原。唃厮啰政权因此大力发展贸易，在青唐、邈川等地设立贸易市场，同时护送各国商队直至宋朝边境。各族商人络绎不绝，使青唐成了当时的国际性城市，城内胡商簇拥，宝货山积，唃厮啰政权的经济实力由此提升。

宋夏金并立时期，榷场贸易规模扩大，区域经贸往来更加密切。绍兴和议后，宋金关系趋于稳定，双方互设榷场。金向南宋输出丝、绵、绢、解盐、药材等；南宋则输出茶、布、木棉、象牙、玳瑁、香药、生姜、陈皮等，其中茶为大宗。西夏和金确立交聘关系后，既开展贡赐贸易，又开展榷场贸易。西夏向金进贡马、细犬等，金回赐银、帛等；在榷场贸易中，马和丝帛是主要商品。

宋朝境内缺乏产马之处，辽、西夏又经常禁止卖马给宋朝，所以北宋常向吐蕃购马。宋神宗朝，开始榷四川茶专供买马，宋与吐蕃的茶马贸易兴盛起来，吐蕃每年向宋朝出售马两万匹，得茶约二百万斤。[①] 南宋时期，由于陕西路买马场多被金朝控制，宋朝不得已转向西南诸族和大理购买马匹，之后大理的茶叶、药材、刀剑等也广销中原。茶马贸易使宋和西南诸族的经济互补互惠，方便了双方人民的生产生活，开启了后来茶马古道的繁盛局面，使中原和西南地区更紧密地融聚为一体。

官方主导的榷场贸易、使团往来、岁币岁赐，往往商品数量巨大，人员规模庞大。如北宋中期，西南诸族到永康军（今四川都江堰）互市的每天有近千人。与此同时，民间走私活动更是频繁，辽粮和辽盐走私久盛不衰，河东数郡每年都到辽境收购粮食，辽人甚至开辟海运私贩盐于宋。南宋的茶叶也被大量走私到金朝和西南诸族。这些经济活动不仅丰富了各政权诸族群的经济生活，也增强了彼此之间经济生活的共同性和互补性，夯实了中华民族一体化的经济基础。

三、“宋钱”通行四方

辽宋夏金时期，钱币的互通同样促进了各政权的经济交融。随着经济发展，诸政权皆建立起货币铸造与流通制度。诸政权虽皆铸有钱币，但由于宋朝发达的经济，宋钱在诸政权间流通最为广泛，辽夏金政权辖境都有大量宋钱出土。

辽夏金都仿效中原铸钱技术，圆形方孔的年号钱是这一时期钱币的基本形态。契丹较早从中原学到铸币之法，而铸币的制度化始于辽太宗设五冶太师，铸币至道宗时达到顶峰。西夏不仅仿辽、宋铸币，而且学习金朝设立专业铸钱机构——

① 张雪慧：《试论唐宋时期吐蕃的商业贸易》，《西藏研究》1998 年第 3 期。

通济监。金初沿用辽、宋旧钱，海陵王模仿“中国楮币”创制交钞，实际使用极少，暗地里仍使用宋钱。回鹘和西辽也能自铸钱币，其圆形方孔样式显然受到中原影响。由于古代中国北方铜矿稀缺，辽、西夏、金等政权除自身铸币外，多仰赖南方宋钱（图 8-2、图 8-3、图 8-4、图 8-5）。苏辙称：“（辽）北界别无钱币，公私交易，并使本朝铜钱。”[①] 西夏也套购宋钱作为通货。从近年的考古发现来看，西夏使用的货币种类非常多元，但仍以宋钱为主。此外，宋钱还曾输入西辽，并传至中亚。

图 8-2　宋熙宁元宝

图 8-3　辽统和元宝

图 8-4　西夏光定元宝

图 8-5　金正隆元宝

宋人张方平曾说：“钱本中国宝货，今乃与四夷共享。”[②] 这句话精准道出了当时货币流通的特征。由于“天下”之内形成了多个“中心”，货币需求量日益增大，因此，具有经济优势的宋朝，其所铸钱币便成为各个“中心”广泛认可的货币，出现了宋钱“四夷共享”的情形。

① 苏辙：《苏辙集》卷四二《北使还论北边事札子五道》，陈宏天、高秀芳点校，中华书局 1990 年版，第 747 页。

② 司马光：《司马温公集编年笺注》卷四六《乞去新法之病民伤国者疏》，李之亮笺注，巴蜀书社 2009 年版，第 149 页。

第三节 融会社会生活

辽宋夏金时期，由于天下体系内剧烈的动态变化，社会动荡频繁，不断推动着各族群由“静”向“动”转化，无论上层的达官贵人，还是民间的普通百姓，都在不断迁徙。同时，族际通婚广泛，礼俗融会发展，旧有的血缘、地域、族属等界限不断被打破，社会层面开始形成“你中有我，我中有你”的局面。

一、族群迁徙

辽宋夏金时期，北方游牧、渔猎与中原农耕族群多向度迁徙，各族群开始了新一轮更加广泛更加深入的交往交流交融，为元明清大一统格局的形成奠定了坚实的社会基础。

辽朝建立后，契丹人大量南迁幽云十六州并融入当地社会。渤海国被灭后，渤海人被徙于辽东等地，和契丹人一道改变了东北地区的族群关系和社会面貌。同时，中原汉人也有迁入契丹者，到辽朝末年，“契丹、汉人久为一家”的观念已深入人心。女真人在辽代也频繁迁徙，多迁向上京、东京（今辽宁辽阳）及中京。辽代各族的迁徙改变了旧有族群分布的单一性，推动形成了各族交错杂居、和谐共处的局面，加速了族群交融的历史进程。

西夏较开明的政治、文化政策，促进了族群大交融。自唐至宋初的300余年间，党项与汉、吐蕃、回鹘诸族杂居相处，西夏建国后，境内族群关系稳定下来。黑水城遗址与敦煌藏经洞出土的西夏文书生动地反映了西夏境内各族群交往交流交融的盛况。在内迁中原的过程中，原以畜牧业为主的党项人开始了农耕种植生产，部分党项人也从游牧转为定居。这是西夏积极与中原交往交流后在社会层面出现的转变。西夏覆亡后，党项人逐渐融入其他族群，其治下族群交融的成就助力了元朝大一统格局的形成。

金在辽的基础上进一步突破了农耕、游牧、渔猎的传统族群分布格局，人口流动在当时有了新的明显进展，这促进了多族群共存社会的形成。女真周边的其他族群及契丹人先是融入女真，其后随着金军南迁中原，散居各处，逐渐与中原各族融为一体。海陵王迁都后，将汉人大量迁入东北，同时，女真猛安谋克亦大量南下，时人认为“猛安人与汉户，今皆一家，彼耕此种，皆是国人”[①]。辽东的渤海人再度被逐批迁至山东，与当地汉人混居融合。随着生产生活方式的趋同，各族隔阂逐渐消弭，以致后来的元朝将华北的汉人、契丹人、女真人视为一体。

① 脱脱等：《金史》卷八八《唐括安礼传》，中华书局1975年版，第1964页。

二、族际通婚

辽宋夏金时期，各族群宗室大量通婚，产生了很强的示范作用，直接推动了族群交融。

辽朝族际通婚极为普遍。奚之王族“世与辽人为昏”[①]，契丹与奚由婚姻结成牢固的政治联盟。渤海国虽为辽朝所灭，但渤海王室始终与契丹皇族保持联姻。韩、刘、马、赵四大汉人家族，也多与契丹贵族通婚，如韩德让家族多娶后族萧氏。辽朝还与高昌回鹘[②]、喀喇汗王朝[③]、吐蕃唃厮啰政权[④]联姻。在宗室通婚的带动下，民间族际通婚亦成常态。辽太宗命令契丹人授予汉官者，需接受汉人礼仪，并允许其与汉人通婚。归化州富室张世卿之孙张伸，娶耶律氏为妻[⑤]，可以说是民间汉人与契丹人通婚的例证。

西夏建立后，统治上层率先推动其皇室和辽皇室、吐蕃贵族联姻，西夏诸帝又多娶汉女为妃。民间也不乏族际通婚现象，西夏人复合姓氏即为力证。西夏还出现以族群名称作为姓氏的特殊现象，更突出地反映了族群间的交融，如在西夏文《杂字》“番姓”中就有“鲜卑”“細纥”（“回纥”）等姓。

金虽亡辽灭宋，但女真皇族中多有与辽、宋皇室女性婚配者。此后，女真贵族与契丹人、汉人等始终保持着联姻关系，金朝诸帝的后妃中就有不少其他族群女子。战争往往也在客观上推动了族际通婚。1161 年，完颜亮攻宋，宋人截获金军部分家书，其中一封写有一位妻子给丈夫的诗：“垂杨传语山丹，你到江南艰难。你那里讨个南婆，我这里嫁个契丹。”[⑥]金朝明确出台了鼓励族际通婚的政策。如对女真人，“听与契丹、汉人昏因以相固结”[⑦]；又如对契丹人，“俾与女直人杂居，男婚女聘，渐化成俗”[⑧]。这些政策不仅有利于消弭女真人、契丹人和汉人之间的畛

---

① 脱脱等：《金史》卷六七《奚王回离保传》，中华书局 1975 年版，第 1587 页。

② 重熙十六年（1047），“阿萨兰回鹘（高昌回鹘）王以公主生子，遣使来告”（《辽史·属国表》）。

③ 太平元年（1021），“大食（喀喇汗王朝）国王复遣使请婚，以王子班郎君胡思里女可老封公主，降之”（《辽史·属国表》）。

④ 嘉祐三年（1058），辽朝契丹皇族与吐蕃唃厮啰政权联姻，“会契丹遣使送女妻其少子董毡（唃厮啰之子），乃罢兵归”（《宋史·吐蕃传》）。

⑤《张世卿墓志》，向南编：《辽代石刻文编》，河北教育出版社 1995 年版，第 656 页。

⑥ 周春：《辽诗话》卷上《燕军士妻》，李林点校，浙江古籍出版社 2021 年版，第 626 页。

⑦ 脱脱等：《金史》卷四四《兵志》，中华书局 1975 年版，第 991 页。

⑧ 脱脱等：《金史》卷八八《唐括安礼传》，中华书局 1975 年版，第 1964 页。

域，更表明金朝统治者有意识地通过族际通婚促进融合。

三、礼俗嬗变

辽宋夏金时期，随着人口迁徙、族际通婚而来的是普遍的礼俗嬗变。各个族群不断吸收彼此的风俗习惯，渐趋兼容。

婚丧礼俗方面，契丹人旧有婚俗为“收继婚制”，接受儒家伦常思想之后，旧俗渐被抛弃。契丹人原本采用树葬与火葬，后吸收中原葬俗，用土葬并撰写墓志。两宋时期，部分汉人也受契丹人、女真人影响，采用火葬。党项人也借鉴中原葬俗，《天盛律令》中对丧期礼仪的规定即源自中原。

各族群的民间信仰也互相影响，如中原的关公崇拜与包公崇拜在这一时期传至青藏高原。在河、湟、洮、岷等汉藏杂居地区，关帝庙林立，拜祭者不乏藏人的身影。北宋熙河开边时，吐蕃青唐部首领俞龙珂率部属臣服北宋，请宋帝为其赐名“包顺”，为其兄弟赐名“包诚”“包约”。这说明中原的包公崇拜传至藏人聚居区后，已在很多藏人心中植根，他们以包姓为荣；也说明关羽、包拯作为崇拜对象，对他们的崇拜与敬仰不分族属、血缘。

衣食住行等日常生活的嬗变，也能够反映历史上各族群的交往交流交融。韩琦曾说辽“饮食服玩之盛，尽习汉风”[①]。契丹人早期主要穿由动物皮毛制成的衣服，随着与中原交往互动的加深，其衣物材料由原先单一的皮毛逐渐变为麻、布、丝等。女真人迁居中原后，衣饰也渐染汉风，由“衣布，好白，衣短而左衽”[②]改换汉服，妇女“或裹‘逍遥巾’，或裹头巾，随其所好”[③]。金朝汉人也因“久习胡俗，态度嗜好与之俱化……衣装之类，其制尽为胡矣”[④]。契丹人、女真人的饮食结构也产生了较大的变化，从单一的肉食向饮食多样化发展。饮茶之风也盛行于金朝社会各阶层。此外，迁入中原地区的契丹人、女真人逐渐适应了农耕社会的居所，同时北徙的汉人因居地的改变，也有以毡帐为家者。

女真人的姓氏也受到中原文化的影响。女真人改汉姓氏的共59姓。金朝中期，有些女真人甚至只有汉名传世，如世宗诸子。到金朝后期，一些女真士大夫还效仿汉风取字和号。费孝通曾指出，“女真的改从汉姓出自民间，虽禁而不可止，

① 李焘：《续资治通鉴长编》卷一四二，宋仁宗庆历三年七月甲午，中华书局2004年版，第3412页。

② 宇文懋昭：《大金国志校证》卷三九《饮食》，崔文印校证，中华书局1986年版，第556页。

③ 宇文懋昭：《大金国志校证》卷三九《男女冠服》，崔文印校证，中华书局1986年版，第552页。

④ 范成大：《揽辔录》，孔凡礼点校，中华书局2002年版，第11页。

此点与北魏尽易胡姓为汉姓乃倡导于上并带有某种强制性不同。同时，鲜卑人改胡姓为汉姓的方法主要是谐音……而女真人改汉姓有谐音者……也有取义者”[1]。这反映出这一时期族群融合的自觉性、主动性、深入性。总之，辽宋夏金时期，各族群的界限愈发模糊，其社会习俗亦都发生着剧烈变革，一个混同海内的大一统社会呼之欲出。

第四节　融聚“中国”文化

文化认同始终是“中华”“中国”认同的核心要素和深层动力。辽宋夏金时期，各政权、多族群通过交往交流交融，共同谱写了璀璨的文化。儒释道受到共同遵奉，成为各族群联结彼此的重要文化纽带；汉字成为通用文字，一些政权还借鉴汉字创造文字，翻译儒家经典，进一步夯实了文化认同的基础；各具特色的文学艺术相互借鉴，极大丰富了中国文化的内涵。这些都为之后的大一统奠定了坚实的文化基础。

一、儒释道之合

辽宋夏金时期，儒家思想成为凝聚各族群的共有精神纽带。契丹、党项、女真诸族群共同遵奉儒家文化作为族群认同与文化认同的核心理念。佛教、道教、伊斯兰教也逐渐融入儒家文化因子，与此同时，儒释道不断吸收对方的思想资源，在思想上互相交融，助推了“三教合一”的趋势。

辽太祖将“尊孔崇儒”作为基本国策，兴建孔庙，又亲拜孔庙，奠定儒学在辽朝的政治地位。辽圣宗将科举制从幽云十六州扩展到全国。辽兴宗亲自主持殿试，给予及第进士极高的礼遇，这些都体现出辽朝对儒学的推崇。

宋朝是儒学创新发展的重要时期。宋儒创立的理学思想得到广泛传播，成为后来大一统元朝的官方学说。宋朝在西北、西南地区大兴文教，创设“蕃学”，推广儒家思想，取得了很好的效果。宋诗文家慕容彦逢说吐蕃贵族子弟在学习儒家典籍后，都对中原文化和礼俗产生向往之心。

西夏仁宗在各州县普设学校、建孔庙、尊孔子为文宣帝，并翻译儒家经典，以《孝经》《论语》等为教材，规定番汉都可以参加科举，养成尊孔崇儒之风。西夏还借鉴唐宋法典，编纂了《天盛律令》，推行“汉礼”，并杂用唐宋礼仪。

---

① 费孝通主编：《中华民族多元一体格局》，中央民族大学出版社2018年版，第160—161页。

金熙宗尊孔崇儒，在上京建孔庙，封孔子四十九世孙孔璠为衍圣公，还亲莅孔庙奠祭，认为“孔子虽无位，其道可尊，使万世景仰”[①]。金朝初期，科举分南北选。随着南北文化差异缩小，改为南北通选，统一考试科目和内容。大定十三年（1173），金朝还专门正式设立女真进士科，这在科举史上是巨大飞跃。

喀喇汗王朝深受中原儒家文化的影响，玉素甫·哈斯·哈吉甫所著《福乐智慧》，在治国理念、中庸之道、忠君思想等方面都有对《论语》等儒家经典的借鉴。如：儒家重视“仁政”，《福乐智慧》也力主仁政，劝喻国君“对广大的庶民要心怀仁慈”，“要仁爱关怀，保护人民”，告诫“君王善良，正道直行，人民的日子将福乐无穷”；儒家认为“中庸”是最高的道德，《福乐智慧》也强调“凡事均有相应的尺度，只有适度百事才会美满”，“处事要合乎中庸”；儒家提倡为人处事要“温、良、恭、俭、让”，《福乐智慧》亦宣扬“知足、知耻、温良谦恭”和“君子报人以德，小人报人以怨，你可以去以德报怨”的处世之道。[②]

佛教、道教也是联结辽宋夏金及周边各族的重要文化纽带。佛教早在辽太祖建国前就已传入契丹，兴宗、道宗尤其推崇，佛教因此大盛。高昌回鹘和于阗，上自王公贵族、下至底层民众，普遍信仰佛教。高昌回鹘曾多次以僧为使向中原朝贡，在高昌境内，出现译自汉文的回鹘文经卷，所立佛像形如中国制，可见高昌佛教对中原文化的吸收。辽上京、中京等地道士和道观亦不鲜见，道士刘海蟾著有《还丹破迷歌》《还金篇》等道学经典，可见道教在辽亦颇流行。西夏前期主要流行汉传佛教，政府广建寺院，发起大规模的译经、校经等活动；中后期汉藏佛教并行，政府还设立了专门管理佛教事务的机构；晚期，汉藏佛教出现会通的趋向，西夏密宗也成为元明清三代藏传佛教的重要中介。《天盛律令》把“僧人”和“道士”并提，可见佛道二教在西夏待遇相似。金人对佛教亦推崇备至，帝后百官皆重佛礼佛，朝廷在各地设有僧职，许多贵族甘愿舍儿女为僧尼。“金国崇重道教，与释教同”[③]，境内出现了全真派和太一派等道教新派别，对金朝统治及元朝前期的政治都产生了重大影响。元人在总结辽、金之亡的教训时，曾提出“辽以释废，金以儒亡”[④]，这一说法不尽符合历史事实，却足以说明佛教在辽朝的兴盛与

① 脱脱等：《金史》卷四《熙宗本纪》，中华书局 1975 年版，第 77 页。

② 新疆社会科学院民族文学研究所编：《福乐智慧研究论文选·二》，新疆人民出版社 1993 年版，第 136—137 页。

③ 宇文懋昭：《大金国志校证》卷三六《道教》，崔文印校证，中华书局 1986 年版，第 518 页。

④ 宋濂等：《元史》卷一六三《张德辉传》，中华书局 1976 年版，第 3823 页。

儒学在金朝的流行。

三教在辽宋夏金都拥有深厚的民众根基，三教的理论都有彰显政权合法性和正统性的功能，这些都是各政权统治者非常看重的。因此，对三教的共同遵奉，既是它们竞争中国正统的方式，也使三教成为中国历史上的主流文化符号。

在这一时期，伊斯兰教一支由陆路经喀喇汗王朝传入今新疆地区，并随穆斯林商人传入宋境，还有一支则从海路进入，它们经与各族宗教信仰和文化融合，成为中华文化的一部分。此外，景教、摩尼教等在与西域当地宗教融合后也渐趋流行，如景教石碑上的十字架由莲花承托，显然是吸收了佛教传统。

二、汉字之用

文字是教化的有效工具，契丹人、党项人、女真人正式建立政权之前，均有语言而无文字，与中原汉人长期交往后，受儒家文化熏陶，各族纷纷借鉴汉字创制了自己的文字，这是中原文化向天下“边缘”扩展的成果，反映了各族群都在天下体系内向更复杂、深刻的文化形态发展的自觉。

辽立国之后，先是创制了脱胎于汉字的契丹大字，后又设计出了契丹小字。西夏仿汉字“六书”创制了西夏文。金则仿效汉字楷字，参照契丹字制度，合女真语创制了女真大字，后采汉字、契丹字偏旁创制女真小字。这些文字发明不仅借鉴了汉字的造字法，更表达了对“中华正统”的尊崇，以及对中国认同的自觉归属，不啻为诸政权主动融入中华文化的缩影。

尽管部分政权创制了自己的文字，但实际上，汉字和汉语仍是各政权官方和民间的通用语言文字。除汉人之外的很多族群中都有较多识汉字、通汉语的人，一部分还精通汉文典籍。辽朝的诏令奏议、对外国书等多用汉文。西夏兼以西夏文和汉文为通行文字，设有蕃学和汉学，蕃学教授蕃文（西夏文），汉学教授汉文。辞书《番汉合时掌中珠》（图 8–6）载：“今时人者，番汉语言可以俱备，不学番言，则岂和番人之众；不会汉语，则岂入汉人之数。”[①] 宋人沈括所写诗句“万里羌人尽汉歌”，就是汉语在西夏流行的一个侧面。在金朝，汉语不仅在各族群上层通行，其使用范围和重要性甚至都在女真语之上，当沟通不便时，人们就直接使用汉语沟通。如宋人许亢宗出使金朝，在托撒孛堇寨见到渤海、高丽、铁离、吐浑、靺鞨、女真、乌舍、室韦、契丹、回纥、党项和奚等部族人，说“此地杂诸

① 骨勒茂才：《番汉合时掌中珠》，黄振华、聂鸿音、史金波整理，宁夏人民出版社 1989 年版，第 5 页。

国风俗，凡聚会处，诸国人语言不能相通晓，则各为汉语以证，方能辨之”[①]。据《突厥语大词典》记载，高昌回鹘有不少人会读写汉文。近代考古也发现，高昌回鹘的大量宗教文书和典籍都是用回鹘文、汉文等十多种文字刻印的。从考古发现的于阗使臣和僧侣遗留的汉文文书判断，五代、北宋时期，汉语仍然在于阗社会一定范围尤其是在官方范围内通行。喀什地区巴楚县脱库孜沙来古城一带发掘和征集了30多枚古代木简，上有汉文、回鹘文和阿拉伯文，表明喀喇汗王朝曾行用汉字。西辽时期，汉语更成为当时新疆及中亚的官方通用语言。汉语的广泛通用推动了各族群众对儒家文化的进一步认同，增进了彼此的文化共同性。

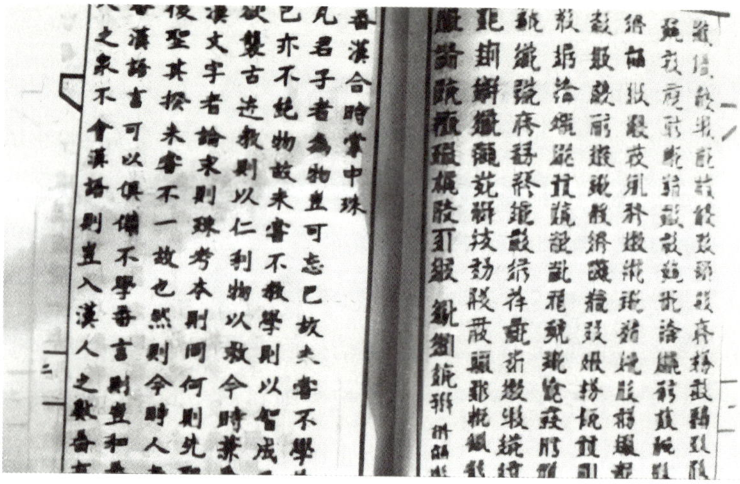

图8-6　西夏《番汉合时掌中珠》

《番汉合时掌中珠》成书于西夏乾祐二十一年（1190），是由党项人骨勒茂才编撰的一部西夏文、汉文音义的合璧辞书，相当于西夏文、汉文对音字典，为当时西夏境内流传较广的一部辞书。

契丹、西夏及女真文创制后，都首先被用于翻译儒家经典与史书，从而教化百姓。辽代萧韩家奴[②]曾译《通历》《贞观政要》《五代史》；契丹文墓志中也有对汉文经典“积善之家，必有余庆”的援引。西夏曾用西夏文大量翻译汉文典籍，如《论语》《孟子》《孝经》《贞观政要》等。金朝更是大量翻译汉文经史著作，金世宗时还设译经所。大定二十三年（1183），译经所先后译出《易》《书》《论语》《孟子》《老子》《扬子》《文中子》《刘子》及《新唐书》等经史书籍。金世宗特

① 确庵、耐庵编：《靖康稗史笺证》，崔文印笺证，中华书局2010年版，第31页。

② 萧韩家奴，字休坚，涅剌部人，萧安持之孙，辽朝著名学者。

“以女直字《孝经》千部付点检司分赐护卫亲军”，并谓宰臣曰：“朕所以令译《五经》者，正欲女直人知仁义道德所在耳。”[①] 金章宗时又设宏文院翻译经书。

儒家经典关乎各政权文治教化、国家治理，历史书写有利于凝聚各族群共同的记忆与认同。辽、西夏、金三朝各族群众通过学习汉字和汉语直接阅读汉文典籍，或者通过翻译汉文典籍，进一步加深了对中原社会制度和思想文化的理解，增强了对中华历史的认同。

三、文艺之融

辽宋夏金时期，各政权文学艺术的基本特征是同受中原文化熏陶，又各富特色，彼此借鉴，互相交融。这在为中华文化注入全新活力的同时，促进了中华文化从多元发展为一体的进程。

宋代文学是中国古代文学创作的又一高峰。论文章，宋朝文学家在“唐宋八大家”中占有六席；论诗，宋朝诗人在擅写“丰神情韵”的唐诗之后，开辟了以“筋骨思理”见长的宋诗[②]；论词，宋朝词作婉约与豪放并秀，将词由“诗余小道”提升至蔚然大观。许多宋词作品也反映了各族深度的交往交流交融。宋朝出使辽、金的使臣在出使期间的词作让宋朝民众更加了解辽、金的风貌。使辽词如时彦的《青门饮·寄宠人》中有云“胡马嘶风，汉旗翻雪，彤云又吐，一竿残照”。使金词数量更多，题材更广，不乏如范成大的《水调歌头·又燕山九日作》等名家之作。此外，宋词中也出现不少表现诸族归心与文化交融的作品。如晁端礼的《鹧鸪天·八彩眉开喜色新》中有云“百蛮洞穴皆王土，万里戎羌尽汉臣”，表达了诸族归心、胡汉一体的思想。晏殊的《木兰花》和欧阳修的《蕙香囊》二词，描绘了胡人乐舞的表演，赞叹了胡姬高超的技艺。刘克庄的《贺新郎·癸亥九日》中有“樽有葡萄簪有菊”，以代表西域的葡萄与代表中原的菊花为意象，揭示了中原与西域的文化交融。

宋朝文学对其他政权的文学产生了广泛影响。辽人素喜宋人诗文，对“三苏”作品能道其详。甚至有的诗文在宋境尚未广泛流传，却已为辽人所得。受唐宋文学影响，辽朝文人也用汉文创作诗词，《全辽金诗》收录辽朝诗人 80 余家，诗作

① 脱脱等：《金史》卷八《世宗本纪下》，中华书局 1975 年版，第 184—185 页。

② 钱钟书曾在《谈艺录》中评价唐诗与宋诗风格之别：“唐诗多以丰神情韵擅长，宋诗多以筋骨思理见胜”，并进一步解释道：“予尝妄言：诗之情韵气脉须厚实，如刀之有背也，而思理语意必须锐易，如刀之有锋也。锋不利，则不能入物；背不厚，则其入物也不深。”钱钟书：《谈艺录》补订重排本，生活·读书·新知三联书店 2001 年版，第 3、402 页。

100 余首。辽宋使臣来往时，常以赋诗来交流信息、增进感情，皇帝往往也参与其中。辽朝皇族中文学水平突出者不在少数，辽道宗歆羡中原文物风流，甚至在佛前许愿“愿后世生中国”，其御制诗文《清宁集》中《题李俨黄菊赋》一诗清新雅丽，可与唐诗媲美。辽道宗皇后萧观音工诗文，善谈论，会自制歌词，有文章《谏猎疏》和应制诗《君臣同志华夷同风》等作品传世。

虽然西夏少有诗文作品传世，但仅存成果中也可见其对汉文化的借鉴与吸收。黑水城出土的西夏文《宫廷诗集》和西夏国师鲜卑宝源创作的《贤智集》，风格都不同于西夏传统诗歌，每句字数、用韵规则等均与中原同类作品相似，显然受汉文化影响。有西夏人曾说到在西夏境内“凡有井水饮处，即能歌柳词”①，更可见西夏人对柳永词的喜爱。

金人文学风格亦承唐宋。金朝统治下，汉、契丹诸族群各有名家，如蔡松年、宇文虚中、萧永祺、杨伯仁、王庭筠、吴激等，其中蔡松年、吴激以乐府知名，文辞清丽委婉，时称“吴蔡体”。金后期还有耶律履、耶律楚材、党怀英、杨云翼、赵秉文、王若虚等名家；元好问更是金末诗文成就集大成者，被称为“一代宗工”。他以深厚的汉文化修养、开放圆融的文学理论，创作了许多脍炙人口的诗词，有词集《遗山乐府》传世。《新编全金诗》收录金朝诗人 600 余家、诗作 12000 多首。宋朝文学在金朝影响巨大。南宋洪皓使金曾作《江梅引》组词四首，被金人争相传诵。党怀英被认为文章有似欧阳修。而赵秉文主张“为文当师六经、左丘明、庄周、太史公、贾谊、刘向、扬雄、韩愈。为诗当师三百篇、离骚、文选、古诗十九首。下及李、杜”②，这反映了金朝文学不仅上承中国古代优秀文学传统，而且颇有与宋朝文学争雄的自信。

当词的传播范围向北延展后，它逐渐成为多民族共同使用的文学体裁。在多种元素碰撞、融合的影响下，在俗化与雅化、婉丽与雄健的矛盾中，词最终向元代俚俗而又刚健的曲文学靠拢。而各民族文学也在相激相融、互动互补中，为中华文化北雄南秀、气象万千的历史走向增加了驱动力，促进了中华文化从多元发展到一体的进程。

音乐和绘画艺术方面的融合，同样彰显了多元一体的时代特点。辽灭后晋时，将其乐谱、宫悬、乐架等运至中京，进而吸收了中原音乐文化，辽雅乐中的八音十二律也大抵“因唐之旧”。内蒙古巴林左旗大契丹国夫人萧氏墓出土的《辽代浮

① 永瑢等：《四库全书总目》卷一九八《乐章集》提要，中华书局 1965 年版，第 1807 页。

② 赵秉文：《复李天英书》，张金吾编纂：《金文最》卷五四，中华书局 2020 年版，第 781 页。

雕散乐图》（图 8-7），不仅体现出辽代散乐宴饮之盛，更可见草原丝路中契丹与东西方音乐文化的交流和交融。辽乐对宋金也有影响，在宋朝北方前线的军队中即流行“蕃歌以杂华乐”，辽之教坊乐则被金人吸收。

图 8-7 辽代浮雕散乐图

该浮雕为青砂岩质，四周有边框，框内半浮雕 3 排 12 人，其中 11 人头戴幞头，身着圆领宽袖或窄袖长袍，腰系宽带，足着高靴，或盘腿或跪式或立式，持琵琶、排箫、笙、简板、笛、筚篥、拍板、大鼓、腰鼓、横笛等乐器并舞，第 12 人髡发，长袍高靴，双手紧握短柄小锤，应为这支乐队的领班。

西夏音乐深受唐宋影响。西夏赵德明归附北宋后，西夏的礼仪、音乐，都遵依宋制。西夏音乐吸收吐蕃等众多部族音乐之长，也深得宋人喜爱。宋神宗曾召见西夏降宋的“蕃乐人”，命其奏乐于崇政殿。西夏乐对元朝亦产生重要影响。

女真原有音乐较为简单。灭辽、北宋后，得其教坊人、乐工、乐器、乐书等，开始吸收辽宋音乐文化。金世宗、章宗又参照唐宋，进一步完善礼乐制度。元杂剧中采用女真歌曲者为数不少，且“女真风流体等乐章，皆以女真人音声歌之”[①]。

在绘画方面，契丹绘画艺术承袭中原的北方画派，涌现出不少卓有成就的画家，创作了大量绘画精品。辽东丹王耶律倍善画贵人酋长和契丹风俗，其《猎雪

① 任中敏：《新曲苑·丹丘先生曲论》，凤凰出版社 2014 年版，第 57 页。

骑》《千鹿图》等被收入宋朝秘府。辽兴宗、道宗多番求取宋仁宗画像，甚至派丹青高手耶律褭履使宋，“模写”宋帝肖像回国。西夏壁画早期多学习唐、宋技法，中期吸收高昌艺术元素，晚期则将中原传统画法与藏传佛教密宗绘画艺术结合在一起。瓜州榆林窟第 3 窟的《五十一面千手观音》（图 8-8），在观音像的左、右对称地绘有《锻铁图》《舂米图》《犁耕图》《酿酒图》等，生动地再现了西夏农牧文化的交融。金朝各族亦深受儒家文化熏染，不乏丹青妙手，显宗完颜允恭、契丹人耶律履、渤海人大简之皆有佳作传世。

图 8-8　榆林窟第 3 窟东壁南侧《五十一面千手观音》图

榆林窟的窟形、彩塑，以及壁画的特点、题材和风格，与莫高窟基本相同，同属敦煌艺术系统，故被称为莫高窟的“姊妹窟”。《五十一面千手观音》中有 8 幅两两对称的西夏生产图，有《锻铁图》《舂米图》《犁耕图》《酿酒图》等，真实地反映了西夏社会的生产生活场景，有很高的科技史价值。

赤峰市博物馆收藏的金朝《孝子图》石刻及金墓壁画中的孝子故事图，皆体现了金人受儒家文化影响之深。高昌佛教壁画艺术在题材和绘画技法上，也深受中原文化影响。敦煌莫高窟第 98 窟的于阗王头戴冕旒，身着衮服，王后曹氏佩戴莲花凤鸟冠，都展现出明显的中原特征。

辽金夏的建筑艺术既仿照汉制，又兼具各自特色，体现宗教文化，生动展现了族群文化的交往交流交融。山西朔州的佛宫寺释迦塔又称应县木塔（图 8–9），始建于辽清宁二年（1056），是我国现存建造最早且唯一的纯木构大塔，也是世界现存最高的古代木构建筑。位于大同华严寺内的薄伽教藏殿，外观出檐深远，梁架举折平缓，显是唐风遗存。大同善化寺的三圣殿采用汉式建筑样式（如庑殿顶）与技法（如减柱法），颇具唐朝遗风。宁夏贺兰的拜寺口双塔是西夏模仿汉制的 13 层密檐式砖塔，而其影塑彩绘又兼具汉传佛教与藏传佛教的双重特征，可谓集汉、藏文化及佛教文化于一身。

图 8–9　山西应县木塔

应县木塔是我国现存最高、最古老的木构塔式建筑，也是唯一一座纯木结构楼阁式塔，其初建距今近 1000 年。全塔无钉无铆，精巧绝伦，塔内供奉着两颗释迦牟尼佛牙舍利。

小　结

辽宋夏金是中国古代历史上最后一个诸政权长期并立的历史阶段。北方政权凭借骑兵形成军事优势，而两宋所处的区域始终占据经济与文化中心。这个时期是诸政权民众通过交往交流交融产生内聚力的重要时期。诸政权以共称“中国”，凝聚中华认同；以战与和，共筑“中国”版图；以承中华典制，共承“中国”之制；以中原王朝货币为媒介，以榷场为载体，完成农牧多元经济制度的互融，同时以人口迁徙、商品流通、榷场贸易为纽带，实现区域经济的融聚；以族群迁徙、族际通婚、礼俗互鉴为主要方式，推动各族群从诸政权辖域内的局部性交融到诸政权间跨区域的整体性互融；以“尊孔崇儒”为主流价值导向，汉字被各政权借以创制文字，汉语更成为诸政权的通用语言，诗、词成为桥梁，促进文学交融；中原音乐、绘画、建筑艺术的辐射，加快了周边并立政权向中原文化靠拢的节奏。与此同时，除汉人之外的其他族群以各自卓有特色的文化风格对中原文化产生了重要影响。辽宋夏金时期的族群交往交流交融，促使各政权共续“中国”正统，共享经济聚合，共融族群文化，共鉴文学艺术，谱写了元明清三代大一统乐章的前奏。

思考题

1. 辽宋夏金政权的“中国”认同表现在哪些方面？
2. 辽宋夏金时期中华民族共同体的经济特征是什么？
3. 辽宋夏金时期儒家文化对民族交融有哪些促进作用？
4. 辽宋夏金时期社会生活中民族交融的表现是什么？

第九讲　混一南北与中华民族大统合（元朝时期）

多民族的大一统，各民族多元一体，是老祖宗留给我们的一笔重要财富，也是我们国家的一个重要优势。

——习近平

元朝（1206—1368）是中国历史上首个由北方草原民族建立的完全统一中国的大一统王朝。元朝疆域一度最北至西伯利亚中部的北海测影所，西北至发源于阿尔泰山的额尔齐斯河的中下游，西南囊括今西藏、云南，南至南海诸岛，东南至琉球，东北至外兴安岭北麓及今鄂霍次克海滨海地区。

元朝结束了中华大地自唐末以来南北对峙长达数个世纪的分治局面，开创了空前统一的疆域版图，深化了大一统制度实践，形成了“混一南北，胡汉一家”的中华民族发展新局面。尤其是元朝在中央设置宣政院，直接管辖西藏，在岭北与云南设置行省，加强了对漠北、西南边疆的管辖。在元朝的广袤疆域内，大量汉人迁往大漠南北的蒙古草原乃至南西伯利亚的图瓦盆地生活，边疆各族源源不断涌入华北、中原、江南及岭南，族群毗邻杂居彼此往来趋于常态，族际通婚现象趋于平常。

多元一体的中华文明继续壮大，长期存在的夷夏对立观念不再是主流。一大批精研儒学、深谙佛道、工于诗书的“华化”西域人，“舍弓马而事诗书”[①]，“敦诗书

① 戴良：《鹤年吟稿序》，李修生主编：《全元文》卷一六三〇，江苏古籍出版社 1998 年版，第 274 页。

而说礼乐”[1]，“政从华俗，且于文章学术有声焉”。这一现象被史家称赞为“是真前此所未闻，而为元所独也”[2]。

虽然元朝统治时间相较汉唐盛世更短暂，但是自元以后中华民族的核心区域再未出现南北分裂或东西对峙的局面，边疆各地对中央政府的政治向心趋势越来越强。中国历史的发展道路跳出了之前几度出现的“分久必合，合久必分”的传统轨迹。

当然，元朝的族群治理也存在明显的局限，族群等级划分措施和阶级矛盾的不断激化埋下了元末动乱的社会根源，部分时期的文化政策也有反复。但不管当政者主观意愿如何，大一统制度带来的政治共同性、经济共同性、社会共同性和文化共同性显著增长，各族人民交往交流交融的意愿始终占据主导，持续深化的民族大融合与文化大融合更加成为历史发展的大趋势。这恰是有元一代对于造就中华民族共同体作出的最大贡献。

第一节　重建一统

13 世纪初期，中华大地呈现多个政权相互对峙并存的状态，这些政权包括金、南宋、西夏、西辽、吐蕃、大理等，它们都不具备完全统合其他竞争对手的实力，呈现出分头并进的局面。终结这一分裂局面，最终再次实现大一统的，是由铁木真（1162—1227）奠定的蒙古汗国及其继承者忽必烈（1215—1294）缔造的元朝。

一、统一全国

铁木真是游牧于漠北草原斡难河流域的蒙古部首领。一般认为，蒙古人主体来源于室韦，室韦的主要部分与早期拓跋鲜卑同源于东胡。自 12 世纪 80 年代始，铁木真开始了兼并草原其他各部的进程。其间，他还从统治中原与华北的金朝那里接受了相应官职。截至 13 世纪初期，通过军事征战与政治联合的双重手段，铁木真完成了对漠北草原诸部的统合，建立蒙古汗国，被尊为“成吉思汗”。后来，他停止对金朝称臣纳贡，成功争取了在漠南草原为金国戍守界壕边堡的汪古部的投奔归附。1211 年，他以漠南地区作为跳板，径直南征金朝腹地华北平原，迫使

① 王旭：《送康仁叔序》，李修生主编：《全元文》卷六〇六，江苏古籍出版社 1998 年版，第 499 页。

② 陈垣：《元西域人华化考》，《励耘书屋丛刻》第一集，励耘书屋 1934 年版，第 3 页。

其移都南京（今河南开封）。成吉思汗还积极向西北地区拓展，在1218年结束了西辽政权在西域近一个世纪的统治，在1227年彻底征服了西夏。1234年，蒙古军队联合南宋攻灭金朝，完全统治了中原地区。1247年，蒙古宗王阔端与吐蕃萨迦派高僧萨迦班智达举行凉州会盟，后者发出《萨迦班智达致蕃人书》，双方以和平协商方式完成了对吐蕃各部的招抚。蒙古军队于1254年攻灭大理；1258年，又兵分数路讨伐南宋，将宋蒙对峙的前线进一步推移至江淮之间。

不过，蒙古军队在征宋期间经历的挫折表明，如果要最终取得统一全国的成就，就需引汉制、行汉法，大力加强中央集权，以赢得广大汉人群体（包括那些定居内地的契丹人、女真人）的认同。

1260年，忽必烈即位后，取消了原先实际统治华北、中原的汉人世侯（即归附蒙古的地方势力）集团的政治特权，将地方统治权收归中央，以利于集中掌控中原的人力物力资源。同时，为避免统治集团内部保守派的掣肘，忽必烈采取渐进改革策略，先立年号，继而为大蒙古国的历代先君制定庙号①，最后在1271年正式确立了汉式国号"大元"，取《易经》中"大哉乾元"之意，完成了与中华王朝正统性相接续的步骤，争取到了更多汉人士民的归附。

忽必烈时期，使者郝经在致南宋皇帝的书信中特别强调能行中国之道的君王才有资格成为中国之主。即便是激烈抗元、宁死不降的宋人文天祥，对忽必烈实现天下一统的大一统理念也表示认同。他拒绝降元很大程度上是由于其坚守人臣"不仕二朝"的儒家忠义精神与"遗民"观念。忽必烈对此精神也加以肯定和欣赏，评价他"是好人也"。元朝所修的《宋史》并未因为文天祥不降而贬低他，反而大力褒扬其殉国亡身、舍生取义的孤忠大节："观其从容伏质，就死如归，是其所欲有甚于生者，可不谓之'仁'哉。"②

至元十三年（1276），元军兵临临安城（今浙江杭州），宋朝幼帝及群臣携传

① 忽必烈参照通晓中华帝制的汉臣群体的意见，在颁布大元国号之前，首先确立了太庙制度，并为成吉思汗及成吉思汗的生父正式制定庙谥，以符合中国正统王朝的礼制传统。其中，前者被尊为太祖圣武皇帝，后者被奉为烈祖神元皇帝。忽必烈确立的谥号制度也为其以后的帝位继承者所承袭，尤其是元朝第三位皇帝元武宗更进一步遵循传统谥法制度中的先例，为成吉思汗续加"法天启运"四字，从此其谥号全称即为"法天启运圣武皇帝"，并沿用至元末。换言之，身为成吉思汗后世子孙的列位元朝君主，无论他们推行汉法的力度如何轻重有别，无疑皆完全认可元朝在庙号谥法上接续中华正统王朝的传统。

② 脱脱等：《宋史》卷四一八《文天祥传》，中华书局1985年版，第12540页。

国玺集体出降。至元十六年（1279），元军在崖山海战中击败了宋军余部[①]，彻底终结了唐末五代以来长达数个世纪的南北分立局面，完成对全国的彻底统一。与秦朝统一六国的前221年、隋朝灭陈的589年一样，1279年是中国步入大一统时代的第三个关键性时间节点。元朝自觉接续中华正统，实行汉法，延续文官体制，定都大都（今北京）。“胡汉异统，势分南北”变为“混一南北，胡汉一家”。

二、行政大区制

元朝的大一统，终结了自唐朝后期藩镇割据以来中华大地陷入分裂的状态，极大深化了传统的大一统政治格局，全面开创了“混一南北，胡汉一家”的中华民族发展新局面。这首先体现在元朝借“统一”之机全面深入地调整了中央与地方的纵向关系，在制度层面巩固与深化了大一统成果。最突出的表现是元朝首次在全国版图内普遍建立起内“腹里”而外行省的行政大区制度。

“腹里”是指朝廷最高行政机关中书省直辖的特殊行政大区，大致涵盖了今北京、天津、河北、山西、山东全境和内蒙古自治区的部分区域，管辖面积远超此前历代中央政府直属的京畿之地。这种相当于“大首都区”的全新行政区划设置，有助于朝廷最大限度地实现强干弱枝、控驭地方。这对明清时期长期存在的以首都为中心的直隶行政区域，有着直接的影响。

与中央直辖“腹里”相并行，元朝在地方上设立十大“行省”，即遍布南北各地的十个地方级行政大区。其中设置时间较晚的下辖和林路的岭北行省，专司治理漠北草原的相关地区，加上漠南草原的大部分地方已隶属于“腹里”区域，元朝成为中国历代王朝中唯一以相对完整的中原地区行政管理模式管辖草原牧区多地的政权。而之前的汉、唐、辽、金，之后的明、清两代，均未在漠北草原推行郡县制或府州县制等与中原地区接轨的行政管理体制。元朝在草原地区实行的这

① 南宋祥兴二年（1279）3月，元军在崖山（今广东江门新会区南）击败宋军，宋丞相陆秀夫背负少帝赵昺投海自尽，南宋灭亡。1997年，日本作家提出“崖山之后无中国”一说。所谓“崖山之后无中国”，是指崖山海战后中国文化精英全部殉国，数千年积累的中华文明从此断层。其实质是认为只有宋朝代表中国的正统，辽、西夏、金等同时代的并立政权不代表中国，之后的元、明、清也不代表中国。实际上，辽、西夏、金等并立政权都自认为代表“中国”，都共行中国政制，都是中国历史上的区域性政权。而且，南宋灭亡之后，元朝统治者并没有“去其史”、文明置换，反而由官方主持编修辽、宋、金的国史，甚至将宋朝的理学作为科举考试内容。辽、宋、西夏、金时期，“中国”不是宋朝的专属。可见，崖山之战只是一场改朝换代的战役，北朝战胜南朝，新朝取代前朝。崖山以后无宋朝，但崖山之后有中国。

一体制，增强了北部边疆对统一多民族国家的政治向心力。

以和林路元代碑记上的官员题衔来看，当时这里的官署设置已与中原行省趋于一致。在具体的官吏任用方面，同样采取标准的蒙古人、色目人、汉人混用之制。尽管蒙古人或色目人出任高官的比例更高，但基层政务的日常运作与“腹里”地区及其他行省一样，皆由更加谙熟案牍文书起草工作的汉人吏员承担。数量可观的原籍中原的汉人官吏，任职于漠北腹地的基层僚属机构，这在中国以往的历史上实属罕见，甚至以后同样实现了政治大一统的清代也有所不及，这从一个侧面反映出当时蒙汉群体在国家机器中的交融深度。漠北一带属于中国疆域的事实，也为当时国外多国人士所知晓。摩洛哥旅行家伊本·白图泰，在旅行记中郑重记述了哈拉和林位于元朝境内的史实。这从非汉文史料的层面，具体批驳了那种声称蒙古草原始终游离于中国版图之外的荒谬观点。在东南海疆地区，福建行省下属的澎湖巡检司负责治理澎湖列岛与台湾一带，加强了朝廷对东南沿海的管理。

不仅如此，行省体制还具有统合西南各边疆人群的行政职能。朝廷主要在南方一些行省之下设置宣慰司这一特殊的地方机构，具体承担对当地人民的安抚治理。宣慰司之下又设宣抚司、安抚司等机构，构成了相对完备的土司管理体制和由本地族群首领担任官长的土官选任制度。这些制度的推行，使得此前常被视作“嵠峒之民”的西南各族，也逐渐承担起向国家上缴少量税赋以及维护官方驿站等义务，逐渐改变了以往此类羁縻民众大多既不见于地方政府的户籍登记记录，也不缴纳赋税的松散管理旧况。

中央政府还在西域和吐蕃地区设立一系列管理机构，对其实行有效管辖。元朝时，西域大部分地区属于朝廷的藩属察合台汗国，但部分地区如吐鲁番盆地则长期由中央政府和察合台汗国共同治理。察合台汗国的政治中心阿力麻里（遗址在今新疆霍城）是元朝时闻名西域的繁华之城，14 世纪的埃及史学家乌马里指出其属于中国。①

在新疆地区，成吉思汗完成了对天山南北的政治统一。13 世纪初，成吉思汗平定了西域诸城，并设立达鲁花赤（蒙古官名，意为镇守官）管辖。②1251 年蒙哥继承汗位，为加强对西域的军政管辖，他分别在别失八里、阿母河等处设立行尚书省事（蒙古国时期无尚书省，“行尚书省事”系沿用金朝官职称号）对畏兀儿

① 北非的旅行家白图泰和学者乌马里在他们的书中都用“契丹”一词称呼“中国”。“契丹”和“秦”是当时中亚和西亚指代中国的两个最常见的名称。

② 宋濂等：《元史》卷一《太祖本纪》，中华书局 1976 年版，第 22 页。

及阿母河以西地区进行军政管辖。元朝建立后，曾在1275年设立阿力麻里行中书省，管辖伊犁河流域；1280年，将高昌亦都护王室东迁永昌，改“断事官”为北庭都护府；1283年分别在别失八里（今新疆吉木萨尔）、哈剌火州（今新疆吐鲁番盆地）、斡端（于阗）设立宣慰司，分别统辖天山南北军政事务，与当时中原地区的行政建制相似；1295年，元朝设置北庭都元帅府和曲先塔林都元帅府，分别镇护天山南北各地，同年又设置西域卫亲军都指挥使司。这些军政机构的设置，使得新疆地区与中原等地的一体化程度显著加强。为进一步加强对新疆地区的管辖，除设置军政机构外，朝廷还采取了设置水、陆驿站，建交钞提举司、交钞库，设提刑按察司，设哈赞忽咱、哈剌火州（今新疆吐鲁番）总管府等机构的措施。以驿站为例，1274年，在天山以南的于阗（今新疆和田）和鸦儿看（今新疆莎车、叶城）两地设立13个水驿。[①] 元朝通过设立这一系列机构，对新疆地区进行了有效治理，使得新疆人民从草原游牧生活逐渐向农业定居生活转变，促进了新疆经济发展和社会文明进步，中原文化也在新疆地区得到了广泛传播。

从元朝开始，西藏正式纳入中央政府行政管辖范围。元朝在中央设置总制院（后改称宣政院），统管西藏和全国佛教事务，由官列副一品的帝师统领；在西藏地方设立乌思藏纳里速古鲁孙等三路宣慰使司都元帅府（即乌思藏宣慰司）来管理西藏地方，而在其他藏族聚居区分别设立吐蕃等路宣慰使司都元帅府（即朵甘思宣慰司）和吐蕃等处宣慰使司都元帅府（即脱思麻宣慰司）。元代藏文历史文献中称当时整个西藏地方被划分成三个“却喀”，它们指的就是元代划分的“吐蕃三道宣慰司”，“却喀”是蒙古语借词，它与汉语中的行政单位名称“路”“道”对应。古代藏文史学名著《汉藏史集》（图9-1）中记载，元世祖忽必烈时期，元朝共有十一个行省，吐蕃三却喀（三道宣慰司）虽然地方不足一个行省，但因为它们是佛法兴盛和帝师所居之地，所以也被算作一个行省。元朝的乌思藏宣慰司设治于萨思迦，其最高行政长官在藏文文献中被称为乌思藏“本钦”，他们都是由元中央政府直接委派的朝廷命官，管理其属下的乌思藏十三万户，代表元朝中央政府直接管理乌思（前藏）、藏（后藏）和纳里速古鲁孙（阿里三围）等三路的行政事务。通过中央的宣政院和地方的乌思藏宣慰司、乌思藏十三万户三级行政机构的设置，元朝中央政府对西藏地方实施了十分有效的行政管理和统治。

---

① 宋濂等：《元史》卷八《世祖本纪》，中华书局1976年版，第153页。

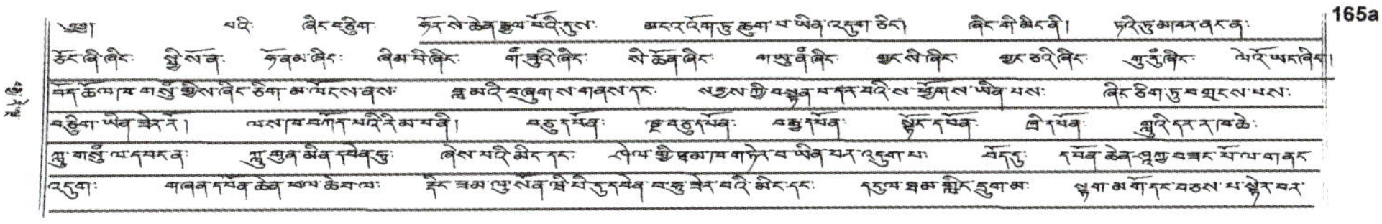

图 9-1 《汉藏史集》

《汉藏史集》是中国历史上一份十分珍贵的藏文资料，在国内属于罕见的史料之一。作者为达仓宗巴·班觉桑布。该书详细记载了元、明两代西藏史及西藏地方与中央政府之间的关系，对元朝中央政府在西藏所进行的一系列施政，诸如建立政治军事制度、设立驿站、清查户口、任免官员等具体措施均有明确记载。

三、多语言政务

为巩固大一统成果，元朝继创制蒙古文字后，又创制并推广适于音写蒙古语、汉语、藏语、畏兀儿语等各种不同语言的八思巴文，使国内人群共享同一套文字书写体系，在国土疆域空前辽阔的全新治理背景下，实现“书同文”的文化政策。八思巴文在音写汉语方面的应用，客观上成为世界上第一种尝试采用拼音字母书写汉语的可行性方案，在汉语史上具有划时代的意义。

元朝是中国历史上第一个正式使用两种以上书面语言来处理行政事务的朝代，汉语、蒙古语、波斯语都是当时政府正式选用的公务语言。现存元朝官府督造的一些铜权上面就刻有上述不同语言所对应的文字，方便语言背景不同的各族群众共同理解与使用。新中国成立后考古发掘的黑水城元朝路一级地方行政文书残叶，多件汉文文书的末尾位置有用八思巴文、蒙古文和波斯文添写的批复指示类词语，反映出公文中多语种交互并用的现象已经在元代统治的地方行政机构出现。

元朝官府机构还保持了一支人数可观的、专门从事不同语言互译工作的译吏队伍，在官方公文的书写方面刻意推广使用一种杂糅蒙汉双语语法特征的全新汉文硬译公牍文体，为蒙汉官员群体切实架起便于沟通交流的语文津梁。

这些措施产生的综合效应极大地促进了国内各族群之间在语言文化上的交往交流交融。以官员群体为例，降至元朝后期，蒙古人、色目人官吏中通晓汉语和汉人官吏中熟悉蒙古语者均有显著增长，随之出现了语言文化上的明显趋同现象。很多情况下，政府中不同族群官吏之间的书面或口语交流已经不必通过译吏而是可以选用汉语或蒙古语直接进行。

四、礼文习儒

元朝皇帝对学习儒家经典普遍持积极态度。自元成宗以来，孔子后裔的政治待遇即呈现逐渐高升的趋势。在元成宗时期，孔子后裔得以享受正四品官员的优厚待遇；到元末顺帝时期，孔子后裔已经是朝廷正式授予的从二品高官。元武宗时期，为了表明对孔子的高度尊崇，更是径直加封孔子为“大成至圣文宣王”，其享有的政治地位超过了以往历代。

从元朝中期的泰定帝时期开始，专门由汉人儒臣为皇帝讲授传统汉文经史著作的做法，也逐渐成为朝廷定制，并一直延续至元末，此即带有明显“亲儒”色彩的经筵制度。经筵的具体讲授任务固然是由汉人文士担当，但同时也有不少蒙古、色目儒士参与协助。这反映出元朝中后期，包括皇帝在内的蒙古上层人士学习儒家文化的态度更趋积极，在一定程度上从文治层面拉近了元朝与传统意义上的中原王朝之间的距离。上层人士学习儒家文化的热情也影响着边疆其他民族，如出身于西域高昌的畏兀儿人贯云石，就是被誉为中华文化史上“擅一代之长”的杰出人物。他的一首凭吊屈原的元曲名篇《殿前欢·楚怀王》被历代传颂。“楚怀王，忠臣跳入汨罗江。《离骚》读罢空惆怅，日月同光。伤心来笑一场，笑你个三闾强，为甚不身心放？沧浪污你，你污沧浪。”[①] 这首小令充分彰显了中华文明特有的忠臣孝子、家国情怀。

许多散居中原的蒙古人、色目人家庭，如畏兀儿人中的廉氏、偰氏等显赫世家，其男性成员均需集中精力学习儒家文化。廉氏家族自布鲁海牙起就注重后代教育，布鲁海牙为其子廉希宪诸兄弟延揽汉儒设教，使之从小就受到儒家文化的影响。常年研经习史让廉希宪成为一个廉孝兼具的儒臣，他以忠、孝闻名，享有“廉孟子”的美称。廉希宪在陕西任官时，修筑了藏书万卷的“读书堂”，其子廉恂、廉恒、廉惇在此学习，后来都成为一代名士。偰氏家族自岳璘帖穆尔时，便一直活跃在元朝政坛上，这与他们具有高深的儒家文化素养不无关系。元朝偰氏家族有名号可考者 47 人，其中有 9 人是进士；偰哲笃以儒业起家，在江西时兄弟五人同登进士第，一时传为美谈。元朝灭亡后，偰氏后裔偰长寿、偰斯分别作为高丽和明朝的使者往返两国，为加深双边友邻关系作出了重要贡献，这与他们家族的儒家文化背景密切相关。

最能反映元代“儒治”取得重要进展的事件，是元仁宗正式恢复此前中断多年的科举取士制度。科举制使部分蒙古及色目军户子弟得以改变人生际遇，客观上促成了统治集团内部的社会流动，也给社会地位整体下沉的汉人儒士阶层提供

① 贯云石：《殿前欢·楚怀王》，隋树森编：《全元散曲》，中华书局 1964 年版，第 373 页。

了向上流动的可能。而且，科举制下想要入仕客观上需要较长学习年限，这也推动了蒙古、色目青年子弟对儒家文化的深入研习。各族士子求学应试的过程，也深化了蒙古、色目士人与汉人老师、汉人同窗学侣之间的交往与友谊，最终通过科场应试建立了足以削弱族群藩篱的人际关系网络，淡化了原本存在的族群隔阂，培育了具有共同文化理念的多族群士人圈。如元朝后期著名的色目进士马祖常入仕后，即推荐同年汉人进士黄溍入京调任翰林应奉。因此，尽管元朝的科举制度本身存在着若干缺陷，但是科举依旧为家世出身不同却共同爱好儒家文化的各族文士提供了平等交往的基础和维系友谊的纽带。这也反映出各民族的交往交流交融在元朝随着国家大一统与科举制度的恢复，较前朝有了更加深入的发展。

除儒家外，元朝皇室还对释道文化加以包容礼遇，与释道两教的上层人士建立了密切联系。华北地区禅宗高僧海云的侍者刘秉忠，曾被忽必烈相中并留在身边。他在确定大元国号及规划元大都设计蓝图等重大事宜上发挥了关键作用。元朝对儒释道的开明态度推动了三教合流思想继续向前发展。

元朝还从政治层面大力推动汉文经典著作的蒙古文翻译工作。由朝廷正式出面组织翻译完成的此类著述，经部有《孝经》《大学衍义》及其节本以及《尚书》节本，史部更多一些，有《资治通鉴》《通鉴节要》《贞观政要》《帝范》《世祖圣训》《承华事略》等。《承华事略》最初是汉臣为忽必烈的皇太子真金撰写的，到元朝中期又由马祖常翻译润色。这种史书著作系统地被翻译为蒙古文的政治文化现象，折射出元朝统治者迫切期望从历代盛衰兴亡的史实中汲取经验教训，彰显了其始终以中国之主自居的认同心态。

第二节 经济统合

在元代，中国又一次在中央政府的主导之下，成功打破地理阻隔，实现了重要物资在全国范围内的高效调配。作为全国经济中心的江南与作为全国政治中心的华北更加紧密地联结在一起，在经济层面上保障了“混一南北”政治成果的巩固。东西方向上远程贸易的开辟和南北方向上农牧区域的密切整合，是这一时期中华民族内部经济交融的突出特征。

一、驿路体系

元代的大一统格局直接催生出全国性的交通网络，为统一的贸易市场的培育创造了社会条件。中央政府在完成全国统一之后，逐渐建成了十分发达的水、陆、海三位一体的官道系统。其中，水、陆官道系统包括密如蛛网并延伸至边疆各地的驿站体系（含设置于天然河流与运河沿岸的水站）。这类官道几乎覆盖了元朝的全部国土。空前发达的驿站体系，承担着官府物资日常转输的重要职能，对于促进全国经济一体化发挥了重要作用。

元世祖时期，南起临安、北到大都的大运河全线通航，沟通了中国从南至北五大主要水系，缓解了传统陆路交通的压力，促进了民生物资的合理调配运输。不仅如此，元朝还直接开辟了南起今江苏太仓港、北到今天津大沽口的全新海上航线，专门用于将南方大宗农产品以海运这种当时最节约成本的运输方式，发往相对缺粮的华北以及更远的地方。直到元顺帝统治前期，这类南北向海上航线都是元朝最为倚重的粮运通道。

全国交通网络的形成有利于商旅在外经商。凭借对这一交通网络的利用，色目商贾远行的足迹遍及全国各地。到元代中后期，定居于东部尤其是运河附近和沿海地区的色目商贾的数量，已多于分布在西北地区的色目商贾。元朝皇帝和宗王还经常委托色目商贾中较为特殊的斡脱（突厥语，伴当、合伙人的意思）群体去全国各地采办珍稀物品，从事特定的商业牟利活动，并赋予其诸多特权，设立相应管理机构，向其提供本金，资助其经商活动。这种由斡脱群体主导的全新官商贸易活动甚至远及海外多地，在商贸活动期间他们可以无偿使用沿途驿站提供的食宿服务。威尼斯人马可·波罗在华期间的真实身份就是一名经常为皇室承办特定经济事务的商人。他不仅以此为契机逐渐积累起一笔巨大财富，而且即使在回国多年以后，还能完整地把自己当初在华活动时经行的旅行路线讲述给记录者鲁思梯谦，这与他当时充分利用驿站制度，足迹遍布全国各地的特定经历分不开。这一事例也显示出元朝的驿站制度对于商贾贸易起到的显著促进作用。

总之，斡脱群体借助水、陆、海兼具的完善驿路系统，展开跨区域商贸活动，无形中将中原、蒙古草原、西域等原本相对分散的地域化贸易，更加紧密地联结成一个全国性的有机大市场，并在此基础上使国内市场与海外市场深度关联，极大地改变了传统经济条件下对海外市场的开拓通常相对有限的旧貌。

二、发行纸币

忽必烈即位后，政府开始在华北一带发行纸币“中统元宝交钞”。随着统一大业的推进，它也被进一步推行至原南宋的统治区域及西域等地。以西域畏兀儿之地为例，元朝纸币有的完全等同于中原，称为“大都通行的钞币”；有的以原名“中统元宝交钞”称呼之；有的是当地发行的，畏兀儿人称为“火州带‘高昌’字样的”。这种统一南北货币的做法加快了全国经济和市场的整合，满足了南北经济交流的需求，方便了来自不同地域的人们交往交流。

元朝政府还时常通过赐钞的形式对包括蒙古草原在内的广大边疆地区进行赈灾，用颁赏纸钞来补偿移民安家的一部分开销，在一定程度上起到了纾困接济的作用。纸币本身在使用过程中具有各种独特优点，如制造成本相对低廉、质地较轻、易于远程携带、面值多样等，因此元朝以纸币代替金属货币的做法有力推动了民间商业贸易活动的发展。这在世界经济史上堪称一大进步，也令马可·波罗这样的旅华人士大为赞叹。

针对纸币与白银等贵重金属脱钩以后难免会导致的通货膨胀问题，元朝政府采取限制钞本流向等多种方式来综合调控纸币投放的数量，以期将通货膨胀率尽量平抑在温和的涨幅中。在元末之前，全国的金融体系正常维持了一段时期。

三、农牧整合

元代大一统格局还直接催生出两大全新的经济现象：东西向远程贸易的开展和农牧两大区域的密切整合。

在东西对峙、南北分裂的宋金时代，经东南沿海入关的舶来品如果想要抵达西部的云贵高原，只能采取分段运输的转手贸易形式，无法实现商品货物迅速、及时的流通。元朝统一后不久，通过东南各市舶司入关的进口海贝（云南当地制作贝币的主要原料）即被商贾以直销的方式迅速发往几千千米之外的云南内陆地区，中间无须再通过任何中介方式接力贩运，由此实现了空前高效迅捷的商品流通，商贾也从中获得了高额利润。

从海贝商品的流动情况来看，东起濒临市舶司口岸的长江下游，西到深处内陆腹地的云南，必定存在一条既顺畅安全又便捷省时、适宜商人贩运商品的远程贸易路线，以至东南沿海被元朝统一后，精明的商人几乎没有任何时间差便开始利用这种全新政治形势所提供的商机营利。显然，这种不经过任何中介接力的全新贸易方式，只有在全国大一统的时代背景下才有可能成为现实。尽管元朝官方出于防止商贩避税的考虑，试图取缔这种海贝直销贸易，却劳而无功。这表明，地方经济业已深度嵌入全国市场，所以这种有利可图的远程贸易形式才会禁而不止。

元朝的大一统统治对农牧两大区域的整合作用是显而易见的。首先，政府通过有计划推行官粮调配等政策，显著缓解了牧区缺粮的固有难题，从而能够应对大漠南北的上都、和林等城市因常住人口增加而面临的粮食供给压力。其次，元朝还招募富民商人，将其以私人渠道购置的粮食等农产品直接从中原运往草原牧区，并由其自行承担中途运输的开支，同时以偿付“盐引”作为酬劳。盐引即古代商人运销食盐的凭证，运粮商人可凭借盐引从官办盐场支取食盐。由于当时盐价高昂且属于极为重要的日常消费品，这种变通做法成为民间商客有利可图的致富手段。该措施的常态化推行，有助于政府进一步将农耕区生产出的余粮调剂到农产品供应不足的草原牧区。最后，元代农牧区域得到整合，农牧经济生产方式呈现区域间相互渗透的态势。草原牧区内的农耕屯田面积明显扩大，过度依赖牧业而导致经济结构过于单一的脆弱局面得以部分改观。而官方也在中原地区设置了部分官牧场。正是在元代，中国历史上首次出现了农牧两大区域被整合为一个经济单元的新迹象，这有利于打破曾长期存在的农牧隔阂，有助于解决由此产生的种种社会矛盾。所以，在化解农牧对立难题、促进二者融合等方面，元朝采取的前述做法无疑具有积极意义。

但是，元朝的经济政策具有明显的阶层固化色彩。这突出反映为：统一全国后，元朝仍然遵循征战时期高度集中人力物力资源的刚性管制原则，强制推行世袭性职业身份制度，即通过实施“诸色户计”制，将全民的户数分类固化为民、军、儒、匠等数十种。每一户计下属的成员原则上皆需世袭其业，除少数蒙古、色目军户子弟通过科举入仕改变身份以外，其他人等一般不得更易谋生职业。这种违背经济发展客观规律的刚性措施既阻止了各阶层的自由流动，又严重妨碍了人力资源这种最为重要的生产要素的合理配置，对全国经济的发展造成了很大的负面影响。

第三节　胡汉一家

“混一南北，胡汉一家”是时人对元朝统一中国的共识性评价。当时南方书贾在翻刻南宋日用类书《事林广记》时，为了更加契合时代背景，特地在该书地理部分新增“大元皇帝，奄有天下，混一南北”的文字，并在旁边配绘一幅《大元混一图》，昭示元朝统一之后疆域空前辽阔。随着这一历史认知在社会上扩散，《事林广记》配图的绘制者进一步标示，元的“混一”不仅包括了对原属宋、金统治下的区域的统合，还涵盖了东西向地理轴线下对应的广袤草原—绿洲地域。全国统一之后，忽必烈派人在各地广采舆图志书，组织人力编纂内容全新的全国性地理总志，这就是元成宗时期完成的《大元大一统志》。此书的命名彰显出时人对元朝开创大一统局面的体认。明、清两代受其影响，官方组织编纂了《大明一统志》和《大清一统志》。对元朝实现统一的历史功绩，朱元璋评价道，“昔者二百年前，华夷异统，势分南北”的局面一变而为“混一南北”[①]。可见，即使像朱元璋这样一位推翻元朝统治的新王朝建立者，也积极肯定北方游牧族群对于中国统一所作的重大贡献。回顾中国历史，每当出现大一统盛况时，往往是强调华夷之辨观念的社会思潮消解式微的时期。对此一个生动的例证是，通常用于书面语的“华夷”一词在元代已经完全口语化，并且衍生出“国土江山”的全新义项。由此可见，在元人的政治观念中，唯有华夷两者相统合才算是完整的国土疆域。

元顺帝时期，朝廷为辽、宋、金三朝编修正史，将上述三朝皆视为正统，这一开明做法，平息了是否独尊宋统的争论。在这样的政治环境熏染下，南方士人心态渐趋开放，如元代最能凸显北方游牧族群特色，并直接反映草原生活面貌的“番马画”等题材，即广受原南宋统治区域内南方汉人画家群体的青睐。这些南人文士在画作中题咏的各类诗文，更是直接折射出作者对国家统一政治局面的认同。

一、族际交融

在元朝大一统政治环境之下，跨族交往交流日趋常态化，各族群间的关系逐渐向更深的交融层次发展，族际通婚现象更为普遍。元朝政府对族际通婚不但一贯持相对开明的允准立场，而且在很大程度上主动推动蒙古与色目上层贵胄之间的联姻。朝廷将皇室公主出嫁到高昌畏兀儿统治家族内；色目人中著名的钦察贵族土土哈家族曾连续三代娶皇室之女；元朝皇室男性成员的婚配对象也包括不少色目贵族女性，如元顺帝的生母为西北边部哈剌鲁部君长的后裔。

元代汉人与其他族群通婚比较普遍。开国功勋赤老温的四世孙脱帖穆耳定居江南，娶汉女高氏、朱氏。[②] 中书右丞相史天泽先后迎娶了两位汉人女子、一位女

① 徐学聚：《国朝汇典》卷一七四《兵部》，明天启四年徐与参刻本，第 1 页。

② 黄溍：《明威将军管军上千户所达鲁花赤逊都台公墓志铭》，李修生主编：《全元文》卷九七七，江苏古籍出版社 1998 年版，第 345—346 页。此处“汉人”指元朝蒙古人、色目人、汉人、南人四种类别中的汉人，与本书其他地方的“汉人”含义有别。

真女子和一位蒙古女子。中书参知政事许有壬的继室赵氏是汪古人中书平章政事赵世延的女儿，而赵世延之妻亦为汉人。在元代，还存在不少回回男子迎娶汉女的情况，这也是后来回族中包含汉人成分的一个原因。

随着畏兀儿人的内迁，许多族际婚姻出现，进一步推动了民族交融的发展。如廉希宪的母亲石抹氏就是完全“华化”的契丹后裔，属于元朝社会中广义的汉人成员。后来他又迎娶了畏兀儿人孟速思之女和女真人海撒之女，她们与廉希宪的子女中，三个女儿嫁给汉人官员。当时的另一位著名畏兀儿文臣阿鲁浑萨理的祖母张氏、母亲李氏和妻子郜氏均为汉人。元初参与灭宋之役的畏兀儿名将阿里海牙除原配夫人之外，续娶的诸妻也均为汉人，且其家族的女裔后辈成员中不乏嫁与汉人的实例。不仅如此，阿里海牙的孙子贯云石迎娶了汉人名臣石天麟之女为妻，而贯云石的生父贯只哥也是阿里海牙的一位汉妻所生。元代书法家鲜于枢的女儿嫁入畏兀儿官宦世家，元末孔子后裔孔瀛迎娶的继室是畏兀儿人。这表明，元代各民族并没有因为族属差异而产生文化上的隔阂，反而由于姻亲关系彼此变得更加紧密。

上述事例尤其反映出元代的西北诸族中，畏兀儿群体在与中原地区汉人的通婚联姻上显得最为积极。

由于大量蒙古、色目军人累世驻扎在各族之间，民间族际通婚更为普遍，如由特定蒙古部落的男性组成的探马赤军屯驻内地，常常从驻地周边的汉人社会中迎娶民女为妻。久而久之，这些祖上出自塞外草原的探马赤军成员，最终融入驻地周边的汉人社会。有元一代，内迁的各类人群大多融合于汉人之中，也有不少繁衍至今，成为现今的少数民族。一般认为，今天西北地区的东乡族、保安族、撒拉族，均系色目人与当地的蒙汉诸族通婚融合形成的本土民族。

然而，元朝的族群治理存在明显局限，最为突出的就是“四等人”[①]的划分及区别对待，将蒙古人与色目人擢升为享受统治特权的地位优越集团，尤以辅佐成吉思汗统一草原的蒙古显贵家族的后裔子弟为尊，而大多数汉人和南人屈居下

① 元初，蒙古统治者根据征服顺序，将治下百姓分为蒙古人、色目人、汉人和南人四类。其中，“色目人”是对入居中原的西域各地人士包括外来移民的统称；“汉人”包括华北地区的汉人、契丹人、党项人、女真人等，也包括在南宋覆亡前即已归附的云南人；“南人”包括原南宋统治下的汉人及广西、贵州等地的少数族群。依据这个划分，元朝在选官、科举、刑律等方面均给予四类人不同的地位和待遇，后人将其概括为“四等人制”。元朝这种歧视政策大致始于忽必烈统治后期，一直延续到元朝后期。

位。不同族群等级之间的社会地位差异主要体现在仕途、法律等方面。以选官为例，中央及行省官署中的重要职位，多由蒙古贵族垄断，色目人中也有部分人士可以充任，而汉人担任要职者显著少于色目人，南人入仕的机会更是微乎其微。至于路以下的地方僚属机构中，最重要的长官达鲁花赤原则上均由蒙古人出任，汉人只是在极其特殊的情况下才可能破例担任此职务。在司法领域，元朝一定程度上存在着同类违法行为处罚结果因族群差异而轻重有别的情况。大体上，蒙古人和色目人可以享受较为宽大的处置待遇，而汉人和南人在违法后受到的处罚则更为严苛。同时为了防范汉人和南人反抗，朝廷还严厉禁止他们持有兵器，相反，蒙古人、色目人在这方面受到的法律限制明显较少。这些公开的歧视性做法不仅在一定程度上固化了族群边界，妨碍了不同人群间的交流融合，而且使得族群矛盾始终时隐时现地存在于社会中，最终成为元末全国性民众起义的重要诱因。

二、大迁徙大混居

元朝人口迁移的常态化打破了自然地理界限，既有为数众多的汉人移民开发边疆，又有大量边疆族群徙居中原，彰显出中华民族共同体内部各族群相互杂居，即“你中有我，我中有你”的人口分布特征。

虽然边疆乃至外来人群迁居中原在之前各个朝代屡见不鲜，但像元朝这样为数众多，又来源多元的边疆族群大举定居中原地区的现象很少。例如，不少原居住地相对偏远的色目人群体迁入中原地区并与汉人杂处交往，一些西北边疆的哈剌鲁人（唐代称为葛逻禄部）则集体移居至河南南阳、湖北襄阳等地，还有源自南西伯利亚的乞儿吉思人（今柯尔克孜族的祖先）远迁山东与辽东落户安家。

畏兀儿人的大量内迁是元代各族群跨地域分布杂居的典型代表。元初西北藩王叛乱，原本居住在哈剌火州和别失八里的畏兀儿人不愿受其统治，纷纷内徙，其分布范围遍及今西北、中原甚至东南各地。以大都为例，今北京海淀的魏公村即得名于元代畏兀儿人聚居的村落。这些定居大都的畏兀儿人中，既有在中央机构出任职务的官宦阶层，也有以僧人、工匠等其他职业身份移居于此的平民大众。内迁到大都以外的畏兀儿人中，在地方出仕为官者，一般担任路、府、州、县的达鲁花赤或同知，秩满后大多不返原籍，而是留居此地继续生活。鉴于畏兀儿人内迁数量较大，居住地比较分散，为便于管理，元朝政府专门颁布法律规定了有关畏兀儿、哈迷里人的民事诉讼程序，这反映出西域各族群众移居中原和族群杂居现象不断发展的趋势。

元代，因蒙古西征被签发来的回回人越来越多。当时从事农业生产的回回人主要分布在甘肃、河南、山东等地，从事商业贸易的回回人则大多活动在杭州、泉州和广州一带。东南地区的回回商人在中外经济、文化交流方面发挥过重要作用，元初供职于泉州市舶司的蒲寿庚及其蒲氏家族就是其中的典型代表。陕西和云南也有较多回回人居住，著名的回回人云南平章政事赛典赤父子，曾在云南兴修水利、推广屯田，受到当地各族爱戴，他们的子孙也留在那里繁衍生息。

在大批边疆族群移居中原的同时，还有不少汉人被安置于边疆各地。他们往往以士兵、农民和工匠的身份屯田务农或者从事手工业生产，将中原相对先进的生产技术传入当地，使边疆经济得到了很大的发展。有元一代大批汉人迁往漠南及漠北草原定居，因此较之以往的朝代，蒙古大漠南北在这一时期出现了不少各族聚居的新兴城镇。

成吉思汗早在西征之前，就派遣田镇海率领汉人在阿不罕山北侧屯田，并建立了镇海城（又作“称海城”，在今蒙古国科布多东南）。和林是漠北的政治中心，也是大量汉人移居之地，窝阔台汗曾命刘敏主持修建和林城以及宫殿苑囿。忽必烈早在即位之前就积极地学习中原的政治、经济、文化传统和统治方式，他任用汉人刘秉忠在漠南草原上选址并建造了一座新的城市，即开平府。忽必烈即位后，将开平府升为都城，定名上都（图 9–2），与大都合称“两都”。在上都路内，不仅有大量来自中原的农业人口，也集中了一批工匠、猎户和商人。两都制度确立之后，元朝皇帝每年都要北巡上都，并且在这里停留长达半年，花费多取自当地人民所纳钱粮，可见当时上都地区的经济开发已初具规模。此外，根据《元史》记载，元朝在今昌吉、伊犁、和田、吐鲁番等地驻军，数量从一两千人到几万人不等。同时，元朝在今阿勒泰、昌吉、伊犁、和田等地屯田，派遣官员管理。在位于塔里木盆地南缘车尔臣河流域的且末县的一处元代古遗迹中，集中出土过一批至元年间的与元代汉人驻军有关的文书遗物。这不仅反映出元初将大批汉军征发至南疆各地承担军事戍守任务的史实，而且其中所出的一件文书被鉴定为至今稀见的元人手抄金代董解元《西厢记诸宫调》之一阙，凸显出中原文化通过汉人驻军在西域地区广为传播的事实。总之，人口迁徙的这种双向流动性及其对南北自然地理界限的彻底突破，以及由此在文化交流领域中产生的促进效应，均为元代族群交融的生动写照。

图 9-2　内蒙古元上都遗址航拍图

元上都是蒙古人建立的草原都城，是元朝的两都之一，始建于 1256 年。城市背靠山峦，南临闪电河（古称濡水），气势恢宏，被命名为“开平”。忽必烈以建设元上都为发端，建立元朝，奠定了统一全中国的政治基础，结束了此前长达 300 多年的政治割据局面。

中央政府为加强对云南的统治，调遣主要由北方游牧士兵组成的镇戍军队长期戍守西南边陲。云南行省驻屯着两支万户以上的蒙古军和探马赤军，以及为数不少的畏兀儿军、汉军和新附军等。经年累月，这一军人群体与本地民众逐渐融合，其后代一直生活在今天的云南多地。今保山市施甸县是被称为“本人”的契丹后裔最集中的聚居地。今大理、保山的部分回族相传是随赛典赤入滇的回回军人后裔。今天生活在云南省安宁市、蒙自市以及石林彝族自治县等地的蒙古族自认为是元代蒙古移民的后裔，而玉溪市通海县曾是蒙古都元帅府驻地，元代蒙古军士的后裔大多居住于此。

总之，尽管元朝在政策层面上实行了族群等级政策，但它没能阻隔无时无刻不在进行的民族大融合主流而最终消亡。

三、文化互融

元朝上承宋金以来的文化传统，采取开明的包容政策，有助于各族相互学习借鉴彼此创造的优秀文化成果，有益于在新的时代背景下广采外来文化的精华优长。各族人民通过密切的交流互动，在相互学习过程中，共同创造着中华民族的物质文明与精神文明。

在科学技术方面，畏兀儿农学家鲁明善的《农桑衣食撮要》在农学领域取得了突出成就。此书仿照前代《四民月令》的体例，按月记载农事操作和各项准备工作，对于指导具体的农业生产活动颇有助益。它与《农桑辑要》《农书》共同体现了有元一代农学的最高发展水平。

在天文地理方面，元世祖时期来华的回回天文学家札马鲁丁成就斐然，其制作的地球仪首次以直观的方式将大地球形说等科学地理观念传入中国。他还利用其掌握的广博西域舆图知识，积极参与为《大元大一统志》绘制全国总图的工作，最终成功绘制出一幅在当时具有世界领先水平的《天下地理总图》，弥补了此前宋金时期的《华夷图》系列往往忽略西北边疆地区的缺陷。

在传统的手工业生产领域，元初江南松江（今上海）人黄道婆将从居住在今海南岛的黎人群众那里学到的先进纺织技术及其生产工具传回家乡，使得松江一带的棉纺织产业得到迅速发展，代表性商品如“乌泥泾被”名闻天下。由黄道婆改良的先进纺织技术又从江南各地逐渐被推广于全国，对我国古代纺织业的发展作出了重大贡献。

与此同时，北方游牧族群的语言文化也对汉人社会产生了重要影响。这首先体现在当时流行的北方口语（元人称之为“汉儿言语”）在语法表达上受到蒙古语的影响，往往具有一些蒙古语语法的特征，如倾向于将全句的判断动词“有”置于句末的位置，从而显示出与传统汉语表述习惯的不同。其次，在各族艺术家广泛参与的使用汉语口语来表演的戏曲创作中，出现了数量可观的音译蒙古语词汇。而且，元代戏曲作者在构思植入蒙古语词汇的具体语言场景时，一般都会设法使它们和艺术角色的文化背景相契合。例如，“元曲四大家”之一马致远在《汉宫秋》中，将说出“把都儿”（蒙古语“勇士、英雄”）一词的角色赋予身份相当于匈奴单于的番王。同样，元本《琵琶记》中一个为官员提供服务的驿站人员角色直接以“兀剌赤”的名称出现，与蒙古语中该词所具有的“马匹照料人员”的基本含义高度契合。从上述词例来看，元曲作者对其词义是了然于胸的，而当时的普通观众同样也大体知晓其义，这样蒙古语词汇在戏曲表演中的出现才能起到为原作增色的艺术效果而不致产生晦涩生硬的问题。这种非汉语词汇在大众化的文学作品中频频出现的情况，在唐诗宋词中是难以见到的，由此可见，元代族群接触交融的深度和广度确实超过了此前的其他时段。

个别见于元曲的这类词汇甚至一直沿用至今，最具代表性的就是驿站的“站”。汉语的“站”原本只是动词“站立”的意思，并无类似今天车站之类的名词性义项。而在元代，蒙古语表示车马驿站的“jam”直接以借词的形态进入汉语，被音译为“站”，仍旧表示驿站等名词性义项。这类渗入汉语中的蒙古语词汇，丰富了自古以来即作为全国通用语言的汉语的词汇，增强了汉语的表达能力及形象性，是各族文化交流融合现象的生动见证。

在文学创作领域，边疆文士群体对中华文明的发展繁荣作出了突出的贡献。王士祯在《池北偶谈》里说：“元名臣文士，如移剌楚才，东丹王突欲孙也；廉希宪、贯云石，畏吾人也；赵世延、马祖常，雍古部人也；孛术鲁翀，女直人也；迺贤，葛逻禄人也；萨都剌，色目人也；郝天挺，朵鲁别族也；余阙，唐兀氏也；颜宗道，哈剌鲁氏也；瞻思，大食国人也；辛文房，西域人也。”①

当时，西域人的诗歌创作风气之盛、题材之广、作品之多、成就之大，堪称空前。有的诗作描绘了草原生活，填补了中原诗歌中草原文化题材的空白，如迺贤的《塞上曲》②。有的则体现了对中原儒释道观念的吸收，反映了边疆族群“华化”程度的加深，如迺贤的《送道士袁九霄归金坡道院》。有的表达了对农耕生活的喜爱，反映了边疆族群对中原耕读传家理念的吸收和接纳，如贯云石的元曲《双调·水仙子·田家》、色目诗人泰不华的《衡门有馀乐》。有的则是对忠勇爱国行为的赞扬，反映了边疆族群对儒家忠孝治国理念的内化与信念，如伯颜（子中）的《挽余廷心·义重身先死》、迺贤的《送慈上人归雪窦追挽浙东完者》。

此外，元末明初的蒙古人作家杨景贤将之前流行的唐僧取经故事改写并创作出篇幅更长的《西游记》杂剧，首次将该故事的重心从叙述唐僧的事迹转移到对孙悟空形象的塑造上。这一作品对后世的章回体小说《西游记》的构思写作产生了重要影响。

元代多民族文化的交融不仅体现在前述南北地理轴线上汉人与蒙古人之间的深度互动方面，而且体现在东西方向上汉人与西域畏兀儿人、青藏高原藏人的互通有无上。例如，居于北庭（别失八里）的安藏，五岁开始学习汉文经书，幼

① 王士祯：《池北偶谈》卷七《谈献三》，中华书局1982年版，第165页。

②《塞上曲》收录于《元诗选初集》，共五首：“秋高沙碛地椒稀，貂帽狐裘晚出围。射得白狼悬马上，吹笳夜半月中归。”写驼队的如：“杂沓毡车百辆多，五更冲雪渡滦河。当辕老妪行程惯，倚岸敲冰饮橐驼。”写塞上少女的如：“双鬟小女玉娟娟，自卷毡帘出帐前。忽见一枝长十八，折来簪在帽檐边。”写塞上日常生活的如：“马乳新挏玉满瓶，沙羊黄鼠割来腥。踏歌尽醉营盘晚，鞭鼓声中按海青。”“乌桓城下雨初晴，紫菊金莲漫地生。最爱多情白翎雀，一双飞近马边鸣。”这组只以塞外为背景的诗歌，从内容上突破了古乐府旧题，描写了夜猎、驼队、塞上少女、塞上日常生活、人与自然的和谐，抒发了对大好河山的热爱。

年时即达到“一目十行、日记万言”的娴习程度，他还系统学习佛经，最终成长为儒释兼通的文化人才。忽必烈即位不久，安藏曾进《宝藏论元演集》，令皇帝赞叹不已。安藏以儒家政治立场推崇君主当以亲习经史而知古今治乱之由，同时正心术以示天下向背之道。他曾奉诏参与将汉文典籍《尚书》《资治通鉴》《难经》《本草》翻译为相关诸族的语言；还曾亲自从事不同语言之间佛经的翻译工作，在元代多民族之间的宗教文化交流中发挥了非常重要的媒介作用。又如河西僧人沙啰巴，以精通各种语言且译功深厚著称，他利用主持译经事业的契机，广交汉人名士，征引儒家经典阐释佛教教义，对增进儒释双方的文化互鉴及沟通贡献良多。

这一时期以宗教为纽带，体现汉藏文化交流的文物更是不胜枚举。在西藏流行的“过街塔”这种颇有地域特色的宗教建筑，开始出现在中原不少城市中，如北京的居庸关、镇江的西津渡等。而汉藏佛教文化交流交融的最佳例证，就是杭州飞来峰的元代石刻造像群。它同时吸纳了来自西夏、吐蕃、中原不同地域流派的多支佛教艺术元素，整个造像体系在艺术风格上呈现出高度的和谐与统一。

元代政治大一统的时代气象在汉藏等多民族佛教文化交流上最直观的体现，是元世祖在其统治后期组织各族僧俗学者共同编撰的佛经目录学巨著《至元法宝勘同总录》。该书综合收录了当时所见的汉文大藏经和藏文大藏经的各自详细目录，并对二者的异同加以对勘，从而使得此书足以代表元代中国大藏经目录的全貌，极大地推动了中原和吐蕃佛教界彼此取长补短、相互学习的进程。参加这一重大文化工程的学者半数是汉人，其他则来自吐蕃、畏兀儿、蒙古等，他们集思广益、通力协作，完成了这部可以视作文化交融里程碑的巨著。

很多全新的外来文化成分，在这一时期被中国文明所吸收。以元代杭州回回人墓地出土的波斯文墓碑为例，两方墓碑均刻有 13 世纪波斯伟大诗人萨迪的作品片段，它被伊朗学者鉴定为现存的在伊朗以外发现的年代最早的萨迪诗歌碑铭。这成为中伊两大文明对话交流的一段佳话，而那些来华定居的回回人士在这中间起到了重要的媒介作用。这批元代杭州回回人墓碑上用于装饰碑面的刻纹图案多呈明显的汉式特征，反映出外来移民群体在保留自身文化传统的同时，还曾主动吸纳儒家文化的元素，并与汉人社会保持交往联系。因此，元朝也是中华民族主动吸收外来文化成分、壮大自身发展的重要时段。

小 结

元朝彻底结束了中国持续数世纪之久的分裂局面，在中国历史上具有里程碑地位，足以与秦朝和隋朝两次统一的历史意义相媲美，而这次统一在地理空间上覆盖的范围则显著超过了前两次。秦汉隋唐时期的匈奴、乌孙、突厥、南诏、吐蕃等边疆政权虽然与中原王朝保持着朝贡、册封、会盟、联姻等政治上的密切联系，但尚未直接隶属于中原王朝的统治，也没有系统地实行与中原接轨的政治制度。而元的大一统真正促使整个中原与辽阔的边疆地区在行政制度上联为一体。中央政府的典章号令遂畅通无阻地通行于整个中国，大大缩小了中原与边疆在治理上的差别。因此，元代后期的汉人文士许有壬才会用“六合同风、九州共贯”[①] 来评价元朝治绩的突出特征。这一评语凸显出元朝治理下的中原与边疆、汉人与其他族群的互动交融，在承袭历代以来民族融合成就的基础上又有新的建树，终于达到新的历史高度。

相较于汉唐盛世，元朝虽然统合全国的时间较短，但相比此前同样结束了分裂局面的秦、隋两朝，已发生了质的飞跃。这也折射出第三次全国大一统时，中华民族共同体的政治凝聚力越来越强。它所开创的这次规模空前的大一统，给后世留下了丰厚的政治遗产（诸如行政大区制度等），为继起的明、清两代的长期统一初步奠定了制度基石。

元朝最主要的政治改革和制度建设方面的成就基本完成于忽必烈统治时期。忽必烈实行文治，尊孔子、行汉法，重建汉唐式的中央集权体制，建立直达基层的郡县文官体制，并创造性地为大一统贡献了宣政院、行省制、土司制等制度设计，将边疆地区有机纳入中央集权的治理之下，以空前的大一统融合了各族群、各宗教与多元文化，从而消除了游牧分封制所带来的离心力，建立了完全中国式的正统王朝。

此后元朝诸帝的政绩大多乏善可陈，难以与世祖朝的政治成就比肩，尤其在积极引进汉制、移风易俗方面渐渐裹足不前。拥有受封藩地特权的守旧派宗王集团，不时利用朝廷未能确立相对稳定的新君继承办法等制度性缺陷干预朝政。元中期以后，本为外姓的掌握禁军兵权的钦察军

---

① 许有壬：《大一统志序》，李修生主编：《全元文》卷一一八七，江苏古籍出版社 1998 年版，第 124—125 页。

事显贵集团也开始介入愈演愈烈的宫廷政争，终致在元文宗即位前夕，统治集团内部爆发严重破坏社会正常秩序的剧烈内战。

不仅如此，元朝在消除族群歧视等方面始终存在明显缺陷，公开违背一视同仁原则的划分“四等人”的做法一直延续至元末。特别是元顺帝前期，以伯颜为首的特权阶层还一度试图通过加剧族群压迫来转移各种社会矛盾，致使族群矛盾空前激化，引发严重的社会危机，后来经历的“脱脱更化”也未能扭转这一趋势，直至社会危机激化为全国性的民众起义。

1368 年明朝建立，元顺帝父子及其残余势力离开大都、撤回草原，并继续沿用故元国号，但因元朝对全国的统治业已宣告终结，史称“北元”。据传元顺帝在元明交替之际所作的蒙古文《怀念两都之歌》，直至 17 世纪依然流传在北方草原，表达了蒙古人对失去大都的无比哀伤和叹惋。显然，大都所代表的已不仅仅是政治上的繁华旧梦，更是与草原一样承载着历史记忆和情感归宿的故土。

思考题

1. 元朝对大一统有哪些历史贡献？
2. 元朝通过哪些措施整合了农牧两大区域？
3. 元代各族群交往交流交融的主要表现及其特征是什么？

第十讲　中外会通与中华民族巩固壮大（明朝时期）

> 六百多年前，中国的郑和率领当时世界上最强大的船队七次远航太平洋和西印度洋，到访了三十多个国家和地区，没有占领一寸土地，播撒了和平友谊的种子，留下的是同沿途人民友好交往和文明传播的佳话。
>
> ——习近平

1368年，朱元璋在应天府（今江苏南京）登基称帝，定国号为“大明”。1644年，李自成攻占北京，明朝灭亡。明朝将包括东北、西南边疆、青藏高原在内的疆域纳入管辖，但初期与北元政权隔大漠南北分立，与亦力把里（察合台后王封地）在哈密以西一线相接。后北元主力被明打败，其政权开始分崩离析，蒙古分裂为鞑靼、瓦剌、兀良哈等部，亦力把里地方政权向明朝称臣纳贡。通过朝贡、羁縻、卫所等制度，明朝与蒙古诸部、亦力把里等地方政权虽有争战，但始终保持着密切的政治、经济联系，共同维护以明朝为主体的中国疆域。

在继承元朝大一统的基础上，明朝采取更为开明的族群政策，实施更为温和的治理方式，使中华民族的交往交流交融进一步深化。在政治层面，明朝发展了元代行政大区制、土司制等大一统王朝治理制度，善用招抚等和平手段，施行因俗而治的治理理念，多族群共同治理疆域、共同抵御外侮。在经济层面，农业生产、商品经济繁荣兴盛，边疆地区开发力度不断增大，中原与边疆农牧经济交融持续深入，中华民族经济一体化趋势更加明显。在社会层面，多向移民助推了多族群社会生活的交往交融，奠定了近现代族群分布格局的基础，促进了边疆社会风俗的嬗变。在文化层面，明朝时期中华文化以儒家文化为主导，同时融汇了汉、蒙古、藏、回等多种文化，继承并深化了元朝所开创的多元文化融合局面。儒家思想作为主流，与佛、道等宗教文化交融发展；儒学教育浸润边疆，各族文化深度交融，蒙古、藏、回等文化亦给中原文化留下了深刻印记。儒家文化还呈现新旧鼎革之势，阳明心学的诞生、伊儒会通的实现、西学东渐与中学西传的发生等，表明文化发展与文明互鉴达到了全新高度。

明承续并巩固了元大一统秩序，统一的疆域更趋稳固、治边的策略更加立体。各民族交融的成果也在前代的基础上进一步整合和发展，中华民族内部交融的层次更加深入、质量更加提升、格局更加拓展。在不断地交往交流交融中，在经济总量仍然保持世界领先地位的状态下，在中西文明相遇的大背景里，中华民族以更加开放包容的姿态，开启了与世界其他民族互动发展的新局面。

但是，明代后期政局动荡，传统政治、社会的弊端尽显。因未能主动有为地参与全球变局，加之传统社会所孕育的许多新元素也因明清变易而被迫中断，中国自此逐渐落后于西方，国际交往也从主动走向了被动。

第一节　巩固统一政治格局

为了建立更趋稳定的多族群大一统王朝，明朝一方面更多地运用招抚等柔性手段，另一方面创新国家治理制度，充分实施因俗而治，吸纳多族群共同治理和巩固疆域，强化了中华民族共同体的政治向心力。

一、接续大一统

洪武元年（1368），朱元璋称帝，定国号为“大明”。同年9月，明军占领大都，元顺帝北遁，元明实现鼎革。

清末，有人将元明鼎革说成是一场“汉族的复国运动”，这与历史事实不符。北伐前，尽管朱元璋一度喊出“驱逐胡虏，恢复中华”的口号，但其目的还是“定天下于一”。他要求徐达、常遇春等善待蒙古贵戚军民，争取各族人心归附。于是，明军反复宣传“华夷无间，姓氏虽异，抚字如一”[1]的主张，旗帜鲜明地宣扬“天下一家”的立场。

① 薛应旗：《宪章录校注》卷二，洪武三年庚戌六月，展龙、耿勇校注，凤凰出版社2014年版，第32页。

同时，明朝毫不隐讳地承认元朝是天授正统。洪武元年（1368），朱元璋宣称："自宋运既终，天命真人于沙漠，入中国为天下主。"[①] 他还说："汉、唐、宋之迭兴，以至于元，皆能混一寰宇，绍正大统，以承天休。"[②] 朱元璋多次致书北元统治者，称只要臣服明朝，就可为一邦之主。对来降的北元官吏，朱元璋通常都授予文武官职。元顺帝嫡孙买的里八剌被俘后，受封崇礼侯，待遇优厚。朱棣登基后，也以实现"天地清宁""华夷绥靖"为己任。

同时，明朝还以"华夷无间"的开明族群观念，全面继承元代疆域管理模式，采取以招抚为主、征讨为辅的策略，将边疆地区纳入王朝版图。

明初，元残余力量仍占据漠北。洪武三年（1370）至四年（1371）间，漠南蒙古各部纷纷归附，明廷控制漠南大部分地区，将甘青、辽东等地也纳入版图。明太祖在辽东、西北增设卫所，充实沿边兵力，并将所有塞外夷民迁入内地。洪武十三年（1380），沐英率军出塞，攻取亦集乃路（今内蒙古额济纳旗）。洪武二十年（1387），明军大破纳哈出部，收编其部族二十余万人。次年，又在捕鱼儿海（今中蒙边境的贝尔湖）大获全胜，俘获"军士男女七万七千三十七口"[③]。元主脱古思帖木儿逃亡途中被弑，蒙古诸部纷纷来降。同年，辽阳行省北部的辽王阿扎失里也率所部军民内附。洪武十七年（1384），明廷于辽东高尔山南麓筑新城，新城属辽东卫指挥使司管辖。明成祖朱棣取"抚绥边疆，顺导夷民"之义，将辽东"新城"改名"抚顺"。

明朝十分重视西南地区的经营。为更好地统一南方各族，将云贵两省正式纳入王朝建制。洪武元年（1368），明朝收管湖广，招抚"溪峒"[④] 部族。次年，慈利等地土官归顺，明廷沿袭元朝职官安置。湖广西部土官相继归附。洪武四年（1371），明军征讨四川明夏政权。四川、湖广交界的"峒蛮"地区是必经之路，平蜀也是统一四川周边各个族群的行动。洪武四年（1371）末，施南宣慰司及周边土官悉数来朝。次年初，播州（今属贵州遵义）、贵州两大宣慰司纳贡称臣。明成祖时期，正式建立贵州省，省下设府进行管辖。

---

① 朱元璋：《明太祖集》卷一《即位诏》，胡士萼点校，黄山书社 1991 年版，第 1 页。

② 李修生主编：《全元文》卷一五二三《敕建历代帝王庙碑》，江苏古籍出版社 1998 年版，第 118 页。

③ 薛应旗：《宪章录校注》卷九，洪武二十一年戊辰四月，展龙、耿勇校注，凤凰出版社 2014 年版，第 115 页。

④ 隋唐以来，我国南方一些族群有居住于山洞的习俗，"举峒纯为一姓"，故泛称部分山区的村寨为峒、溪峒，各峒居民即"峒蛮"。

洪武五年（1372），朱元璋多次招降云南梁王及大理段氏未果。洪武十四年（1381），明廷命傅友德率三十万大军平滇。次年，明廷在云南建立都指挥使司和布政使司。云南各族或被讨平，或被招抚，悉数归附。此后，明朝命沐英及其后人世代镇守云南，设置府、州和县，大大加强了对云南省的管辖。

洪武二年（1369），朱元璋诏谕吐蕃，要求其归附新朝。次年，元陕西行省吐蕃宣慰使何锁南普归顺明朝，一行十三人千里跋涉到南京朝觐。朱元璋“优加礼待”，封其为河州卫（治所在今甘肃临夏）指挥同知，子孙世袭。随后吐蕃各地势力纷纷降顺。1372 年，乌斯藏首领释迦坚赞被明廷封为“灌顶国师”，受赐玉印，确立臣属关系。次年，乌斯藏摄帝师喃加巴藏卜朝觐，朱元璋封其为“炽盛佛宝国师”，将其举荐的旧官悉数授以官职。至此，明朝对藏传佛教各派首领“多封众建”，设置羁縻都司，实施僧官制度。

明朝吸取了前朝宗教治理的经验教训，摒弃了支持一派、压制其他教派的做法，对各教派采取了一视同仁、不偏不倚的态度，多次派遣僧人、中官持节使藏，延请乌斯藏各派有影响的高僧来京受封，先后对“三大法王”及“五教王”进行了册封，使他们在中央王朝的统辖之下继续维持其已有的权势和地位，管理或参与管理所属区域的僧俗，实现了对西藏地区的有效管理（图 10-1、图 10-2）。

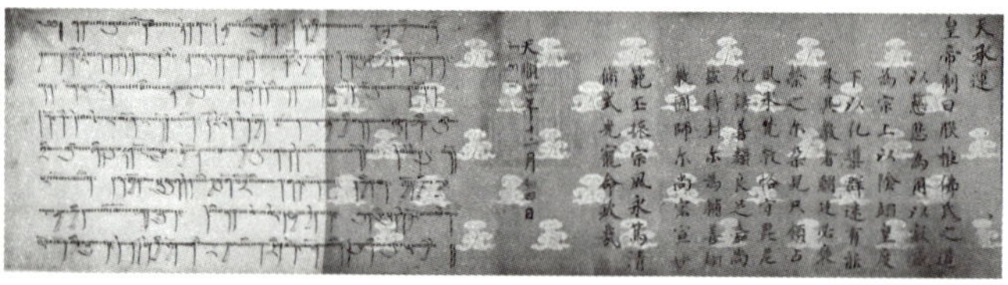

图 10-1　“辅善翊教国师”诰命

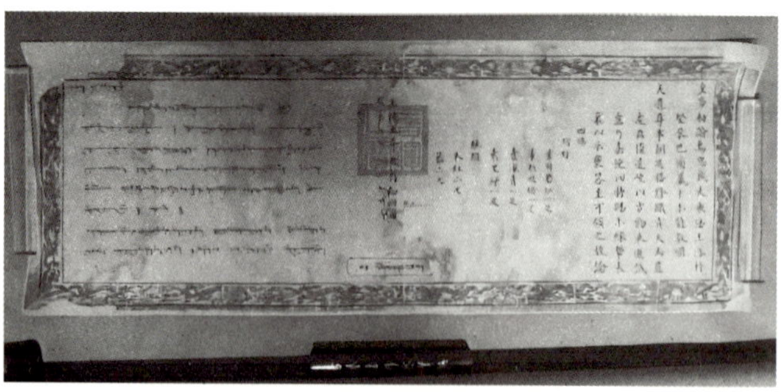

图 10-2　明武宗给乌斯藏大乘法王的敕谕

这是明英宗敕封朵儿只领占为“辅善翊教国师”的诰命，以及明武宗给乌斯藏大乘法王的敕谕。汉、藏文并行，见证了明朝中央政权“多封众建，因俗而治”的治藏措施。

西域各部亦陆续归附，与明廷确立从属关系。洪武元年（1368），明朝遣使诏谕甘青诸部。河西、青海各部相继归附。洪武七年（1374），撒里畏兀儿[①]安定王卜烟帖木儿遣使朝贡。次年，明廷设安定卫（在今青海、甘肃和新疆交界处）、阿端卫（在今青海朵斯库勒湖和新疆交界处），拱卫西北。永乐四年（1406），明朝徙安定卫，重建阿端卫、曲先卫（今青海尕斯库勒湖东南）。使用古突厥语的撒里畏兀儿东迁入关之后，逐渐同蒙古人相互融合。洪武二十一年（1388），明太祖派人护送俘虏的几百名撒马尔罕商人回国，途经别失八里（即东察合台汗国），并建立联系。洪武二十四年（1391），别失八里派使臣前来朝贡。

在开明、柔性的族群政策推动下，中央政府以和平方式将诸多边疆地带纳入有效的管辖范围，完成了“天下”秩序的重新构建。

二、建构二元疆域治理体制

明朝从中央到地方，行政系统依次是六部、承宣布政使司、府、州、县；军事系统则依次是五军都督府，都指挥使司、卫、所。两套体制各有其组织架构和管辖权。

明朝的边疆治理政策较为灵活，它扩展了都司、卫、所中的羁縻武职制度，创新发展了多元一体的大一统治理体系。边疆的都司、卫、所可分为两类，一类是主要分布在边疆和内地之间缓冲地带的实土都司、卫、所，流官和土官共同任职于其中，流官为主，土官为辅；另一类主要分布在西北和东北地区，是以当地族群首领任职管理地方的羁縻都司、卫、所。这一羁縻武职制度广泛吸纳了女真、蒙古、撒里畏兀儿等部族共同治理边疆。羁縻武职制度强化了中华民族的向心力。

在东北的西辽河一带，为蒙古兀良哈部设朵颜卫、福余卫、泰宁卫三卫；在辽东都司外，为女真等部设建州卫、兀者卫、奴尔干卫等上百卫。永乐九年（1411），在黑龙江、乌苏里江流域及库页岛地区建立奴尔干都司。

嘉峪关外，随着北元势力撤走，蒙古、撒里畏兀儿等部族纷纷归附，明太祖设安定卫、阿端卫、曲先卫、罕东卫、沙州卫、赤斤蒙古卫、哈密卫关西七卫，任命归附的边疆族群首领为指挥、都指挥同知等官职。

在西番，明朝废除元朝的三个“宣慰使司都元帅府”，建立乌斯藏、朵甘行都指挥使司与俄力思军民元帅府。这些羁縻都司受中央直接控制，分别管理前后

① 撒里畏兀儿是元、明时期对今天裕固族先民的称呼。

藏、康巴藏区和阿里地区的军政事务。其下还设有万户府、千户所等基层机构。今藏于西藏博物馆的永乐五年（1407）礼部造“朵甘卫都指挥使司官印”，是明成祖朱棣册封西藏馆觉首领南葛坚藏为朵甘卫都指挥使，管理昌都等地的军政事务所赐予的银印，是明朝中央政府以都指挥使和卫所制度对西番进行管辖的实物见证。

在西域地区，明朝也开展了卓有成效的治理。终明一代，西域大部主要为蒙古人后裔先后建立的察合台汗国、叶尔羌汗国等政权实际控制。1347 年，蒙古四大汗国之一的察合台汗国分裂，秃忽鲁帖木儿为东察合台汗国君主。明朝史籍根据其都城变迁，先后称之为别失八里（今新疆吉木萨尔）或亦力把里（今新疆伊宁）等。1514 年，东察合台汗国阿黑麻汗之子赛义德建立叶尔羌汗国。1570 年，叶尔羌汗国吞并吐鲁番汗国，再度实现东察合台汗国内的又一次东西部统一。

明朝主要以哈密为支点经营西域。永乐二年（1404），哈密安克帖木儿遣使朝贡，请求赐爵；明成祖封其为忠顺王。永乐四年（1406），正式设立哈密卫。明朝中央王朝不但以宗主国身份决定其王位继承，还直接册封其官员。东察合台汗国与明朝也保持了频繁的朝贡关系。洪武二十四年（1391），察合台后王（即东察合台汗国君主）黑的儿火者遣使贡方物。永乐十一年（1413），明成祖出面调解当地纠纷，还曾派使者访问别失八里。宣德年间，察合台歪思汗遣使入贡。正统之后，亦力把里也朝贡不绝。明朝对西域朝贡使臣往往授予羁縻武职，以示优容。

明朝经略西南地区成效显著。明廷依托土司制度强化对南方山地族群的治理，在滇黔川桂及湖广西部等地，明朝因俗而治，任命族群头领担任地方官吏。这些土官或土司既负责本地基层治理，又向朝廷承担纳税、服徭役和征兵等义务。

相较前朝，明朝进一步完善了土司制度。土官成为与流官相区分的专门职官体系，有固定的层级和品级，并形成文职、武职两个序列。为制约、监管土官，明廷任命流官担任土官衙门的佐贰官、首领官，形成土流并治的职官体系，为“改土归流”留下空间。此外，土官的承袭、贡赋、征调、升迁和奖惩等制度化管理更趋严格。明一改元“罚而不废”的做法，对犯罪土官严加惩处。

明朝要求土官在辖区内广泛开办儒学，规定土官继承人必须入学，学习儒家文化和礼仪。土官体制由此更为完善，既保留了南方边疆族群原有的政治、经济、文化结构，又强化了边疆族群的国家认同，促进他们更好地融入经济社会发展中，进一步巩固了大一统政治秩序。

作为明朝各族群交往交流交融的重心，边疆卫所从当地族群吸纳大量兵源。

如辽东都司东宁卫的五个千户所中，汉军仅一所，其余四所军士都来自辽东各族群的百姓。西南地区的卫所军士更是本地族群居多，云南大理卫、洱海卫、蒙化卫诸卫的土军、广西的“撞兵”（元代在广西施行屯田，“撞兵”承担屯田和防卫义务）、四川建昌的土军等，都被纳入卫所体系之中。

就边疆族群的治理而言，元朝强调“威”，善用军事征服，明朝统治者与之不同，特别注重“德”，强调安近来远，对边疆族群以招抚为主，侧重用经济文化手段维系认同。总之，明代对边疆的管理体制吸纳了多族群共同治理边疆的理念。

三、明蒙互动

明力图承袭元的疆域。明军占领元大都后，退居塞外的北元蒙古贵族仍时常以正统自居，与明朝长期对峙，史称“元人北归，屡谋兴复”[①]，双方冲突不断。明廷对蒙古诸部采取“威德兼施”的政治策略。

明初，朱元璋发动北伐，同时积极防御，分封诸王守边，并采取招抚策略，吸纳蒙古部族归附。从洪武元年（1368）至洪武二十三年（1390），大量蒙古部众南下归附，削弱了北元的势力。东北蒙古部众归降后，明设泰宁卫、福余卫、朵颜卫三个羁縻卫所，史称“兀良哈三卫”。洪武二十一年（1388），蓝玉率军在捕鱼儿海与北元决战，大获全胜。北元战败后，政权分裂。鞑靼势力衰退，瓦剌兴起并与明朝渐成对峙之势。

明成祖既对鞑靼和瓦剌采取“扶弱抑强，分而御之”之策，又以怀柔之术与蒙古诸部建立封贡关系，允许兀良哈三卫、哈密卫等羁縻卫所“商贾贸易，一从所便”[②]。永乐七年（1409），还分别分封瓦剌马哈木、太平、把秃孛罗为顺宁王、贤义王、安乐王，以实现“顺则抚之”的目标。同时以防范之心，保持对蒙古诸部“慎固封守”，继续修筑长城。

洪熙元年（1425），明仁宗“颁将军印于诸边将”[③]，正式建立了大将镇守九边重镇的制度，并收缩朝贡互市定期开市，择品交易。正统四年（1439），瓦剌首领也先兼并蒙古诸部，瓦剌的势力达到顶峰，力图恢复元朝一统天下的盛况。也先对明朝采取军事攻掠与扩大朝贡贸易规模的双重策略，最终引发“土木堡之变”。正统十四年（1449），瓦剌大军在首领也先率领下，南下攻掠明朝边境，明英宗仓

① 张廷玉等：《明史》卷九一《兵志·边防》，中华书局 1974 年版，第 2235 页。

② 谈迁：《国榷》卷一二，壬午建文四年十一月庚辰朔，张宗祥点校，中华书局 1958 年版，第 888 页。

③ 张廷玉等：《明史》卷八《仁宗本纪》，中华书局 1974 年版，第 111 页。

促亲征，在土木堡被俘，史称“土木堡之变”。景泰元年（1450），瓦剌归还英宗，双方恢复通贡互市。

“土木堡之变”后，瓦剌不断兴兵犯边掳掠，迫使明朝大兴土木，修筑长城。英宗之后，不再派遣使臣前往蒙古，永乐以来的使臣双向往来转变为蒙古的单向来朝。到嘉靖年间，明廷甚至对鞑靼首领俺答汗采取“绝贡”政策。

明武宗正德年间，达延汗统一蒙古各部，对明态势由或战或贡转向全面攻掠。俺答汗崛起后，自嘉靖十一年（1532）至二十九年（1550），先后六次遣使议和通贡，都被明世宗拒绝。嘉靖二十九年（1550），俺答汗发兵入塞，围困北京，在城外焚掠骚扰八日之后，在获得明廷通贡承诺后退兵，史称“庚戌之变”。“庚戌之变”迫使明朝于嘉靖三十年（1551）开放马市，但仅大同、宣府两地，且互市之货物数量皆有严格限制。后明朝拒绝了俺答汗要求扩大贸易范围的请求，甚至关闭马市。明朝与蒙古贸易中断，双方自此开始了近20年的战争。隆庆四年（1570），俺答汗之孙把汉那吉投靠明朝，受封指挥使。次年，俺答汗与明和议，建立册封和通贡关系，明朝册封俺答汗为顺义王，并开放长城沿线11处互市关口。至此，明朝与漠南蒙古右翼各部建立起封贡互市关系，但对左翼各部，明朝仍实行战守结合的策略。

明朝同时大力支持俺答汗崇信藏传佛教。隆庆、万历年间，应俺答汗的请求，明廷数次颁赐“番经”，派藏僧札巴、班麻等往蒙古传教。万历六年（1578），俺答汗与格鲁派首领索南嘉措在青海仰华寺会面，双方互赠尊号。由是，藏传佛教在明代逐渐成为蒙古各部的信仰，西藏也深受蒙古诸部政治文化的影响。

有明一代，与蒙古诸部的互动错综复杂：既有正统之争，也有和战交织的局面；既有政权并立，亦有一定的政治从属关系；既有蒙古诸部的袭扰劫掠，又有明朝的闭关绝贡。这种互动深刻表现出，中华文明内部的农牧社会，无论政权分合，始终共生共变于大一统秩序之中。而双方互动的主阵地长城一线，不仅是军事防御工事，还是一条族群互动线，见证着多民族的交往交流交融和农牧文明的共存共生。

四、共击外敌侵扰

明以开明柔性的理念及策略推动多族群统一格局，中华民族在政治层面交融发展的势头持续推进，政治向心力不断增强。在明朝数次面临外部势力侵扰的危难之际，各族人民通力合作抵御外扰，保卫共有家园。

嘉靖三十二年（1553）四月，倭寇主力横冲直撞侵犯江浙地区，江浙、山东官兵望风逃遁，一时间滨海数千里同时告急，南京危在旦夕。新上任的兵部尚书张经曾任两广总督，深知广西狼兵尤其是“岑家兵”的骁勇强悍，于是上书朝廷请求征调田州、归顺、东兰、那地、南丹五州狼兵急赴江南御倭。年近花甲的瓦氏夫人[①]不顾自己年迈体弱，毅然请命应征，请求带兵抗倭，代重孙挂帅出征。瓦氏夫人率兵从广西田州顺右江而下，经邕江、西江抵梧州，又经广东佛山北上，翻大庾岭到江西赣州，转水路过南昌、湖口入安徽，一路跋山涉水数千里至浙江嘉兴抗倭，奋勇杀敌，屡立战功，成就了一段保家卫国的传奇。

嘉靖三十四年（1555），明朝官军与西南军队协力合作，取得了抗击倭寇的“王江泾大捷”。此役拉开了彻底平定东南倭乱的序幕。广西田州等处俍兵（壮人）与湖广永顺、保靖土司兵（苗人、土家人）为保卫东南海疆建立了不可磨灭的历史功绩。被击退的倭寇大批流窜至台湾，岛上各族军民团结一心，迫使倭寇退兵。万历三十一年（1603），倭寇再次大举入侵台湾，当地各族百姓配合明将沈有容、陈第击退倭寇，保卫了祖国的领土。

万历二十年（1592），丰臣秀吉率军全面侵入朝鲜，并扬言要借道朝鲜入侵中国。明朝派军队援朝作战，这支军队以东北、浙江的汉人为主体，同时包括蒙古人、女真人、回回人等不同族群的士兵。中朝联军在万历二十五年（1597）全面击退日军。该役保卫了我国东北边疆和海疆的安全，奠定了此后300年东北亚的和平局面。

明末，西方殖民者不断侵扰我国东南沿海，侵占澎湖、台湾等地。天启二年（1622），荷兰舰队占领澎湖，各族军民奋起反抗；天启四年（1624），收复澎湖；崇祯六年（1633），大败荷兰。崇祯十四年（1641）至十六年（1643）间，台湾岛内就有58个村社相继武装反抗荷兰殖民者。台湾各族百姓的英勇反抗，为清初郑成功顺利收复台湾奠定了基础。

明朝各族军民勠力同心，共御外侮，共同抵御倭寇侵袭，一同遏制西方殖民

---

① 瓦氏夫人（1497—1555），原名岑花，壮族，归顺直隶州人，土官岑璋之女，明代抗倭巾帼英雄。按照壮族土司时代官族与官族通婚以及壮族婚姻不避同姓的习俗，岑花嫁给田州（今广西百色田阳区）土官岑猛为妻后，为避开夫姓而改姓为“瓦”，称为“瓦氏”。明嘉靖三十四年（1555），瓦氏夫人病逝于田州土司府署，被追封为“淑人”，葬于州城太婆地。瓦氏夫人为守护国家和人民安全作出了杰出贡献，其在国家危难之时挺身而出、奋勇当先的爱国主义精神，成为一笔宝贵的精神财富，代代相传。

势力的扩张。这种团结协作、共同保卫家园的民族精神，体现出中华民族政治向心力在明代持续增强。

第二节　农商并举的经济形态

明代是古代中国生产力空前发展的时期，社会经济远超宋元时期。边疆屯田广泛实施，新作物传入中国，边疆开发进程加速推进；商品经济繁荣发展，国内统一市场逐渐形成；农牧经济深度融合，边疆生产力水平迅速提高，与内地的经济一体化加速推进。此外，明代中国与世界不断接轨，中外经贸交流密切。

一、边疆屯田与新作物传入

明太祖朱元璋言“农为国本，百需皆其所出”[①]，尤其重视农业生产。中国古代农业经济到明代达到一个新的历史高峰。明朝开国之初，政局和社会秩序的稳定，为人口持续增长和农耕面积的扩展创造了有利条件。

除中原传统农业区生产发展外，明朝在边疆地区推行包括军屯、民屯、商屯等多种形式的屯田。边疆屯田范围广阔，东自辽左，北抵宣大，西至甘肃，南尽滇蜀，极于交趾（今越南境内）。屯田的效果十分明显，如沐英镇守云南，垦田百万余亩，极大地促进了当地经济社会发展。

明中后期，人口数量快速增长，这与玉米、番薯等美洲高产作物的传入有关。西北、西南边疆地区是新作物传入内地的重要中转站。明代时，番薯经多人、多路径引入中国并实现本土化。玉米、番薯的适应性极强，成为从内地走向边疆和海岛的流民赖以生存的首选作物，一定程度上促进了边疆生产力水平的提升与人口的增长。

一些地区生活环境和原有生活方式均发生了变化。烟瘴的存在曾是南方地区开发程度低的重要原因。明初，海南岛黎人户口稀少，土地荒芜，瘴气肆虐；至明中叶，人口繁衍，土地垦辟，瘴气也消退十之八九。北部边疆的生产更是进步迅速。明末，方逢时在《塞上谣》中写道：“人言塞上苦，侬言塞上乐。胡马不闻嘶，狼烟净如濯。时雨既降沙草肥，丁男释甲操锄犁。夫耕妇馌朝复暮，荜门鸡

① 祁彪佳：《救荒全书》卷三《治本章·重农之谕》，赵丽等誊抄，夏明方、朱浒校订，天津古籍出版社 2010 年版，第 554 页。

犬皆相依。天王有道边人喜，稽类来朝复来市。”[①] 诗歌生动描绘了塞上农耕生活的幸福场景。

二、封贡互市与茶马贸易

明代，农耕和游牧经济之间的依存度不断提高，农牧经济关系进入新阶段。中原与蒙古的“封贡互市”、中原与西南部族的“茶马贸易”是农牧经济互相依存的最好体现。

朝贡是明前中期中原与蒙古经济互动的主流模式。永乐元年（1403）至隆庆四年（1570），蒙古各部赴京朝贡八百余次。[②] 仁宗、宣宗时，朝贡贸易日益成熟，形成京城贸易、沿途贸易、三边互市等多种形式。隆庆五年（1571），明朝与鞑靼形成“俺答封贡”的一致认同，但是朝贡与贸易分离，由此导致边境互市成为主要贸易形式。长城沿线贸易活动全面展开，互市地点持续增多。明朝根据各边情况，扩大民间互市比例，蒙古中下层民众都能参与其中。互市的商品限制也不断放松，铁制品、丝织品等开始出现在市场上。其繁盛局面超过仁宗、宣宗、英宗诸朝，“布帛、菽粟、皮革远自江淮、湖广辐辏塞下”[③]。俺答封贡是用经济互补处理政治分歧的典范，标志着北部边疆农牧经济一体化日渐成形。

明代是茶马贸易的黄金时代。茶马贸易指中原与西部各族“以茶易马”的经贸活动，是当时西南地区经济交流的重要形式。茶马互换发挥了双方的经济互补性，使西部各族经济融入国内统一大市场，收到了良好的经济效益和社会效益。

明朝在西南各地恢复设立驿站，经过多年的努力，西南地区的驿站全部得到恢复。西部各族各派使团入朝朝贡的同时兼事大宗贸易，沿途出售本地土特产，换取各种农工产品，藏人的佛画、犀角、皮毛、藏绒、药材等与中原的绸缎、布帛、食盐、粮食等进行交换，汉藏之间的物质交换范围不断扩大。

农牧地区的经济交流，加快了中华民族经济一体化进程，起到了稳定边疆、消弭战争的作用，维护了社会安定、族群团结和多族群国家的统一。

三、白银流通与市场统一

明代白银的地位越来越重要，白银货币化将社会各阶层广泛地卷入市场之中，推动着商品经济的发展和市镇的繁荣，促进了国内统一市场的形成和完善。

① 方逢时：《大隐楼集》，李勤璞校注，辽宁人民出版社 2009 年版，第 42 页。

② 杨绍猷：《明代蒙古经济述略》，《民族研究》1985 年第 5 期。

③ 冯金忠、陈瑞青：《河北蒙古族史》，民族出版社 2020 年版，第 248 页。

16 世纪中叶，随着一系列财政政策的变革，明代白银货币化，白银不仅在社会流通领域成为主币，而且在国家财政体系中成为主要征收形态，标志着中国白银经济或者说“白银时代”的形成。隆庆元年（1567），明廷调整政策，允许民间赴海外通商，史称“隆庆开关”。海禁解除与海外贸易的拓展，使得大量海外白银流入，远远超出官营与民间银矿的产量，为商品经济的繁荣带来了契机。

此时，手工业技术迅速发展，生产的社会分工和地域分工已日益深化，商品交换和流通市场持续扩大，市镇经济随之繁荣，商品流通几乎不再受南北地域限制。景德镇的瓷器流通全国，以徽商、晋商为代表的商帮也逐渐崛起。明中后期，长距离贩运贸易逐渐从以大宗商品为主转向以民生用品为主，内地与边疆的经济交往更加畅通。

明中期以后，国际贸易有力地促进了统一商品市场体系的发展。新航路开通前，中欧贸易须以阿拉伯等为中介；新航路开通后，明代的中欧贸易则通过新航路将中国市场与世界市场直接连接。晚明时，葡萄牙、西班牙先后到中国进行海外贸易。但欧洲人面临的一个难题是，中国对欧洲商品几乎没有需求。西班牙人最先发现明朝对白银有着巨大的需求，开始把白银从美洲运往亚洲。

明中叶以后，白银货币化、手工业发展、市镇繁荣等，共同推动明朝的商业走向前所未有的繁荣，而海外贸易的拓展、白银大量流入更使自在的中华民族经济共同体“不自觉”地被卷入世界经济体系的竞争中，其影响也辐射到边疆地区。如明中后期，清水江流域兴起的木材贸易为当地苗人社会带来了大量白银，形成清水江流域白银饰品化的风俗，当地成为苗人盛装中银饰款型最为密集的地区。

第三节　疏通华夷的社会风貌

明朝主导了中国历史上规模最大、历时最长、范围最广的官方移民。仅在洪武年间，移民就有约 1100 万人，其中军籍约 400 万人、民籍约 700 万人。永乐时期，移民 230 万人左右，其中军籍约 142 万人、民籍约 88 万人。[①] 内地与边疆人口在明代呈现多向流动，经过明代两百多年的发展，各族群生活相互交融、密不可分，形成社会交融发展的新态势，奠定了近现代民族杂居的分布格局。

① 曹树基：《中国移民史》第五卷，福建人民出版社 1997 年版，第 472—473 页。

一、北方族群的内附

为削弱北元势力，以及防止其与东北、西北各族联合，明朝不但不阻止北边诸族南下，甚至采取积极的招抚政策。诸多故元官员、北边各族百姓纷纷内迁，且移民持续时间之长、数量之多，丝毫不逊于以往诸朝。明代内附的族群包括女真、鞑靼、兀良哈、瓦剌、撒里畏兀儿等。归附者提出申请，经朝廷批准便可在内地“安插居住”，其文化风俗与生活习惯得到尊重。

来降的故元旧官部众及塞外蒙古、女真人多被安置在卫所，构成明代庞大的“达官”和“达军”群体。洪武二十年（1387），归附的元将纳哈出的20万士兵就被安置在辽东、云南、两广、福建等地卫所。哈密等地的大批畏兀儿、哈喇灰等族，部分定居西北，部分迁往中原。嘉靖年间，吐鲁番将领牙木兰、马黑麻率众归附，迁居至甘肃、湖北等地。南迁内附人集中编入卫所，使明朝的军队显现出多民族构成的特点，京师和缘边一些卫所汉人以外官兵的比例更在半数左右。成化、弘治以后，内附人多改易汉姓、与汉人通婚，逐渐融入中原社会之中。明代各民族的深度交往和融合，奠定了后世各民族“大杂居、小聚居、交错居住”的人口分布格局。

二、农牧混合社会的成长

嘉靖年间，丰州川（今内蒙古呼和浩特）出现了有一定规模的农牧混合社会即“居屋佃作”的群体，被称为“板升”（蒙古语“房舍”之意）。他们是以北迁汉人为主体，间杂大量蒙古百姓而形成的农业定居聚落，人口达十万之众。他们耕种的农作物成为蒙古诸部主要的食物来源，草原部落历史性地实现了粮食自给自足，塞上成为农业丰收的沃土。

随着板升农牧混合聚落的壮大，俺答汗时期的蒙古经济社会生活有了较快发展，蒙古诸部通行的《图们汗法典》越来越不能适应日趋复杂的社会形势。为此，俺答汗曾召集各部领主，吸收中原刑律，修改蒙古习惯法，在1578—1581年编写并颁行了《俺答汗法典》（亦作《阿勒坦汗法典》）[①]，该法典以法律形式再现了当地社会经济生活组织情形。

与板升相类似，居住在青海西宁地区的大部分蒙古“达民”，也占有一小块土地，从事耕作，并定期向明廷交纳税粮。板升等农牧混合聚落的出现使得塞上

① 奇格：《一部珍贵的古代蒙古法律文献——〈阿勒坦汗法典〉》，《内蒙古社会科学（汉文版）》1983年第6期。

社会生活风貌大为改观。北地衣食居室悉如汉制。文化习俗的交融是双向的，移居塞上的汉人同样受到蒙古文化的熏陶和影响，不少汉人径自融入蒙古部落之中。以板升为代表的农牧混合社会，作为塞上多民族经济交往、族群交流、文化交融的载体，谱写了中华民族共同发展的华丽篇章。

三、南方多元社会的发展

对南方尤其是西南地区的经略和开发，是明朝巩固和发展多族群大一统王朝的突出成就。有明一代，大量中原民众因军事、经商、仕宦、流放流向南方民族地区。西南边疆地区最为典型。云贵等地人口本以当地族群为主，明初来自江西、浙江、湖广、四川等地的军兵留守当地，掀起了一波移民西南的热潮。此后，明朝又推行“调北填南”的政策，江南约 20 万人迁入云贵高原，形成“民屯”。此次“填南”以家族为主体来建构屯堡片区，很快实现了移民的本地化。在黔几十万军民驻守之地形成了数百座屯堡村落，彻底改变了贵州社会的基本格局。终明一代，移民与罗罗、僰人、苗人、峒蛮等当地族群经过长时间的交往与杂居，形成了西南边疆“大杂居、小聚居、交错居住”的人口分布格局。

明代也是大陆人口移居南方海岛的重要时期。福建等地汉人大规模迁居台湾岛，且部分移民行为由官方主导。崇祯年间，郑芝龙招抚饥民数万人，每人给银 3 两，每 3 人给牛 1 头，用船舶载至台湾岛定居垦荒，密切了大陆与台湾岛的联系。在海南岛，明廷设置 1 卫 11 所，驻军近 16000 人，大量大陆军户家族借此迁居海南岛；明朝还多次征调广西苗兵驻防海南岛，最终形成了海南岛多族群聚居的人口格局。

南方地区的族群交融也迅速推进。以贵州思南为例，当地汉人移民增加，开始与本地族群通婚；在汉文化影响下，西南部族的生活习惯发生较大变化，如主食吃大米、着汉人服饰、建汉式四合院、过年贴桃符等。同时，汉人移民也受到西南部族的风俗习惯的影响，比如参加苗人的祭山仪式等。各族生活习惯、风土人情相互影响、交织。

第四节　互鉴交融的文化气象

明代延续并发展了元代的多元文化格局。儒家思想与佛教、道教等融合发展，儒学教育浸润边疆，蒙古、藏、回等文化在儒家文化引领下和谐共生。明代又拓展了中外文化交流的广度和深度，中外文明互鉴达到了全新高度。

一、儒释道三教合一

明代延续了宋元以来程朱理学在思想领域中的正统地位，将其确定为官方正学。明成祖命翰林学院学士胡广等人编写了官学教材《五经大全》《四书大全》《性理大全》并颁行于天下。此后，这三部教材成为科举取士的唯一标准。三部"大全"以传统儒家经典为根本，主要采择程朱理学家的学说，以期"使天下之人获睹经书之全，探见圣贤之蕴。由是穷理以明道，立诚以达本，修之于身，行之于家，用之于国，而达之天下，使国不异政，家不殊俗"[①]。

明初，诸儒在思想上总体恪守宋儒格套，逐渐形成学术专制和八股教条。明中期以后，随着商品经济发展、社会等级松动等，儒学实现了由程朱理学向阳明心学的转变。阳明心学的诞生成为儒学发展史上的一个重要转折点。

阳明心学倡导人的价值就在于每个人的内心中，道德行为的依据即为人心本体，心体本身就是道德行为以及道德判断的根本来源。"满街都是圣人"[②]的命题，使得良知本体在人伦日用中展开，将道德的承担者广泛地推扩到士大夫、官僚以及商贾与市民。明末清初，从阳明后学中发展出要求冲破"天理"（三纲五常）教条束缚、尊崇自然合理的人性情欲的思想，承认私利和个性的正当性，与"存天理、灭人欲"的理学教条形成鲜明对比。

元明以来，人们普遍接受儒释道只是理解现实的不同方式。明初，朝廷亦承认三教合法地位，三教出现相互趋近、融合的现象。如明成化年间，明宪宗曾绘制《一团和气图》（图 10-3），并附《御制一团和气图赞》，画中儒者陶渊明、僧人慧远法师、道士陆修静三人相拥一体，反映了儒释道三教合流的现象。与社会观念相应，思想界亦开始尝试构建三教合一的概念框架，三教融合发展。

受明代儒家心学的发展与三教合流趋势的影响，社会普遍推崇自然人性，重视世俗生活。这种影响遍及文学艺术等文化领域，小说、戏曲等通俗文艺走到历史前台。世情小说日趋成熟，戏曲艺术登峰造极，如汤显祖所作《牡丹亭》，着力于一个"情"字，彰显人性觉醒和人性欲望。

---

① 朱棣：《御制性理大全书序》，胡广、杨荣、金幼孜纂修：《四书大全校注》上，周群、王玉琴校注，武汉大学出版社 2015 年版，第 8 页。

② 王阳明：《传习录》下《钱德洪录》，陆永胜译注，中华书局 2021 年版，第 524 页。

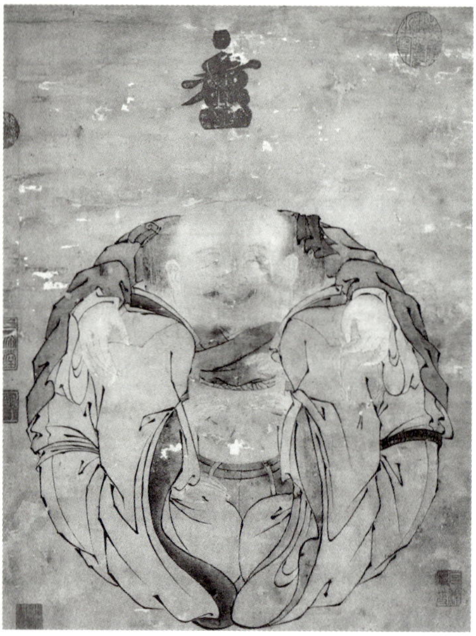

图 10-3 《一团和气图》

《一团和气图》是明宪宗朱见深所绘的工笔人物画。该画乍看如同一人，实为三者。根据《御制一团和气图赞》推测，图中右侧饰儒巾者应为陶渊明，笑面弥勒应为慧远法师，左侧着道冠者应为陆修静，三人各为儒、释、道代表，整个画面布局巧妙，和睦喜气。

二、儒学教育的推广

明朝以“移风善俗、礼为之本、敷训导民、教为之先”[①]为安边之策，极力在边疆推行文教化人政策，在都司、卫、所及土司衙门广建儒学。

在西南地区，明朝着力推行以土司子弟为对象的儒学教育。随着西南地区的开发，民间书院成为传播儒学的重要场所，儒学教育进一步发展普及。比如，西南边疆地区曾广泛设立府学、州学、县学、卫学、都司学等多种儒学学校。贵州就设有60所儒学学校，其中土司儒学8所、府学13所、州学4所、县学11所、卫学24所。[②]土官可随时遣子入学。洪武十五年（1382），朱元璋嘱咐四川普定府知府，“谕诸酋长，凡有子弟，皆令入国学受业”[③]。洪武二十三年（1390），四川建昌卫土官安配派遣其子僧保等42人入国子监读书。再如，朝廷放宽边疆族群贡生入国子监的

① 俞汝楫：《礼部志稿》卷一《圣训》，文渊阁四库全书本，第17页。

② 张羽琼、郭树高、安尊华：《贵州：教育发展的轨迹》，贵州人民出版社2009年版，第107页。

③ 朱国桢：《皇明大事记》卷一二，明崇祯刻本，第18页。

条件，洪武年间，诏令四川土官衙门岁贡生员免考入学。边疆族群生员在学期间可获得钞锭、衣纱等赏赐。这都体现出明朝对各族士子向学的优容和鼓励。

伴随着儒学在边疆的传播，知识文化和通用语言文字也在边疆日益普及，边疆族群中还出现了用汉字书写的地方规约以及汉姓汉名、家谱等，体现了各族中华文化认同的提升与扩展。

在鼓励儒学的时代背景下，古代少数民族的诗文创作日益繁荣。许多少数民族人士接受儒学教育后，或通过科举入仕，或成为当地乡绅，都留下了诗文作品传世。今天的白、回、土家、壮、蒙古、彝、苗等少数民族在其形成发展过程中，都为明代丰富多元的文化艺术贡献了力量。明代至少有 194 位少数民族诗人，诗文别集超过 200 部，现存的有 88 部诗文集和 2232 篇散篇。还有一些地方出现了一门几代多位作家的文学家族，如彝族的蒙化左氏、姚安高氏、宁州禄氏、水西安氏 4 个家族，回族的南京金氏、晋江丁氏、宣城詹氏等 9 个家族。

文化习俗方面，明代迁居内地的各族群众积极吸收中原文化，融入当地社会。其中回回人颇具代表性。[①] 例如，他们依照中原建筑风格，修建了西安化觉巷清真大寺（图 10-4）等一批中国传统清真寺的样板建筑。他们还借鉴汉人宗法制度，

图 10-4　西安化觉巷清真大寺

该清真大寺位于西安城内鼓楼西侧的化觉巷内，建筑雄伟、环境清幽、规模宏大，是中国保存最完整并驰名世界的伊斯兰教寺院之一，也是中国传统清真寺的样板建筑，属全国重点文物保护单位。

① 一般认为，回族在明朝中后期正式形成。元代的“回回人”含有其他族群成分，只能称其为回族先民。明朝前期，仍有部分被称为“归化回回”或“附籍回回”。他们长期与汉人杂居，逐渐与汉人文化相互交融，汉语也成为其主要交际语言，形成了回族。

以儒家的人伦纲常规范家族成员的言行举止。泉州晋江的丁氏家族自明朝初年便开始撰写家谱、族谱，还修建家庙、宗祠。他们既保留着礼拜、封斋、沐浴净身等伊斯兰教教规和教仪，又使用中原汉式的祭祀礼仪。这些充分表明，回回人与汉人长时间生活交融，自觉会通儒家文化与伊斯兰教文化，在宗教活动、家族规范、日常生活等方面都产生了巨大变化。

各族人民共同的历史记忆也体现在口耳相传的故事传说中。明英宗“北狩”，在蒙古居住一年，在此期间的日常生活，汉人、蒙古人都有记载。写于明代晚期的《蒙古黄金史纲》记载了英宗娶妻的故事，在汉人、蒙古人、回回人中广泛流传，传诵至今。成书于明宣德九年（1434）的《汉藏史集》，对民族起源有这样的传说，它说“最初，在玛卡秀雅秀地方的上部有什巴之王子，名叫丁格，生有三子，分为汉、吐蕃、蒙古”[①]，突出显示了元明以来汉、藏、蒙古等民族一家亲的意涵。在贵州西部，奢香夫人的故事影响深远。[②]奢香夫人协助明朝统一云南、开发贵州，开辟赤水、乌撒道，立龙场九驿，沟通西南交通，为国家一统、族群团结作出了卓越贡献。她去世后，朱元璋特地遣人吊丧，追赠“大明顺德夫人”。黔西民间至今还流传着许多奢香的故事，彝文古籍《西南彝志》中也有相关记载。台湾地区流传的“大井取水”“植美冈山”等传说，则主要讲述了郑和下西洋时，在台湾取水和采药草的故事。这些故事口耳相传，塑造了共同的历史记忆，体现了台湾与大陆的密切联系与情感认同。类似反映各族交往的传说还有很多，其中承载的共同记忆是联结明代中华民族认同的心理纽带。

三、多元文化融聚

明朝延续元朝的大一统和庞大的政治文化遗产，保持着对边疆地区的政治文化领导力。在边疆人民的心目中，明朝皇帝也兼有草原可汗、百姓的文殊菩萨和转轮圣王、伊斯兰教庇护者等多种身份。《华夷译语·鞑靼馆来文》记载了明朝兀良哈三卫及女真人在与明廷交往时，以“可汗洪福前”的套语称颂明朝君主，明朝皇帝的“可汗”身份十分清晰。因明朝的统治区域正好是在蒙古以南，蒙古人

① 达仓宗巴·班觉桑布：《汉藏史集》，陈庆英译，青海人民出版社2017年版，第12页。

② 奢香（1361—1396），明贵州水西人，贵州宣慰使陇赞霭翠之妻。洪武五年（1372），霭翠归附明朝，明廷任命霭翠为贵州宣慰司宣慰使，位居各宣慰之上。霭翠病故后，奢香长期代理土司政事。霭翠夫妇在明朝开发贵州、征讨云南等进程中，曾提供大力支持，因而甚得明太祖朱元璋器重。洪武二十九年（1396），奢香去世，朱元璋特别遣使赴贵州致祭，加谥奢香为“大明顺德夫人”。

还将明朝皇帝称为“地处南方的如同转轮王一般的大明可汗”。

另据藏文史书《贤者喜宴》记载，永乐三年（1405），大宝法王哈立麻分别称明成祖及其皇后为文殊菩萨和度母的化身。明朝皇帝的文殊菩萨形象一直延续到明朝中后期，五世达赖喇嘛所著的《西藏王臣记》将封赐乌斯藏阐化王家族的明朝皇帝敬称为“中华文殊室利皇帝”。藏蒙双语《铁龙年顾实汗颁给达普寺的铁券文书》同样将崇祯皇帝称为文殊室利的化身。

明代藏汉之间的文化交流也更加密切，《御制大诰》《周易》《尚书》《毛诗》等汉文典籍传入西藏，对儒家思想的传入发挥了重要作用。藏人的建筑、绘画、雕塑等也受到了汉文化艺术风格和技艺的影响。席力图召大经堂（位于今内蒙古呼和浩特）、缂丝唐卡画像、象牙玉雕等融合了汉藏风格的精美艺术作品体现了汉藏文化的密切交融。

明朝时期，西域与中原之间始终存在着紧密联系，特别是语言文字方面的交流与互通一直存在。明代宫廷保存下来的历史文献《高昌馆课》是高昌馆编译的回鹘文与汉文对照公文集，收录了哈密、吐鲁番一带和诸“地面”与明中央政府往来的文书。这种民族文字的翻译既是当时中原与西域深度文化互动的产物，也是当时中央政府与西域广泛联系的反映。双方文化互相吸收的典型代表还体现在陵墓营造风格方面，如位于今新疆伊宁麻扎村的速檀·歪斯汗麻扎。速檀·歪斯汗是成吉思汗第十一代孙，察合台后裔，明代新疆地方政权“亦力把里汗国”国王。其陵墓坐北朝南，包括寝陵和礼拜寺，均为土木结构。主墓室平面呈方形，面阔五间，为四层六角顶式建筑。圆形棂窗，屋顶盖黄色琉璃瓦，为典型的中原亭阁式建筑风格，这无疑是双方礼俗文化交融的有力证明。

那些认为明朝是“纯粹的汉人王朝”的观点是错误的。明朝皇帝虽然身为汉人，但明初建立的国家管理体系继承了此前元、宋、金等朝的遗产，带有欧亚大陆文化的基本属性。[①] 明朝虽然以儒家文化立国，但对内陆边疆地区的多元文化同样拥有引领能力。元代的多元文化并未因蒙古统治者北遁而消失，而是在明代得到延续和发展。蒙古文化、藏文化、回回文化等在明代中原文化上也留下了许多重要的印记。比如元代杂糅汉蒙语法所形成的硬译公牍文体，在明太祖朱元璋发布的圣旨上有着清晰的影子。元代回回人扎马剌丁、汉人虞应龙等集体编纂了全国性地理总志《大元大一统志》，这种以“一统志”宣示疆域的做法为明代所继

① 钟焓：《简析明帝国的内亚性：以与清朝的类比为中心》，《中国史研究动态》2016 年第 5 期。

承。天顺五年（1461），由李贤、彭时等撰修的地理总志《大明一统志》告成，全书共 90 卷，体例均沿袭《大元大一统志》，可以说是其续集。

明代还延续了元代文学艺术通俗化的趋势，同样以戏曲、小说为主要文化成就。戏曲上，在元杂剧基础上发展出了海盐腔、弋阳腔、余姚腔、昆山腔四大声腔，对一些地方戏曲的兴起和演变产生了深远影响。其中，海盐腔是畏兀儿诗人贯云石的创作；洪武年间，弋阳腔戏和大理白族的大本曲剧结合，又形成了流传至今的白剧。另外，今新疆地区的唢呐等乐器已在内地戏曲中占有重要地位，戚继光还曾将唢呐作为军队的"号笛"。贵州德江傩堂戏融合了西南族群"傩祭"、汉人戏剧和道教文化，同时，当地的土家民歌也明显保留了汉人民歌的特点。小说方面，元明之际，《三国演义》和《水浒传》相继成书，明后期又涌现出《西游记》及"三言二拍"等各类小说作品，元明两代确立了小说在中国文学史上的重要地位。《三国演义》《西游记》等我国古代经典文学作品，不仅在中原地区家喻户晓，在边疆族群中也得到广泛传播，并产生了深远影响。如后金的开创者努尔哈赤便喜读《三国演义》和《水浒传》，皇太极还命达海将《三国演义》翻译成满文。[①]

此外，宗教、建筑、绘画等诸多文化领域，也都呈现出各族群交融发展的态势。

明初书画深受"元四家"的影响，中期以后，沈周、仇英等人继承和发扬元代水墨画法，并将诗文、书法、绘画三者融为一体，吴门画派崛起，占据画坛主流。

蒙古、回、藏等文化深刻影响着明代中原文化，中华文化在兼容并包中不断发展。因大量蒙古人留居中原，蒙古文化对中原生活文化的影响最为明显。

饮食方面，明代北京城中有诸多贩卖蒙古肉食、奶制品的店铺，丰富了中原的饮食结构。边疆地区所产食材在内地也广泛传播，如黄鼠是蒙古传统食材，在元代便是宫廷佳肴，至明代亦为宫廷饮食的重要组成部分，其中以宣府、大同所产黄鼠最为知名，成为明代中后期民间馈赠的高端食材。服饰方面，明代北直隶各府、山东、山西等地民众帽子也深受蒙古影响。每到冬天，这些地方的男子多仿蒙古习惯，戴貂皮或狐皮制作的高顶卷檐帽子，即"胡帽"；妇女则用貂皮裁制成尖顶覆额的披肩。独具蒙古特色的服饰样式如"比甲"与"只孙"等，也深受内地民众欢迎。

---

① 蒋维明：《清朝开国与〈三国演义〉》，江苏省社会科学院文学研究所编：《明清小说研究》第 5 辑，中国文联出版公司 1987 年版，第 52—53 页。

明代延续元代对藏传佛教的扶持政策，大量藏僧留居内地。有明一代，北京共兴建了真觉寺、大兴隆寺、大能仁寺等十余座藏传佛教寺庙，永乐时期还出现了“番经厂”，承担制作藏式佛像的任务，这些对内地寺院的建筑风格、造像样式以及绘画手法等产生了影响。

回回人在明代继续发挥着文化影响力。洪武元年（1368），太祖下令敕建礼拜寺于南京和西安，同年改太史院为司天监，其中还专门保留了元朝的回回司天监；洪武二年（1369），征元代回回历官郑阿里等 11 人至京，掌察天文，定历数；洪武十五年（1382），召钦天监灵台郎海答尔、阿达兀丁、回回大师马沙亦黑、马哈麻等，命他们译介西域天文历法书。“回回历”一直在钦天监中沿用到清康熙八年（1669），才被传教士汤若望等人带来的西洋历法所取代。此外，《回回药方》吸取了伊本·西拿的《医典》等医药著作，在用药和剂量上按照中国的实际情况作出了调整，丰富了明代中药学。明代出现的“回儒”学者更是用汉文著书立说，倡导通过吸收、借用儒家思想来阐释伊斯兰教理。这一运动一直持续到清代，其间出现了一大批代表人物和作品，如王岱舆的《正教真诠》《清真大学》，张中的《归真总义》《克理默解》，伍遵契的《修真蒙引》《归真要道》等。

四、中外文化交流

永乐、宣德时期，郑和七下西洋，是中外友好往来的佳话，也是中华民族爱好和平的重要体现。郑和下西洋推动了海上丝绸之路[①]的繁荣发展，朝贡贸易进入鼎盛时期。这期间各国朝贡使团络绎不绝，前后有 30 余国参与其中，有 4 个国家的国王 7 次亲自来华朝贡。其中，渤泥国王在朝贡时病逝于南京，明成祖以王礼葬之，其墓地现位于南京市雨花台区，这无疑是中外友好交往的有力见证。[②]

郑和下西洋承载着明代中华民族交融的成果，又与海外诸民族交往交流，衔接了明代中国与世界市场，为隆庆开关后海外贸易的全面开展奠定了基础。最值得称道的是，郑和拥有世界上最强大的舰队，但每到一处都是通过自由买卖的方式平等交换。利玛窦感叹：“在一个几乎可以说其疆域广阔无边、人口不计其数、物产多种多样且极其丰富的王国里，尽管他们拥有装备精良、可轻而易举地征服邻近国家的陆军和海军，但不论国王还是他的人民，竟然都从未想到去进行一场

① 海上丝绸之路指古代中国与东亚、东南亚、南亚、西亚以及东非诸国家或地区之间的海上交往和贸易的航线。

② 唐云俊、韩品峥：《渤泥国王墓地考析》，《东南文化》2009 年第 2 期。

侵略战争……在这方面，他们截然不同于欧洲人；欧洲人常常对自己的政府不满，垂涎其他人所享有的东西。”①

除了海上丝绸之路的开通外，明代陆上丝绸之路依旧发挥着重要作用。永乐年间，明朝命陈诚五使西域，翻雪山、走戈壁，艰苦跋涉数万里，重开“丝绸之路”，与郑和一海一陆为明朝打开外交外贸事业的大门，开创明永乐年间万国来朝的盛景。史学家谢国桢称其功不减于郑和，尤其是推行对西域诸国“一视而无间”的策略，“从此万方归德化，不劳征发定三边”②。陆上丝绸之路的再次开通，为中外交往交流交融提供了又一重要途径。

明代统治者开放包容的宗教政策，深刻地推动了伊斯兰教中国化的进程。生活在中华大地、热爱中华文化的中国穆斯林整合伊斯兰文化与中华文化的丰富资源，以汉语为母语、以儒学为资源，推动构建了伊斯兰教中国化的思想体系，不仅形成了具有中国传统建筑特色和装饰风格的清真寺，还创办了融私塾教育与寺院教育于一体的经堂教育。

回儒群体的形成，是明代伊斯兰教中国化的重要表现。明清之际，深谙中华文化的伊斯兰教群体出现了一大批回儒学者。他们“以儒诠经”，对确立中国特色的伊斯兰教经学思想、丰富中华文化的多元体系、壮大中华文明的组成部分发挥了重要作用。回儒学者用汉文著书立说，倡导通过吸收儒学概念和理论体系来阐释伊斯兰教教理。如明代著名经师马明龙言，“吾教与儒教同伦理，凡循礼法者，必以忠君孝亲为事业”③，强调伊斯兰教信众要严格履行忠君爱国、孝敬亲人的责任；王岱舆提出将伊斯兰教与儒家的忠义观融通起来，“人但顺主、赞主、拜主、感主恩而不能忠君、赞圣、孝亲、济人者，则前事亦未足为功”④，提倡顺主、忠君、孝亲三者互为倚重，认为信众的功德不只在于对真主的虔诚信仰，还要建立在对国家、对亲人的社会责任之上。经过回儒的阐释，中国穆斯林从对宗教的“一元忠诚”转向“敬主忠君”的“二元忠诚”，提出“君臣家国，休戚相关”，适应了彼时中国政主教辅的政教模式，实现了穆斯林对中国皇帝的政治认同。伊斯兰教义与儒家文化相

---

① [意] 利玛窦、金尼阁：《利玛窦中国札记》，何高济等译，何兆武校，中华书局 2010 年版，第 58—59 页。

② 包丽英：《蒙古帝国》第 4 册，《帝国余晖》，长江文艺出版社 2022 年版，第 307 页。

③ 赵灿：《经学系传谱 · 马明龙先生传谱》，杨永昌、马继祖标注，青海人民出版社 1989 年版，第 46 页。

④ 王岱舆：《正教真诠 · 听命》，余振贵、铁大钧译注：《正教真诠 · 清真大学 · 希真正答》，宁夏人民出版社 1988 年版，第 235 页。

互借鉴，使伊斯兰教融入中华文化，成为中华文化的一部分。

在西域，从14世纪中叶开始，东察合台汗国统治者以战争等手段，将伊斯兰教推行到塔里木盆地北缘、吐鲁番盆地和哈密一带。当地居民原本信仰的袄教、摩尼教、景教等逐渐消失，佛教、道教也趋于衰微。到16世纪初，伊斯兰教取代了佛教在西域的主导地位，成为新疆地区主要的宗教信仰，并延续至今。但新疆的伊斯兰教仍然有着鲜明的地域特色，典型的表现就是麻扎朝拜。伊斯兰教原本反对崇拜陵墓，但16世纪后，新疆的麻扎朝拜活动越来越广泛。这一仪式带有祖先崇拜的痕迹，也明显受到萨满教、袄教等的影响，反映了原有的宗教观念和习俗对当地居民根深蒂固的影响并未因伊斯兰教严格的一神论而消失。

同样在明代，基督教耶稣会、方济各会、多明我会、奥古斯丁会等先后进入中国。利玛窦等耶稣会士采取附儒、合儒路线，尽力使天主教礼仪适应中国社会，寻找基督教与儒家的契合点。耶稣会士在传教的同时，也翻译了相当数量的西方著述，涵盖哲学、神学、医学、农学、物理、天文、数学等各个领域，这标志着西学进入汉语世界，为中国思想增添了新元素，开启了有别于传统知识的新取向。传教士同时注意向西方介绍中国，中国文化被广泛传播到西方社会，拉开了17、18世纪西方“中国热”的序幕，为西方社会注入了新的思想活力。明末如此深广的中西文化交流，对之后数百年的中西文化交流产生了持久而深远的影响。

小 结

元、明、清三代是中华民族自在发展和中国疆域巩固发展并最终定型的重要阶段。相较于元、清两代惯用军事手段来创造大一统局面，明代则体现出了柔性为主的特征，尤其在治理和发展西南边疆上成效显著。具体而言，明朝在政治上善用招抚塑造中华一统，将灵活性渗透进边疆治理之中；在经济上秉持厚往薄来，重视边疆开发，内地与边疆经济一体化趋势加强；在社会上通过大移民确立多族群分布新格局，促进各族群深度交融发展；在文化上延续和发展多元特性，注重儒学对边疆的浸润，用文化辐射强化各族群对中华民族的认同。此外，在明代郑和下西洋、伊儒会通、西学东渐等浪潮中，中华文明与世界其他文明不断交流互鉴，中华文明在兼收并蓄中历久弥新。可以说，历经明代中国的政治大一统、农商经济大繁荣、社会族群大交融、思想文化大交流，各民族之间不可分离的关系更加密切。

但是，历经近1600年的发展，中国传统政治体制的弊端到了明代已日益深重，明统治者进一步强化专制集权，最终走向封闭与腐化。明中期以后，中原地区的阶级矛盾不断激化，社会持续动荡，明廷没有力量进一步维护其在东北地区的统治和统一北方草原。尤其在面对蒙古屡屡受挫之后，“华夷之辨”思想抬头，明朝的民族政策越发在开明与封闭之间摇摆，对边疆的经略越发有限和被动。最终，以满洲贵族为核心的东北各族群联合北方草原的力量入主中原。他们继承元明以来的大一统秩序，积极巩固统一疆域、强化中央集权、完善治边策略、推广儒家文化，建立了一个更加坚实的大一统传统王朝——清朝。

思考题

1. 明代在经略西南边疆中采取了哪些政策？
2. 如何认识明朝与蒙古诸部的关系？
3. 明代有哪些反映国家统一性的社会文化现象？

第十一讲　中华一家与中华民族格局底定（清前中期）

土尔扈特部都去了100多年了，最终还是义无反顾要回到祖国，这真正体现了我们中华民族的影响力和向心力。

——习近平

清朝是中国历史上最后一个大一统王朝。清朝时期中国的社会性质分两个阶段。以1840年鸦片战争为界线，其前属中国传统封建社会，是中华民族自在发展的最后阶段；其后属半殖民地半封建社会，中华民族从自在开始走向自觉。

清朝以满人为主创建。作为满人主体的建州女真曾经处于明朝奴儿干都司的管辖之下，受中原典章制度与文化辐射的影响。1616年，努尔哈赤称汗建国，国号“金”，史称后金。1635年，皇太极继承努尔哈赤汗位，废除“诸申”（女真）旧名，定族名为“满洲”，即如今满族前身。次年，皇太极在盛京（今辽宁沈阳）称帝，改国号为“清”。1644年，顺治帝入主北京。

入关之初，清朝曾一度实行带有族群歧视色彩的武力征服，兵锋进抵南方时，激起当地士人和百姓的强烈反抗。随着清廷逐步明确尊奉儒学，施行中华政道，并表明继承中华文化的坚定态度，族群矛盾开始缓解。此后，历经康雍乾三代治理，清朝基本解决了长期困扰中国历史发展的地缘安全问题，实现了“长城内外皆一家”。清朝削平三藩、收复台湾、勘定西北、平定西藏，在西南推行改土归流，基本底定了中国现代疆域版图，更加深入地整合多元文化，统合境内所有区域、族群和文化，实现了空前的大一统。

清朝前中期，虽然统治者一度有过明显的族群隔离与歧视政策，并在政治、文化等方面都有所体现，但各族群众交往交流交融的意愿始终占据主流，各族文化融为一体的态势始终占据主流。由于大一统制度塑造的共同性提升到较高水平，中华民族共同体在政治、经济、文化、社会层面的基本样态开始出现，多元一体格局基本成形。

清朝吸取了历代大一统王朝的经验，却不可能革除历代传统政治的弊病。面对西方急速殖民扩张的外部世界，统治者未能作出有力应对与自我革新，为清朝后期的屈辱埋下了沉重伏笔。

第一节 政治一统

在统一国家的进程中，清军曾因在江南地区的军事进攻异常残酷，遭到了以汉人为主的民众的强烈反抗。清朝前中期的国家治理也存在过族群隔离与歧视政策，满汉矛盾一度激化。但是，随着统治者逐渐改变过激政策，开设“博学鸿儒科”、编修《明史》、祭拜孔子，士绅阶层和各族百姓逐步认可其追求疆域统一与多元文化整合的努力，认同其大一统正统地位，共同维护中华。

一、疆域鼎盛

明清之际，蒙古高原以大漠为界，分为漠南、漠北和漠西三部。1616 年后，努尔哈赤逐步将漠南蒙古东部的科尔沁等部纳入麾下，促使漠南蒙古西部的林丹汗各部悉数降归。1636 年，漠南蒙古各部首领集会盛京，拥戴皇太极为蒙古“共主”。自此，漠南蒙古并入后金版图。

漠北喀尔喀蒙古，分为土谢图、札萨克图、车臣三部。1638 年，土谢图汗、车臣汗与清议和结好，商定“九白之贡”，此后双方往来密切。1691 年，康熙帝在多伦与漠北各部首领会盟，一体编设喀尔喀三部。从此，喀尔喀蒙古内部日渐稳定，成为拱卫北疆的重要力量。

漠西厄鲁特蒙古，包括准噶尔、和硕特、杜尔伯特、土尔扈特四部，其中准噶尔部与和硕特部势力最强。康熙年间，准噶尔部噶尔丹崛起，控制整个西北地区，勾结沙俄，进攻喀尔喀三部。康熙帝三次亲征，历经六年，击败噶尔丹，使西北边疆暂获安宁。雍正年间，清廷历经数月，平定和硕特部青海叛乱，青海重归一统。

1771 年，西迁伏尔加河下游的漠西蒙古土尔扈特部，在首领渥巴锡率领下，历时八月，行万余里，回归祖国。乾隆帝妥善安置，优礼有加，并在承德普陀宗乘庙立碑，亲自撰写碑文《御制土尔扈特全部归顺记》，记述其万里东归的壮举。碑文用满、汉、蒙古、藏四种文字镌刻，至今仍保存完好。土尔扈特对祖邦故地的朴素情怀彰显出深沉的中华文化认同、政治认同与国家认同，为统一多民族国家的巩固和发展谱写了光辉篇章（图 11-1）。

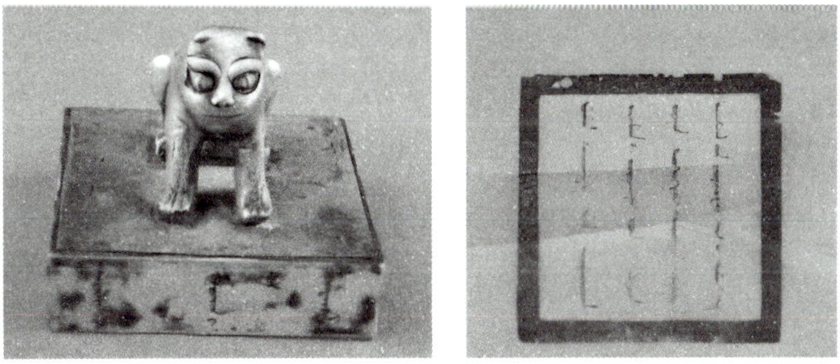

图 11-1　清政府赐给土尔扈特部首领渥巴锡的官印

为褒奖土尔扈特部东归，清政府于乾隆四十年（1775）赐给土尔扈特部首领渥巴锡官印。印纽为虎纽，印文为满文和蒙古文合璧，意思是"忠诚的旧土尔扈特部英勇之王"。土尔扈特部东归既证明了渥巴锡是一个目光长远的首领，也证明了土尔扈特人坚定的立场和决心。

在西域，乾隆年间，新疆回部（南疆）叶尔羌首领大和卓波罗尼都、小和卓霍集占兄弟举兵反叛，清军历时两年平定叛乱。1690 年起，清廷用兵西北，历时约 70 年，彻底荡除天山南北割据势力，完全统一西北蒙回诸部。

在南方，清初曾爆发"三藩之乱"，西南的土司头人也多次反清。平定叛乱后，清政府在西南力推改土归流[①]，加强了中央王朝对西南地区的统治，改变了当地的闭塞状态，促进了各族社会经济文化的交流与发展。

清初，中央政府即将西藏纳入管辖范围。噶尔丹败亡后，其侄策妄阿拉布坦一度控制漠西，1717 年占领西藏。清廷决定"驱准保藏"。1720 年，清军兵分三路挫败准部势力，收复西藏。在对西藏的治理方面，清朝强化了制度性管辖，建

① 改土归流就是废除西南各少数民族地区的土司制度，改由中央政府委派流官直接进行统治，实行和内地相同的地方行政制度。流官的任免、升迁、调遣均由中央政府决定，不能世袭。明朝已经在西南地区部分地方施行改土归流，但在西南地区大规模地推行改土归流是在清朝雍正年间。

立驻藏大臣制度[①]，并派遣驻藏军队，合理管辖西藏宗教与世俗事务，进一步改变了历史上以羁縻为主的治藏方略。藏传佛教格鲁派在中央政府的支持下获得了前所未有的地位。1653 年，顺治帝册封五世达赖。1713 年，康熙帝册封五世班禅。清王朝还将寺庙和宗教领袖纳入地方行政体系。

在东南沿海，郑成功率军驱逐荷兰殖民势力，台湾重回祖国怀抱。1683 年，清政府统一台湾，次年设府置县，隶属福建省。

1780 年夏，乾隆帝在承德避暑山庄万树园筵宴班禅及其随行喇嘛、蒙古王公、土尔扈特及回部贵族、喀什噶尔伯克、金川木坪土司等众人。这场盛宴体现出清朝在治理边疆方面取得了重大的政治成果。

清朝疆域鼎盛之时，拥有 1300 余万平方千米的陆地国土，以及辽阔的海疆，为现代统一多民族国家奠定了坚实的疆域版图格局。

清朝前期，正值世界大航海时代，殖民主义开始扩张，中国边疆地区面临外部势力的重重袭扰，各族人民共同书写抗击外来侵略的新史诗，增强了中华民族凝聚力。

清初，沙俄进犯黑龙江流域达斡尔等族聚居区，烧杀抢掠，激起强烈反抗。此后，沙俄进一步深入我国东北地区。1685—1686 年，清军出兵雅克萨抗击沙俄侵略，沙俄伤亡惨重。最终，中俄双方签订《中俄尼布楚条约》，划定两国边界，确保了东北地区较长时间的安定。这也是中国与西方国家签订的第一个具有主权国家性质的条约，标志着传统中国的“王土”观念开始向近代民族国家的领土意识转变。

乾隆中期，缅甸不断侵扰西南土司地区。1765—1769 年，清朝采取战和并用的策略，促成中缅和好，巩固了边疆。乾隆后期，廓尔喀两度侵入西藏，一度夺取西藏多座城镇。1791 年，清军风雪入藏，历经一年，将廓尔喀军驱逐出境，维护了西藏地区的统一和稳定。

道光年间，清廷还平定了“张格尔之乱”。张格尔系新疆伊斯兰教白山派大和卓波罗尼都之孙，生于中亚浩罕国。自嘉庆二十五年（1820）起，在浩罕国统治

---

① 驻藏大臣是清朝派驻西藏的最高军政长官，通常设办事大臣和帮办大臣二人，衙门设在拉萨。驻藏大臣始设于雍正五年（1727），其主要职责是监督办理西藏事务，还负责监督西藏地方的财政税收，主持达赖喇嘛、班禅额尔德尼等西藏大活佛转世灵童的寻访、掣签、坐床典礼等事宜。清朝共派驻藏大臣 173 人次，对多民族国家的形成和巩固起到了积极的作用。

者的支持下，张格尔率部多次袭击卡伦（哨所），入寇掠夺，利用宗教煽动当地民众叛乱。道光六年（1826）得英国之助，张格尔再次率浩罕兵入侵喀什噶尔、英吉沙尔、叶尔羌、和阗等地，遭到当地兵民的坚决反抗。清朝派大军讨伐，在各族群众支持下，渐次收复四城，而后俘获张格尔，最终平定乱局。

二、大一统政治观

清朝前中期的大一统不是简单的攻城略地，而是高度重视政治认同与文化认同的产物。宋明以来，一部分中原士大夫用“华夷之辨”排斥边疆族群，自居正统。清朝疆域一统之后，确立了新的正统观。如论证疆域合一、无内外之别（而非华夷之辨）才是大一统的核心要义，而清对蒙古、西南、东南等地的统一远迈前代；如论证其施政拥有“德性”，构建“帝王经学”和新历史观，塑造符合儒家理想的“圣君”形象，“继前统，受新命”，凸显法统的一脉相承。清朝入关后，清政府重理历代帝王庙祭祀统绪，恢复元世祖牌位，陆续将辽、金等朝皇帝增入祭祀之列，对中原王朝与边疆政权一视同仁。康熙、雍正、乾隆三朝皇帝也屡次重申，清朝入主中原承袭了明朝的正统性与合法性。

清朝大一统的政治观蕴含着“天下一家”的族群观念。入关之前，皇太极即宣布“满汉之人，均属一体”，在刑罚、差役等方面都一视同仁。他把汉、满、蒙古三个民族的关系比作五味，认为“调剂贵得其宜”，才能“得其和”。清朝定都北京之后，最初族群之间的紧张关系，随着政策调适得到缓和，顺治帝强调清朝底定中原，天下一家，无论满汉官民皆是其臣子。康熙帝指出，一切生民都是清帝之赤子，覆育生成，没有区别。

明清之际，社会舆论中普遍存在用“华夷之辨”来强化族群对立的论调，清政府对此竭力驳斥。雍正专门作《大义觉迷录》指出，“夷”字是方域之名，并无贬义，天下一家、万物一体是“万世不易之常经”，而“类聚群分、乡曲疆域”的“华夷之辨”则狭隘之至。天下之君，有德者居之，无须分别华夷。清朝关于“天下一家”的论述，与日后“中华民族是一家”的观念有契合，有助于破除“中国居内以制夷狄，夷狄居外以奉中国”的狭隘政治观念。

清朝编制的历法也注意突出“天下一家”的观念。新的时宪历在京师之外，都会加入各省日出入昼夜及节气时刻列表，后又陆续增入蒙古、回疆部落以及大小金川土司等地域，宣示清朝统一多民族国家的格局。

三、因俗而治

清朝实行灵活的文武政教治理策略，以维系四方诸族的认同。一方面绍述儒家思想，尊崇宋明理学，同时推崇蒙藏聚居地区的藏传佛教信仰，使之与儒家思想并包互补；另一方面，清朝既有“一体化”统治，又有不同族群的“因俗而治”。与元明政府相比，清政府对各族事务的处理更加灵活高效，极大地稳固了满族与汉族、蒙古族、藏族之间的一体化政治关系。

清政府在内地设置省、府、县等，进行直接管理，延揽汉、满、蒙古等各族贤人能士共同参与管理，权自中央。在东北，建立四种地方行政管理制度，以盛京将军、宁古塔将军（后改称吉林将军）、黑龙江将军管辖旗人；以州县制统辖民人，以姓长制统辖吉林边民；以旗路制统辖黑龙江边民。在北疆和西北地区，实行军政合一的盟旗制度，由理藩院委派蒙古王公担任旗长和盟长，受当地驻守将军节制。在新疆，实行军府伯克制，以将军辖下的都统、参赞、办事、领队等各级驻扎大臣兼管民政，地方行政方面则将州县制、盟旗制和伯克制三者并用，分别推行于汉族、蒙古族和维吾尔族居住区。在西藏，设驻藏大臣管理西藏事务，凡涉及重大问题，如西藏与邻国关系、军队驻防、宗教领袖继承等，均由驻藏大臣处理并上报朝廷决定；西藏地方政府设噶伦、俗官、僧官等，由中央政府决定人选。在西南，实行改土归流，以中央委派的流官代替土官，使当地政治制度基本与内地一体。

中央设置的理藩院，最初以处理蒙古事务为主，后逐步扩展至新疆、青海、西藏等区域，其主要职能是处理边疆地区朝觐、定界、兵刑、耕牧、驿站、贸易、宗教等事务。理藩院特别注意用礼仪教化促进边疆族群对国家的认同，在促进边疆地区的社会经济发展、巩固多族群统一国家方面成效明显。清政府在中央层面还制定了治理边疆族群的专门法规，如《蒙古律例》《回疆则例》《西宁青海番夷成例》，以及《西藏通制》和《喇嘛律例》。生活在西南边疆的苗、瑶、壮等族群，也有相应法律。但通行全国的只有《大清律》，这成为清朝边疆族群治理法规统一化的标志。

此外，清朝还结合“定期巡狩”的政治传统和满人特点，通过四方巡狩联结各族感情，结成紧密的政治共同体。康乾二帝各六次南巡，对南北融合、满汉融合，都有推动之功。清政府每年都会在承德接见蒙藏政教首领，举行秋狝、礼佛、会盟、封赏、赐爵等活动，促进汉、满、蒙古、藏等各族人民更好地融入统一的政治共同体。

第二节　经济一体

清朝前中期，中华一统的政治格局为族群间的经济交流提供了广阔舞台。摊丁入亩的改革与新作物的引入，促进了人口的迅速增长。随着内地人口迁移与边疆开发政策的推行，东北、西北、西南、台湾等地得到进一步开发。北方广大游牧地区改变了过去单一游牧经济的状况，多种经济方式并行发展。内地与边疆经济联系日益密切，其间形成的新的贸易地带，在族际贸易、藩部朝觐、交通联络、族群交融等方面发挥着枢纽作用。

一、边疆地区的新开发

清朝前中期，蒙古、东北地区的半农半牧区日渐增多，其与内地市场的联系日益加强，物质和技术交流频繁，商路拓展。

为开发边疆，清政府组织赴西北、西南与东北地区的大规模移民屯垦。入关之前，女真部族已意识到屯田戍边的重要性。统一新疆后，清政府推行“屯垦开发、以边养边”的政策，以兵屯、户屯、回屯、遣屯和旗屯等方式发展屯田。这一政策，既可以保证驻军的粮食供应，也可以纾解中部省份的人口压力。大批内地满汉兵民前往新疆，发展农耕和各项经济产业。大规模社会经济开发催生了村庄聚落和市镇体系的形成，如南疆的哈喇哈什（今新疆和田西）、玉陇哈什（今新疆洛浦县西玉龙喀什镇）、赛里木、库尔勒等新兴城镇，成为当地农畜产品及手工业品的交换中心。

雍正帝的改土归流，为西南边疆的开发创造了有利条件。当地原来由土官、土司控制的封闭天地被打破，内地民众纷至沓来。如汉人将种植粳米的技术传授给德昂族，使其家家有余粮。乾隆年间，汉人知府传授养蚕缫丝之法给仡佬、苗、汉等族人民，当地出现了“家家门前种青杠，家家虔拜马头娘。小姑络丝大姑织，蚕事忙于农事忙”的景象。汉人使用的织布机也在贵州各族人民中逐渐推广。此外，清朝时期数以万计的汉人至云南、贵州经商、开矿，也促进了当地的商业发展和市镇兴起。

清朝以前，台湾地区地广人稀，土地荒芜。郑氏父子治理时期，台湾始有一定发展。台湾重回中央政府管辖后，清政府在台置衙设官，奖劝农桑，轻徭薄赋。闽粤沿海汉人不断前往台湾，与当地民众一道开发山林。台湾人口日增，耕地日广。康熙后期，开垦范围大幅增加，“糖谷之利甲天下”，“所出之米，一年丰收，足供四五年之用”。一些内地商贾、垦民，给当地民众带来汉人的先进农具、耕作方法和经商之道，当地民众亦“以师事之”。嘉庆后期，台湾大部分地区的社会经济发展水平已接近汉人聚居地。

二、农业新发展与人口激增

清政府一直注重鼓励农桑。入主中原后，为填补战乱后的人口空白，清政府取消了明朝设置的多数迁徙禁令，并以减免税赋、发给谷种或牲畜等措施鼓励向特定地区的移民。“江西填湖广，湖广填四川”，四川等地农业得以快速恢复。

清初拓垦兴盛，很多山地、沼泽与森林被开垦为田地。垦荒者可享受六到十年的免税期，并进行土地确权，“永准为业”。为了鼓励垦荒，增加人口，康熙帝晚年颁布“滋生人丁永不加赋”的政策。雍正朝进一步实行“摊丁入亩”（又称“摊丁入地”“地丁合一”）改革，将历代相沿的丁银并入田赋，统一征收。这标志着在中国实行了两千多年的人头税（丁税）被彻底废除。这一制度使劳动者获得了较大的人身自由，减轻了无地、少地农民的经济负担，有利于人口增长与社会经济发展。

清廷还招徕“有力者”，令其在指定地区（如云、贵、川）雇工开垦。康熙年间，上百万人迁徙到云南、贵州等省，冒着瘴疠之气，开发出肥沃的谷地。分散在华中、华南和汉水流域高地的“棚民”刀耕火种，披荆斩棘，把诸多荒山旷野开辟成富饶之乡。

这一时期，为种植从美洲引进的耐旱粮食作物，如马铃薯、甘薯等，原本不适合种植粮食的坡地被开垦成田地，其中一些还被改造为梯田。经济作物也越来越多见。北方农户种植了大量的棉花、烟草、花生。在中原的一些地区，20% ~ 30% 的土地用于种植棉花。在南方，闽粤的很多农民放弃水稻，改植甘蔗，农户甚至还经营糖厂，商人则将糖销往江南，从江南带回原棉，卖给本地织工。新作物的引进、土地的开垦，使农业产出迅速提高。

上述因素直接导致中国人口的爆炸式增长。全国人口在乾隆六年（1741）突破 1 亿；乾隆五十七年（1792）突破 3 亿；道光十四年（1834）突破 4 亿，占世界人口 40% 以上。

三、边疆地区驿站系统建设

清政府在全国建立了功能齐全、组织严密、制度完备的驿站邮传系统，承担官文传递、官员接待、物资运输等事宜。全国性驿站网以京师皇华驿为核心，下设西北、东北、西路、中路、东路五条主干驿道。驿道成为中央与地方联系的生命线，不仅有助于实现和巩固政治军事上的大一统，而且在族群经济文化交流方面发挥着重要作用。

比如西南地区，从中原联结青藏高原周边的驿道，纵横交错、四通八达，串联起深山峡谷中的各个族群。其中，康藏驿道、滇藏驿道、青藏驿道的作用尤为突出。驿道改善了当地的交通运输，促进了青藏高原与中原、当地与周边族群之间的经济贸易往来，在青藏高原周边推动形成了闻名于世的藏彝走廊、茶马古道、盐马商路等区域经济纽带，深化各族“互为依赖”“互为补充”的经济联系。

青藏高原多高山草原，畜牧业相对发达，盛产乳制品、皮张等；高原的名贵药材，如麝香、虫草、贝母等，亦受内地欢迎。而川滇地区种植多种农作物，又是世界著名的茶叶产地。通过驿站系统，青藏高原与川滇两地互通有无，形成“茶马互市”。清政府对驿道的有效管理和系统布置，使茶马贸易经久不衰。商贸繁忙的茶马古道，成为各族交往的活跃走廊。藏人的酥油、汉人的米茶、纳西人的工艺、彝人的骡马、傈僳人的弓弩、怒人的玉米在互市广受欢迎。汉、藏、纳西、彝、傈僳等生活在大西南和康藏区的各族人民，在古道旁共同谱写族际互动交融的美好图景。

又如新疆地区，清朝驿传系统有台、塘、站等多种形式，包括入疆台站和疆内台站两类。入疆台站主要设置在自北京通往新疆地区的沿途；疆内台站主要是从地方经济政治中心伊犁，逐渐向周边地区延伸，北疆辐射至巴里坤、古城（今新疆奇台）、迪化（今新疆乌鲁木齐）等重要城镇，南疆辐射至哈密、吐鲁番、库车、阿克苏、和阗等地，从而形成以伊犁为枢纽的驿站网络。新疆台站的功能，最初以军用为主，疆内局势稳定后，其用途逐渐多元化，为新疆地区的经济发展、与内地贸易往来和文化交流提供诸多便利。

伴随着各族间商贸活动的频繁，驿站沿途兴起了大大小小的城镇。比如内地与西藏之间的贸易网络，由打箭炉（今四川康定）、甘孜、里塘（今四川理塘）、察木多（今西藏昌都）、拉萨、松潘、西宁、兰州等诸多城镇联结；在内地和蒙古、西域之间，则形成包括归化城（今内蒙古呼和浩特西南）、张家口、库伦（今蒙古国乌兰巴托）、恰克图、乌里雅苏台、兰州、巴里坤、迪化在内的贸易路线，其中很多市镇至今仍是区域商业中心。

四、国内贸易体系成熟

清朝形成了一个内部紧密联结与互动的大规模经济交换系统。入关之前，清朝就已经凭借军事和其他手段控制了长城沿边的贸易。问鼎中原之后，清朝借助贸易将自己与蒙古诸部的利益深度融合，以非军事手段实现了对长城沿线社会经济的有效控制。

旅蒙行商群体的形成是长城内外经济交融的典型代表。康熙中期，尽管政府取消边地官营马市，但民间集市却悄然兴起。清军西征准噶尔期间，以晋商为主的内地商贾纷纷开展随军贸易，赴大漠经商，逐渐形成规模大、时间长、影响深的旅蒙行商群体。清政府对旅蒙商人优渥有加，允许其到新疆、归化城土默特等地贸易。康熙后期，凡赴归化城以北和漠西厄鲁特蒙古的旅蒙商人，凭归化城将军批准颁发准入大漠的“部票”[①]赴特定盟旗贸易。清中期以后，封禁政策日渐松弛，旅蒙商或深入漠北的喀尔喀、科布多，乃至唐努乌梁海，或赴漠西伊犁、塔尔巴哈台等地，踪迹几乎遍布大漠各个角落。随着经济实力日增，一些旅蒙商由行商转为坐商，形成实力雄厚的商号，大盛魁、天义德、元盛德等就是其中的代表。作为漠南政治经济中心，归化城成为沟通各地的经济枢纽，盛极一时。包头市场多为晋商占据。乾隆年间，由山西祁县乔家创立的复盛公商号，经营范围广泛，凡粮食、皮毛、绸缎、药材、钱业、典估等应有尽有，当地谚语云“先有复盛公，后有包头城”。

清朝建立的八旗制度，除政治、军事功能外，还有重要的经济功能。在辽东，八旗的每一旗都作为相对独立的商业单位参与贸易，掌握了后金的经济命脉。晋商的贸易网络因其影响力被八旗旗商吸纳。其中最重要的“八大皇商”，在清朝入关后成为第一代内务府商人，仍经营塞北贸易。

茶叶在游牧人群中需求较大，是内地销往西藏地区的第一大宗商品，销往蒙古和西域的第二大宗商品。在蒙古地区，砖茶甚至被当作货币来使用。清朝继承明朝旧制，官茶易马，商茶自卖。由于基本不缺乏马匹，茶马贸易逐渐转为茶叶贸易。清朝采用陕甘茶引、四川边引等茶叶边销模式，茶马司颁引（发照）、商纳税银，在保持政府控制下的茶商专卖制度的同时，更多延续明朝后期茶叶边销的市场化趋势，创立以票代引、部票贸易两种市场化运作模式。

除茶叶之外，内地销往边疆的还有哈达旗布、针、棉线、茧油、风帕、布匹、烟叶、水烟等诸多农产品和手工业品，而藏族聚居地区内销的则有鹿茸、麝香、黄白金、狐皮、藏红花、藏香等，西域则向内地出售现银、金砂、鹿茸及各

① 凡赴蒙贸易的旅蒙商人需向主管蒙古事务的理藩院或设在归化城、察哈尔、多伦诺尔（今内蒙古多伦）、库伦等地的将军、都统、参赞领取“部票”，上面写有商人姓名、经营商品名称和数量、经商地点、起讫时间等。

种干果。

清廷以茶叶贸易为边政和财政服务，降低了边疆治理成本。在川藏茶叶贸易中，清政府“岁约征银十数万两”，为赏赐喇嘛、修缮寺庙提供了稳定的经费来源；在甘青西域，清廷曾以茶搭放[①]兵饷；在蒙古，来自茶叶贸易的税、费、捐是各衙门的重要经费来源。

清朝货币供应出现了前所未有的急剧增长。清朝在各省均设有铸币厂，铸币频率也远非前朝所能及。随着海外贸易的开展，大量白银流入中国。乾嘉年间，银票、钱票、钱庄本票、汇票，以及转账制度等信用支付手段日渐普遍。天山以北与内地一样使用银两，清政府在伊犁铸造制钱；新疆六城地区（塔里木盆地周围地区）则以“红钱”为主，其币面与制钱类似，铸以察合台文和满文。

由于江南以及运河沿岸、长江中下游沿岸等稻米主产区大规模种植棉花，导致粮食作物短缺，赣江流域、湘江流域、四川盆地等区域先后加入商业化稻作。雍正年间，每年有800万石至1300万石稻米从长江中上游运到江南，汉口成为这一庞大跨区域贸易的集散地。清中期，全国1/10以上的谷物、1/4以上的生棉、1/2以上的棉布、9/10以上的生丝，以及几乎所有的茶叶，都是为了在市场贩卖而生产。[②]

清朝城乡市场网络体系逐渐发展分化为流通枢纽城市、中等商业城镇和农村集市三大层级。流通枢纽城市指全国性或大区域的流通枢纽，贸易范围覆盖数省，多为中央一级的税关所在地，分布在主要水道沿线。清中期，在商品流通领域，长江、沿海、运河三分天下的格局已经确立。中等商业城镇是地区性商业中心，贸易范围覆盖一两个府十来个县，如运河沿线的山东济宁和江西赣州等。农村集市是遍布全国各州县的基层市场，与小农的关系最为密切。在清中期，平原地区的小农只需步行一两个小时即可到达集市，半日可往返；河网区耗时更短。最晚至道光年间，多数省区已形成广阔的农村集市网，与流通干线上的商业城镇相联系，形成全国性的商品流通网络体系。

由于中国自给自足的小农经济，广大农民自己生产的农产品和大部分手工业品就能满足生活需要，因此对外来商品需求不大。加之有清一代，政府沿袭重农抑商传统，视外贸为对外夷的恩惠，对外贸加以限制，外国商品在中国很难打开市场，但中国商品在外国却很受欢迎。当时欧洲和北美的普通人已经用中国瓷器、

① 清制，凡兵丁之口粮、饷银或其他俸饷，可以搭配发放，通称“搭放”。

② [美]罗威廉：《最后的中华帝国：大清》，李仁渊、张远译，中信出版集团2016年版，第111页。

饮中国茶、穿中国丝绸。因此中国在对外贸易中长期处于绝对出超地位。18 世纪上半叶，英国东印度公司对华输出的货值，不少年份有 95% 以上是白银；到 18 世纪末，每年仍有大约 74 万两白银输入中国；直到鸦片战争前夜，美国输入中国的货值仍有 50% 左右为白银。[①]

第三节　社会整合

清前中期，在星罗棋布的八旗驻防区内外，汉、满、蒙古等族逐渐拆去藩篱，彼此交流，走向融合。广泛存在的联姻现象，使各族之间水乳交融。清朝大规模移民活动屡见不鲜，汉人由中原迁至边疆四至，同时周边族群或南下或北上而进入中原地区，基本上形成了汉人与其他各族纵横交错的分布格局。

一、人口流动

有清一代，中原等地因人口激增而地力有限，民众背井离乡，远赴蒙古、东北等边疆地区谋生，“走西口”“跑口外”“闯关东”是其中主要途径。

“口”本指明长城的关口。顺治年间，清政府允许民众在各边口内的空地治田营生，但禁止到口外游牧开垦。然而，令已出而禁未止。陕北延安、榆林等地农民，靠近伊克昭盟（今内蒙古鄂尔多斯），因地近沙漠，迫于生计，不得不租借口外蒙古人的土地耕种，春出秋归，岁以为常，被称为“雁行客”。康熙年间，绿营军驻防内蒙古，推行“开边制”，招汉人耕种。山西、陕西、甘肃等地贫民蜂拥而至，经喜峰口、古北口、独石口、张家口、杀虎口及陕西边外关口等，迁往内蒙古西部。伊克昭盟七旗境内，凡邻黄河、长城处，皆有汉人足迹。雍正以后，内地农民前往后套（今内蒙古巴彦淖尔狼山、乌拉山麓南部平原）开垦者渐多。随着移民不断涌入，口外逐渐形成小规模汉人聚落，不断吸引内地无地少地的贫民前往，或投亲靠友，或另辟新村，久之则落地生根，融入本地。经过长时间的“走西口”，内地汉人形成以鄂尔多斯地区为中心的定居圈，集中分布在乌兰察布盟、伊克昭盟、巴彦淖尔盟和阿拉善盟，向北辐射至库伦。

东北是清朝的“龙兴之地”，康熙朝废除“辽东招垦令”[②]，厉行封禁。但辽东

① 庄国土：《16—18 世纪白银流入中国数量估算》，《中国钱币》1995 年第 3 期。

② 顺治十年（1653）设辽阳府（下辖辽阳、海城二县），颁布《辽东招民开垦条例》，宣布开放辽东，奖励官民招揽、应招。其中规定“招民开垦至百名者，文授知县，武授守备”等奖励措施。在这一优惠政策的激励下，“燕鲁穷氓，闻风踵至”。

土地肥沃，地广人稀，又邻近直隶（今河北）、山东，故偷越关口者始终不绝。乾隆年间，直隶、山东农民已深入东北腹地。其中一部分在进入吉林乌拉（今吉林吉林）、伯都讷（今吉林松原）地区的同时，还沿辽河和柳条边墙北上，进入内蒙古东部的哲里木盟（今内蒙古通辽）垦种。嘉庆、道光年间，移民沿嫩江进入黑龙江西部，成为郭尔罗斯后旗（今黑龙江肇源）、杜尔伯特旗等地蒙古王公的佃户。这些关内移民在当地多以贸易、狩猎、淘金、采药、垦荒等业务为生，和当地人逐渐融合。

在清朝大规模移民运动中，还有一个感人的西迁故事，即锡伯族万里戍边。清廷平定准噶尔叛乱之后，刚被收复的伊犁地区历经数十年战乱，地荒牧凋，生产力遭到严重破坏，边防空虚。彼时沙俄步步东扩，时时觊觎。乾隆二十七年（1762），清廷在新疆设立伊犁将军，驻扎伊犁惠远城（今新疆霍城南），统辖全疆军政事务。1764 年，清廷从盛京各处调遣年富力强的锡伯族士兵 1000 名，防御、骁骑校 20 名，连同眷属 3275 名，西迁伊犁（图 11–2）。生活在白山黑水间的锡伯人彪悍忠义，善骑射，能打仗。严酷的自然地理、寒冷的气候条件、多次生业方式的转变以及百年戎马生涯的锻炼，培养了锡伯人豪爽强悍、兼容并蓄、吃苦耐劳和坚忍不拔的民族品格和心态。

图 11–2　锡伯族军民西迁戍边行走路线图石刻

这组石刻共计 56 块，是锡伯族军民西迁戍边的行走路线图。锡伯族军民历经千难万险，不远万里西迁新疆，驻守祖国的边疆，维护新疆的安全和稳定。锡伯军民保家卫国的事迹也体现出中华民族精神的核心。

锡伯族军民赶着牛车、驼队，带上行装，一路上风餐露宿，其间数次断粮，靠野菜果腹。乾隆帝原本给了 3 年的行军期限，他们却只用了 1 年 3 个月，就抵达伊犁霍城一带。抵达次年（1766），他们被安排到察布查尔地区组建锡伯营。作为集军事、行政、生产于一体的组织，锡伯营在当地挖渠垦荒、扩大生产，同时数次参加平叛斗争，为促进边疆发展、维护祖国统一和新疆安定作出了突出贡献。

二、交错杂居

大规模移民使得不同人群错落杂居，族群融合的趋势难以阻挡。清初，实行“旗民有别”的政策。顺治初年，将汉官及商贾民人尽徙北京南城居住，北京内城为八旗所居；在近畿则推行圈地、投充、拨补等政策，强征良田，设立屯庄，分给旗人，或作为皇庄、王庄。各地驻防八旗另建“满城”居住，与当地民众隔离，去世或致仕须归京。加上旗人的种种政治、经济特权，这些构成清初满、蒙古、汉旗民同普通民众之间的畛域。

但后来，北京内城居住空间紧张，满蒙旗人迁居外城，与民人杂处，语言习俗相互浸染。旗人社区功能从以族群血缘和政治军事需求为主，转向以经济文化生活为主。畿辅旗屯由于频繁的土地交易，与普通村庄渐无差别。驻防八旗所在各地的民众，通过做奴仆、雇佣、抱养等渗入旗人社会，有的养子甚至承袭旗人身份。乾隆五年（1740），西安将军绰尔多奏报，西安驻防兵额仅 8600 余名，仆人却达到 80000 名。[①]

在蒙古，随着内地移民不断涌入以及八旗驻防、屯垦、经商等活动影响，土默特地区有蒙古、汉、满、回、藏等族聚集生息，村落也由单一的蒙古族聚居演变为蒙古、汉、满、回等多民族杂居。鄂尔多斯一带，乾隆中期以后，汉民在该地中部呈点状分布；道光、咸丰时期，汉人移民激增，分布于该地东部长城沿边一带。道光中期，伊克昭盟蒙汉人口结构发生极大变化，渐渐形成大杂居、小聚居的局面。

在甘青宁地区，随着移民垦殖和商贸流寓人口增多，当地汉人从明朝的集中于屯田、卫所等据点，发展为广泛而分散的面状分布，与回、藏人群杂居。康熙二十年（1681），在河湟地区，“卫之辐辏殷繁，不但河西莫及，虽秦塞犹多让焉。自汉人、土人而外，有黑番……有西夷……而番回特众”[②]。乾隆初年，大通卫各堡

① 《满文月折档》，乾隆五年七月初三日绰尔多奏。转引自定宜庄：《清代八旗驻防研究》，辽宁民族出版社 2003 年版，第 256 页。

② 梁份：《秦边纪略》，赵盛世等校注，青海人民出版社 1987 年版，第 63 页。

寨均为汉、回、土民杂居，如新庄堡“土人什之六，回民什之三，汉人什之一”，百胜堡“土汉民各半，间有回民”，河州堡“回民、汉人间有”。[①]

在新疆，清前中期移民进一步使当地族群结构多样化。察哈尔蒙古西迁后，与属蒙古的厄鲁特部及邻近的锡伯、绿营（汉人为主）、塔兰奇（维吾尔）、哈萨克、布鲁特等，发生不同程度的交往。他们畜养的马牛羊有相当部分供给绿营等作为军粮。新疆各族交错居住的格局基本形成。

西南地区经历了同样的历史进程。以往滇东南以壮、彝、瑶、傣等族民众为主。随着改土归流的推行，滇铜滇钱外输，便利了交通往来，当地汉人逐渐增多。雍正年间，云南普洱府便有大批汉人移入，“客籍之商民于各属地，或开垦田土，或通商贸易而流寓焉”，道光时已是“风俗人情，居然中土”。[②] 同时，本地原有的族群界限被冲破，逐步扩散。很多单一族群聚居的村寨大部变为多族群杂居。据《开化府志》，该府八里共辖村寨 1203 个，其中汉人聚居的只有 25 个，汉夷杂居的则有 110 个，其余多为壮、彝、傣族各支系的人所居住。

三、族际通婚

族际通婚是清前中期族群融合的突出特征。从社会上层来看，清朝将联姻作为巩固统治的重要手段。其中，满蒙联姻是清朝长期推行的一项国策。入关前，清朝便已与科尔沁、杜尔伯特、敖汉、土默特等大部分蒙古归属部落建立联姻关系。入关后，更是形成了以“指婚制”为核心，包含婚礼、陪嫁、额驸及格格等人封号、省亲、丧葬等内容为一体的联姻制度。嘉庆后，满蒙王公自行通婚。满蒙联姻持续 300 年，清皇室通婚近 600 人次。在满蒙联姻的背景下，蒙古诸部对清朝普遍忠诚。清朝满蒙联姻的意义远超往代“和亲”，不但维系了满蒙亲谊，巩固了对蒙古的统治，也使蒙古成为巩固边疆的重要力量。不少蒙古额驸或出任各类官职，或主动请缨征战，为维护统一立下汗马功劳。

满汉上层的通婚亦时有发生。贝勒岳托于天聪六年（1632）上《善抚人民奏》，建议满汉联姻。[③] 皇太极接受建议，安排岳托娶汉人佟养性之女为妻，后又

① 《西宁府新志》卷十二《建置·堡寨》，米海萍、乔生华辑：《青海土族史料集》，青海人民出版社 2006 年版，第 185—186 页。

② 梁星源：《普洱府志叙》，《普洱府志》道光本，第 1 页。

③ 中国第一历史档案馆、中国社会科学院历史研究所译注：《满文老档（下）》，天聪六年正月十七日，中华书局 1990 年版，第 1195 页。

分赐“大凌河官员及副将十五员娶妻”之礼[①]，由此大开汉满联姻之风。清初八旗内部的满、蒙古、汉人联姻，不受旗分限制。顺治帝有四位妃子是汉军八旗女子，康熙帝娶汉军八旗女子更多，而清朝公主下嫁汉军旗人的亦不少。[②]

各族间的通婚亦很普遍。顺治五年（1648），曾颁行满汉通婚条例。清廷又很快转向禁止满汉间的通婚，严格地说是禁止八旗内外的通婚。但满汉民众通婚非常普遍，道光年间，这种情况引起清廷恐慌，乃明发禁令。为了规避禁令，有人用“顶名”的办法先转为汉军旗人身份，再通婚。驻防八旗虽然与当地民众有着更为严格的隔离，但也不乏通婚。汉军旗人娶民人之女的情况就更为普遍。[③]

汉人移民草原使蒙汉通婚增多。满蒙联姻时，不少汉人仆役随嫁而来，定居蒙古。法库县四家子乡蒙古人李姓，昌图县东嘎乡四家子乡的金、王、李、赵、贾、孟、何、高“八姓蒙古”，都是雍正年间随端柔公主出嫁，从直隶滦州迁来的。

随嫁的仆人、匠人、守陵户与蒙古人杂居、通婚，“穿蒙服、说蒙语、姓蒙姓、叫蒙古名”，渐渐融入。在甘青宁地区，蒙古、藏、汉、回等人群间的通婚、融合非常普遍。蒙藏民众信仰一致，生活方式相似，通婚较多。康熙年间，今青海省黄南州河南蒙旗地区的亲王与拉卜楞寺结成供施关系，蒙藏民众交流更趋密切。历代河南亲王中有 4 人具有藏族血统，其部众与藏人之间的通婚也非常普遍。

西南地区改土归流后，随着大规模的移民开发，各族群众之间通婚现象普遍，当地少数族群受汉文化的影响也较多。乾隆年间，贵州巡抚爱必达按照接受“教化”的程度，把黎平府的村寨分为几种。其中，“洞苗”“向化已久”，男子耕读，女子穿汉装、缠足，与汉民通婚；“花衣苗”“白衣苗”“黑脚水西苗”能薙发、读书应试，然而妇女的服饰未改；“黑苗”则固守旧俗，“鲜知文字”。雍正元年（1723），云南丽江改土归流设流官知府后，清廷设置以汉军绿营把守的关、哨、汛、塘等军事、交通据点。这些军人或彼此通婚，或娶“夷妇”，形成杂居在丽江关渠山隘间的汉民村落。他们的后代则普遍同当地民众通婚，部分随俗融合

① 中国第一历史档案馆整理编译：《内阁藏本满文老档·太宗朝·汉文译文》，辽宁民族出版社 2009 年版，第 617 页。

② 清太宗之女和硕恪纯长公主下嫁吴三桂之子吴应熊，顺治帝抚育的和硕承泽亲王硕塞之女，下嫁尚可喜之子尚之隆，和硕显亲王富绶之姐和硕格格下嫁耿精忠，固山贝子苏布图之女固山格格嫁耿昭忠。康熙帝之女固伦温宪公主嫁舜安颜，和硕悫靖公主嫁孙承运。

③ 潘洪钢：《清代驻防八旗与汉族通婚情况蠡测》，《中南民族大学学报（人文社会科学版）》2007 年第 5 期。

于纳西等族。丽江等地往来的商人，也多有娶妻生子者，往往经过一二代后融入纳西族。

第四节 文化交融

清前中期，康雍乾三帝通过经筵日讲、编纂书籍、册封孔子等，将“道统”与“治统”合于一身，极大影响了清朝学术，增进了国家认同。同文之治是清朝文化的另一特色，以多语文为特征的多族群文化共存于大一统实践之中，“和而不同”文化理念逐渐彰显，“精忠无二”的政治伦理广为推崇，汉、满、蒙古等各族人民在语言、生活方式、精神领域、社会活动等层面深入互动交融，促进了中华文化的创新发展。

一、道统与治统

为统治文化发达的中原地区，特别是规模庞大的士人群体，康雍乾三帝创造性地改造了儒学传统，力图实现“道统”与“政统”的合一，维系大一统的政治观。从皇太极、顺治帝，到康熙、雍正、乾隆三帝，都崇德尚学，通过“经筵日讲”、解释经典等活动，把自己塑造成符合儒家理想标准的帝王形象，确立“圣君”地位。此外，他们通过编纂大型类书、官修史籍等手段，引导民众思想，塑造了天下读书人对清朝统治的认同。

清前中期尊崇孔子，顺治帝封孔子为“大成至圣文宣先师”，康熙帝对孔子行三跪九叩之礼，御书“万世师表”。清帝垄断孔庙礼仪，来表达“治教合一”。雍正帝即位之初，颁布《谕封孔子五代王爵》谕旨，首次以官方形式明确规定“天地君亲师”的次序。

儒家文化历来强调“政”“道”分离，儒家门生握有道统，教化民众，皇权拥有政统，负责行政治理。但是，康雍乾三帝却刻意打造“圣君”形象，独占道统，最终实现二者汇聚于皇权之下。以“经筵日讲”为例，清帝一方面借此塑造自身符合儒家“圣君”标准的勤学形象，另一方面又对其进行改造。康熙十四年（1675），增加皇帝“复讲”环节；两年后，“复讲”提前，由皇帝先讲。这一角色调转，使经筵日讲成为皇帝训示臣子的手段。

清帝屡屡亲自参与论辩、清整经说、编纂经书，引领治学风尚，形成清朝独具特色的“帝王经学”。顺、康二帝汉宋兼采而尊朱子，雍、乾二帝重实效，侧重

“经”的政教功能，“经世”之业，惟帝王所独行。康熙年间官修《易》《书》《诗》《春秋》四部经书的注本，乾隆初年官修《三礼义疏》，均反映了清朝官方的经学思想。特别是自康熙至乾隆时期，陆续纂修的《钦定春秋传说汇纂》《日讲春秋解义》《御纂春秋直解》等解经之作，以“尊王”为中心构建解释体系，消弭其间的华夷之辨。乾隆帝还亲自操控史事评鉴，设定褒贬标准。

规模宏大的《四库全书》的编纂，寓纂修与查禁于一体，重新梳理知识资源，重建价值体系、学术范式，以此来强化江南士大夫对清政权的文化认同。

这一系列举措促使清朝文人主动将道统归于政统。如陈廷敬说：“我皇上以圣德而居天位，天下大治，生民乂安，故知道统之传果在上而不在下也。”[①] 此外，清前中期诸帝极为看重官员化民成俗的责任，通过乡约、社学、巡历乡村等举措深入基层。《圣谕广训》的广泛传播、教导和流传，便是例证。道光年间的古壮文典籍《顿造忙（创世经）》中，也记录了广西镇安府土司向当地传播诗书和书籍的情况。

二、“同文”之治

与大一统相表里的“同文”是清朝君臣描述盛治时最常使用的语汇，“同文”之治跨越语言与族群的界域而具有超轶前朝的治理效力。

多语文书并非清朝首创，元、明皆有。但清朝的多语合璧文书却成为定制，规模较大，在边疆治理、礼仪实践、认同塑造等方面发挥重要作用，其功能和范围与前朝不可同日而语。

入关前，清朝官方文书使用满、蒙古、汉三种文字。顺治年间，蒙古文地位下降，公开文书以满汉合璧为主。后来，越来越多的文字进入敕谕、碑刻、钱币等合璧文书体系之中。乾隆二十八年（1763）修成的《钦定西域同文志》，确立了满、汉、蒙古、藏、托忒、察合台六体合璧格局。书中注释一律用汉文，以便“凡识汉字者莫不通其文、解其意”。这说明满文虽有特殊地位，但汉文作为通用文字的地位趋于稳固，其传达的教化理念是“同文”的核心。

清廷编纂了大量多语种辞书。如乾隆年间在康熙满文《御制清文鉴》的基础上，先后添加汉文、蒙古文、藏文和察合台文，增纂各语种清文鉴。《钦定西域同文志》是清朝第一部关于新疆、青海、西藏地名、人名的多语种大型辞典。清朝还系统翻译各族各类典籍，入关前后，以满文翻译《辽史》《金史》《元史》《明实录》《明史》等史书；乾隆年间以满文重新翻译“四书五经”，以满汉文合璧形式

① 陈廷敬：《午亭文编》卷三五《癸未会试录序》，三晋出版社 2015 年版，第 581 页。

雕版印刷；民间以满文翻译刊印了《千字文》《百家姓》《三字经》《小学》等汉文蒙学书籍；还将卷帙浩繁的《甘珠尔》《丹珠尔》两部大藏经翻译成满文、蒙古文。清朝特别设置翻译科，为多语人才进身之阶，又设蒙古学、唐古忒学、回子官学（后改为回缅官学）、托忒学等，以培育人才。

虽然入关前清朝统治者便将“国语骑射”作为立国之本，但旗人子弟“渐习汉语”“沾染汉习”的现象仍不可逆转。康熙年间，因各满洲官员已通晓汉语，裁去部院及各地衙门中的翻译人员——“通事”。嘉庆年间，八旗子弟的满语口语生疏，甚至已不识满文。骑射习俗也未能保持。雍正以后，清帝屡屡为此怒斥八旗官兵。八旗子弟开始仿效汉人服饰风俗，出现取汉姓及字号、以行字界定辈分等汉化现象。这反映出满汉文化交融，渐呈一轨同风之象。

“同文”之治便利了各族在语言、服饰、文学、艺术等方面的互渗交融。

在语言方面，首先，作为现代普通话语言基础的北京官话，吸收了以满语音译词为代表的大量满语词汇，如耷拉、磨蹭、马虎、猫儿腻、挺（很）、萨其玛以及“宁古塔”“松花江”等地名。其次，新生了一些满、汉复合词，如“档案”一词，由汉语的“档”，加满语后缀而成；“车把式”由汉语的“车”和满语“把式”复合而成。最后，出现了因满人风俗而创造的满式汉语词汇，如剃头、抓辫子、捕娄子、旗袍、下嫁、收养等。

在服饰方面，旗袍即源起于满人上下一体的长袍。在饮食方面，满汉全席，亦满亦汉，非满非汉，是满汉饮食文化融合的典范。在建筑方面，北京紫禁城在建筑群体布局、空间序列设计上，传承了轴线布局、中心对称、前朝后寝等中国传统宫城文化元素，而其宫内的佛堂建筑等，又汲取了丰富的多民族文化特性，见证了满、汉、蒙古、藏等族在建筑艺术上的融汇与交流。

在文学创作方面，满汉文化更是深度交融。清朝入关后，满汉文士交游渐趋密切，加之科举助推，吟诗作画等风雅渐次流行于满人精英之中。而这些满人笔下的诗文画作，又呈现出满汉深度交融的特色，纳兰性德即为突出代表。又如，道咸时期女作家沈善宝所著《名媛诗话》中，展现出当时京师满汉女性交游对文学创作的深广影响。中国古代白话小说的巅峰《红楼梦》，同样反映了满汉文化的深度融合。曹雪芹在书中将道家的无为思想、佛教的因果轮回、儒家的纲常名教等融为一体，将旗人的京腔汉语发挥得炉火纯青，不仅有“嬷嬷”等大量具有满语特色的词汇，还有“把莺儿不理”等满式汉语句式。

在戏曲方面，作为国粹的京剧是满汉文化交融的产物，诞生后又在满汉交流中起到媒介作用。清朝的舞蹈等艺术，往往也体现出满汉文化的融合，如河北保定地区的国家级“非遗”舞蹈《摆字龙灯》，源自承德行宫的宫廷龙舞，后演化为清西陵守陵人的祭典舞蹈，它融合了汉人的图腾崇拜、精神象征以及满人的丧葬、陵寝文化，生动阐释着“满汉一家亲”。

满汉之外，各族文化交流也日渐频繁。入关后，满蒙人群间的语言文字交流进一步深入。满文本来创自蒙古文，但满蒙长期联姻，使后者语系受满语影响，本有的一些圆唇短元音开始消失，塞擦音亦与满语发音相同。受新满文的影响，蒙古族用蒙古文书写人名、地名等专有名词时，一般也加上圈点，以避一字多音之弊。原本习用蒙古语的达斡尔族，后来习用满文者很多，甚有以满文记录达斡尔语，或以满语作为交际语言者。

蒙古族也受到汉文化影响。汉族移民的方言和词汇，融入蒙古语汇之中。如晋北移民较多使用的土默特方言中，即夹杂较浓重的晋北土语。许多地名也体现出蒙汉文化的共同影响。大量的汉族文学作品、民间传说，如《三国演义》《水浒传》《西游记》《封神演义》等，在蒙古地区以汉文广泛传播。同时，蒙古族文人也将汉族文学作品大量译成蒙古文，如蒙古族文学家哈斯宝所译《红楼梦》风行蒙地。蒙汉文人交友亦非常密切，建立起同学、同仕、同游之谊。比如，翁方纲与蒙古族博明的“十同”情谊，堪称典型。

清前中期，内地与新疆的文化交融更加密切。在汉人中流行的歌舞、杂技、戏曲、祭祀等，在迪化、伊犁、巴里坤等地随处可见。剪纸和年画传入新疆后，维吾尔、哈萨克、蒙古、柯尔克孜等族民众多以剪纸图案来装饰建筑、服饰、地毯、刺绣等。喀什香妃墓的廊柱纹饰中的生命之树、莲花、石榴纹、“喜相逢”等图案，体现了中华文化对维吾尔雕刻艺术的影响。在建筑技艺上，出现蒙汉混合式、汉藏混合式建筑。而起源于吐鲁番盆地的“纳孜尔库姆”是维吾尔人别具一格的民间乐舞，吸收了汉人鼓点的节奏和跨腿跳转技巧，融合了蒙古舞的抖肩等。

在西南，儒家文化广泛传播。以保靖彭氏为代表的家训、族规中，包含重教养、齐家政、尚友爱、睦宗族、励勤俭等内容。许多乡规民约也已按照清廷“圣谕”的指导而撰写。汉人纪念屈原的端午节也传到西南。苗、布依、侗、土家、仡佬等族民众吸收了汉人的傩活动，发展为各有特色的傩戏。嘉道年间，布依族聚居地开始表演以汉人民歌小调为基础的花灯剧。侗戏也把中原的一些民间故事改编为表演内容。董永卖身葬父等“二十四孝”故事传入西南，并在人名、地名、情节上呈现出本地化特征，出现诸多彝文抄本。

三、藏传佛教的治理

藏传佛教诸教派中，清朝对格鲁派活佛系统的权力、地位予以正式认定，将寺庙和宗教领袖纳入地方行政体系，体现了清统治者对藏传佛教的有效治理。首先，无论是“黄教四圣”[①]还是各个等级的呼图克图，清廷始终掌握对其的封赠和废黜权。驻藏大臣主管藏政，独揽向中央奏事权力，达赖无权向中央单独奏事。其次，推动形成达赖管前藏、班禅管后藏、哲布尊丹巴管漠北蒙古、章嘉管漠南蒙古和驻京呼图克图的局面。最后，由理藩院和地方各级官吏管理藏传佛教事务，规定寺庙额缺，限制寺庙规模，建立和规范年班朝觐制度，制定喇嘛禁令，将藏传佛教事务置于中央王朝的皇权之下，约束教权。

将入侵后藏的廓尔喀人驱逐后，清朝还发布《钦定藏内善后章程》二十九条，作为治藏政策准则，其中第一条即为金瓶掣签制度，之后成为藏传佛教最为重要的宗教仪轨和历史定制。1792 年乾隆帝定制金奔巴瓶（即金瓶）送至拉萨，并御制“喇嘛说碑”，刻有满、汉、蒙古、藏四种文字碑文。金瓶掣签制度既兼顾了活佛转世的宗教传统，又将活佛转世制度纳入中央王朝设定的律法轨道。

此外，清廷敕令修建的内地和藩部的一系列藏系庙宇，也成为代表“国家存在”的特殊政治场所。清朝统治者通过皇家元素的植入和对敕建庙宇的“官衙化”改造，使得这些庙宇兼具治理蒙藏边疆地区的机构职能的同时，也成为藩部首领表达政治认同的场所。蒙古、京师、五台山等地的许多寺院，都将西藏宗教建筑艺术与中原宫殿建筑艺术熔于一炉。北京的雍和宫，原系雍正即帝位前的府邸，乾隆时改建为藏传佛教寺庙，成为融汇汉、满、蒙古、藏各族文化艺术的结晶。

在这一时期，蒙古高僧、学者的藏文撰述也逐渐增多，其中不少是历史著作。蒙藏地区学者所撰的藏文史书《汉区佛教源流记》和《如意宝树史》，叙述了从三皇五帝直至元明清的历史，并将“传国玉玺”传说贯穿其中，说明其对中原王朝系谱的认可。这与清中期以后藏传佛教高僧获任各级官职，在北京等地长期驻锡有关。

四、忠义精神的推崇

清政府致力于推崇“忠义”精神。康熙年间修《明史》，将明末清初变节而帮清朝打天下的降臣，如洪承畴等，打入《贰臣传》。在清政府主持编纂的《胜朝殉

① 黄教指藏传佛教格鲁派。康熙帝在蒙古地区册封了哲布尊丹巴和章嘉两大活佛，与达赖、班禅共同形成“黄教四圣”，中央王朝以格鲁派祭司约束蒙古各部的制度由此形成。

节诸臣录》一书中，对众多明朝忠臣义士，包括曾经抵抗清军的明朝英烈，如卢象升、刘宗周、史可法、袁崇焕等予以表彰。

“关帝”崇拜，是清朝大一统成功推动各族人民精神领域深度融合的显例。康熙四年（1665），清朝尊关羽为夫子，与孔子并称。关羽集忠、义、仁、勇、礼、智、信于一身，这些对生活于任何地区、信奉任何宗教的人而言都是令人敬仰的精神品格。关帝庙在清朝遍及东亚各地，证明了中华文明的教化之远。北京城里专祀关帝和以祭祀关帝为主的庙宇有百余座，在台湾岛也多达上百座。在西藏与甘青川藏族聚居区及蒙古族聚居地区，关帝庙被称作“格萨尔拉康”或“格萨尔庙”。在里塘，“自汉人寄贾其间，始建武庙在城南门外，番人也知畏服”[1]。西藏拉萨、昌都、山南、日喀则、定日等地都有关帝庙；蒙古地区关帝庙也不少，以归化城土默特地区为例，地方志记载有15座关帝庙，其中仅归绥（今内蒙古呼和浩特）一地就有7座。在新疆，关帝庙随处可见。据嘉庆初年流放伊犁的洪亮吉说，他从嘉峪关向西直到惠远城，途经的人口聚居之处无不祭祀关公。在西南地区，瑶、壮、苗、白、土家、纳西、彝、羌、侗、水、布依等族民众也有供奉关帝的传统。羌人的“白石崇拜”中的五颗石头中有一颗即“关圣帝君”；云南的彝人和汉人一样出入关圣庙；苗民中流传着关帝是“火德星君”的传说；仫佬族过年有贴关羽像的习俗，并书以“秉烛达旦，忠义春秋”。不仅如此，关帝信仰还成为海外华人维系文化认同的重要精神纽带。

清朝“忠”“义”精神既来源于汉人传统的“忠君体国”观念，也来源于满蒙传统的“事主之忠”理念。蒙古、西藏等地关帝庙，与本土之格萨尔、藏传佛教大神等相结合，这表明关帝信仰蕴含的精神价值已然超越了族群身份，成为中华民族共同尊奉的伦理价值。

小结

清前中期是中华民族多元一体格局定型的重要时期。清朝统治者虽然一度实行族群隔离措施与文化防范政策，但各族人民交往交流交融的意愿始终占据主流，并在广度和深度上有了新的发展，大一统制度塑造的政治、经济、社会、文化共同性不断增长。

清朝统治者秉承“修其教不易其俗，齐其政不易其宜”的理念，对

① 转引自李宗放：《四川古代民族史》，民族出版社2010年版，第545页。

边疆和多族群聚居地区进行了有效治理，为统一多民族国家的稳固发展奠定了坚实基础。在政治层面，在中央最高行政机构中创立理藩院，将对藩部的治理作为内政，以区别于礼部管辖的属国外交；清前中期设驻藏大臣、青海办事大臣，后期在新疆、台湾与东北建省，巩固东北、西北、西南、东南等边疆治理。在经济层面，商品经济跨区域交流互动有较大发展，国内统一市场借助驿站等交通体系更加完善，内地与边疆经济联系日益密切。在社会层面，各族人民经由军队驻防、移民迁徙、族际通婚等多种途径，逐渐形成了“大杂居、小聚居、交错居住”的人口分布格局。在文化层面，各族人民在语言、生活方式、精神思想等领域互动交融，相互欣赏、彼此涵化，促进了中华民族文化的创新发展，成为日后中国文化的典范。

但是，清前中期的强盛只是中国传统王朝最后的辉煌。清朝虽然集中了历代大一统的经验，但并未革除历代王朝的弊病，依然没有跳出传统王朝的历史周期率。从世界史视角来看，清朝兴起之际，正值大航海时代，殖民主义开始扩张。西方国家通过启蒙运动和工业革命迈入近代门槛，并在全球范围内掀起帝国殖民的浪潮。“天朝上国”的国门一旦被轰开，中华民族便陡然跌入历史深渊，由此进入历史上备受欺凌、最为孱弱的时期，同时也步入走向觉醒、奋起抗争的转型时代。

思考题

1. 清朝在巩固大一统国家政权方面作出了哪些努力？
2. 如何评价清朝的边疆治理？
3. 清前中期中华民族交往交流交融的主要表现有哪些？

第十二讲　民族危亡与中华民族意识觉醒（1840—1919）

近代以后，中华民族遭受了前所未有的劫难。从那时起，实现中华民族伟大复兴就成为中国人民和中华民族最伟大的梦想。无数仁人志士矢志不渝、上下求索，奔走呐喊、奋起抗争。

——习近平

从1840年鸦片战争开始至1919年五四运动爆发，是中国近代史上的旧民主主义革命时期。面对西方列强步步进逼，清政府与北洋政府无力应对，国家主权和领土完整遭到严重破坏，中国逐步成为半殖民地半封建社会，国家蒙辱、人民蒙难、文明蒙尘。

在内忧外患的背景下，晚清政府加强了对边疆地区的统治，在推进中华民族一体化建设方面做了一定尝试，国家主权观念在这一时期开始强化。但由于没从根本上触动基本政治经济制度，晚清政府所进行的一系列自强运动、变法运动和所谓“新政”并未成功。

1911年10月爆发的辛亥革命推翻了清朝统治，结束了中国两千多年的封建帝制。1912年1月1日，中华民国成立，标志着中国从传统王朝向现代国家转型。“五族共和”成为处理民族关系的基本原则，也逐渐成为社会普遍共识。

从晚清开始，中华文明遭遇西方文明重大挑战。面对“数千年来未有之大变局”，面对帝国主义国家对中国的侵略，面对亡国灭种的危机，无数中华儿女抛头颅、洒热血，英勇抗击帝国主义的侵略掠夺和封建主义的剥削压迫，争取中华民族的独立和解放，探索现代中国的立国之道。在这一历史时期，共同的历史命运催生出共同的中华民族意识，中华民族开始从自在走向自觉。

然而，军阀连年混战，列强威逼日甚，北洋政府生搬硬套西方政治制度，导致政治混乱、社会失序，经济民生无法改善，中华民族共同体建设在实践层面并没有明显的实质进展。

第一节 从帝制到共和

15 世纪至 17 世纪，欧洲国家通过“探险”和航海活动“发现”了新大陆、新海域以及新的贸易路线。大航海时代的到来促进了贸易往来，推动了西方的政治与科技革命，也加速了欧洲国家对外扩张的帝国主义行动。1840 年爆发的中英鸦片战争是中国近代史的开端。西方殖民扩张及其意识形态冲击，给中国传统的国家体制、藩属关系、社会结构、伦常规范、思想学说和文明体系带来了空前危机，中国被迫卷入资本主义全球体系和以民族国家为主要行为体的国际体系。中华民族应对全面危机的各种努力，反抗外国侵略和王朝专制的各种运动，促进了现代中国国家意识的兴起。辛亥革命之后，新的国家机构相继创设，传统的大一统王朝从此转向统一的现代国家，中华民族共同体进入新的发展轨道。

一、半殖民地半封建社会的形成

18 世纪中叶以来，西方工业革命兴起，欧美资本主义国家在全球范围内进一步展开殖民扩张活动。1840 年，英国对中国发动鸦片战争。清政府战败，被迫与英国签订中国近代史上第一个不平等条约——《南京条约》。1844 年，美、法两国强迫清政府签订《望厦条约》《黄埔条约》。通过这一系列不平等条约，西方侵略者从中国攫取了领事裁判权、片面最惠国待遇等诸多特权，中国的主权和领土完整遭到严重破坏。

1856 年，英法入侵，第二次鸦片战争爆发，美、俄两国以调停人的面目趁火打劫，清政府被迫签订了《天津条约》《北京条约》《瑷珲条约》，割地赔款，丧失了大片领土，半殖民地化程度进一步加深。

1883 年，中法战争爆发，中国不败而败。1894 年，中日甲午战争爆发，中国战败，清政府被迫签订《马关条约》，割让辽东半岛、台湾全岛及所有附属各岛屿、澎湖列岛给日本，赔款 2 亿两白银，增开沙市、重庆、苏州、杭州为通商口岸，日本可以在通商口岸投资设厂。该条约使中国的半殖民地化程度大大加深。

中日甲午战争后，列强掀起瓜分中国的狂潮。德国强占胶州湾，将山东划为其势力范围；俄国强租旅顺、大连，将长城以北和新疆划为其势力范围；法国强租广州湾，将广东、广西和云南划为其势力范围；英国强租威海卫和新界，将长江流域和云南、广东划为其势力范围；日本割占台湾和澎湖列岛，将福建划为其势力范围。美国因在中国未取得势力范围，担心其他列强会妨碍其在华利益，提出了所谓的“门户开放”政策。

1900年，八国联军侵华战争爆发，清政府被迫签订近代史上主权丧失最严重、赔款数目最庞大的《辛丑条约》。除割地赔款外，《辛丑条约》还规定清政府保证严禁中国人民参加反帝活动，清政府沦为帝国主义列强统治中国的工具。

从1840年到1911年，清政府与列强签订了数以百计的不平等条约，被迫割让了160多万平方千米领土，部分领土成为列强的租借地，关税、盐税等经济主权也被迫出让给列强，国家主权进一步遭受严重侵害，中国完全成为半殖民地半封建社会。

外国资本主义的入侵使中国社会发生巨大变化。面对资本主义世界的商品和资本输出，中国以传统农业为主的经济社会体系难以抵挡。洋纱、洋布等工业产品和大量西方资本涌入中国市场，传统的家庭手工业尤其是棉纺织业走向衰落，自给自足的小农经济逐渐解体。随着农业生产的商品化，中国的生产活动一步步被卷入资本主义世界经济体系之中，中国传统社会的经济结构发生重大变化，客观上促进了中国商品经济的发展，民族资本主义逐渐产生。

二、晚清政府的“自救”

列强的政治、军事、经济和文化入侵，激化了近代中国的社会矛盾，中国人民生活在水深火热之中，反清斗争此起彼伏。在外部主权危机和内部合法性危机的双重压力下，晚清政府陆续兴办“洋务”、尝试“变法”乃至实行“预备立宪”，开启了一系列“自救”运动。

19世纪60年代起，以曾国藩、李鸿章等为代表的洋务派掀起了以“自强”“求富”为主旨的洋务运动。洋务派承认西方文明在物质层面的先进性，大力引进西方技术成果，创办军事工业和民用工业。他们训练新式陆军，筹建新式海军，建立军用工业，营建防卫体系，逐渐形成保卫领土、主权和边界的近代国家边防意识。同时，洋务派还创办新式学堂，派遣留学生，组织编译《万国公法》

《富国策》等西学书籍，开阔人们的眼界，传播新的地理观、国家观和天下观。然而，器物层面的进步和局部的变革无法拯救中国，甲午海战中北洋水师的全军覆没宣告三十多年洋务运动的惨败。

19 世纪 90 年代以后，中国的民族资本主义经济取得初步发展，新兴的民族资产阶级迫切要求挣脱外国资本主义和国内封建势力的压迫和束缚，为在中国发展资本主义开辟道路。以康有为、梁启超为代表的维新派人士发动了“公车上书”，拉开了维新运动的序幕。维新派积极宣传西方君主立宪、政治改良思想，提出了通过改革建立近现代国家的初步构想。康有为先后提出了“保国、保种、保教”“君民合治，满汉不分”“去种界同人类”等体现族群平等的设想与政策。梁启超认为，在民族危机日益加深的情况下，“平满汉之界”是中国“自强之第一阶梯”，并在户籍、通婚、官缺、生计四个方面提出了一套整合国内民族的方案。

1898 年 6 月 11 日，光绪皇帝在维新派的推动下开始戊戌变法，颁布“明定国是”诏书。此后的百余天，清政府先后颁布了一系列改革措施。虽然变法很快失败，但部分涉及文化、教育的改革举措被保留下来，维新派变法的主张产生了广泛的社会影响。戊戌变法是晚清重要的思想启蒙运动，它的失败使中国社会更强烈地意识到，只有更深层的变革才能找到中国的出路。

随着反清武装斗争运动的发展以及民主革命思想的传播，晚清政府为挽救自身统治危机，采取一系列措施，努力重构各族群政治大一统新秩序。在国家治理方面，清政府开始重用汉人官吏；取消满汉通婚禁令；抑制边疆地方割据势力膨胀，打击各种分裂势力；确立汉语作为“国语”的地位，在内政外交中广泛推广普及。这些措施为维系共同的国家认同创造了有利条件，在一定程度上避免了中华民族在历史低谷出现大分裂，维护了中华民族的整体利益。不过，宣统三年（1911），在晚清政府组建的责任内阁中皇族旗人占了大半，彻底打破了君主立宪派的幻想，清朝的覆亡无可挽回。至此，晚清的系列改革均以失败告终。中国亟须改变传统的社会治理体系和国家发展模式。

三、辛亥革命与民国肇建

1911 年 10 月 10 日，武昌起义爆发，拉开了辛亥革命的序幕。各地陆续起义，先后有 15 个省宣布独立，瓦解了清朝的封建统治。清帝被迫放弃爱新觉罗氏“天下共主”之地位，接受“五族共和”。辛亥革命前后，思想界虽有激烈论战，但主流共识仍是“化除满汉畛域、各族混成一体”，为“五族共和”的提出和相关政策的实施奠定思想基础。

1912 年 1 月 1 日，中华民国正式成立。孙中山在宣誓就任中华民国临时大总统时强调，“国家之本，在于人民。合汉、满、蒙、回、藏诸地为一国，即合汉、满、蒙、回、藏诸族为一人。——是曰民族之统一”[①]。中华民国继承了清朝的疆域，将“五族共和”作为解决民族问题的总原则。

北洋政府继南京临时政府之后，继续坚持“五族共和”，强调蒙、藏、回疆各地方同为国家领土，蒙、藏、回疆各地方之民族俱为国民；不再使用藩属名称，不再设置理藩专部，成立蒙藏事务局（后改为蒙藏院），主管蒙藏地方和回部土司行政事务，逐渐形成了一套较为系统的边疆民族治理机制，基本保持了对边疆地区的统辖关系。这一时期先后成立的“中华民国民族大同会”“五大民族共和联合会”“五族国民合进会”等团体，尝试化除“汉、满、蒙、回、藏”的畛域，联合五大民族共同发展。

在推翻专制王朝的同时，辛亥革命也推动了王朝政治认同向现代国家认同的转型。中华民国在政治和法律上规定国民一律平等，彰显出主权在民、疆域一统、多民族融合的近现代国家特征。但在政治实践层面，民族平等根本无从落实。中华民国成立之初，为控制中央政权，不同政治力量展开一系列政治博弈，国会里不同党派之间为了各自利益争斗不休，列强也企图扩大其在华势力范围。中国政局异常混乱，外部危机依然严峻。

虽然推翻了清政府的封建统治，辛亥革命却并没有解决中华民族的前途和发展方向问题。由于民族资产阶级的软弱性和妥协性，辛亥革命未能改变帝国主义、封建主义和军阀官僚政治在中国的统治基础，中国半殖民地半封建社会的性质没有得到根本改变。中国各族人民需要进行新探索，中华民族需要谋求新出路。

第二节 “中华民族”话语的出现

近代以来，为了寻求救亡图存之道，中国人不断“开眼看世界”，寻找摆脱危机的方案。其中，近代西方民族国家学说以明治时代的日本为中介，逐渐在中国传播开来。中国的政治文化精英一方面尝试以西方民族国家为模板来改造中国传

① 《孙中山选集》（上），人民出版社 2011 年版，第 95 页。

统的政治制度与社会结构，另一方面又不断思考批判西方民族国家本身所蕴含的资本主义、殖民主义、帝国主义要素，这使得建构现代中国的理论与实践从一开始就具有中国自身的特征。

一、近现代中国认同

近现代中国认同的生成与加强，是中华民族共同体由自在走向自觉的重要思想动力。1689 年，清政府在与沙俄签订《尼布楚条约》时，首次在国际文书中将“中国”作为正式国家名称使用，但其应用范围在很长时间内主要限于外交领域。鸦片战争后，在共御外侮的时代背景下，清朝疆域内的汉人、满人、蒙古人等，共同参与了中国认同的塑造过程。

为应对统治危机，维系大一统，有识之士开始关注中国的边疆事务和边疆问题，对边疆史地的考察成为潮流。一时间，姚莹、吴大澂、许景澄、薛福成等人皆为国家筹边谋防，所发论述大多突破了传统的华夷之辨，代之以对近代国际关系的现实认知，为现代中国国家意识的形成提供了思想资源。

在民族危机和近现代主权国家体系的影响下，“主权中国”的国家叙事日益增强，“中国”转化成具有近现代意义的国家称谓。1909 年，清政府颁布《大清国籍条例》，除标题中有“大清”二字外，正文内容全都以“中国”取代“大清”。清末“新政”时期，清政府颁布的政令、法令等，均普遍使用“中国”作为国名。这基本奠定了“中国”作为国家名称的合法性，也初步奠定了包含汉、满、蒙古、回、藏等各族人民在内的“中国人”作为国民身份认同的政治基础。

通过反抗列强的侵略和压迫，中国各族人民强化了自我的国家认同。他们逐渐联合起来，共同维护中华民族的生存和发展，反对各种形式的民族分裂。辛亥革命爆发后，英、俄等国利用中国政局混乱之机，在蒙古、西藏等地制造民族分裂活动，遭到了各族人民的坚决抵制。西蒙古王公通电全国，表示“汉蒙久成一家”“我蒙同系中华民族，自宜一体出力，维持民国”[①]，公开宣告蒙古族属于中华民族，表达了共同守护中华民族整体利益的强烈愿望。新疆、云南、广西等边疆地区的军政首脑也都公开支持政权统一，坚守住了民族大义的底线。

民国初年，作为近现代国家主权的象征，国旗成为各族共享的国家认同符号。带有浓厚国家意味的徽章、护照等，也逐渐在中国社会传播并流行起来。

① 西盟王公招待处编：《西盟会议始末记》，商务印书馆 1913 年版，第 43 页。

二、“中华民族”族称的出现

随着西方民族国家学说的输入，西方带有严重种族偏见的“黄祸论”与“文明等级论”，不仅冲击着中国传统的族群认知，也刺激着中国知识精英对“民族”的含义进行深入思考。在此背景下，“中华民族”一词作为现代族称，经历了概念的多重衍化。

20 世纪初，康有为、梁启超等主张改良的立宪派与孙中山、章太炎等主张推翻封建专制的革命派就“中国向何处去”展开论战。1905—1907 年，双方论战达到高潮，立宪派和革命派分别以《新民丛报》和《民报》作为主要阵地，带动大量报刊投入以“民族”与“国家”为主题的大讨论。“满汉之界”成为争论焦点，不同类型的民族主义思潮开始涌现。

梁启超敏锐地察觉到狭隘民族主义存在风险隐患。1900 年，他指出，“则因满人主国，而满汉分界，因满汉分界，而国民遂互相猜忌，久之而将见分裂之兆也”[①]。“民族分裂”的忧患意识促使他对中华民族的整体特性进行深入思考。

1902 年，梁启超正式提出“中华民族”概念。当时，中国许多民族已经被西方学者称为“民族”，如“蒙古民族”“满洲民族”“汉民族”“藏民族”等已被普遍接受。1903 年，梁启超指出：“由此言之，则吾中国言民族者，当于小民族主义之外，更提倡大民族主义。小民族主义者何？汉族对于国内他族是也。大民族主义者何？合国内本部属部之诸族以对于国外之诸族是也。……合汉合满合蒙合回合苗合藏，组成一大民族。”[②]1905 年，梁启超从族群历史演化的视角对华族、蜀族、吴越族等中国古代族群作出定位，认为这些都是自有史以来即居于中国的群体，都属于“中华民族”。在总结历史上各民族互动交融的过程后，他指出，“现今之中华民族自始本非一族，实由多数民族混合而成”[③]。“中华民族”具有古代民族交往交流交融的“多元一体”属性。

与此同时，一批留日的满族、蒙古族同胞，在东京和北京创办《大同报》《北京大同日报》《大同白话报》，自觉倡导满汉人民平等，号召“统合汉、满、蒙、回、藏为一大国民”[④]，与国家兴亡同其福祸；提出中国人民都是同民族、异种族的国民的论断，表现出“民族大同”的强烈自觉。

① 梁启超：《饮冰室合集》文集之五，中华书局 1989 年版，第 36 页。

② 梁启超：《饮冰室合集》文集之十三，中华书局 2015 年版，第 75—76 页。

③ 梁启超：《历史上中国民族之观察》，中华书局 2015 年版，第 4 页。

④ 乌泽声：《大同报序》，《大同报》1907 年第 1 期。

根据革命形势的发展，革命党人抛弃了此前狭隘的“排满革命”“驱除鞑虏”观念。1906年，孙中山已注意区分满族百姓与满族统治者，指出民族主义并不是遇到不同族的人便要排斥他。辛亥革命爆发前夕，代理同盟会总理职务的刘揆一强调，要联合五族革命志士，共同组成革命团体，推翻清朝统治。

革命党人之所以要立志推翻清政府，归根结底是强烈的反帝国主义思想。他们批判清政府由于不能抵抗外敌而让中国沦为“欧美之陪隶”[①]。武昌起义爆发不久，章太炎即致信留学日本的满族学生，劝他们不必因此感到恐慌，强调革命成功之后，“君等满族，亦是中国人民，农商之业，任所欲为，选举之权，一切平等”[②]。这表明清末革命运动中的“中华民族”认同，已经超越了各族之间的身份差异，转而进入塑造“国民”、建构新的“民族国家”的理想追求中。

中华民国成立后，“五族共和”理念促进了“中华民族”一词的广泛传播。现代报刊的蓬勃发展，极大拓展了“中华民族”概念的传播范围，甚至在蒙古文、藏文里也出现了“中华民族”的对应词语或表述。以“中华”为名称的团体纷纷成立（如中华自治协会、中华教育改进会等），积极促进各民族间的交往交流。以“中华”命名的新式报刊，如《中华杂志》《中华日报》《新中华报》《中华新报》《中华自治公报》等大量涌现，成为传播中华民族意识和中华民族文化的重要载体。民国初年颁布的多版国歌也都以“中华”作为主频词，如1919年《尽力中华歌》数次叠用“中华”，一度流传广泛。各族人民同属“中华民族”越发成为国人的共识，成为中华民族自我觉醒的重要标志。

三、国家建设的初步构想

近代中国的国家建设是在复杂的内外环境中展开的。如何继承清朝以来形成的疆域版图，并在此基础上整合中原与边疆地区，保证主权完整、国家统一及边疆稳定；如何建立现代国家的组织、动员、汲取机制；如何摆脱经济命脉被控制，国家被瓜分的局面，发展中国的民族资本主义，是国家转型的重要问题。

“中华民族”的内涵演变，与时代主题相伴而行。1901年，梁启超发表《灭国新法论》，借由叙述埃及、印度、波兰、菲律宾等地的亡国史来提醒国人，西方列强的对外扩张早已不再局限于传统的攻城略地、抢占地盘，而是会充分运用经

①《章太炎全集》第3册，上海人民出版社2018年版，第120页。

②《章太炎全集·书信集》，上海人民出版社2017年版，第395页。

济、金融、教育等方式来控制非西方国家。[①] 要想摆脱被“灭国”的命运，要想在时代危机下实现新生，就需要有针对性地进行一系列政治架构与政治制度上的变革。章太炎认为，近代中国的政治建设，首先应以凝聚、动员全国人民的力量来实现救亡图存为首要目标，建设现代国家需要超越过去基于家族的、地域的、族群的界限，使所有中国人具有共同的国家意识与民族意识，一起致力于摆脱中华民族近代以来面临的危机。

值得注意的是，此时社会主义学说开始进入中国。早在 1873 年，王韬在其编撰的《普法战纪》中，就已简要叙述法国巴黎公社的武装斗争。来华传教士所办报刊也刊载过关于社会主义与共产主义学说的介绍。邓实在 1903 年提出，“社会主义者，思想最高尚之主义”[②]。1905 年 5 月，孙中山赴布鲁塞尔，与第二国际负责人进行了交流，表示革命成功之后的中国将实行工业化，但应避免出现类似于近代西方的剥削制度。[③] 革命党人认为，清末革命除了要推翻清王朝统治，还应改造不合理的社会结构，社会革命应当与政治革命并行。

大多数革命党人在思想渊源上、教育经历上深受中国传统文化的熏陶，面对近代资本主义生产方式下的经济剥削与贫富不均，他们很难在价值层面表示认同。儒家传统主张“责任伦理”，强调每一个人在一定的社会关系网络中，要对周围的人有一种休戚与共之感，尽到自己应尽的责任，使整个社会成为一个具有紧密联系的共同体，而非资本主义制度下的个人主义，单纯以利害关系相结合。凡此种种，都是清末社会主义在中国传播的深层文化基础。

尽管清末革命党人开始思考社会主义在中国实践的可能性，可由于他们与中国绝大多数人民群众缺乏有机联系，其思考不免流于空想。

第三节　走向自觉

近代以来，帝国主义与中华民族、封建主义与人民大众的矛盾，是中国社会的主要矛盾。面对列强的步步进逼，清政府屡战屡败，中华民族跌入苦难深渊，但也从此开始了追求国家独立与民族解放的不懈抗争。在列强环伺的局面下，各民族同胞越来越自觉意识到，只有团结起来共御外侮，改造国内政治与社会结构，

① 梁启超：《饮冰室合集》文集之六，中华书局 2015 年版，第 32—47 页。

② 姜义华编：《社会主义学说在中国的初期传播》，复旦大学出版社 1984 年版，第 62 页。

③ 姜义华编：《社会主义学说在中国的初期传播》，复旦大学出版社 1984 年版，第 342—343 页。

才能使中国走出困境、实现国富民强。中华民族随着救亡运动和现代国家建设逐渐展开而不断觉醒。

一、共抗西方列强

帝国主义割裂了中国统一的疆域，践踏了中华民族的尊严，加深了中国半殖民地化的程度和民族危机，激起了中国各族人民的共同反抗。中国人的现代国家意识开始萌发，中华民族的整体凝聚力进一步加强。

鸦片战争期间，面对英、法等国侵略者的坚船利炮，汉、满、蒙古、藏、羌、彝等各族军民浴血奋战。两江总督裕谦（蒙古族）、京口副都统海龄（满族）等爱国将领率领军队与敌人展开殊死搏斗，以身殉国。为抵御英、法军队的入侵，各族人民踊跃捐献钱粮物资，支援前线抗敌。据不完全统计，仅察哈尔一地在第一次鸦片战争中就捐出马匹近四千之多。哲里木盟、昭乌达盟、卓索图盟等更是派遣蒙古骑兵前往天津附近驻扎。

19 世纪 60 年代后，中国的边疆危机日益严峻，边疆各族人民自觉维护国家安全和领土完整。台湾各族同胞并肩战斗，多次挫败美国、日本的侵略图谋。西藏各族军民依靠弓箭、大刀、火绳枪等武器誓死抵抗英军入侵，先后在 1888 年的隆吐山战役和 1904 年的江孜保卫战中重创英国侵略者。[①]1865 年，中亚浩罕汗国头目阿古柏入侵中国，在英、俄的支持下，占领新疆达 13 年之久。其间，沙俄更出兵侵占了伊犁。当时的清廷积贫积弱，收复新疆面临国库空虚、路途崎岖等种种困难。左宗棠力排众议，指出“我之疆索，尺寸不可让人”[②]，以垂暮之年的病体，亲率三路大军入疆平乱。维吾尔、哈萨克、回、蒙古、锡伯等各族同胞同仇敌忾，

① 江孜保卫战是近代西藏历史上著名的反侵略战役。清光绪二十九年（1903）冬，英帝国主义派荣赫鹏率领一支 3000 多人的侵略军，通过则列拉山口，直逼西藏腹地。十二月中旬，侵略军占领亚东。光绪三十年（1904）一月，侵略军攻占堆纳，西藏僧俗民众全体动员，奔赴疆场，杀敌保国。三月，英军采取背信弃义的卑鄙手段，在曲美新古屠杀了 1000 多名藏族士兵。四月，英军占领江孜城，沿途藏族僧俗群众自动组织起来，拦截敌人的军火、粮食，切断敌人的交通要道。五月，藏军从敌人手中夺回了宗山（宗政府所在地）白居寺、曲龙寺等重要据点。六月，大批英国援军赶到，开始疯狂反扑，藏军在宗山同敌人展开血战，打退了敌人一次又一次的进攻，最后弹尽粮绝，来不及突围者就跳崖自尽，壮烈牺牲。江孜保卫战虽以失败告终，但它沉重打击了英国侵略者，在中国近代史上写下了可歌可泣的一页。

②《左宗棠全集·书信二》，岳麓书社 2009 年版，第 336 页。

协助清军摧毁了阿古柏在新疆的伪政权，维护了西北地区的社会稳定。[①]

1884 年，清政府在新疆建省，将其纳入与内地省份一致的行政管理体制。此后，又陆续在台湾、奉天、吉林、黑龙江等地建省，在蒙古地区设置府、州及兵备处、巡防局等，巩固了各地边防，推进了边疆与内地治理的一体化。

随着中外接触的日益频繁，清政府开始利用国际法则应对边疆危机。19 世纪 70 年代，清朝官员在与日本交涉台湾问题时特意强调，"番地"不仅本属中国管辖，而且与"腹地"无异；"生番"归中国管辖，与"庶民"一视同仁，强化了清政府对边疆地区的统治合法性。

中法战争爆发后，法军侵占镇南关，老将冯子材亲临一线指挥，取得镇南关－谅山大捷。刘永福率领汉、壮、瑶等族人民组成的黑旗军与清军互为声援，沉重打击了法国侵略军的嚣张气焰。战争结束后，他们坚持戍守边境数十年，有效保障了西南边疆的安全。法军进犯台湾时，各族人民组成民团，奋不顾身地捍卫国家主权。

中日甲午战争爆发后，日本侵略者在辽东等地烧杀抢掠，当地的汉、满、朝鲜等族民众自发组织民团，以村屯为单位，英勇抗击日寇，无论壮夫老弱，均死战不降。《马关条约》签订后，台湾等地各族人民坚决抵制清政府割地求和的行为。面对日军入侵，台湾各族人民不顾身家性命，慷慨捐输粮饷军械，"一律预备与倭人决一死战，不愿将全台归与倭人，众志成城，有死无二"[②]，涌现出一大批奋勇杀敌、为国捐躯的英雄人物，彰显了以爱国主义为核心的民族精神。

晚清以来，由于英、俄等列强的挑唆煽动，蒙古、新疆、西藏等边疆地区的上层人士，与中央政府的关系错综复杂。中华民国成立后，中央政府开始调整政策、积极应对，多次派员入藏。经过洽谈，十三世达赖土登嘉措、九世班禅额尔德尼·曲吉尼玛等均表达了倾向共和、拥护中央的意愿，有效改善了西藏地方与

① 左宗棠治理边疆的策略深受林则徐的影响，因此他也对西北十分重视。1850 年 1 月 3 日，在岳麓山下星沙湘江边的方舟中，65 岁的清朝名臣林则徐，会晤了相闻已久却始终未曾谋面的 38 岁布衣左宗棠。林则徐勉励左宗棠，认为能西定新疆的非他莫属，将完成毕生志向的期待寄托于左宗棠。星沙夜话近一年后，1850 年秋，林则徐在赴广西督办军务途中病重，在生命垂危之际给咸丰帝的遗折中，一再推荐左宗棠，称其为"绝世奇才"。20 多年后，左宗棠舆榇出关，收复新疆。他奏请新疆建省，屯田垦荒，凿修水利，努力将林则徐生前意愿一一付诸实践。林则徐与左宗棠的星沙夜话，成为中国近代史上的一段佳话。

② 朱万一编著：《中国少数民族革命运动史（1840—1919）》，四川民族出版社 1988 年版，第 197 页。

中央政府的关系，英帝国主义妄图使西藏脱离中国的阴谋落空。

这一时期，外国教会也假借宣传宗教和西学的名义，在中国传播殖民主义奴化思想。有外国传教士公开宣扬“种族优劣论”，妄称中华民族是愚昧落后的“劣等民族”，甚至直接干涉中国内政，试图影响中国的政治方向。这些霸道行为激起了中国各族人民的义愤和不满。从 19 世纪中期到 20 世纪初，先后爆发了西林教案、贵州教案、天津教案、巴塘事件等反洋教斗争。中国各族人民对“我”与“洋”的认识日渐深入，中华民族的整体意识不断觉醒。

二、区域经济互通

与晚清洋务运动、边疆开发、民族资本主义发展等相伴而生，各地交通、通信等基础设施建设逐次推进，各民族间的交往交流日益密切。清朝末年，全国建成铁路达 9000 多千米；早在 1886 年云南、四川已创设电报，北洋政府 1919 年在新疆安装无线电；1909 年前，宁夏、新疆、西藏等地建立邮政机构。全国范围内的交通、通信网络开始形成，为人口、物资、资本等经济要素的大范围、长距离流动创造了有利条件。

民国初年的边疆开发，改善了边疆与内地经济发展不平衡的格局。在东北地区，内地移民带来先进生产技术，直接推动东北农业水平的进步，使东北成为近代中国重要的粮食产地。清初编入八旗的赫哲族生产的农业、渔猎产品大量商品化。鄂伦春族狩猎区周围的瑷珲、逊克、嫩江等地的荒地先后得到开发。达斡尔族、鄂温克族地区的农业生产得到一定程度的发展。在新疆地区，内地农耕技术在南疆得到普遍推广，玉米和蔬菜种植技术传播到新疆各地，水稻栽培技术引入天山北麓，在迪化、乌苏、呼图壁、伊犁等地全面推广。

现代商贸网络的发展，促使内地与边疆的农工商贸交流越来越频繁。西南地区的各族群众越来越多地参与“马帮”，华北民众成群结队进入蒙古和东北地区，构建起纵穿中国南北、横跨亚欧的商贸网络。随着旅蒙商的增加和贸易活动的扩大，张家口、归化城、库伦等地迅速发展成繁荣的商业都市，蒙古地区的牲畜、畜产品和土特产品，大量进入商品交换市场，内地则向当地牧民供应日常生活用品和生产工具。农工商贸交流健全了全国联动的市场体系，深化了各民族在经济上的相互依存。

清末民初之际，通过官方和民间的共同经营，中国各区域间经济互通的格局逐渐形成。东北、蒙古、西藏等边疆地区陆续出现了各种近现代经济形态，边疆各族在经济生活方面逐渐走上了与内地相同的早期现代化道路，为此后发展统一的国家经济体系奠定了一定基础。

三、社会文化发展

晚清以来，新的生产方式带来了新的生产关系、交往方式、价值观念。交通工具和传播媒介的改进，促使社会流动从沿海通商口岸逐步扩展至内陆腹地和边疆民族地区，中国内部的联系愈加紧密，各族交往交流交融进程加速。

自入关以来，众多满族军民陆续迁往全国各地，并于当地设立“满城”或八旗驻防。伴随着多族群的共同生产生活，清朝社会逐渐形成满汉民族杂居的空间形态。

受自然灾害、人口膨胀、边务废弛等多重因素影响，清政府逐渐放松了对东北、蒙古等边疆地区的封禁政策，转而推行“移民实边”，鼓励内地人口向边疆流动，引发了一股股由中原向东南、西南、西北、东北四面八方辐射的移民浪潮。各民族相互嵌入式的居住格局进一步扩大。长期的杂居融合，进一步增强了边疆各族人民的现代国民意识、国家意识和中华民族认同。

清末以来，大批汉人进入内蒙古“放垦”地区，使该地游牧经济与农耕经济的互补性关系进一步密切，出现了许多半农半牧的区域。在新疆，维吾尔、汉、哈萨克、蒙古、回、柯尔克孜、满、锡伯、塔吉克、达斡尔、塔塔尔、俄罗斯、乌兹别克等族定居于此，形成了“大杂居、小聚居、交错居住”的人口分布格局。在台湾，闽粤移民不断进入台湾岛的平原、山区等广大地区，汉人开始与当地族群杂居相处，不仅在经济上的联系渐趋频繁，在生存空间的布局及生产的协作上也愈发紧密。

伴随着人口分布格局的变化，各族在婚俗、语言、服饰、饮食、建筑、节庆等方面实现了深度交融，共同的风俗习惯越来越多。八旗制度瓦解后，满汉界限进一步被打破，文化生活日趋一致，满人开始接受布帛制衣，满人的旗袍为汉人女性所喜爱；满人接受四合院的建筑样式，满人的房屋形制也为汉人所接受。在很多汉藏家庭里，既庆祝藏历新年，也过汉人的中秋节；既讲汉语，又讲藏语；既供佛像，又贴对联。李尼玛、张达娃、杨顿珠等汉姓在前、藏名在后的汉藏混合的命名方式开始流行起来。清末喀什街头出现了维吾尔族妇女穿汉服的社会新潮。

晚清以来的现代文教事业发展迅速，促进了各民族在社会文化层面的深度融合。各类学校从一开始就采用多民族融合的教育模式，汉语、蒙古语、藏语等语言类课程同步进行。新式学堂和白话文报刊在普及科技知识的同时，也普及了“中国”“国民”等新思想新观念，特别是以汉语文作为“国语”的“中国文学”“中国历史”“中国语言”“中国文化”等文化叙事在各地渐渐流行开来，对强化各民族的中华文化认同起到了重要推动作用。

小 结

1840年鸦片战争以来，空前的、全面的国家和社会危机激活了中国的民族主义思潮，唤醒了中华民族的整体意识。中华民族从自在走向自觉，加强了对血脉相连的体认，深化了对命运与共的感知，坚定了共御外侮的决心，开始了对现代国家构建的探索。

在近代史上最孱弱的时期，中华民族虽然遭受了前所未有的劫难，却没有分崩离析，依然保持了多民族共生共荣的统一格局，堪称世界民族史上的“中国奇迹”。究其根源，在于中国长期的大一统多民族国家传统，以及中华民族深沉持久的爱国主义传统。内忧外患造成的危机没有击垮中国人民，反而促使其强化了现代国家认同和中华民族认同，各族人民共同抗击列强的侵略奴役，推翻清王朝的腐朽统治，为近代中华民族的生存、独立和发展作出了积极贡献。

中华民族对构建现代中国进行了探索。各族人民的社会经济联系较以往更加密切。各族群众通过移民、商贸、经济开发、文化往来等活动杂居共处，交融互鉴，加深了彼此的了解。中华民族逐渐从传统转向现代，为中国从旧民主主义革命进入新民主主义革命创造了重要契机。

不过，晚清以降，中国的自强和改良运动都没有真正触动封建统治的根基，列强也不会坐视中国走上独立自主的发展道路。中华民国成立后，北洋政府生搬硬套西方的政治制度，结果导致军阀、政客竞相倾轧、社会动荡不堪。中华民族迫切需要新的思想引领救亡运动，迫切需要新的主心骨凝聚各族各阶层力量，迫切需要真理的光芒照亮前进的方向。

思考题

1. 为什么说 1840 年以来中华民族实现了从自在走向自觉？
2. 请结合史实谈一谈晚清时期清政府在边疆治理方面的改革。
3. 如何认识 20 世纪初“中华民族”概念的提出和演进过程中体现出来的中华民族自觉意识？
4. 请举例说明晚清时期中央与地方的经济联系。

第十三讲　先锋队与中华民族独立解放（1919—1949）

中国共产党一经诞生，就把为中国人民谋幸福、为中华民族谋复兴确立为自己的初心使命。一百年来，中国共产党团结带领中国人民进行的一切奋斗、一切牺牲、一切创造，归结起来就是一个主题：实现中华民族伟大复兴。

——习近平

1919 年五四运动爆发至 1949 年中华人民共和国成立，是中国近代史中的新民主主义革命时期。

1921 年 7 月，中国共产党诞生，这是中国历史上开天辟地的大事变。中国共产党始终把为中国人民谋幸福、为中华民族谋复兴作为自己的初心使命，以马克思主义为指导，扎根中华文明，推进马克思主义中国化时代化，把阶级性与民族性相结合，把民主革命与民族革命相结合，把现代国家建构与中华民族共同体建设相结合，团结带领各族人民共同奋斗，共同缔造了新中国。

中国共产党深刻改变了近代以后中华民族发展的方向和进程，深刻改变了中国人民和中华民族的前途和命运。在中国共产党的领导下，各族人民追求民族独立与人民解放，血流到一起，心聚在一起，不断强化中华民族整体意识，推动中华民族从自在走向自觉。

在这一时期，中国的政治、经济、社会、文化等领域发生了一系列剧变，营造了各民族交往交流交融的独特历史环境。但是，中国半殖民地半封建的社会性质并未根本改变，中华民族依然遭受“三座大山”的沉重压迫。实践证明，只有中国共产党能够超越近代以后其他任何政治力量，团结带领中国各族人民取得革命成功，实现中华民族浴火重生，重现文明荣光。

第一节　开天辟地的大事变

中国共产党的诞生，是中国历史发展的必然产物，是中国人民在近代饱受屈辱而探寻救亡图存道路上的必然选择。自从有了中国共产党，中华民族便有了最先进的政治领导力量，中国革命便有了正确的前进方向，中国人民便踏上了争取国家独立、人民解放、民族复兴的光明道路。

一、马克思主义的早期传播

近代以后，帝国主义、封建主义、官僚资本主义是压迫中国人民和中华民族的“三座大山”。辛亥革命推翻了帝制，“民主”“共和”观念深入人心，却无法落实到现实的政治社会生活当中。尽管中华民族开始走向自觉，但由于缺乏先进思想和先进组织，中华民族的历史自觉与精神主动还远远没有被全面激发。争取民族独立和人民解放的革命斗争，迫切需要新的思想引领行动，迫切需要新的组织凝聚力量。

20世纪初，先进的中国知识分子认为，以往少数先觉者的救国斗争之所以成效甚少，是因为中国国民对之“若观对岸之火，熟视而无所容心”[①]，而“欲图根本之救亡”必须改造中国的国民性。1915年9月，陈独秀在上海创办《青年杂志》（后改名《新青年》），新文化运动自此开始。1917年1月，蔡元培任北京大学校长后，聘请陈独秀为北大文科学长，《新青年》编辑部迁至北京，李大钊、鲁迅、胡适等人加入编辑部并成为主要撰稿人，《新青年》杂志和北京大学成为新文化运动的主要阵地。新文化运动倡导“德先生”（民主）和“赛先生”（科学），在中国社会掀起了思想解放的潮流，为各种新思想进入中国社会打开了闸门。

第一次世界大战前后，中国知识界逐渐从仿照西方民族国家的幻想中惊醒。目睹西方国家的深刻危机和残酷战争，启蒙思想家严复认为，西方三百年的文明发展可归结为“利己杀人，寡廉鲜耻”八个字。梁启超游历欧洲，发出西方文明已经破产的感叹。1917年，俄国爆发十月革命，昭示资本主义制度并非永恒，无

①《陈独秀文集》第一卷，人民出版社2013年版，第135页。

产阶级和其他劳动群众觉醒和组织起来，完全可以创造出崭新的社会制度。这让中国的先进知识分子看到了新希望。在中国大地率先举起马克思主义旗帜的是李大钊，从 1918 年 7 月起，他先后发表《法俄革命之比较观》《庶民的胜利》《Bolshevism 的胜利》等文章，热情讴歌十月革命的胜利。

第一次世界大战后，中国人民对构建世界新秩序寄予厚望，期望冲破清政府与列强签订的不平等条约的限制，成为新的国际秩序中的平等一员。然而，1919 年巴黎和会上，列强牺牲中国利益，意图将德国在中国山东的利益转让给日本，一时国内舆论哗然。中国人开始认识到，帝国主义列强主导世界秩序的事实并没有改变，中国受人宰割的局面并没有改变，只有彻底反帝反封建，才能改变被奴役、受压迫的命运。

1919 年 5 月 4 日，北京爆发以青年学生为主，市民、工商人士等广泛参与的反帝爱国游行，喊出了"外争国权，内惩国贼"的口号，全国各地纷纷响应。北洋政府迫于各方压力，最终未在《凡尔赛和约》上签字。五四运动标志着中国工人阶级开始以独立姿态登上政治舞台，标志着旧民主主义革命的结束和新民主主义革命的开端，中华民族共同体建设进入有先进阶级领导的新阶段。

五四运动后，李大钊更加积极投身于马克思主义的宣传，新文化运动由此进入宣传马克思主义的新阶段。1919 年 9 月、11 月，李大钊发表《我的马克思主义观》，系统介绍马克思主义理论，给苦苦探寻救亡图存出路的中国人民提供了新的思想武器。

二、中国共产党的成立

随着中国工人阶级开始成为独立的政治力量，以及马克思主义在中国的不断传播，建立一个以马克思主义为指导的工人阶级政党的任务被提上日程。

最早酝酿在中国建立共产党的是陈独秀和李大钊。1920 年 8 月，共产党早期组织在上海成立，陈独秀任书记；11 月，拟定了《中国共产党宣言》。同年 10 月，李大钊等在北京成立共产党早期组织；11 月，定名为中国共产党北京支部，李大钊任书记。从 1920 年秋至 1921 年春，共产党早期组织在国内外相继成立，为中国共产党的成立奠定了组织基础。

1921 年 7 月，中国共产党第一次全国代表大会在上海法租界望志路 106 号（今兴业路 76 号）召开，来自 7 个地方的 10 余名代表，代表全国 50 多名党员参加了会议。

中国共产党一经成立，就是各民族具有共产主义觉悟的先进分子组成的政治组织，是为中华民族伟大复兴而不懈奋斗的先进组织。早在 1917 年，李大钊就指出，中华民族不分畛域、不论血统，“此实吾民族高远博大之精神有以铸成之也”；由于满、汉、蒙古、回、藏等“文化已渐趋于一致，而又隶于一自由平等共和国体之下”，中华民族的未来发展“当悉本此旨以建立民族之精神，统一民族之思想”。[①] 他认为，中国要建立的政党是“平民的劳动家的政党”[②]，是为“中华国家之再造，中华民族之复活”[③] 而奋斗。这无疑是中华民族伟大复兴的历史先声。在党的早期发展过程中，一大批少数民族与汉族的马克思主义信仰者团结在一起，战斗在一起，奋斗在一起。水族青年邓恩铭出席了党的一大；来自回族、满族、白族、朝鲜族、侗族、蒙古族、壮族、苗族、土家族、黎族等少数民族的先进分子，或参与组建党的早期组织，或在中国共产党创建初期就加入了党，壮大了党的革命队伍，凝聚了各族人民。其中有很多人在为实现革命理想的斗争中，甚至献出了宝贵的生命。

中国共产党选择了以马克思主义作为自己的指导思想。马克思主义揭示了人类社会普遍发展规律，确立了科学的世界观和方法论，为全世界无产阶级和全人类的解放指明了正确道路。马克思主义在中国能够生根发芽开花，更是因为它与中华优秀传统文化的沃土和精神气质高度契合。马克思主义的共产主义、社会主义理想信念，与中华文明重民本、尚和合、求大同的理念相契合，与中国历代有志之士追求民富国强的梦想相适应，特别是与近代以来中国先进分子救亡图存、复兴中华的愿望相一致。它的辩证唯物主义、历史唯物主义世界观和方法论，与中华民族历史上的天人合一、矛盾统一、以民为本、知行合一等思想，都有着天然的、内在的、广泛的统一性。

马克思主义基本原理同中国具体实际、同中华优秀传统文化相结合，最重要的组织表现就是中国共产党的诞生。所以毛泽东指出，灾难深重的中华民族“直到第一次世界大战和俄国十月革命之后，才找到马克思列宁主义这个最好的真理，作为解放我们民族的最好的武器，而中国共产党则是拿起这个武器的倡导者、宣传者和组织者”[④]。

① 《李大钊全集》第一卷，人民出版社 2006 年版，第 285 页。

② 《李大钊全集》第三卷，人民出版社 2006 年版，第 271 页。

③ 《李大钊全集》第二卷，人民出版社 2006 年版，第 107 页。

④ 《毛泽东选集》第三卷，人民出版社 1991 年版，第 796 页。

三、革命新局面

自从有了中国共产党，中国革命的面目焕然一新。党的二大第一次提出了明确的反帝反封建的民主革命纲领，强调必须联合一切革命党派和资产阶级民主派，建立“民主主义的联合战线”，“达到中华民族完全独立”[①]，统一中国为真正的民主共和国。

在中国共产党的领导、组织和推动下，在 1922 年 1 月香港海员罢工后的 13 个月内，全国发生大小罢工百余次，参加人数在 30 万以上，中国工人运动达到第一次高潮。但 1923 年二七惨案后，工人运动转入低潮，中国共产党意识到此时的革命力量不如帝国主义和封建势力强大，决定联合孙中山领导的中国国民党；而此时屡遭挫折的孙中山也认识到中国共产党的奋斗精神和真诚坦荡。1923 年，党的三大正确地估计了孙中山的革命立场和国民党的改组可能后，决定共产党员以个人身份加入国民党，党必须在政治上、思想上、组织上保持自己的独立性，以党内合作的方式实行国共合作。

1924 年，国民党一大在事实上确立了联俄、联共、扶助农工的三大革命政策，提出的“新三民主义”与共产党的民主革命纲领基本一致，奠定了国共合作的政治基础。共产党员李大钊、谭平山、毛泽东等 10 人当选为国民党中央执行委员或候补执行委员，第一次国共合作正式形成，建立了统一战线，掀起了大革命高潮，开创了反对帝国主义和封建军阀的革命新局面。

1924 年工人运动开始复兴，1925 年中华全国总工会成立。农民运动逐步发展，从 1924 年 7 月起，共产党人彭湃、毛泽东等在广州开办了六届农民运动讲习所。1925 年，党的四大提出了无产阶级在民主革命中的领导权、工农联盟问题，对民主革命内容做了更加完整的规定。在“国民革命”旗帜下，经过中国共产党的基层发动，城市小资产阶级、手工业者、知识分子、民族资产阶级与工农群众等革命力量进行了广泛联合，比以往任何一次革命的群众动员程度都更广泛，斗争的规模更加宏伟，革命的社会内涵更为深刻，形成了中华民族“打倒列强，除军阀”的大革命高潮。

在大革命期间，中国共产党初期的民族理论与民族政策逐渐形成。中国共产党自成立起就重视民族问题，始终坚持民族平等原则，反对民族压迫和民族歧视，提倡民族团结。1922 年，党的二大把民族平等作为党的原则之一，制定了中国共

① 中共中央文献研究室、中央档案馆编：《建党以来重要文献选编（一九二一—一九四九）》第一册，中央文献出版社 2011 年版，第 133 页。

产党的首个民族纲领，大会宣言使用了“中华民族”一词。党的二大纲领对中华民族的表述，表明中国共产党诞生之初就将自身发展与中华民族的命运相联系，将中华民族的独立解放确立为自身革命斗争的目标。

中国共产党成立后，非常重视发动少数民族群众，培养少数民族青年。中国共产党在蒙藏学校的工作，为民族工作的开展提供了最初的干部准备。1913 年成立的北京蒙藏学校，是北洋政府为应对日益严峻的边疆局势而采取的举措之一。李大钊领导中共北方党组织，在蒙藏学校开展了卓有成效的工作。1923 年，邓中夏、赵世炎等中国共产党党员进入蒙藏学校，北京蒙藏学校青年群体迅速向中国共产党靠拢。1925 年前后，中共蒙藏学校党支部正式成立，成为中国共产党第一个少数民族党支部。据乌兰夫回忆，到 1925 年，全校 120 名学生中，党团员就有 90 多名。从蒙藏学校走出的共产党人，如乌兰夫、奎璧、多松年、李裕智、贾力更等，后来都成长为党的优秀干部。

1924—1927 年的大革命，基本推翻了北洋军阀的反动统治，中国共产党在其中起着独特的、不可替代的作用，无论是“反对帝国主义、反对军阀”政治口号的提出、国共合作形式的确定，还是空前广泛的群众运动的组织，甚至国民党改组及国民革命军建立，都凝聚着中国共产党的贡献。

1927 年，国民党蒋介石集团和汪精卫集团相继叛变，大革命遭遇失败，但中国共产党人领导的全国反帝反封建斗争，在中国革命史上留下了浓墨重彩的一笔。大革命之后，中国人民的觉悟程度和组织程度有了明显提高，完成了中华民族的初步动员。中国共产党开始掌握一部分革命武装，为中国革命进入下一阶段准备了必要条件。

第二节 革命新道路

自 1921 年中国共产党成立到 1949 年中华人民共和国成立，中国共产党团结带领各族人民走过了 28 年浴血奋斗的革命历程。曾经被视为“一盘散沙”的中国人民逐步组织起来，紧密团结、互相支援、共同斗争，从根本上扭转了中华民族的历史命运，开辟了新民主主义革命道路，实现了民族独立和人民解放。在这一波澜壮阔的历史进程中，中国共产党不断推进马克思主义民族理论中国化时代化，成功探索了中国特色解决民族问题的新方案和中华民族共同体建设新路径。

一、土地革命与长征

在五四运动期间，毛泽东就从中看到了民众联合的磅礴力量。他在《湘江评论》发表《民众的大联合》，提倡建立民众的大联合与中华民族的大联合，疾呼“中华民族的大联合，将较任何地域任何民族而先告成功”[①]。土地革命战争时期，无论是在根据地还是在长征途中，中国共产党都积极推动工农大联合，并在此基础上建立工农联盟，提升中华民族凝聚力。

1927 年 8 月 1 日，中国共产党发动了南昌起义，打响了武装反抗国民党反动派的第一枪。8 月 7 日，中共中央在汉口召开八七会议，确定了土地革命和武装起义的方针，这是由大革命失败到土地革命战争兴起的历史性转变。9 月 9 日，毛泽东等领导的湘赣边界秋收起义爆发，起义军公开打出了“工农革命军”的旗帜，在攻打中心城市长沙受挫后，开始了创建井冈山农村革命根据地的斗争。从进攻大城市转为向农村进军，这是中国革命具有决定意义的新起点。

从 1927 年大革命失败到 1928 年初，中国共产党还先后在海陆丰、琼崖、鄂豫边、赣西南、赣东北、湘南、湘鄂西、闽西、陕西等地区领导了近百次武装起义。一些起义部队在数省边界地区的偏僻山村坚持下来，开展游击战争。中国革命由此发展到了一个新的阶段，即土地革命战争时期。

1931 年 11 月，在各族群众的支持下，中华苏维埃共和国临时中央政府在江西瑞金正式宣告成立，其颁布的《中华苏维埃共和国宪法大纲》规定：“在苏维埃政权领域内的工人、农民、红军兵士及一切劳苦民众和他们的家属，不分男女、种族、宗教，在苏维埃法律前一律平等，皆为苏维埃共和国的公民。”[②]这是党首次以宪法的形式对民族平等作出保障，得到了苏区各族群众的积极拥护。

中国共产党在各个农村革命根据地，发动土地革命，建立工农联盟，解决了无地少地农民的土地问题，有效团结和动员了各族人民参加革命斗争。在党的领导下，各族群众紧密团结在一起，共同开展革命斗争。在海南陵水县，黎汉群众组建武装，攻克县城，建立苏维埃政府。在湘鄂川黔地区，土家、苗、侗等少数民族群众积极参与建设革命根据地。在广西左右江地区，邓小平、张云逸等带领壮、瑶、汉等各族群众发动百色起义，成功宣告了中国工农红军第七军的诞生。

① 中共中央党史和文献研究院、中央档案馆编：《中国共产党重要文献汇编》第一卷，人民出版社 2022 年版，第 140 页。

② 中共中央文献研究室、中央档案馆编：《建党以来重要文献选编（一九二一—一九四九）》第八册，中央文献出版社 2011 年版，第 650 页。

党早期领导少数民族革命和武装的经验，是土地革命战争时期党的革命斗争的重要部分。

随着农村革命根据地不断发展，国民党在“攘外必先安内”的方针下，多次发动对苏区红军的“围剿”。1934 年 10 月，红军第五次反“围剿”失败，开始了北上抗日的战略转移——长征。红军穿越湘、黔、滇、川、甘、青、陕等 10 余省，经过了苗、瑶、壮、侗、土家、白、彝、藏、回等众多民族的聚居区。中国共产党亲身感受到中国作为统一多民族国家的基本国情，有了深入分析中国民族问题、创新党的民族理论与民族政策的有利契机。

1934 年 11 月，红军总政治部发布《关于对苗瑶民的口号》，呼吁反对民族对立，倡导苗汉工农一体，同心打倒共同的敌人。在四川大凉山，刘伯承同彝族首领小叶丹歃血为盟，成为长征途中一段民族团结的佳话。在四川甘孜，五世格达活佛深信红军是一支能够为人民带来幸福的军队。他以自己特殊的身份，动员当地僧俗百姓为红军做翻译、当向导、筹措粮草、安置与保护伤病员，藏族人民宁愿自己挨饿，也要把粮食送给红军。朱德同格达活佛九次促膝交谈。在红军北上离别之际，格达活佛动情赋诗：“啊，红军，红军 / 藏族人民的亲人 / 为祖国解放 / 你们把艰辛遍历 / 愿佛祖给你们护佑 / 盼你们早有归期。”[①] 在宁夏兴隆镇，红军与清真寺主教互赠礼物，树立了回汉团结的榜样，红军被当地回族群众称为“仁义之师”。

长征期间，中国共产党真正把握住了各族群众渴望摆脱帝国主义压迫和国内军阀剥削的时代诉求，将坚持民族平等、尊重少数民族风俗习惯作为争取少数民族支持革命的重要前提，以有针对性的政策宣传和民族交往实践赢得了各民族的真心拥护，吸引了不少藏族、羌族、回族、彝族群众参军与支前。

中国工农红军还在民族地区进行人民当家作主的政权建设的初步尝试。在陕甘红军的帮助下，甘肃正宁县龙咀子成立了回民自治政权，建立了党组织，发展了回族党员，进行了分粮食、分土地的革命运动。1936 年 8 月，红军在甘肃与宁夏交界的豫旺、海原一带的回民聚居地区，帮助当地回民建立了“豫海县回民自治政府”。豫海县回民自治政府是中华苏维埃人民共和国的一部分，二者是地方与中央的关系。这是中国共产党解决国内民族问题的重要探索，是民族区域自治制度的萌芽。

---

① 《红军朋友　爱国活佛——记五世格达活佛》，《中国宗教》2011 年第 7 期，第 49 页。

长征途中，中共中央在遵义召开政治局扩大会议，事实上确立了毛泽东在党中央和红军的领导地位，在最危急关头挽救了党、挽救了红军、挽救了中国革命。中国共产党经过长征血与火的洗礼，有效团结动员了各族同胞参加中国革命斗争，巩固并扩大了自身的阶级基础与群众基础。

二、中华民族先锋队

1931 年的九一八事变后，中国人民就在白山黑水间奋起抵抗，成为中国人民抗日战争的起点。同年 9 月 20 日，中共中央发表宣言，“反对日本帝国主义强占东三省”，号召全国工农武装起来，进行民族自卫战争。1932 年 4 月 15 日，中华苏维埃共和国临时中央政府宣布对日作战。1933 年初，中国共产党领导的抗日游击队先后在东北各地崛起，并在此基础上组建了东北人民革命军。1935 年，中国共产党先后在《为抗日救国告全体同胞书》（即《八一宣言》）和瓦窑堡会议上，提出了建立抗日民族统一战线的主张，发出了全民族抗日的号召。中共中央在瓦窑堡会议上首次提出，“中国共产党是中国无产阶级的先锋队”，“同时中国共产党又是全民族的先锋队”。[①] 毛泽东强调，中国共产党“不但代表了工农的利益，同时也代表了民族的利益”，“总括工农及其他人民的全部利益，就构成了中华民族的利益”[②]；中国共产党“是无产阶级的先锋队，同时又是最彻底的民族解放的先锋队”[③]。

将解决民族问题纳入抗日救国政治行动的整体范畴，意味着中国共产党清楚地认识到，没有中华民族的整体解放，任何一个民族都不可能获得解放；没有各个民族的解放，也就无法汇聚起中华民族解放的滚滚洪流。1936 年，西安事变的和平解决推动国共再次合作。1937 年卢沟桥事变爆发，中国进入全民族抗战阶段，同年 9 月，第二次国共合作正式形成。此后，在中国共产党的各种正式文件中，“中华民族”作为国内各民族一体化的整体性概念，作为具有历史延续内涵的中国人的族称概念，已经基本稳定下来。伴随着“中华民族”概念在党内广泛使用，中国共产党对于各族人民之间政治、经济、文化和命运的一体性、共同性、整体性的认识不断加深。

中华民族先锋队与抗日民族统一战线构成了其重要实质内容。1938 年，毛泽东在党的扩大的六届六中全会上首次提出“马克思主义的中国化”的命题，

① 中共中央文献研究室、中央档案馆编：《建党以来重要文献选编（一九二一—一九四九）》第十二册，中央文献出版社 2011 年版，第 549 页。

②《毛泽东选集》第一卷，人民出版社 1991 年版，第 158、159 页。

③《毛泽东文集》第二卷，人民出版社 1993 年版，第 42 页。

指出要“按照中国的特点”去应用马克思主义。在这次会议上，中国共产党将历史国情和中华民族及其解放直接联系起来，明确追求中华民族的“民族解放”。中国共产党要团结各民族为一体，“领导一个四万万五千万人口的大民族”进行伟大抗战，“允许蒙、回、藏、苗、瑶、夷、番各民族与汉族有平等权利，在共同对日原则之下，有自己管理自己事务之权，同时与汉族联合建立统一的国家”。[①]

1939 年 12 月，毛泽东在《中国革命和中国共产党》中以“中华民族”为题开篇，系统阐述了中国共产党的中华民族观。他指出，“从很早的古代起，我们中华民族的祖先就劳动、生息、繁殖在这块广大的土地之上”，“中国是一个由多数民族结合而成的拥有广大人口的国家”，“中华民族的各族人民都反对外来民族的压迫，都要用反抗的手段解除这种压迫”，“中华民族又是一个有光荣的革命传统和优秀的历史遗产的民族”。[②]1940 年 1 月，毛泽东在《新民主主义论》中指出，中国共产党人的奋斗目标，就“在于建设一个中华民族的新社会和新国家”[③]。

这些重要论述均表明，作为中华民族先锋队，中国共产党对中华民族的族体成分和多元一体格局有了更深刻的认识，对统一多民族国家的基本国情和中华民族历史发展规律有了更深刻的把握。

1940 年，中共中央西北工作委员会拟定了《关于回回民族问题的提纲》并获中共中央书记处批准，这是用马克思主义民族理论研究中国民族问题的第一本著作，从史实和理论两方面批判了国民党对回民的大民族主义政策，系统阐述了争取回族的十一条政策，为后来中国共产党制定民族政策奠定了良好的理论基础。

1941 年 6 月 22 日《解放日报》社论《实行正确的民族政策》指出：“中国共产党人始终认为抗战建国，不是汉族一族之事，而是国内各民族共同的神圣事业，此种重大艰巨的事业，如果没有国内各少数民族积极的参加，就不能有最后胜利的保证。因此实行正确的民族政策，以团结国内各少数民族共同抗日图存，就是当前抗战中的严重任务之一。”[④]

---

① 中共中央文献研究室、中央档案馆编：《建党以来重要文献选编（一九二一——一九四九）》第十五册，中央文献出版社 2011 年版，第 650、621 页。

②《毛泽东选集》第二卷，人民出版社 1991 年版，第 621—623 页。

③《毛泽东选集》第二卷，人民出版社 1991 年版，第 663 页。

④ 肖周录等编：《民主革命时期党的人权理论与实践资料汇编》，西北工业大学出版社 1992 年版，第 101 页。

三、全民族抗战

1937 年，卢沟桥事变发生，日本发动全面侵华战争，中华民族面临亡国的严重危险。中国共产党高举抗日民族统一战线旗帜，动员人民、组织人民、依靠人民，推动形成了全民族抗战的历史洪流。各族儿女共赴国难，并肩御侮，实现了全民族大抗战、全民族大觉醒。

在东北，汉、满、朝鲜、蒙古、回、达斡尔、鄂温克、鄂伦春、赫哲等各族人民积极开展抗日斗争。大批朝鲜族群众参加东北抗日联军，第五军妇女团 8 名汉族、朝鲜族女战士在弹尽援绝的最后一刻，用生命谱写了“八女投江”的英雄诗篇。

在蒙藏地区，绥远、热河、察哈尔等地先后成立了“反帝大同盟”“蒙汉抗日同盟会”和“牧民抗日会”。九世班禅额尔德尼·曲吉尼玛从东蒙古至西蒙古，沿途宣传抗战，参加全国人民的抗日救亡运动，誓与中华民族共存亡。1937 年 11 月，目睹华北沦陷、淞沪会战及太原会战等重大战事之后，九世班禅在临终前命人起草了一份汉藏合璧的《告西陲民众书》，号召中华民族团结一致，倡议西陲民众以实际行动支持全民族抗战。1938 年 4 月，在中国共产党全民族抗战的呼吁和感召下，来自内蒙古、西藏、新疆等地的民族人士代表组成了“蒙藏回族联合慰劳抗战将士代表团”，发布《告全国同胞书》和《敬告全国抗战将士书》，宣称国内各民族同为中华民族的一分子，存亡与共，相依为命，并高呼：“中华民族万岁！”

在华北地区，面对日军的进犯，中国共产党团结带领回族同胞组建抗日武装，反抗外敌侵略。由马本斋任总队长的冀中军区回民教导总队改编为八路军第三纵队回民支队，在汉、回民众的共同支持下，这支部队转战冀中平原的广袤土地，创造了辉煌战功。1944 年 2 月，马本斋去世，毛泽东、周恩来、朱德为他题挽词，将其视为民族英雄。台儿庄战役中，以少数民族将士为主体的滇军六十军，英勇无畏，与日军两大主力师团拼死血战。革命音乐家冼星海为之谱写军歌，歌词中写道：“我们来自云南起义伟大的地方，走过了崇山峻岭，开到抗敌的战场，弟兄们用血肉争取民族的解放，发扬我们护国、靖国的荣光。”[①]

在抗战大后方的新疆地区，各族儿女抗战热情也不断高涨。在八路军驻新疆办事处推动下，如火如荼的抗战文化宣传和声势浩大的“一县一机”等抗日募捐活动此起彼伏，中苏国际公路交通线和航空线、中印驿运线得以开通，为抗战胜利作出了重大贡献。许多少数民族同胞将挂毯、绸缎、衣服及牛羊毛驴送到了献

---

① 吴宝璋：《龙云与云南抗日战争》，云南大学出版社 2020 年版，第 34 页。

金台：温宿县一位维吾尔族妇女阿提克汗慷慨捐出丈夫生前留下的27个金元宝；一位78岁的老太太，摘下了自己唯一值钱的金耳环；喀什一位贫苦寡妇，捐出了自己一穗一穗捡来的一袋小麦；若羌县的乡村富豪、手工业者、农民、矿工等各界群众集体捐献300只羊、80头牛、32峰骆驼、1万余两白银和50余两黄金。当时的新疆地广人稀，各族人民生活还极端贫困，但仅1年内就募集到152万元（法币）捐款，购买了10架战斗机。1938年8月24日，由新疆各族同胞捐献的10架“新疆号”战斗机在成都机场腾空而起，参加了著名的“武汉保卫战”。至1944年8月，新疆各族人民共捐献飞机154架，仅塔城各县就捐献14架。此外，新疆各族人民还架桥修路，运输盟国援华物资，并以大量的农、牧、矿产品换回中国抗战急需的武器、弹药和军需品，极大地支援了抗日前线。新疆各族人民成为全民族抗战的重要后援，是中华民族全面觉醒的重要反映。

港澳台同胞和海外华侨也以各种方式参加抗日救亡活动，投身于全民族抗战的洪流。台湾山地民众早在1930年爆发了“雾社起义”，显示了“宁为玉碎，不为瓦全”的中华民族气节。海外华侨表示，祖国的存亡，就是华侨的存亡，宁可为祖国死，也不愿看着祖国沦亡而偷生。他们纷纷组织建立各种抗日救亡团体，从物力、财力和人力上竭力支援祖国抗战。著名华侨陈嘉庚慷慨解囊，大规模资助国内抗战，直至抗战胜利。

全民族抗战深化了各族儿女对于彼此共同命运的深切认知。广泛传唱的《义勇军进行曲》《黄河大合唱》等抗战歌曲不仅鼓舞了军民抗敌士气，更在全国范围内传递出“中华民族”是中华儿女共同身份象征的时代强音。中华儿女不惧牺牲，各族同胞团结抗敌，用血肉铸就新的钢铁长城，用生死与共的共同意志书写以爱国主义为核心的伟大民族精神。

1945年9月，日本代表在投降书上签字，中国人民抗日战争取得伟大胜利。10月，被日本占领50年之久的台湾及澎湖列岛重归中国主权管辖之下。1946年11月至12月，中国政府派官员赴西沙群岛和南沙群岛，重立主权碑，派兵驻守。这是中国近代以来第一次在反抗外来侵略的民族解放斗争中取得完全胜利。经过全民族抗战，中华民族整体意识达到了新的高度，团结合作达到了新的层次，爱国主义精神达到了新的高峰，中华民族精神得到了新的升华。

四、边区民族治理

抗战期间，中国共产党边区政府和抗日根据地展开了一系列民族工作，在推进中华民族共同体建设方面进行了积极探索。

政治上，中国共产党在根据地开展“三三制”抗日民主政权建设。1937 年，《陕甘宁边区选举条例》规定，边区境内人民不分民族，都有选举权与被选举权。这一制度保障了各民族的政治平等，促进了各民族的团结统一，充分调动了各民族共同参与边区治理的积极性。中国共产党对苏联处理民族问题的模式进行了反思，吸收“寓封建之意于郡县之中”的历史经验，借鉴因俗而治的制度经验，摒弃了传统族群治理中高度依托士绅、豪阀等本地特权阶层的弊病。1941 年 5 月 1 日，《陕甘宁边区施政纲领》规定，“依据民族平等原则，实行蒙、回民族与汉族在政治经济文化上的平等权利，建立蒙、回民族的自治区”[①]。

经济上，中国共产党在根据地注意调整不同抗战主体的经济利益，协调平衡各阶级、阶层之间的利益关系，激发共同抗战的热情与意志。陕甘宁边区政府十分重视帮助蒙古族、回族等少数民族发展生产，提高少数民族群众的生活水平，减轻其税务负担，在粮食和日用品方面给予帮助，尤其是大力帮助建立工厂，开发矿山，使生产得到发展，人民生活得到改善。对从敌占区和国统区迁来的少数民族家庭，边区政府帮助他们安家，给予救济或供贷口粮，调配土地和生产工具，解决生计问题。这些举措大大提高了边区蒙古族、回族等少数民族群众的生活水平，一度出现大量回民涌入边区定居的现象。

文化上，中国共产党帮助少数民族发展文化教育事业。陕甘宁边区政府提出，发展各民族固有文化，协助其发展教育，提高民族文化水平。边区各级政府大都设立了少数民族文化教育机关，负责少数民族的文化教育工作；成立了蒙古文化促进会、回民文化促进会，尊重少数民族的文化习俗和宗教信仰，发扬蒙古族、回族等少数民族的优秀文化传统。中国共产党还创造性地提出了“民族的、科学的、大众的”新民主主义文化建设目标，使之成为各族人民自觉接受的新文化，为中华民族共同体建设凝聚了共同的文化价值追求。

中国共产党始终注重培养少数民族干部。党创办的延安民族学院，在进行文化知识教育的同时，还进行爱国主义教育，宣传党的民族平等、宗教信仰自由和相互尊重民族风俗习惯等政策，造就了一大批有强烈的中华民族整体意识、勇担中华民族解放和推动国家发展建设使命的优秀人才。

---

① 中共中央文献研究室、中央档案馆编：《建党以来重要文献选编（一九二一——一九四九）》第十八册，中央文献出版社 2011 年版，第 243 页。

五、中国命运的抉择

抗日战争胜利以后，各族人民热切希望实现和平、民主。1945 年 10 月 10 日，国共两党签署《政府与中共代表会谈纪要》（即“双十协定”）。然而，代表大地主、大资产阶级利益的国民党统治集团希望维持独裁统治，继续走半殖民地半封建社会的老路。1946 年，国民党政府组织军队进攻中原解放区，挑起了全面内战。

中华民族面临着两种命运的抉择：一个是独立、自由、民主、统一、富强，即光明的新中国；另一个是继续半殖民地半封建的、分裂贫弱的，即黑暗的旧中国。中国共产党坚定选择团结带领各族儿女追求光明的新中国。中华民族在中国共产党的领导下实现了包括工人阶级、农民阶级、城市小资产阶级与民族资产阶级在内的大联合，建立了最广泛的人民民主统一战线，展开了波澜壮阔的解放战争。这一时期爆发了“一二·三〇运动”“五二〇运动”等反饥饿、反内战的斗争，学生罢课、工人罢工、商人罢市，全国各地各阶层各民族的人民群众抗争在一起。

中国共产党的各级党组织进一步发动群众，开展土地制度改革运动。解放区获得土地的翻身农民，为保卫胜利果实，或参加人民解放军，或以各种形式支援解放战争。中华民族在反对内战的浪潮中凝聚了新的共识，主张爱国、反对卖国，主张民主、反对独裁，主张和平、反对战争，主张发展、反对倒退，国民党反动派完全陷入人民解放战争的汪洋大海之中。

经过战略防御、战略进攻阶段，中国共产党不断消灭国民党有生力量，发起辽沈、淮海、平津三大战役和渡江战役，以摧枯拉朽之势彻底打倒了国民党反动派，夺取了解放战争的伟大胜利。中国共产党赢得解放战争的胜利，靠的是最广大人民群众的支持，靠的是全国各民族各阶层人士对中国共产党能使中华民族真正站起来的信任。

各少数民族接受中国共产党的领导有一个历史的辩证的过程。随着西方列强的步步侵略和西方民族主义知识的传播，各少数民族仁人志士也在苦苦求索民族自由解放，进行了无数次可歌可泣、不屈不挠的斗争，但最终都失败了。正如乌兰夫说的那样，一切可能的途径都探索过了，一切可能的办法都试验过了，蒙古民族仍然在黑暗中摸索。[①] 中国共产党在中国历史上第一次提出了各民族在平等基础上联合起来共同反帝反封建、共求中华民族解放的革命纲领，给中华民族带来了希望。在中国共产党的领导和帮助下，各民族群众真正认清谁是朋友、谁是敌

① 《乌兰夫论民族工作》，中央文献出版社 2013 年版，第 419 页。

人，深刻认识到各民族革命是中国革命的一部分，只有在党的领导下共同为中华民族的自由解放和繁荣昌盛而奋斗，少数民族才有希望、才有前途。正是在黑暗摸索和血火实践中认识到这一点，各族仁人志士才纷纷汇聚在党的旗帜下，一如百川归海，中国共产党最终成为中华民族走向新纪元的政治领导力量。

解放战争时期，中国共产党人开始明确将民族区域自治作为解决民族问题的基本方略。1946 年《陕甘宁边区宪法原则》提出，边区各少数民族在居住集中地区，得划成民族区，组织民族自治政权；在不与省宪抵触的原则下，得订立自治法规。在这一具有政治纲领和根本法律性质文件的指导和保障下，中国共产党在根据地先后建立了包括 5 个回民自治区和 1 个蒙民自治区在内的一些区、乡自治机构，促进了少数民族群众的政治觉醒，保障了少数民族当家作主的权利，增强了他们的中华民族整体意识。

在领导内蒙古自治运动的过程中，中国共产党意识到，用联邦制解决民族问题存在着被大国操纵和利用的隐患，也可能存在国家分裂的巨大风险。1947 年 4 月，内蒙古自治运动联合会执委扩大会通过《内蒙古自治政府施政纲领》，明确指出即将成立的内蒙古自治政府所辖的自治区域，是中国的组成部分。4 月 27 日，内蒙古人民代表会议通过《内蒙古人民代表会议宣言》，郑重宣告："内蒙古自治政府是内蒙民族各阶层联合内蒙古区域内各民族，实行高度区域性自治的地方民主联合政府，并非独立自治政府。"[①]5 月 1 日，内蒙古自治政府正式成立，标志着中国共产党领导内蒙古人民挫败了少数封建上层分裂势力的阴谋，创造了民族区域自治从理论到实践的光辉典范，为后来新中国将民族区域自治制度确立为基本政治制度奠定了坚实基础。

第三节　民国时期的民族治理及其局限

民国时期，民国政府高度依赖地主阶级、买办阶级和英美等列强，不可能领导中华民族取得真正的独立与解放，无法从根本上解决少数民族面临的阶级压迫和经济剥削，无法真正实现中华民族的现代化。但是，作为 1840 年以来从传统中国向现代中国转型的一环，民国时期的中华民族交往交流交融历史进程仍有新的进展。民国政府采取了一些有别于历代封建社会的新举措，对中华民族多元一体

① 内蒙古自治区档案馆编：《内蒙古自治运动联合会档案史料选编》，档案出版社 1989 年版，第 238—239 页。

格局起到了巩固和促进作用。

一、边疆治理

民国建立后，帝国主义挑拨民族关系，妄图分裂中国，民族问题特别是边疆民族问题出现较为复杂的局面。北洋政府先后公布《蒙疆善后委员会条例》《行署组织大纲》《西北边防督办公署组织暂行条例》等政府法令，表达了维持疆域管辖、维护国家主权的意愿。

南京国民政府屡次在宪法性法律文件中，对包括蒙古、西藏在内的中国固有领土主权进行重申。1929 年，国民政府成立直属行政院的蒙藏委员会，作为中央主管蒙藏政务的最高机关，负责蒙藏地方的行政及各种兴革事项。中央内政部也设有管理少数民族事务的机构。南京国民政府后来还逐步在边疆民族地区派驻各种不同机构，代表中央政府或主管边政机构，就近联系指导，促进民族地区的发展。

国民政府持续发展边疆经济、文化、卫生、教育等事业，加强国家宣传，创新民族地区治理方式，在一定程度上有助于弱化民族差异和政治隔阂。国民政府多次派人去西藏、新疆及内蒙古宣慰，通过创设机构、设置官职、授予头衔等方式，加强中央政府与这些地区的联系，强化中央政府管辖。西藏、新疆、内蒙古的地方政治势力逐渐向中央靠拢，如班禅系统的堪布、喇嘛等都曾暗中或公开支持中央、反对外国势力分裂西藏，对抵制分裂、促进边疆内地一体化发挥了重要作用。

20 世纪 20 年代，开发西北边疆成为国家建设的重要议题。九一八事变爆发之后，东北沦陷，华北出现严重危机，南京国民政府加强了对西北边防的建设，通过了一系列开发边疆和移民垦殖开荒的提案和设计。边疆开发促进了多民族的杂居融合，广大边疆少数民族地区开始纳入现代国家建设，中华民族朝着现代化方向整体迈进。但是，由于国民党一直代表大地主大买办的利益，只与各少数民族上层精英打交道，广大的少数民族群众并没有真正得到民族平等的权利，他们不仅遭受本民族上层的统治，而且遭到各军阀、官僚势力的压迫和剥削。

二、社会交融

现代文教事业发展迅速，促进了文化共同性的发展。新文化运动等推动了现代新文化的形成。国民政府有意识地打造的国旗、国歌等各民族共享文化符号，都以“中华”“中国”为主旋律。报纸、杂志等现代传媒迅速发展，成为传播中华民族意识和中华民族文化的重要载体。中华民族的共同记忆不断被唤醒，民族精神不断被提振。

1935 年，国民政府规定，每年清明节为“民族扫墓节”，由国民党和国民政府派员祭扫黄帝陵。1937 年清明节，国共两党代表共同在黄帝陵前举行祭祀仪式。国共两党同祭黄帝陵，成为第二次国共合作的标志性事件。毛泽东、朱德派代表林伯渠以鲜花时果之仪，致祭中华民族始祖轩辕黄帝之陵，并恭诵了毛泽东撰写的《四言诗・祭黄帝陵》。这对于凝聚民族精神和传播现代中华民族观念具有积极作用。1939 年，在以沙王为首的伊克昭盟蒙古爱国人士请求下，国民政府决定将成吉思汗陵西迁，打出“成吉思汗是民族的英雄”的标语。西迁路上，各族人民纷纷前往迎送，中国共产党也派员致祭，配合国民党保护成吉思汗陵安全西迁。

知识界表现出强烈的中华民族“一体化”自觉，致力于中华民族“共同历史”的书写和“共同语言”的普及。当时，学者在撰述中国通史时比较一致地认为，中国史是各民族共同的历史。民族史也超越了传统华夷观念，自觉朝着一体化方向书写。王桐龄的《中国民族史》、郭维屏的《中华民族发展史》、俞剑华的《中华民族史》等著述论述了中华民族的基本特征，揭示了中华民族共同体的历史渊源和时代价值。民国时期，政学各界普遍认识到国家通用语言文字的重要性，将推广“通用语”——汉语文作为聚合中华民族的关键环节和文化纽带，发端于晚清的“国语运动”由此进一步开展，奠定了现代中国通用语言在全民族使用的基础。

全民族抗战爆发以后，南京国民政府西迁重庆，客观上给西南、西北少数民族聚居区的经济发展提供了机遇，为大后方工业建设培养了一大批技术骨干，促进了中华民族区域经济的均衡化发展。这一过程也使得东西部人民有了更多彼此接触、交往交流的机会，带来了特殊的文化交融和社会变迁。

三、治理局限

无论北洋政府还是南京国民政府，始终面临着共和政体扭曲走样的问题。国民党实行代表地主阶级、买办阶级利益的一党专政和军事独裁统治，始终是造成对内压迫和剥削，对外依附和妥协的根源。

北洋政府时期，军阀混战，政府权力频繁更迭。中央政府无暇顾及民族问题，政策不稳定，机构不完善，军阀为了个人利益不惜牺牲民族利益，处理边疆民族问题时困厄乏术，难以真正捍卫国家统一和领土完整。

南京国民政府时期，政府在法律上承认民族平等，却无视统一多民族的历史和现实。1942 年 8 月，国民党最高领导人在西宁演讲中，将“汉、满、蒙、回、藏”称为中华民族的五个宗族；1943 年重申五族是宗族，否定了其他少数民族的民族地位。宗族宗支论的抛出，具有增进国家认同的意图，但这一论断，抹杀少数民族的存在，忽视不同民族长期形成的差异性，否定各民族在发展过程中各自创造的丰富文化，否定各民族自身的利益诉求，推行以汉族同化少数民族的政策，造成了新的民族纷争与阶级压迫。

更为重要的是，由于国家机器成为国民党独裁专制的工具，其民族政策虽然在某种程度上反映了当时蒙、藏等边疆民族地区治理的需要，但究其实质还是维护大地主大资产阶级利益和国民党一党专制的手段。国民政府军事独裁与官僚资本结合主导的政治统治，不能从根本上解决少数民族内部的阶级压迫和经济剥削，也不敢彻底地反对帝国主义对各少数民族的欺压。这种名不副实的民族政策，无法解决事实上的民族不平等问题，没有真正尊重各少数民族的权利和自由，没有真正实现各少数民族的发展和民族团结，不能获得各民族的认同，在推动中华民族共同体的发展方面具有严重的历史局限。

中国自古以来就是一个统一的多民族国家，民族问题是历代统治者治理国家时无法回避的重大问题。民国时期是中国由传统社会向现代社会过渡的重要阶段。民族问题能否妥善处理，是这种转型过渡的标识性问题，也是考验国家发展道路是否正确的重要标准。不脱胎换骨，无涅槃重生。国民党没有把握到统一多民族基本国情和中华大一统多民族治理精髓，无法从根源上消除私有制、解决阶级压迫与阶级剥削等问题，注定无法带领中华民族走上一条符合历史传统和现实需要、彻底改变半殖民地半封建社会性质的现代国家发展道路。

小　结

中国共产党是中华民族先锋队。自从有了中国共产党，中华民族发展史就从以往各族群众自发的交往交流交融史，转变为先进政党带领人民的自觉奋斗史。

中国共产党是引领中华民族走出百年深渊、开启百战重生的坚强领导力量。在新民主主义革命时期，作为中华民族的政治主心骨，中国共产党创造性地将马克思主义同中国具体实际相结合、同中华优秀传统文化相结合，取得了民族独立和人民解放的伟大胜利，完成了民主革命与民族革命的双重使命。

在列强环伺的大变局中，近代中国开始探索主权国家和现代国家建构的道路，在与世界其他民族国家联系、碰撞、比较和区分的过程中重新确立自我意识。特别是在抗日战争时期，全民族共同抗争、共同流血、共同胜利，中华民族成为全国各民族、各地区、各阶层、各党派共同高度认同的精神情感皈依，中华民族整体的自觉意识得到了空前强化。中国共产党是推动中华民族走向全面自觉的政治领导力量，带领全国各族人民开辟了在“数千年未有之大变局”中建设中华民族共同体的新道路。

思考题

1. 如何理解中国共产党的成立深刻改变了近代以后中华民族发展的方向和进程？
2. 简述中国共产党提出“抗日民族统一战线”的影响及其意义。
3. 开启马克思主义民族理论中国化时代化的关键点是什么？

第十四讲　新中国与中华民族新纪元（1949—2012）

我们党创造性地把马克思主义民族理论同中国民族问题具体实际相结合，走出一条中国特色解决民族问题的正确道路……开辟了发展各民族平等团结互助和谐关系的新纪元。

——习近平

1949年10月1日，中华人民共和国成立，中华民族实现了独立自由解放，中国人民从此站起来了。

在社会主义革命和建设时期，中国作为统一的多民族国家实现了政治体制和社会结构的系统性重构。我们党在民族地区进行民主改革和社会主义改造，确立和发展社会主义民族关系，形成了以民族平等、民族团结、民族区域自治、各民族共同繁荣为主要内容的民族理论和民族工作方针政策。各民族在社会主义制度下实现了真正意义上的平等团结进步。

在改革开放和社会主义现代化建设新时期，我们党作出把党和国家工作中心转移到经济建设上来、实行改革开放的历史性决策，坚持各民族共同团结奋斗、共同繁荣发展，采取一系列重大措施支持民族地区经济社会发展。各族人民持续共享改革开放红利，民族团结进步事业不断发展，中华民族在政治、经济、社会和文化等方面的共同性空前强化，中国特色解决民族问题的正确道路越来越宽广。

从新中国成立到党的十八大的60多年里，中国共产党团结带领全国各族人民从落后走向进步、从贫穷走向富裕、从封闭走向开放，实现了从传统向现代的历史转型，彻底摆脱了近代以来一盘散沙、被动挨打的局面，为建设中华民族现代文明与中华民族共同体奠定了最为深厚的历史基础、创造了最为直接的现实条件。

第一节 重塑现代中国

1949 年 10 月 1 日，毛泽东在天安门城楼上庄严宣告："中华人民共和国中央人民政府今天成立了。"中华民族从此摆脱了半殖民地半封建社会的苦难命运，历史性地跨入人民当家作主的新社会。中国共产党团结带领全国各族人民，始终致力于维护国家统一与民族团结，建立和完善中国特色社会主义制度，全面推进国家建设和文明再造，缔造了统一的多民族社会主义国家。

一、捍卫国家统一

中国近代以来遭遇的重大挫折警醒了各族人民，只有国家统一才能建设美好家园，只有主权独立才能保障个人尊严。新中国成立前后，各族人民投身"解放"的洪流和"统一"的历史进程，掀开了现代中国崭新的，也是最具有转折意义的辉煌篇章。

领土是现代国家的基础，是中华民族的生存条件。中国人民解放军进军新疆，把五星红旗插遍天山南北，粉碎了国内外敌对势力妄图分裂中国的阴谋，保卫了祖国的西北边疆。1949 年 9 月 2 日，新华社发表社论《决不容许外国侵略者吞并中国的领土——西藏》，指出："中国人民解放军必须解放包括西藏、新疆、海南岛、台湾在内的中国全部领土，不容有一寸土地被留在中华人民共和国的统治以外。西藏是中国的领土，决不容许任何外国侵略；西藏人民是中国人民的一个不可分离的组成部分，决不容许任何外国分割。"①

随着解放战争走向全面胜利，中共中央决定召开新政协会议、举行开国大典、成立民主联合政府，这一主张得到国内各民主党派、无党派民主人士、各人民团体以及国外华侨等的积极响应。1949 年 6 月 15 日至 19 日，新政治协商会议筹备会第一次全体会议在北平（今北京）召开。新政协筹备会分为六个筹备小组，其中五个小组都有少数民族代表参加。

1949 年 9 月 21 日，中国人民政治协商会议第一届全体会议召开，参加会议的代表、候补代表和特邀人士共 662 名，其中少数民族 33 名。会议期间，中共中央

① 中共中央文献研究室、中央档案馆编：《建党以来重要文献选编（一九二一—一九四九）》第二十六册，中央文献出版社 2011 年版，第 688 页。

专门邀请少数民族代表座谈，征求他们的意见和建议。毛泽东在开幕词中庄严宣告："我们有一个共同的感觉，这就是我们的工作将写在人类的历史上，它将表明：占人类总数四分之一的中国人从此站立起来了。"[①] 新政协会议代行全国人民代表大会的职权，代表全国人民宣告中华人民共和国的成立，选举产生了中央人民政府委员会，选举毛泽东为中央人民政府主席，通过了起临时宪法作用的《中国人民政治协商会议共同纲领》（简称《共同纲领》）。

《共同纲领》代表了全国各民族、各民主阶级、各民主党派、各人民团体的共同意志，强调要"使中华人民共和国成为各民族友爱合作的大家庭"，要求"中华人民共和国中央人民政府必须负责将人民解放战争进行到底，解放中国全部领土，完成统一中国的事业"。[②] 这说明，实现国家的完全统一不仅仅是某个党派的决定，而是国家意志，是各族人民的共同心愿。

到 1949 年底，中国人民解放军相继解放闽南地区和广东大部、广西、贵州、四川，和平解放云南、西康地区。1950 年初至 1951 年底，解放军进入西藏。1951 年，《中央人民政府和西藏地方政府关于和平解放西藏办法的协议》（即"十七条协议"）在北京签订，西藏和平解放。至此，祖国大陆实现了完全统一，中国人民解放军驻防边疆各个角落，第一次基本解决了国家长期"有边无防"的被动局面，为建设中华民族共同体奠定了主权领土版图基础。

1950 年 6 月 25 日，朝鲜战争爆发，党中央作出"抗美援朝，保家卫国"的重大决策。10 月 19 日，中国人民志愿军跨过鸭绿江，并经过两年多艰苦卓绝的战争迫使美国签订停战协定。抗美援朝战争的伟大胜利，是中国人民站起来后屹立于世界东方的宣言书，它表明，"西方侵略者几百年来只要在东方一个海岸上架起几尊大炮就可霸占一个国家的时代是一去不复返了"[③]。

中华人民共和国矢志不渝地推进并维护国家统一大业。中国政府于 1997 年恢复对香港行使主权、1999 年恢复对澳门行使主权，是祖国完全统一路上的重要里程碑。20 世纪 90 年代，海峡两岸达成"九二共识"，坚持"两岸同属一中""两岸共谋统一"，为两岸和平发展与和平统一奠定了政治基础和民意基础。

---

① 《毛泽东文集》第五卷，人民出版社 1996 年版，第 343 页。

② 中共中央文献研究室、中央档案馆编：《建党以来重要文献选编（一九二一—一九四九）》第二十六册，中央文献出版社 2011 年版，第 759 页。

③ 中共中央文献研究室编：《建国以来重要文献选编》第四册，中央文献出版社 2011 年版，第 327 页。

不同于历史上的大一统政权，新中国的政权是建立在亿万人民当家作主基础上的现代政权。不同于少数人对多数人的资产阶级专政，新中国的政权是多数人对少数人的人民民主专政。在半殖民地半封建社会，中国各地社会制度极不统一，政治经济体制差异极大，既有封建领主经济的社会形态，又有奴隶制经济的社会形态，还有原始社会向阶级社会过渡的社会形态，如1959年民主改革前的西藏还是一个落后的、政教合一的封建农奴制社会。

新中国成立后，党和国家依据马克思主义民族平等原则与中国各民族具体实际，在民族地区开展了根本性的民主改革和社会主义改造。在东北、西北、西南、中南以及内蒙古的大部分少数民族聚居的农业区，土地改革于20世纪50年代初基本完成。在牧业区的民主改革比在农业区的相对和缓，采取“不分、不斗、不划阶级”“牧工牧主两利”的政策，只废除牧主和头人的封建特权和封建剥削，实行牧场公有、自由放牧，帮助贫苦牧民发展生产。在藏族、傣族、彝族等少数民族聚居的地区，实行“慎重稳进”方针，从1955年起采用和平协商的办法分类分步推进社会主义改造。全国各地通过“一化三改”，实现了生产资料所有制的根本变革，基本上实现生产资料公有制，建立起社会主义经济制度。正如邓小平所指出的，“我国各兄弟民族经过民主改革和社会主义改造，早已陆续走上社会主义道路”①。

通过民主改革和社会主义改造，党领导实现和巩固了全国各族人民的大团结，形成和发展各民族平等互助的社会主义民族关系。中华民族大家庭的各个成员从原始社会、奴隶社会、封建社会、半殖民地半封建社会等不同起点，共同走向社会主义社会。西藏百万农奴翻身得解放；凉山彝族奴隶制社会实现“一步跨千年”的巨变；云南景颇、傈僳、独龙、怒、佤、布朗、基诺、德昂等“直过民族”，实现了从原始社会向社会主义社会的伟大跨越。

西藏的民主改革，是人类文明发展史和世界人权史上的丰碑。1959年民主改革前的西藏是比欧洲中世纪还要黑暗、落后的政教合一的封建农奴制社会，占西藏总人口不足5%的农奴主占有西藏绝大部分生产资料，垄断西藏的物质精神财富；而占西藏总人口95%以上的农奴和奴隶没有人身自由，遭受着残酷的压迫和剥削。1959年3月28日，中央人民政府领导西藏人民掀起了波澜壮阔的民主改革运动，废除封建农奴制的压迫和剥削，解放百万农奴和奴隶；实行土地改革，废除封建农

①《邓小平文选》第二卷，人民出版社1994年版，第186页。

奴主的土地所有制，使农奴和奴隶成为土地的主人；废除政教合一制度，实行政教分离和宗教信仰自由；建立人民民主政权，保障人民行使当家作主的权利。民主改革使百万农奴和奴隶在政治、经济和社会生活各方面获得了解放，使西藏社会的面貌焕然一新，开创了西藏发展的新纪元。为了“让人类良知永远记住”这段历史，2009 年，西藏自治区决定把每年 3 月 28 日设为“西藏百万农奴解放纪念日”。

经此变革，民族地区社会形态发生了根本变化，社会主义公有制代替了各种私有制，全国统一的经济制度、财政金融、市场体系得以建立；各级人民政权代替了部落制、土司制、山官制、盟旗制、伯克制、石牌制、奴隶制等传统政治制度；各民族风俗习惯、思想观念持续发生变化，与国家建构协调进步，中华民族实现了社会制度和国家管理制度的空前统一。

通过民主改革和社会主义改造，各族人民翻身得解放，以国家主人翁的自觉状态捍卫中华民族的团结统一。这是现代中国国家建构与中华民族共同体建设的关键一步，由此激发的各民族心向中华、共创中华的强大凝聚力，是中华民族共同体“石榴籽结构”巩固深化的重要精神支撑。如在 1962 年 10 月至 11 月的中印边境自卫反击战中，少数民族军人为捍卫民主改革的胜利果实、祖国领土完整与主权尊严而冲锋陷阵，维吾尔族战士司马义・买买提为了压制敌人，挺身端起冲锋枪向敌射击，吸引了敌人的全部火力。他身中数弹，始终坚持战斗，直至壮烈牺牲，次年被追授“战斗英雄”的荣誉称号。还有许多少数民族群众忍饥耐寒，不畏艰险，积极配合部队作战。有的不顾枪林弹雨为部队带路，在火线上掩护抢救伤员；有的宁愿自己挨饿，也要把仅有的糌粑、干粮，仅剩的一口水让给伤员；有的夜以继日抢修通往战区的公路，涌现出许多可歌可泣的英雄人物和模范事迹。“经过平叛改革获得翻身解放的西藏百万农奴，怀着‘驱逐印度侵略军，保卫幸福生活’的心愿，以极大的爱国热情，踊跃地投入支前行列。许多地方出现了母送子，妻送夫，子送父，兄弟姊妹争上前线的动人事迹。……山南地区隆子县的翻身贫苦农奴南杰把自己的两个儿子、三个女儿都送上前线支前。全区共出动支前民工 3.2 万余人、民畜 1 万余头（匹），支援糌粑 112 万公斤、酥油 3 万公斤、牛羊肉 16 万公斤、柴火 150 万公斤、马料 48 万公斤、蔬菜 15 万公斤。”[①] 如果说淮海战役的胜利是人民用小车推出来的，那么中印边境自卫反击战的胜利则是藏族人民用糌粑喂出来的。

中华人民共和国在重建大一统的基础上，为现代中国全面系统地注入了人民性的本质属性，使人民共和国真正扎根在人民心中，使社会主义的新中国区别于

① 阴法唐：《从泰山到珠峰——阴法唐回忆录》，中国藏学出版社 2021 年版，第 244 页。

历史上任何一个朝代。新中国与旧中国之所以不是传统王朝轮替，不是历史周期率的简单重复，根源就在于中国人民真正实现了几千年未有过的民主与平等。1954年，新中国第一部宪法制定期间，3个月内有1.5亿人次参与讨论，提出100多万条意见，翻身做主人的各族人民参政热情空前高涨。同年9月，一届全国人大一次会议通过了《中华人民共和国宪法》(以下简称《宪法》)，这是一部社会主义类型的宪法，体现了人民民主原则和社会主义原则，以根本法的形式确定了中国人民行使当家作主权利的政治制度，从而在宪法意义上奠定了共和国的人民民主底色。没有这种政治结构与社会精神上的平等，中华民族永远不可能完成从传统到现代的过渡和转型，中国永远不可能变成一个民主社会和现代化社会。人民民主是中华民族旧邦新命的鲜明特征，也是各族人民选择、支持跟着中国共产党走的根本原因。

二、确立党的集中统一领导

毛泽东指出："工、农、商、学、兵、政、党这七个方面，党是领导一切的。"①2018年通过的《中华人民共和国宪法修正案》将"中国共产党领导是中国特色社会主义最本质的特征"写入总纲第一条，充分体现了中国共产党领导的根本性、全面性、时代性。

这一论断有着深刻的历史逻辑与群众基础。中华文明是世界上最早建立中央集权体制的文明体系，但由于中国长期处于自给自足的小农经济，基层分散无力。近代以来，面对西方列强的侵略和压迫，中央政府孱弱，央地矛盾突出，阶级矛盾激化，民族独立、国家统一的历史性任务难以完成。正如毛泽东在《论持久战》中指出："日本敢于欺负我们，主要的原因在于中国民众的无组织状态。"②要想民族独立，必先政治统一；要想政治统一，必先组织起来；要想组织起来，必先依赖一个深入扎根各族群众的先进政党。

在浴血奋战和顽强奋斗中，有着崇高的政治理想、严密的组织形态和铁一般的组织纪律的中国共产党，与人民群众建立起了血肉联系，通过领导人民战争与社会运动，实现了对传统社会的"底层动员"，打通了古代中国"不知有汉，无论魏晋"的区域封闭状态，领导建立起纵横联动的国家各级政权组织，克服了数千年来"王权止于县政"与缺乏"数目字管理"的治理困境。因为有中国共产党的领导，基层各族人民与国家公共生活建立起直接的关系，国家动员有了更为坚实的基层组织体系。这是中国革命成功的重要经验，为实现中华民族伟大复兴创造

①《毛泽东文集》第八卷，人民出版社1999年版，第305页。

②《毛泽东选集》第二卷，人民出版社1991年版，第511页。

了根本社会条件。

新中国成立后，包括民族地区在内的全国各地和各级各类组织，都建立了党的领导制度。一方面，建立全面的领导体制，党领导人大、政府、政协、审判机关、检察机关、武装力量、人民团体、企事业单位、基层群众自治组织等制度体系逐渐建立起来。从 1949 年 12 月到 1950 年 12 月，中央人民政府先后制定省、市、县和区、乡人民代表会议组织通则与人民政府组织通则，对旧中国的行政区划、基层建制进行了调整，改变了行政区划的层级设置。另一方面，健全党的组织体系，形成了党的中央组织、地方组织、基层组织上下贯通、执行有力的严密系统，实现了党的组织和党的工作全覆盖。

中国共产党的领导是各族人民大团结的根本保证，更是中华民族共同体建设持续推进的根本保证。在民族工作领域，党的集中统一领导表现为：一是政治领导。党中央根据不同历史时期的中心任务，制定民族工作大政方针。比如，新中国成立后在民族地区“慎重稳进”地进行民主改革和社会改革、设立民族区域自治的各级自治机关；改革开放后召开中央民族工作会议、全国民族团结进步表彰大会等，部署加快民族地区发展，推动各民族共同走向社会主义现代化等一系列事关中华民族团结统一、发展进步的重大战略。二是思想领导。党始终用与时俱进的科学理论武装全党、教育人民，保证中国特色解决民族问题的正确道路既一脉相承又与时俱进，使党和国家的方针路线、政策法律逐步成为全社会共识。三是组织领导。从中央到地方各级党委、人大、政府、政协系统都设立民族工作机构。1949 年 10 月 22 日组建的中央人民政府民族事务委员会，是国务院最早成立的部委之一。

中国共产党的集中统一领导，得到了各族人民的衷心拥护和全力支持。党成立后，进行了广泛的社会动员，完成了土地革命、家庭革命、阶级革命，带领人民取得一个又一个胜利，这与近代以来国家孱弱、主权丧失、领土沦丧、民不聊生的悲惨局面形成了鲜明对比。正反两方面经验教育了各族人民，在中国这样的大国，只有坚持党的集中统一领导，才能有效应对帝国主义分裂中国的图谋和行径。只要牢牢坚持党的领导，就没有任何人、任何政治势力可以挑拨我们的民族关系，中华民族的团结统一就有了坚实的政治保障。

三、建立社会主义政治制度

新中国成立后，在系统推进社会主义改造的同时，人民民主政治建设也在有步骤地推进。人民代表大会制度的根本政治制度，中国共产党领导的多党合作和政治协商制度、民族区域自治制度的基本政治制度的确立，初步构成了我国社会主义的政治制度体系，充分彰显并增进了各族人民根本利益的一致性，为中华民族共同体不断增进政治、经济、社会和文化共同性提供了坚实的制度保障。

人民代表大会制度是我国的根本政治制度。《共同纲领》规定了中华人民共和国的国体和政体，确立了统一多民族国家建设的基本原则和制度安排。1954 年宪法规定，“中华人民共和国是工人阶级领导的、以工农联盟为基础的人民民主国家”，“中华人民共和国的一切权力属于人民。人民行使权力的机关是全国人民代表大会和地方各级人民代表大会”。[①] 同时进一步规定，“全国人民代表大会由省、自治区、直辖市、军队和华侨选出的代表组成”[②]，并明确少数民族代表的名额和产生办法由选举法规定。在少数民族人口占有一定数量的非自治地方的人民代表大会中，充分或适当安排少数民族的代表席位。这都体现出各族人民共同当家作主的政治民主原则。中国 55 个少数民族无论人口多少，均有全国人大代表。而且，历届全国人民代表大会的少数民族代表数占代表总数的比例稳定在 14% 左右（图 14-1），高于我国少数民族人口占全国人口总数的比例。这表明，我国人民代表大会制度充分保障了少数民族的政治代表权和参与国家事务管理的权利。

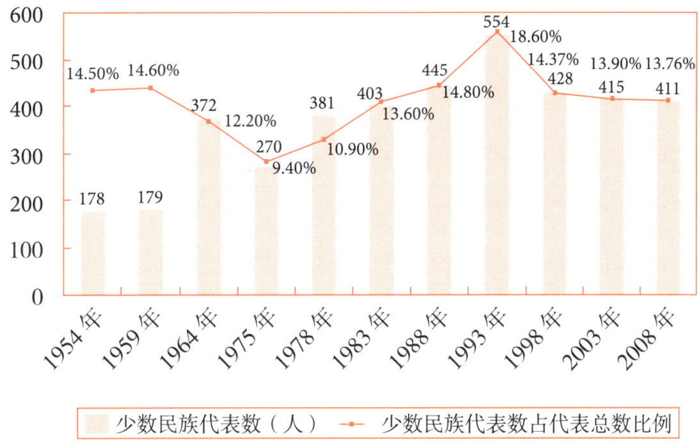

图 14-1 党的十八大前历届全国人民代表大会少数民族代表数占代表总数的比例

来源：中华人民共和国国务院新闻办公室：《中国的民族政策与各民族共同繁荣发展》，2009 年 9 月。

① 中共中央文献研究室编：《建国以来重要文献选编》第五册，中央文献出版社 1993 年版，第 522 页。

② 中共中央文献研究室编：《建国以来重要文献选编》第五册，中央文献出版社 1993 年版，第 525 页。

中国共产党领导的多党合作和政治协商制度是我国的一项基本政治制度。1954年《中国人民政治协商会议章程》规定，中国人民政治协商会议是“团结全国各民族、各民主阶级、各民主党派、各人民团体、国外华侨和其他爱国民主人士的人民民主统一战线的组织”①。中国人民政治协商会议全国委员会中专门设立了少数民族界别，第一届政协全国委员会成员就包括了乌兰夫等11位少数民族委员。作为中华民族大团结大联合的政治联盟，人民政协在中国共产党的领导下，最大限度地调动一切积极因素、团结一切可以团结的人，共同建设中华民族大家庭，共同致力于实现中华民族伟大复兴。

民族区域自治制度也是我国的一项基本政治制度。这一制度与苏联的加盟共和国模式不同，是在实施中央集权的单一制国家结构形式下，在国家统一领导下，各少数民族聚居的地方实行区域自治。周恩来指出：“在中国这个民族大家庭中，我们采取民族区域自治政策，是为了经过民族合作、民族互助，求得共同的发展、共同的繁荣。中国的民族宜合不宜分。”② 民族区域自治制度的意旨始终指向国家统一、民族团结，是中国特色解决民族问题正确道路的重要内容。

1952年《中华人民共和国民族区域自治实施纲要》规定，“各民族自治区统为中华人民共和国领土的不可分离的一部分。各民族自治区的自治机关统为中央人民政府统一领导下的一级地方政权，并受上级人民政府的领导”③。1955年10月1日，新疆维吾尔自治区成立；1958年3月5日，广西壮族自治区成立；1958年10月25日，宁夏回族自治区成立；1965年9月9日，西藏自治区成立。目前，全国建立了155个民族自治地方，包括5个自治区、30个自治州、120个自治县（旗）。所有民族自治地方都是中国共产党领导的地方，都是中华人民共和国的地方，都是全国各族人民共同拥有的地方。

民族自治地方的建立充分体现各民族“大杂居、小聚居、交错居住”的人口分布格局。以新疆维吾尔自治区为例，自治区内设有哈萨克、蒙古、回、柯尔克孜等5个民族自治州，还有哈萨克、蒙古、回、锡伯、塔吉克等6个民族自治县。有些少数民族聚居区包含两个以上少数民族，如广西壮族自治区的龙胜各族自治

① 中共中央文献研究室编：《建国以来重要文献选编》第五册，中央文献出版社1993年版，第705页。

②《周恩来选集》下卷，人民出版社1984年版，第261页。

③ 中共中央文献研究室编：《建国以来重要文献选编》第三册，中央文献出版社1992年版，第79页。

县和隆林各族自治县。1952 年，汉族、蒙古族杂居的多伦、宝昌、化德三县划归内蒙古自治区；1954 年，原绥远省包头市划归内蒙古自治区；1979 年，赤峰、通辽复归内蒙古自治区，不同时期的行政区划变动，目的在于促进内蒙古自治区内多民族交往交流交融。1958 年，中央划出甘肃的 19 个县市成立宁夏回族自治区，从全国调派了数万名回族干部、知识分子、产业工人等赴宁夏工作。同年，中央将广西省改建为广西壮族自治区，合并壮族聚居的西部地区和汉族聚居的东部地区，并将原广东的北海、钦州等划给广西作为出海口，以助力自治区的经济发展。不仅如此，为了提高壮族人民的科学文化水平，中央政府还帮助壮族人民创制了拼音壮文。与制度建设相配套，国家还不断建立健全社会主义法治体系。2011 年，有 75 部法律对民族问题做了规定，民族自治地方也结合各自实际，制定了 139 件自治条例和 565 件单行条例。这些法律条文都体现出，每个中国公民都有维护国家统一和中华民族大团结的义务；国家依法保障各民族合法权益，依法维护中华民族大团结。

总之，民族区域自治制度是马克思主义民族理论中国化时代化的重要成果。这一制度体现了马克思主义民族理论与中华治理传统的结合，坚持了统一与自治的结合，突出了民族因素与区域因素的结合，既能有效加强国家的集中统一，又能切实保证各族人民共同当家作主，从而实现了对西方民族国家模式、苏联加盟共和国模式和中国古代“羁縻怀柔”传统治理模式的超越，标志着中国走出了一条解决民族问题的特色道路。

第二节　建设中华民族大家庭

“从中华人民共和国成立的那一天起，中国各民族就开始团结成为友爱合作的大家庭，足以战胜任何帝国主义的侵略，并且把我们的祖国建设成为繁荣强盛的国家。”[①] 毛泽东“以家喻国”的生动表达，揭示了中华民族大家庭你中有我、我中有你、谁也离不开谁的血脉关系。《宪法》第四条规定，国家“维护和发展各民族的平等团结互助和谐关系。禁止对任何民族的歧视和压迫，禁止破坏民族团结和制造民族分裂的行为”。平等团结互助和谐，是社会主义民族关系区别于几千年来不平等民族关系的根本标志。

①《毛泽东文集》第六卷，人民出版社 1999 年版，第 211 页。

一、深化民族平等

民族平等是马克思主义处理民族问题的重要原则，是我国社会主义民族关系的基石。1949 年通过的《共同纲领》和 1954 年制定及历次修改的《宪法》都明确规定各民族一律平等，用国家根本法的形式确认了境内各民族的平等权利。各民族不论人口多少、历史长短、发展快慢，不论语言文字、风俗习惯和文化传统异同，都具有同等地位，不仅在政治上平等，而且在经济、社会、文化等各领域都平等享有权利，平等履行义务。

从 20 世纪 50 年代开始，政府组织开展大规模的民族识别工作。1953 年第一次人口普查时，全国自报登记的民族名称超过 400 个，当时经过识别和归并确认了 38 个民族。本着从实际出发、客观公正、遵从少数民族人民意愿等原则，历经近 30 年，到 1979 年确认基诺族为单一民族后，由 56 个民族组成的中华民族大家庭的格局最终确定。我国的民族识别并没有严格按照斯大林“四个共同”的民族定义，也没有像苏联那样细分为民族、部族和山民。毛泽东说，“科学的分析是可以的，但政治上不要去区别哪个是民族，哪个是部族或部落”[①]，各民族一律平等。曾经不被认可、受压迫和受排挤的少数民族得到国家正式确认，成为中华民族大家庭平等的一员。民族识别为制定实施民族平等政策提供了依据。

1951 年和 1956 年，国家先后出台了《政务院关于处理带有歧视或侮辱少数民族性质的称谓、地名、碑碣、匾联的指示》《国务院关于今后在行文中和书报杂志里一律不用“满清”的称谓的通知》，纠正了带有歧视或侮辱性的称呼，进一步营造了民族平等的社会环境与文化氛围。如将“归化族”改为俄罗斯族，“卡佤族”改为佤族，“僮族”改为壮族，“崩龙族”改为德昂族，“毛难族”改为毛南族，“猺族”改为瑶族。如北京市将帅府胡同和北池子北口两处“回子营”改为“和平巷”“回回营”，将东直门内、西安门内、宣武门外三处“达子营”改为“合作巷”“互助巷”“和平巷”。国家还出台了一系列尊重民族习俗的政策法规，在推广普及国家通用语言文字的同时，科学保护各民族语言文字，尊重和保障少数民族学习和使用本民族语言文字的权利。

党和国家对少数民族采取了一系列优惠政策，如在政治上加强对少数民族干部的培养和使用；在经济上实行转移支付、对口支援、设立少数民族发展专项资金等措施，扶持民族地区基础设施建设和产业发展；在教育上施行优惠政策，支

① 《毛泽东民族工作文选》，中央文献出版社、民族出版社 2014 年版，第 185 页。

持民族地区教育发展，大力培养少数民族学生；对少数民族实行较为宽松的计划生育政策。这些政策措施及其实施效果是古今中外族群善治的显例。当然，很多优惠扶持政策在特定历史阶段发挥了积极作用，但因其未能与时俱进地调整优化，也存在固化民族差异性的现实可能。

在中国共产党的领导下，各族人民成了国家的主人。剥削阶级和剥削制度退出了历史舞台，民族间的不平等关系转变为各民族劳动人民之间的平等关系。对此，费孝通评论道："新中国的成立在我国历史上是件空前的大事，全国社会结构起了重大变化，其中之一是民族关系的转变，从不平等的关系转变为平等关系。……在一个和平大同的世界里，民族平等是绝不能少的条件。这个条件在我们中国首先实现，在人类历史上是应当大书特书的。"[①] 历史证明，只有中国共产党才真正实现了民族平等。

二、加强民族团结

团结是社会主义民族关系的主线。毛泽东在新中国成立之际，发出了"中华人民共和国各民族团结起来"的伟大号召，激发各族儿女团结建设新中国的共同体意识。各民族只有同心同德、携手共进，才能巩固和发展民主团结、生动活泼、安定和谐的政治局面，才能激发中华民族共同体建设的强大凝聚力和向心力。

1950 年的国庆周年观礼上，党和国家领导人亲切接见了云南普洱地区部分民族头人。观礼结束后，代表团一行参观了北京、天津、南京、上海、武汉、昆明等城市。此行开阔了他们的眼界，加深了对祖国的认识，使之深深体会到中华民族大家庭的温暖。1950 年 12 月 27 日，在普洱专区第一届兄弟民族代表会议上，全区 26 个民族（含支系）的代表与地方党政军代表共同立誓："从此我们一心一德，团结到底，在中国共产党的领导下，誓为建设平等自由幸福的大家庭而奋斗！"其后，"民族团结誓词"及签名按原样刻在石碑上（图 14-2）。民族团结誓词碑集中体现了中华民族以爱国主义为核心的民族精神，彰显了中华儿女"一心跟党走"的政治品格，被誉为"新中国民族团结第一碑"。

1951 年 8 月，广西省政府利用中央访问团到大瑶山开展慰问的契机，在金秀召开大瑶山各族代表会议，通过《大瑶山团结公约》（简称《公约》），并将其刻于石碑，各族代表盟誓遵守。《公约》载明，"今后大家必须相互谅解，不计旧怨，

① 费孝通：《简述我的民族研究经历与思考》，《中央民族大学学报》2000 年第 1 期，第 2 页。

图 14-2 云南省普洱市民族团结誓词碑

1951 年元旦，普洱专区 26 个民族（含支系）的代表和党政军代表在石碑上刻文铭志，碑首第一行横排阴刻“民族团结誓词”六字。

共同在中国共产党、毛主席、人民政府领导下，亲密团结，并订立团结公约六条，共同遵守不渝”[①]。

开展民族团结进步宣传教育，是促进民族团结的有力举措。延边朝鲜族自治州于 1953 年率先把每年 9 月定为民族团结月，新疆将每年 5 月、内蒙古将每年 9 月、贵州黔东南州将每年 7 月定为民族团结月。各地、各级政府召开地区性民族团结进步表彰大会，对先进集体和个人进行表彰。国家层面召开全国性民族团结进步表彰大会。2005 年，国务院将民族团结进步表彰活动确定为国家的一项法定活动，体现了党和国家对民族团结进步事业的重视，标志着民族团结进步表彰活动走上规范化、制度化的轨道。

三、推动民族互助

互助是中华民族的优秀传统，是社会主义民族关系的保障。各民族只有相互支持、相互帮助、优势互补，才能实现共同发展、共同富裕。

新中国成立以后，党和国家帮助少数民族群众克服生产生活上的困难，为

① 《金秀瑶族自治县概况》修订本编写组编：《金秀瑶族自治县概况》，民族出版社 2008 年版，第 107 页。

推动建立社会主义民族关系打下了坚实基础。一是发放救济粮和救济款。1950—1952 年，仅广西省人民政府就拨给少数民族救济粮 750 万千克。二是无偿发放生产工具，以推动民族地区尽快摆脱落后的生产状况。1952 年底，西南军政委员会拨款 400 余万元用于解决少数民族缺乏农具的困难。三是派出巡回医疗队实行免费医疗。1950—1952 年，中央政府拨出 1000 万元的专款，用于民族地区的卫生事业建设。各有关省和地区也分别派出卫生工作队、巡回医疗队、疟疾防治队，到民族地区送医送药，免费看病治病。四是开展民族贸易工作。针对历史上少数民族经常受到外来商人盘剥的现象，党和国家组织了“牛背商店”“驼背商店”“大棚车商店”，深入少数民族的山乡村寨、草原帐篷，以公平合理的价格收购农牧土特产品，销售生产工具和生活日用品。

各族人民共同参与国家建设，涌现出大量心手相连、守望相助的感人故事，如“三千孤儿入内蒙”与“齐心协力建包钢”。1959—1961 年，上海及周边地区的大约 3000 名孤儿因为食品缺乏、营养不良，面临着死亡威胁。危急之时，内蒙古人民将这些孤儿接回自己的蒙古包抚养，成为各民族互帮互助的一段佳话。包头钢铁是新中国首批建设的三大钢铁企业之一。1958 年正值大规模建设时期，但一号高炉却遇到设备和建设材料供应不足的难题。当时全国上下掀起一场支援包钢的热潮，平均每天有 10 多个车皮的设备和材料从各地运到包钢，这些材料和设备来自 22 个省 55 个市 300 多家企业。在全国支援的热潮下，1959 年 9 月 26 日 5 时 55 分，包钢一号高炉流出第一炉铁水，比原计划提前了一年时间，结束了内蒙古寸铁不产的历史。

改革开放后，中央组织开展内地经济发达省、市对口支援边疆地区和民族地区，效果显著。[①]“十一五”期间，国家先后组织 60 多个中央机关、18 个省市、17 家中央企业对口支援西藏，累计投入资金 76 亿元。1996 年，中央确定福建对口帮

① 对口支援是一项具有鲜明中国特色的财政资源横向转移和区域合作机制。20 世纪 60 年代初，为解决城乡之间、区域之间发展不平衡和全国资源分布不均衡问题，对口支援的概念开始萌芽。1979 年，在全国边防工作会议上，中央政府第一次明确提出对口支援政策。针对边境地区多为经济欠发达的少数民族地区，会议最终制订了东部经济发达的省市对口支援自治区和少数民族比较集中的省（云南、贵州、青海）的具体方案：北京支援内蒙古，河北支援贵州，江苏支援广西、新疆，山东支援青海，天津支援甘肃，上海支援云南、宁夏，全国支援西藏。由此，对口支援首次正式确定下来。20 世纪 90 年代以来，对口支援的领域从经济发展扩展到各个领域，并逐步形成相互交错的网状支援格局，成为多领域、多层次、多形式、多内容的帮扶。对口支援是在全国一盘棋、集中力量办大事原则指导下探索出来的重要方法、成功经验，发扬了中华民族“一方有难、八方支援”的精神，是新中国的创举，已经发展成中国特色的支援体制。

扶宁夏，对西海固地区特别是少数民族贫困群众开展帮扶，形成了汉族帮少数民族、多地帮宁夏一域、多数人帮少数人的局面，走出了东部扶持西部、共同繁荣之路。20 世纪 80 年代以来，宁夏进行了 6 次大规模移民搬迁，累计搬迁移民 120 余万人。2021 年播出的电视剧《山海情》，生动再现了西海固人民将飞沙走石的“干沙滩”建设成寸土寸金的“金沙滩”的感人故事。

中华民族共同体也包括港澳台同胞，祖国内地始终支持特别行政区发展。在中央鼎力相助下，香港平稳度过了 1997 年亚洲金融危机；内地人民“雪中送炭”，帮助香港彻底战胜 2003 年的非典疫情；在香港市场低迷之时，内地“自由行”安排带动市道畅旺。同样，香港始终支持内地发展，助力内地改革开放驶入快车道。一大批香港爱国人士纷纷在内地投资建厂、发展实业、捐助教育等。1990 年，由霍英东投资建设的广州白天鹅宾馆成为完全由中国人设计建造并管理的内地第一家五星级酒店；香港慈善家邵逸夫自 1985 年起，连年向内地教育事业捐赠，累计约 47.5 亿港元，建设各类项目达 6013 个；1984 年，中、英两国就香港问题的谈判进入最后时刻，香港歌手张明敏以一曲《我的中国心》亮相春节联欢晚会，引发全体中华儿女的强烈共鸣。1997 年香港回归和 1999 年澳门回归，中华民族自豪感和自信心空前提升。

四、促进民族和谐

和谐是社会主义民族关系的本质。1949 年通过的《共同纲领》确定了平等、团结、互助的社会主义民族关系。2005 年召开的中央民族工作会议，正式提出社会主义民族关系的和谐原则。这是对我国民族关系认识的重要发展。和睦相处、和衷共济、和谐发展，是凝聚中华民族力量的源泉。

尽管和谐作为社会主义民族关系的一项原则是改革开放后提出来的，但促进民族和谐的工作却早已展开。20 世纪五六十年代组织的“派下去”“请上来”活动是打破历史隔阂、促进各民族和谐相处的生动实践。1950 年开始，中央相继派出了西南、西北、中南、东北内蒙古绥远 4 个访问团，各大区及少数民族较多的省、专区也分别派出了访问团。各地组织边疆少数民族，特别是民族、宗教的上层人士到内地参观，以增进少数民族同胞对祖国发展进步的了解，密切边疆地区同中央的联系。1951—1954 年，仅由中央有关部门接待的到内地参观的少数民族代表就达 6500 人。1949—1964 年，毛泽东等党和国家领导人亲自接见的少数民族代表团、参观团、观礼团就达 268 个之多。一来一往，在民族地区产生了广泛而深刻的影响，赢得了少数民族群众对党的衷心拥戴，厚植了少数民族的爱国主义情怀，增进了各民族间的了解和友谊。

改革开放后，社会主义民族关系的和谐特征进一步凸显。各民族的社会交往扩大、联系增多，民族通婚的比例越来越高，由多民族构成的混合家庭的数量不断增加。2000—2010 年，两个民族户的家庭数量从 994 万户增加至 1081 万户；三个民族户的家庭数量从 14 万户增加至 20 万户。2010 年，广西壮族自治区少数民族与汉族组成的家庭有 113 万多个，由两个少数民族以上组成的家庭达 14 万多个。在龙胜各族自治县、隆林各族自治县等多民族聚居的地方，“九口之家、情融五族”随处可见。

和谐社区建设是民族团结进步创建的重要抓手，在营造各民族共聚一堂、共叙乡情、共谋发展的良好氛围方面发挥着重要作用。各基层社区充分运用端午、中秋、重阳等传统节日，组织各民族群众自导自演举办文艺晚会、包粽子比赛等形式多样的群众性娱乐、趣味活动，搭建文化交流平台，推动各民族交流互鉴，实现和睦相处。

第三节 推动中华民族大进步

新中国成立后的前三十年，国家建立起较为完整的基础工业和国防工业体系，基本实现医疗平等与教育平等，解决了中华民族自清末以来“挨饿受穷”与“目不识丁”这两大基本民生问题；后三十年进行了改革开放，创造性地将社会主义与市场经济相结合，把“一穷二白”的中国变成了世界第二大经济体，独立自主地探索出了一条建设中国特色社会主义的现代化之路。两个三十年前后衔接，尽管中间遭遇重大挫折，但都是中华民族在中国共产党的带领下，建设现代中国、实现民族复兴的接续实践，都是中华民族建设现代文明的重要阶段。在此过程中，人民的物质生活水平、思想道德素质、科学文化素质和健康素质全面提高，各民族间交往交流交融程度不断加深，中华民族迎来了大发展大团结大进步的局面。

一、经济跨越式发展

新中国成立之后，党和国家开启了人类历史上迄今为止规模最大的现代化实践，彻底改变了中华大地百年来积贫积弱的历史面貌。新中国建立了社会主义经济制度，统一了财政金融体系，打造了全国统一的社会主义经济体系，促进了区域间的产业结构功能互补，充分利用社会主义优越性，通过政策手段推动民族地区跨越式发展。改革开放后，中国人民辛勤拼搏，探索建立并不断完善社会主义市场经济体制，实现经济快速发展，中国成为世界经济发展的引擎；民族地区经济结构不断优化，社会发展水平不断提高，为各族人民全面脱贫和共同富裕打下坚实基础。

1952 年，我国国内生产总值仅为 679 亿元，人均国内生产总值为 119 元。经过长期努力，1978 年，我国国内生产总值增加到 3679 亿元，占世界经济的比重为 1.7%，居全球第 11 位。改革开放以来，我国经济快速发展，1986 年经济总量突破 1 万亿元；2000 年突破 10 万亿元大关，超过意大利成为世界第六大经济体；2010 年达到 41.21 万亿元，超过日本并连年位居世界第二。从发展速度看，1979—2012 年，我国国内生产总值年均增长 9.8%，而同期世界经济年均增速只有 2.8%。我国外汇储备从 1978 年的 1.67 亿美元、居世界第 38 位，到 2012 年的 3.31 万亿美元、连续 7 年稳居世界第一位。[①]

“让各少数民族得到发展和进步，是整个国家的利益。”[②] 党和国家高度重视民族地区经济发展，通过制定优惠政策、推动区域协调发展等措施，有力提高了民族地区经济发展水平，极大改善了少数民族贫穷落后的面貌。1952 年，民族地区生产总值总量仅为 57.86 亿元，1978 年增长为 324.1 亿元，2000 年增长为 8410.75 亿元，2005 年增长为 1.74 万亿元，2012 年增长为 5.85 万亿元。民族地区国民生产总值年增量首次突破 1000 亿元用了 45 年，突破 2000 亿元用了 10 年，突破 3000 亿元用了 2 年，突破 4000 亿元只用了 1 年。

在党和国家重大战略的支持下，民族地区经济活力不断增强。中央对民族地区人均转移支付占民族地区人均财政支出的比重，历年均值都明显高于非民族地区。2005 年 5 月，中共中央、国务院作出《关于进一步加强民族工作加快少数民族和民族地区经济社会发展的决定》，同时编制实施《扶持人口较少民族发展规划（2005—2010 年）》《兴边富民行动“十一五规划”》《少数民族事业“十一五”规划》三个国家级规划，极大地推动了民族地区经济社会发展。

新中国成立后，民族地区工业化水平迅速提升。此前，民族地区基本没有现代工业。“一五”期间，中央政府围绕苏联援建的 156 个项目，在全国范围内建

① 朱剑红、宋嵩:《35 年，中国经济“一路向上”（改革开放 35 年·经济发展成果述评①）》,《人民日报》2013 年 11 月 21 日。

②《毛泽东文集》第六卷，人民出版社 1999 年版，第 312 页。

立了社会主义现代化所需的初步工业基础，其中40个项目布局在民族地区。1964年，中央启动大规模的“三线建设”，在贵州、云南、青海、宁夏及豫西、鄂西、湘西、桂西北等三线建设重点区域，形成了若干新的工业中心[①]，在一定程度上改变了民族地区工业布局和结构，为民族地区工业化发展提供了人力、资金和技术资源。改革开放以来，国家兴建了西气东输、西电东送、青海30万吨钾肥工程等重大项目，民族地区建立了重要工业生产基地，走出了立足本地资源优势的工业发展道路。随着民族地区工业化建设推进，农牧业在经济中所占比重明显下降，工业所占比重显著提升。1952年，民族地区一、二、三产业比重分别为73∶13∶14；1978年，该比重变为36∶42∶22；2005年，变为19∶42∶39；2009年，变为15∶46∶39。

伴随经济产业发展，民族地区的居民收入也稳步增长。1952年，民族地区人均地区生产总值分别为：内蒙古173元，广西67元，贵州58元，云南70元，西藏115元，青海101元，宁夏126元，新疆166元；到1978年分别增加到内蒙古317元，广西225元，贵州175元，云南226元，西藏375元，青海428元，宁夏370元，新疆313元；到2000年分别增加到内蒙古6502元，广西4652元，贵州2759元，云南4770元，西藏4572元，青海5138元，宁夏5376元，新疆7372元。[②]民族地区城镇居民人均可支配收入由1978年的306元增加到2009年的14070元，增长了45倍；农牧民人均纯收入由1978年的138元增加到2009年的3931元，增长了27倍。农村贫困人口从2001年的3076.8万人下降到2009年的1452万人，部分少数民族实现整体脱贫。[③]

二、政治文化认同大凝聚

新中国成立初期，在中国共产党领导下，各族人民积极投身建设新中国的各项事业。各族人民共同捍卫国家领土完整、主权独立，共同开拓并守护着祖国的辽阔疆域。各民族的中华民族共同体意识在这一时期不断深化。

① 川、滇、黔形成了基本完整的西南机械工业基地；华中地区（包括鄂西、湘西）形成了新的机械工业中心；西北形成了以仪表、机床制造为特色的银川工业区和以机床、拖拉机、内燃机制造为特色的西宁工业区。

② 郑长德：《伟大的跨越：中国少数民族地区经济发展70年》，《民族学刊》2019年第6期，第6页。

③ 国家民族事务委员会研究室编著：《中国共产党民族工作九十年》，民族出版社2011年版，第265—271页。

20世纪50年代初，以中国人民解放军第十八军为主力的进藏部队，爬雪山、涉激流、忍饥寒，既当“战斗队”又当“生产队”，既当“工作队”又当“宣传队”，完成了和平解放西藏的伟大使命。此后，成千上万的干部人才响应党的号召，支援西藏建设，以战天斗地的豪情壮志，留下了感天动地的光辉事迹。1954年10月，党中央决定中国人民解放军驻疆部队大部就地集体转业，组建新疆生产建设兵团。一批又一批复员转业军人、城乡青壮年和大中专毕业生从祖国四面八方陆续来到新疆，加入兵团这支新中国屯垦戍边大军。几代兵团人发扬“热爱祖国、无私奉献、艰苦创业、开拓进取”的兵团精神，白手起家，艰苦奋斗，把亘古荒漠改造成生态绿洲，开创了新疆现代化事业，创造了人类发展奇迹。

藏族人桑杰曲巴默默坚守边境几十年的事迹非常能体现各族儿女捍卫祖国领土的朴素情怀。在位于中印边界地区的西藏隆子县玉麦乡，他和两个女儿在1996年之前的34年里是这片辽阔土地上仅有的居民。在几乎与世隔绝的日子里，他们坚持在家举行升国旗仪式。五星红旗在上空飘扬，国家认同在心中扎根。住在这里，就是在守护祖国领土。这个普通的藏族家庭用三代人近60年时间，捍卫着祖国西南边疆3644平方千米土地上的一草一木，践行着“家是玉麦，国是中国”的家国情怀。2017年，桑杰曲巴的女儿卓嘎、央宗给习近平总书记写了一封信汇报玉麦的发展情况。2017年10月28日，习近平总书记在距玉麦乡4089千米的北京给姐妹俩回信写道：“希望你们继续传承爱国守边的精神，带动更多牧民群众像格桑花一样扎根在雪域边陲，做神圣国土的守护者、幸福家园的建设者。”[①]

各族人民用丰富多彩的艺术形式，表达对伟大祖国、中华民族、中华文化、中国共产党、中国特色社会主义的认同，涌现出了一大批传唱至今的爱国主义艺术作品。1964年，解放军战士杨正仁（白族）听到旋律优美的佤族民歌，即兴创作了《阿佤人民唱新歌》，这首歌迅速传遍佤山村寨，并唱遍全国，是“党的光辉照边疆、边疆人民心向党”的生动诠释；电影《芦笙恋歌》《边寨烽火》《五朵金花》《刘三姐》《冰山上的来客》等，都深刻反映了各族人民质朴的家国情怀，表达了各族人民对党的热爱和拥护，成为历久弥新的文艺经典。

改革开放后，中华民族的凝聚力和认同感不断增强。面对大灾大难，各族儿女心往一处想、劲往一处使，体现了中华民族是一个休戚与共的命运共同体。2008年5月12日，一场8.0级特大地震骤然袭击了汉、藏、回、羌等民族聚居的四川

① 《习近平书信选集》第一卷，中央文献出版社2022年版，第140页。

汶川，一时之间牵动了每个中华儿女的心。在党中央的号召下，各地政府、军队、人民群众团结一心，组成医疗队赶赴前线，涌现了诸多手拉手、心连心的感人故事。72 小时内 14.6 万名陆海空和武警部队官兵驰援灾区；2 亿元中央自然灾害生活补助应急资金紧急下拨，灾区群众生活物资得到保障。地震后半年内，全国为汶川地震灾区募集款物 762.14 亿元，全国 4550 多万名党员自愿交纳抗震救灾“特殊党费”97.3 亿元；台湾同胞向灾区伸出援手，以各种方式表达关怀、提供帮助。海外侨胞的捐助活动反应速度之快、捐助规模之大、参与地区和人员之广，也是历史少有。同时，祖国大陆也永远是港澳台地区最强有力的支撑。2009 年 8 月 8 日，“莫拉克”台风肆虐台湾，祖国的骨肉亲人无不牵挂着遭遇 50 年不遇风灾水患的台湾同胞，在短短不到 3 日内，就向台湾灾区提供首批捐赠现金合计达 1.06 亿元人民币、500 万港元。

三、人口流动与社会融合加速

中华人民共和国成立后，国家推动建设包括“三线建设”在内的国家工程。全国的资源、人口在国家统一规划下重新配置，包括许多专业技术人士在内的人口迁入边疆民族地区。改革开放后，中国特色社会主义市场经济体制不断完善，社会流动性达到前所未有的深度和广度，中国社会整体上迈向全面开放，各族人民在市场经济的大潮中交往频繁，“中华民族一家亲”的社会氛围逐渐形成。

社会主义革命和建设时期，我国流动人口主要包括干部南下和“一五”期间国家为集中力量进行工业化建设而迁移的大量人口。流向主要是由东部向中西部，由内陆向边疆民族地区，由人口稠密地区向人口稀疏地区。1950—1982 年，年均净迁入人口最多的地区依次为黑龙江、安徽、贵州、新疆、陕西、内蒙古等，大多为西北、东北等边远地区；年均净迁出人口最多的地区依次为山东、广东、上海、江苏等省市。人口大流动推动了内地与边疆、东部沿海与中西部的经济社会文化交流。大批汉族干部、工人、科学技术人员、教师、医生到民族地区，和当地各族人民一道为开发和建设民族地区贡献力量。

随着改革开放和社会经济的迅速发展，我国流动人口迅猛增长，规模不断扩大。1982—1990 年，我国流动人口从 657 万人增加到 2135 万人，占总人口的比重从 0.6% 增长到 1.9%，平均每年约增加 185 万人。1990—2014 年，流动人口进入快速增长期，2000 年已超过 1 亿人，占全国总人口的 9.5%；2010 年为 2.21 亿人，占全国总人口的 16.5%。少数民族人口流动速度也逐步加快，成为我国人口结构性变化的突出特点之一。1982年，少数民族流动人口仅有34万人，流动参与度（0.5%）低于汉族人口0.2个百分点。此后开始持续增长，在1990年、2000年、2010年分别增至114万、744万、1526万。[①]

伴随着人口的大规模流动，中国经历了历史上最大规模的城市化进程，城市化率以年均超过1%的速率增加。2000年后，随着西部大开发、新型城镇化等国家统筹区域、城乡发展战略的实施，民族地区的城镇化得到较大发展，不仅少数民族人口的城镇化率在2010年达到32.84%，而且到民族地区开发建设、经商务工、旅游观光的非本地人口也遍及边疆的每一个城镇。

频繁的跨区域人口流动，对人口分布格局产生了直接影响。各民族在社会生活中的紧密联系程度前所未有，为中华民族交往交流交融的进一步深化提供了空间，为各族人民全方位互嵌奠定了基础。这一不断增强的趋势进一步强化了中华民族共同体“你中有我、我中有你”的多元一体格局特征。

四、文化共享共传迅速发展

新中国成立后，各族人民积极投身社会主义文化建设，共同塑造了开放进步和探索前行的现代精神气质；共同构建了以“祖国统一、民族团结”为主题的国家文化叙事体系，对中华民族共同体文化认同更是产生了持续而深刻的影响。国家投入大量资源，改善民族地区文化基础设施，培养民族文化专业人才，抢救濒危民族文化遗产等，推动少数民族优秀传统文化的守正创新发展。

社会主义革命和建设时期，党确定了文化为人民服务的宗旨，繁荣发展了社会主义文化。思想上，批判封建文化，树立正确历史观，用马克思主义教育亿万人民；实践中，加大对文化建设基础设施的投入，实施大型文化工程，创作了如红色芭蕾舞剧《红色娘子军》等表现人民群众改天换地创举的艺术精品。艰苦创业、奋发图强成为时代最强音，中华民族的精神面貌和社会风尚焕然一新。

党和国家大力发展社会主义教育，传播社会主义新文化，宣传社会主义新观念，培育社会主义新人。1949年，中国有80%以上的人口是文盲。1928—1949年，中国累计有大学毕业生18.5万人，仅占全国成年人口的万分之七，比清代举人比例还低，各级教育均未普及。新中国成立后，教育普及和“学校向工农开门”成为全国教育界最重要的口号和方针。在大学招生时，国家明确要求在考分相近的

① 段成荣、闵欣伟：《改革开放以来各民族跨省人口流动的变化趋势研究》，《西南民族大学学报（人文社会科学版）》2023年第4期，第2页。

情况下，优先录取工农毕业生、复员军人、烈士子女、少数民族学生和华侨学生。1949—1978年，中国学前儿童的入学率从新中国成立前的20%左右激增到94%，成年人的文盲率则在这30年间下降了60%以上，越来越多的国民通过系统教育达到了较高的文化程度。人民教育传统的确立，堪称一场无声而又影响深远的革命，极大地提高了中华民族的整体文化素质。

国家还采取各种优惠政策与措施，发展民族地区教育事业、科技事业、卫生事业等，保护传承少数民族优秀文化。西藏和平解放后，雪域高原上建立了第一所民办小学、第一所夜校、第一个电影放映队，藏族文化从此开始了现代转型进程。通过创建民族高等院校，很多少数民族人民从此改变人生轨迹，走向更广阔的人生舞台。2006年，国家启动“农村义务教育阶段学校教师特设岗位计划”，招募数万名高校毕业生到西部地区“两基”（基本普及九年义务教育、基本扫除青壮年文盲）攻坚县农村学校任教。到2008年底，全国民族自治地方699个县级行政区划单位中有674个县（市、区、旗）实现了“两基”目标。朝鲜族、满族、蒙古族、哈萨克族等14个少数民族的人均受教育年限已经高于全国平均水平。

国家投入大量资源，改善民族地区文化基础设施，培养传承民族优秀传统文化的专业人才，抢救濒危民族文化遗产等。如组织3000多名专家学者，历时30多年完成了《中国少数民族》《中国少数民族简史丛书》《中国少数民族语言简志丛书》《中国少数民族自治地方概况丛书》《中国少数民族社会历史调查资料丛刊》五种少数民族丛书的编纂和出版，合计403册，9000多万字，发行50多万册，全面系统地反映了我国少数民族的历史与现实情况；收集整理了《格萨尔》《江格尔》《玛纳斯》三大英雄史诗；投入巨资对西藏的布达拉宫、罗布林卡等以及青海的塔尔寺、新疆的克孜尔千佛洞等大批重点文物进行维修和保护；专门设立国家级少数民族文艺奖项，如“骏马奖”（文学）、“孔雀奖”（后为“文华奖”）；定期举办全国少数民族文艺会演和少数民族传统体育运动会等；保护和发展非物质文化遗产事业，在第一批和第二批国家级非物质文化遗产名录中，少数民族项目共367项，占35.7%，其中，人口较少的民族地区的项目共有41项，在前三批国家级非物质文化遗产项目代表性传承人中，少数民族传承人占26.4%。

总之，从新中国成立到改革开放和社会主义现代化建设新时期，民族地区的文化教育事业实现了从传统到现代的转型。历史上长期存在的对其他民族的警惕、隔阂和猜忌心理，在各民族的平等交往和频繁沟通中得以逐步消除。但是，在市场经济高速发展的背景下，一些地区突出少数民族文化的特殊性，通过宣扬“落后”“猎奇”的风俗习惯，博取眼球，获得经济效益，一些人刻意凸显少数民族身份，淡化中华民族认同，有意无意忽视中华民族共同性，这对中华民族共同体建设产生了消极影响，提出了迫切挑战。

小 结

从中华民族演进发展的几千年历史来看，新中国成立后到党的十八大召开前，虽然只有短短60多年，却绘就了中华民族历史上空前波澜壮阔的精彩画卷，成为中华民族大团结大发展大进步的转折与升华期。经过60多年顽强不懈的努力，中华民族完成了由传统向现代的过渡和转型，完成了近代以来梦寐以求的自立自强，为不可逆转的民族复兴伟大进程奠定了坚实基础。

在此过程中，中华民族的共同体化程度越来越高，社会主义制度的优越性越来越明显，内部秩序越来越和谐健康。经济上，区域发展的结构性差距有所缩小，各族人民的获得感和幸福感不断提升；社会上，各民族交往交流交融的范围越来越广，程度越来越深，深化了你中有我、我中有你的互嵌式大交融格局；文化上，不仅实现了对各民族优秀传统文化的保护传承，而且推动了中华优秀传统文化的创造性转化、创新性发展，推进了中华民族现代文明建设。

但是，随着内外形势的变化，民族领域交织着内部分离与外部干预的新风险，既往一些民族措施、政策和体制机制未能与时俱进调整优化，以往不明显或不突出的问题开始积累显现。这些问题的存在决定了在一个新的阶段，党和国家需要站在新的历史方位，用新理念新思想新战略开启中华民族共同体建设新篇章。

思考题

1. 简述社会主义制度的建立和完善对增进中华民族共同性的重要意义。
2. 社会主义民族关系的基本特征是什么?
3. 党和国家采取哪些措施带领少数民族和民族地区走上了社会主义道路?
4. 我国实行民族区域自治制度的根本目的是什么?

第十五讲　新时代与中华民族共同体建设（2012—　）

中国特色社会主义进入新时代，中华民族迎来了历史上最好的发展时期。

——习近平

党的十八大以来，中国特色社会主义进入新时代。面对中华民族伟大复兴战略全局和世界百年未有之大变局，以习近平同志为核心的党中央团结带领全国各族人民，采取一系列战略性举措，推进一系列变革性实践，实现一系列突破性进展，取得一系列标志性成果，党和国家事业取得了历史性成就、发生了历史性变革。中华民族伟大复兴进入了不可逆转的历史进程。

我们党在新时代确立了习近平总书记关于加强和改进民族工作的重要思想，将铸牢中华民族共同体意识作为党的民族工作和民族地区各项工作的主线，通过政治、经济、文化、社会和生态文明建设，推动各民族共同繁荣发展，增进中华民族共同性，强化一体性，深化融合性。一个政治上更加团结统一、经济上更加共富共享、文化上更加创新交融、社会上更加互嵌共融、生态文明上更加持续发展的中华民族共同体，前所未有地接近实现中华民族伟大复兴的宏伟目标。

正是在新时代，中国特色解决民族问题的正确道路越来越宽阔，中华民族共同体意识越来越深入人心，中华民族共同体建设更加扎实深入，不断为实现中华民族伟大复兴提供更为坚实的物质基础、更为主动的精神力量、更为牢固的安全屏障、更为磅礴的奋进力量。在中国共产党的领导下，中华民族共同体正以强大的文明自觉和文明主体性，拓展中国式现代化道路，开创人类文明新形态，在新的伟大征程上创造新的历史伟业。

第一节　中华民族共同体建设的新挑战

自1978年改革开放以来，经济社会高速发展，社会结构出现重大变迁，新兴阶层不断涌现，思想利益诉求更加多元，外部干预渗透更具风险性，一些深层次问题逐渐开始显现，给国家统一与民族团结带来冲击，对中华民族共同体建设造成严峻挑战。

一、中华民族根本利益面临挑战

祖国统一是国家最高利益所在，也是各族人民根本利益所在。新中国成立以来，我国总体上保持了社会团结稳定的良好局面，创造了经济发展奇迹之外的第二个奇迹。但民族分裂活动、宗教极端活动、暴力恐怖活动仍然是危害中华民族共同体建设的重大隐患，严重威胁民族团结、社会稳定、国家统一。一些思想认识误区和错误观点依然存在：或僵化、片面地理解马克思主义民族理论核心要义；或照抄照搬西方民族国家理论；或宣扬各种版本的“去中国化”错误史观，刻意凸现“胡汉二元”对立，割裂中华民族多元一体，抹杀中华民族共同体的历史连续性和实体性，把汉族等同于中华民族，把少数民族外化于中华民族，误导各族群众尤其是青少年的国家观与民族观。

民族工作是做人的工作，最关键的是搞好民族团结，最管用的是争取人心。守住民族领域的意识形态阵地，最重要的是在不断实现各族人民对美好生活向往的基础上，强化各族人民特别是青少年对伟大祖国、对中华民族、对中华文化、对中国共产党、对中国特色社会主义的认同，构筑起维护国家统一和民族团结的坚固思想长城。

二、中华民族伟大复兴面临挑战

越是接近中华民族伟大复兴，敌对势力越会在遏制与裂解中华民族上大做文章，妄图阻断中华民族伟大复兴。从外部看，个别霸权国家为维持其战略优势地位，频频制造民族话题攻击、抹黑中国，粗暴干涉我国内政，公然践踏国际法和国际关系基本准则，妄图使民族问题成为中国社会冲突动荡的祸根；一些国家的“泛民族主义”思潮对我国边疆地区产生“倒灌”影响；民族分裂主义和宗教极端思想“境外有种子、境内有土壤、网上有市场”的状况还没得到根本改变。从内部看，党和国家长期在民族地区实行差别化支持政策，推动民族地区快速发展，大幅提高人民生活水平。但一些特定历史阶段的具体政策措施，由于没有得到及时优化，有的逐渐偏离了原有意图，固化了民族差异，滋长了狭隘民族意识，出现了“少数民族特殊论”的错误论调，产生了以“特殊身份”寻求“特殊政策”的路径依赖；有的少数民族的历史越写越远，族源向西寻根，文化向外溯源；有的人借保护文化多样性，固守落后的生活方式和陈规陋习；有的地方片面搞“民族搭台，经济唱戏”，将少数民族文化“标签化”，客观上淡化、消解了各民族共同性。这些都对中华民族共同体建设造成了消极影响。

团结稳定是福，分裂动乱是祸。中华民族越是接近伟大复兴，敌对势力就越会干扰破坏我国民族团结，各族人民就更要守护民族团结这条生命线。必须防范化解民族领域重大风险隐患，维护民族关系团结和谐，牢固树立休戚与共、荣辱与共、生死与共、命运与共的共同体理念，增强中华民族的凝聚力、向心力，确保党和国家事业兴旺发达、长治久安。

三、社会主义民族关系面临挑战

我国民族关系整体是好的，民族团结的基础日益稳固，但影响民族关系的问题还未彻底解决。尽管我国民族地区的经济社会发展取得了历史性成就，但发展不平衡不充分问题依然突出。民族地区巩固拓展脱贫攻坚成果任务较重，向高质量发展转型任务艰巨，尚未完全嵌入“双循环”新格局。比如，很多影响民族和谐的现象和问题还依然存在。一些民族地处偏远，文化环境相对封闭，与其他民族的交往交流交融还有待深化；一些错误言行仍时有发生，或过于强调本民族利益和认同，或无视少数民族的贡献，伤害民族感情；一些历史虚无主义、民粹主义、大汉族主义等错误思潮和观点，在互联网、新媒体上滋生传播，对国家安全稳定的影响不能低估；在一些地区或社区，不同民族的群众受历史记忆、文化习俗、生活方式等影响，仍有不同程度的碰撞与摩擦；还有一些地方，国家通用语言文字普及程度较低，部分群众教育就业和交流沟通受到影响。处理好民族关系始终是国家政治生活极为重要的内容，必须持续深入化解社会矛盾、消解分歧、凝聚共识，不断巩固社会主义民族关系的社会基础和思想基础，形成各族人民相互尊重、相互信任、相互欣赏、和睦相处、共谋发展的社会氛围。

党的民族工作取得了巨大成就，但也还存在短板。当前，少数民族群众的需求已从以生存型、温饱型为主转向以发展型、自我实现型为主，而一些治理观念还没能做到“管脑子”和“管肚子”并重；一些政策、举措、方法和模式还跟不上形势发展的需要，民族事务治理体系和治理能力现代化水平还有待提升。我们必须顺应时代变化，按照增进共同性的方向改进民族工作，做到共同性和差异性辩证统一，民族因素和区域因素有机结合，把新时代党的民族工作做好做细做扎实。

第二节　中华民族共同体建设的新思路

党的十八大以来，面对内部深层次矛盾和外部风险挑战，以习近平同志为核心的党中央从战略高度审视和把握民族问题，统筹谋划部署和推动新时代党的民族工作，形成习近平总书记关于加强和改进民族工作的重要思想，鲜明提出把铸牢中华民族共同体意识作为新时代党的民族工作和民族地区各项工作的主线，推进中华民族共同体建设，不断巩固中华民族伟大复兴的共同思想政治基础，不断拓展中国特色解决民族问题的正确道路，为新时代党的民族工作指明了前进方向。

一、确立民族工作主线

铸牢中华民族共同体意识的概念提出和内涵丰富，经历了认识上不断深化、理论上不断完善、实践中不断发展的过程。

2014 年 5 月，在第二次中央新疆工作座谈会上，习近平总书记明确提出中华民族共同体意识概念，强调要牢固树立国家意识、公民意识、中华民族共同体意识。同年 9 月，在中央民族工作会议上，习近平总书记强调，要建设各民族共有精神家园，积极培养中华民族共同体意识。

2017 年 10 月，党的十九大报告正式提出“铸牢中华民族共同体意识”概念，将其写入新修订的党章，彰显了开创新时代民族工作新局面的全党意志。

2019 年 9 月，在全国民族团结进步表彰大会上，习近平总书记明确指出，实现中华民族伟大复兴的中国梦，就要以铸牢中华民族共同体意识为主线。

2020 年 8 月、9 月，中央第七次西藏工作座谈会和第三次中央新疆工作座谈会，先后将铸牢中华民族共同体意识纳入新时代党的治藏方略和治疆方略。

2021 年 8 月，在中央民族工作会议上，习近平总书记强调，铸牢中华民族共同体意识是新时代党的民族工作的主线，是“纲”，所有工作要向此聚焦。

2022 年 10 月，党的二十大报告指出：“以铸牢中华民族共同体意识为主线，坚定不移走中国特色解决民族问题的正确道路，坚持和完善民族区域自治制度，加强和改进党的民族工作，全面推进民族团结进步事业。”①

2023 年 6 月，在文化传承发展座谈会上，习近平总书记明确指出，中华文明具有突出的连续性、创新性、统一性、包容性与和平性等特性，强调要建设中华民族现代文明。同月，在内蒙古自治区调研时，习近平总书记首次提出，铸牢中华民族共同体意识“也是民族地区各项工作的主线”。10 月，在二十届中共中央政治局第九次集体学习时，习近平总书记着重强调，要把铸牢中华民族共同体意识作为党的民族工作和民族地区各项工作的主线，推进新时代党的民族工作高质量发展。

总之，把铸牢中华民族共同体意识作为工作的“主线”，是中国共产党坚持“两个结合”，深刻总结国内外民族工作经验教训，深刻洞察中华民族共同体发展趋势取得的重大理论和实践成果。民族工作从过去重在强调中华民族的多元层面，转向更加强调中华民族的一体层面；从主要促进民族间的团结，转向更加推动中华民族整体的融聚发展；从侧重构建族际关系话语体系，转向更加重视构建中华民族整体话语体系；从过去主要做少数民族的工作，转向进一步扩大为做各族人民的“铸牢”工作；从过去重点面向民族地区，转向进一步覆盖全国各个地区；从过去主要考虑差异性，转向进一步重视增进共同性；从过去主要考虑“管肚子”，转向既“管肚子”又“管脑子”。新时代的民族工作更加坚持党的集中统一领导，健全民族工作协调机制，推动形成全党共同做民族工作的新格局。

二、坚持基本方法

以铸牢中华民族共同体意识为主线，创新民族理论，深化民族工作实践，必然要求把握好习近平新时代中国特色社会主义思想的世界观和方法论，坚持好、运用好贯穿其中的立场观点方法。

必须坚持人民至上。人民性是马克思主义最鲜明的品格。做民族工作，说到底是做人的工作，是凝聚人心的工作。坚持人民至上，就是要多做争取民心的工作，把改善民生、凝聚人心作为铸牢中华民族共同体意识的出发点和落脚点，不断增强各族群众获得感、幸福感、安全感。要把服务群众同教育引导群众结合起来，把改进工作作风同扩大民主参与结合起来，把人民性贯穿于铸牢中华民族共

① 习近平：《高举中国特色社会主义伟大旗帜 为全面建设社会主义现代化国家而团结奋斗——在中国共产党第二十次全国代表大会上的报告》，人民出版社 2022 年版，第 39—40 页。

同体意识始终。

必须坚持自信自立。中国的问题必须从中国基本国情出发，由中国人自己来解答。我们民族工作的道路自信来自坚持走中国特色解决民族问题的正确道路，理论自信来自中国化时代化的马克思主义民族理论，制度自信来自包括民族区域自治制度在内的一系列制度安排，文化自信来自集各民族优秀文化之大成的中华文化。放眼世界，中国特色解决民族问题的正确道路真正解决了民族平等团结问题，实现了各民族共同繁荣、交融一体，解决了“多样性的统一”这一世界性难题。

必须坚持守正创新。守正才能不迷失方向、不犯颠覆性错误，创新才能把握时代、引领时代。守正就是要坚持基本方向不变、基本制度不变、基本原则不变，加强和完善党对民族工作的全面领导，坚定不移走中国特色解决民族问题的正确道路，坚持和完善民族区域自治制度；创新就是要紧跟时代步伐，顺应实践要求，响应群众呼声，创新方式方法，有形、有感、有效铸牢中华民族共同体意识。

必须坚持问题导向。问题是时代的声音，回答并指导解决问题是理论的根本任务。在不同的历史阶段，针对不同的重要问题，我们党的民族工作有不同的阶段性任务。在中华民族站起来的时期，党的民族工作重在致力于实现各民族平等团结；在中华民族富起来的时期，党的民族工作重在致力于推动各民族共同繁荣发展；在中华民族强起来的时期，党的民族工作重在致力于铸牢中华民族共同体意识。当前，要深刻认识和回答“时代之问”，必须直面短板弱项，“坚持正确的，调整过时的”[①]，按照增进共同性的方向铸牢中华民族共同体意识。

必须坚持系统观念。只有用普遍联系、全面系统、发展变化的观点观察事物，才能把握事物发展规律。民族工作涉及各个方面，牵一发而动全身。铸牢中华民族共同体意识是全党全国的事情，我们要完整准确全面把握和贯彻习近平总书记关于加强和改进民族工作的重要思想，心怀“国之大者”，提高政治站位，将铸牢中华民族共同体意识摆在“五位一体”总体布局和“四个全面”战略布局中统筹谋划，摆在大统战工作格局中统筹谋划。

必须坚持胸怀天下。中国共产党是为中国人民谋幸福、为中华民族谋复兴的，也是为人类谋进步、为世界谋大同的。世界上的绝大多数国家都是多民族国家，民族事务治理是世界性的治理难题。中国的民族事务治理立足于自身实际，深化“两个结合”，既借鉴了其他国家的经验，也吸取了其他国家的教训，走出了一条

① 习近平：《论坚持人民当家作主》，中央文献出版社2021年版，第328页。

中国特色解决民族问题的正确道路。铸牢中华民族共同体意识为世界各国解决民族问题、创造文明新形态、构建人类命运共同体提供了中国智慧和中国经验。

三、抓好重点工作

铸牢中华民族共同体意识，是新时代党的民族工作的“纲”，所有工作要向此聚焦。针对“怎样铸牢，怎样才能铸得更牢”这一重大实践命题，习近平总书记根据党的民族工作新的阶段性特征，强调要聚焦主线、抓好重点工作。

一是立足中华民族悠久历史，建构科学完备的中华民族共同体理论体系。要坚持“两个结合”，遵循中华民族发展的历史逻辑、理论逻辑，科学揭示中华民族形成和发展的道理、学理、哲理。要优化学科设置，加强学科建设，把准研究方向，深化中华民族共同体重大基础性问题研究，加快形成中国自主的中华民族共同体史料体系、话语体系、理论体系。要激发专家学者的积极性、主动性、创造性，加强青年专家学者的培养，推出立足中国历史、解读中国实践、回答中国问题的原创性理论成果。

二是着眼建设中华民族现代文明，不断构筑中华民族共有精神家园。要顺应中华民族从历史走向未来、从传统走向现代、从多元凝聚为一体的发展大趋势，深刻理解把握中华文明的突出特性，在新的历史起点上不断构筑中华民族共有精神家园，为铸牢中华民族共同体意识奠定坚实的精神和文化基础。要面向各族群众加强党的理论和路线方针政策教育，加强党史、新中国史、改革开放史、社会主义发展史、中华民族发展史的宣传教育，用共同理想信念凝心铸魂，积极培育和践行社会主义核心价值观。要深入实施红色基因传承工程，大力弘扬以爱国主义为核心的民族精神、以改革创新为核心的时代精神，不断增强对中华民族的认同感和自豪感，振奋各族人民奋进新征程、建功新时代的精气神。要实施中华优秀传统文化传承发展工程，研究和挖掘中华传统文化的优秀基因和时代价值，推动中华优秀传统文化创造性转化、创新性发展，繁荣发展社会主义先进文化，构建和运用中华文化特征、中华民族精神、中国国家形象的表达体系，不断增强各族群众的中华文化认同。要全面推广普及国家通用语言文字，全面推行使用国家统编教材，以语言相通促进心灵相通、命运相通。

三是促进各民族广泛交往交流交融，以中华民族大团结促进中国式现代化。要高举中华民族大团结旗帜，把推动各民族为全面建设社会主义现代化国家共同奋斗，作为新征程上党的民族工作的重要任务。要推进各民族人口流动融居，构建互嵌式社会结构和社区环境，创造各族群众共居共学、共建共享、共事共乐的社会条件，持续深化民族团结进步创建工作。要把改善民生、凝聚人心作为民族地区经济社会发展的出发点和落脚点，推动民族地区融入新发展格局、实现高质量发展，不断提高公共服务保障能力和水平，促进发展成果公平惠及各族群众。要坚持和完善民族区域自治制度，健全民族政策和法律法规体系，推动民族事务治理体系和治理能力现代化。

四是讲好中华民族故事，大力宣介中华民族共同体意识。要大力宣传中华民族的历史，大力宣传中华民族共同体理论，大力宣传新时代党的民族工作取得的历史性成就，大力宣传中华民族同世界各国人民携手构建人类命运共同体的美好愿景。要创新民族宣传的传播方式、丰富传播内容、拓宽传播渠道，讲好中华民族共同体故事，讲清楚中国共产党领导和社会主义制度是我国各民族共同发展进步的可靠保障，讲清楚中华民族是具有强大认同度和凝聚力的命运共同体，讲清楚中国特色解决民族问题的正确道路所具有的明显优越性。要积极推动中外学术界、民间团体交流互动。

此外，还应有效防范化解民族领域重大风险隐患，要守好意识形态阵地，正确区分政治原则、思想认识、学术观点问题，旗帜鲜明反对历史虚无主义、大汉族主义和地方民族主义，持续肃清民族分裂、宗教极端思想流毒。

铸牢中华民族共同体意识、推进新时代党的民族工作高质量发展，是全党全国各族人民的共同任务，必须持之以恒、常抓不懈。

第三节　中华民族共同体建设的新成就

中国特色社会主义进入新时代，中华民族迎来了从站起来、富起来到强起来的伟大飞跃。在以习近平同志为核心的党中央的领导下，各族群众共同推进政治、经济、文化、社会、生态文明建设，促进共同性、增强一体性、深化融合性。中华民族的精神面貌焕然一新，中华民族共同体意识深入人心，中华民族共同体建设进入新的历史发展阶段。

一、政治上更加团结统一

中华民族由各族融聚而成，既包容了各族语言、文化、风俗、习惯的不同特点，又有着统一的政治主体性和民族实体性；中国共产党是团结带领中华民族实现伟大复兴的坚强领导核心。党的十八大以来，我们坚定不移推进全面从严治党，为中华民族伟大复兴提供了根本保证；我们深化全面依法治国，筑牢了中华民族伟大复兴的法治保障；我们发展全过程人民民主，丰富了中华民族的民主政治内涵与民主权利实践。随着中国特色社会主义政治建设不断深化，中华民族在政治上更加团结统一。

中国共产党在新时代找到了跳出治乱兴衰历史周期率的第二个答案，即自我革命。[①] 经过十余年全面从严治党与党的建设新的伟大工程，风清气正的党内政治生态不断形成和发展，百年大党焕发出强大生机活力，中国共产党的政治领导力、思想引领力、群众组织力、社会号召力显著增强，党的凝聚力更强，战斗力更强。由各族先进分子组成的中华民族先锋队，淬炼先进性、强化纯洁性、锻造革命性，不断发挥着中华民族政治主心骨的作用，不断凝聚起团结统一的中华民族政治共同体，更加获得各族人民的政治信任，激发起其对于中华民族共同体的归属感和自豪感。

以坚持和完善民族区域自治制度为标志，社会主义民族关系的制度基础不断夯实，民族区域自治制度实践不断深化。当前，民族区域自治制度维护国家统一和民族团结的根本目的更加明确，统一与自治、民族因素与区域因素结合得更加紧密，民族区域自治制度实现了“到党成立一百周年时，在各方面制度更加成熟更加定型上取得明显成效”的目标。民族区域自治地方不仅要让聚居的民族享受自治权利，而且要让当地各民族享受平等政治权利。称谓上含有某个民族，是要这个民族担负起维护国家统一和民族团结的更大责任，而不是把自治地方变成某个民族独有或独享的地方。

随着全面依法治国的深入发展，民族事务治理法治化水平也不断提高。2017年，《关于依法治理民族事务促进民族团结的意见》出台，这是第一个依法治理民族事务的专门性文件，标志着我国民族事务治理法治化水平达到新的高度。2022年3月，第十三届全国人民代表大会第五次会议表决通过了关于修改《中华人民共和国地方各级人民代表大会和地方各级人民政府组织法》的决定，将“铸牢中华民族共同体意识，促进各民族广泛交往交流交融”确定为地方人民代表大会和地方政府的职责。国家还积极推动制定有关促进民族团结进步的法律，新疆、西藏、宁夏、内蒙古、四川、青海、云南、贵州等地都陆续出台了促进民族团结进

① 毛泽东在延安的窑洞里给出了跳出治乱兴衰历史周期率的第一个答案，即只有让人民来监督政府，政府才不敢松懈。

步的地方立法。目前，我国已基本形成了以宪法为根本，以民族区域自治法为主干，包括相关法律、行政法规等较为系统的民族工作法律法规体系，进一步夯实了依法治理民族事务、保障各族合法权益的法治基础，确保中央政令畅通和政治团结统一。

二、经济上更加共富共享

中国共产党团结带领中国人民为创造自己的美好生活进行了长期艰辛奋斗。2021 年，在中国共产党成立 100 周年之际，习近平总书记庄严宣告：现行标准下 9899 万农村贫困人口全部脱贫，832 个贫困县全部摘帽，12.8 万个贫困村全部出列，区域性整体贫困得到解决，创造了彪炳史册的人间奇迹。在决战脱贫攻坚、全面建成小康社会的历史进程中，党和国家将少数民族与民族地区的经济发展和经济现代化纳入高质量发展的大局中统筹推进，实施精准可持续的对口援助与区域协作，持续推进基础设施和公共服务均等化，以“一带一路”倡议的大空间经济框架为民族地区现代化赋能助力。随着中国特色社会主义经济建设不断深化，中华民族在经济上更加共富共享。

消除绝对贫困、全面建成小康社会，实现第一个百年奋斗目标，是中华民族复兴路上的里程碑。民族地区与全国一道全面建成小康社会，兑现了党和国家关于“一个民族都不能少”的庄严承诺。现行标准下民族地区 3121 万贫困人口全部脱贫，民族自治地方 420 个贫困县全部摘帽，28 个人口较少的民族全部实现整族脱贫。一些新中国成立后“一步跨千年”进入社会主义社会的“直过民族”，如独龙族，实现了从贫穷落后到全面小康的第二次历史性跨越。[①] 无论是已经坚持了 30 多年的全国对口援藏援疆，还是创造了闽宁经验的对口扶贫协作；无论是为大凉山深处几十名彝族孩子专门铺就上学路，还是为云南怒江 7000 余名独龙族群众开辟独龙江公路，都生动诠释了中华民族走向共同富裕的决心和行动。

进入新时代以来，民族地区的城乡居民收入水平普遍提高。2012—2021 年，民族地区生产总值从 5.1 万亿元增至 11.8 万亿元。城镇居民人均可支配收入从 20456 元增至 39945 元，年均增长 7.7%；农村居民的人均可支配平均收入从 6314

① 生活在云南省怒江傈僳族自治州贡山的独龙族，是新中国成立初期从原始社会末期直接过渡到社会主义社会的少数民族。2015 年 1 月 20 日，在云南考察的习近平总书记会见了贡山独龙族怒族自治县干部群众代表。他亲切地说，独龙族“虽然只有 6900 多人，人口不多，也是中华民族大家庭平等的一员”，“全面实现小康，一个民族都不能少”。2018 年底，独龙族又一次“一步跨千年”，实现整族脱贫。

元增至 15094 元，年均增长 10.2%，城乡收入差距不断缩小。

党和国家充分发挥中国特色社会主义制度的新型举国体制优势，通过对口援助和区域协作，积极支持民族地区经济社会大发展。2016—2020 年，中国财政转移支付体系中，向五个自治区和少数民族分布相对集中的贵州、云南、青海三个省份，下达民族地区转移支付资金 3800 亿元，均衡性转移支付 2 万多亿元。在西藏，1994—2020 年，对口援藏省市、中央国家机关及中央企业分 9 批共支援西藏经济社会建设项目 6330 个，总投资 527 亿元，选派了 9682 名优秀干部援藏。在新疆，2014—2019 年，中央财政的转移支付（含兵团）从 2636.9 亿元增长到 4224.8 亿元，年均增长 10.4%，6 年合计支持 2 万多亿元；19 个援疆省市累计投入援疆资金（含兵团）964 亿元，实施援疆项目 1 万余个，引进援疆省市企业到位资金 16840 亿元。在青海，2010—2020 年，10 年对口援青实施援建项目 2200 余项，落实援助资金 160 亿元，有力支持了青海城乡居民住房、农牧区基础设施、社会事业、特色产业、生态建设、人才培训等领域发展。

进入新时代以来，民族地区城乡面貌焕然一新，教育、医疗、社会保障、交通、通信、水电等基本公共服务和基础设施建设更加健全、覆盖更加广泛、保障更加有力。

科教文卫事业发展迅速。截至 2021 年底，相较于 2012 年，民族地区普通高等学校数由 303 所增至 390 所，在校学生数由 236.4 万人增至 458.9 万人，专任教师数由 14.4 万人增至 21.1 万人，分别增长 28.7%、94.1%、46.5%；卫生技术人员数由 86.7 万人增至 163.4 万人，增长 88.5%；医疗卫生机构床位数由 80.7 万张增至 140.2 万张，增长 73.7%。

民生保障日益强化。2012—2021 年，民族地区城乡居民社会养老保险参保人数，从 6753 万人增至 9275.5 万人；城镇基本医疗保险参保人数，从 5146 万人跃升到 2.008 亿人。城镇居民住房条件大为改善。十年来，内蒙古累计实施老旧小区改造 46.4 万户、危房改造 116.65 万户，配套建成各类保障性住房和棚改安置住房 160 多万套；广西实施农村危房改造 138.96 万户，改造城镇老旧小区 38.45 万户，建设棚户区安置住房和保障性住房 154.89 万套。党和国家还积极推动建立跨区域就业创业合作机制，支持返乡就业创业，推动各族适龄劳动力职业培训全覆盖。十年来，民族地区累计新增城镇就业达到 2296.11 万人，占全国的 17.66%。

基础设施建设突飞猛进。民族地区公路、铁路等交通网络体系建设进一步完善。十年来，内蒙古、新疆、西藏、广西、宁夏、云南、贵州、青海仅新增铁路里程就达 1.58 万千米，为区域经济融合、均衡发展提供了基础保障。此外，民族地区数字信息化建设也不断提速。云南省独龙江乡地处大山深处，在此搭建手机信号基站的危险和成本难以想象，维护难度更大。土生土长的独龙族群众由衷感叹：世界上不会有任何一家商业公司去做这种毫无性价比的事，只有我们党领导的社会主义国家才有这样的决心！

党和国家还通过共建“一带一路”等倡议，赋予这些西部地区新的区域发展定位和经济发展功能。新疆成为中国向西开放的重要窗口和丝绸之路经济带核心区，云南打造面向南亚和东南亚的辐射中心，广西构建面向东盟的国际大通道，宁夏建设中国－阿拉伯国家博览会等国家级平台，西藏形成面向南亚的战略枢纽和开放门户……民族地区在新时代挺进对外开放的前沿地带，获得了新的战略空间，迎来新的历史性机遇，不断释放新的发展动能，不断加快现代化建设步伐，变被动为主动，变贫困地区为新的增长极。

三、文化上更加创新交融

中华文化是各民族优秀文化的集大成，各民族都对中华文化的形成和发展作出了贡献。随着“两个结合”特别是“第二个结合”不断深化，中国特色社会主义文化建设进入新阶段。党和国家强调发展文化要增进共同性，尊重和包容差异性；强调建设中华民族现代文明，构筑共有精神家园；强调要全面加强国家通用语言文字教育和中华文化教育，科学保护各民族语言文字，引导少数民族和民族地区更好融入中国特色社会主义文化体系。随着中国特色社会主义文化建设不断深化，中华民族在文化上更加创新交融。

中华民族共有精神家园建设深入推进。党的十八大以来，各地更加有意识地树立和突出各民族共享的中华文化符号和中华民族形象。从东海之滨到大漠戈壁，泰山、昆仑等高山，长江、黄河等大川，秦岭、珠峰等地理标志，都能引发国人深深的家国之恋、爱国之情。盘古开天、女娲补天、炎黄始祖、伏羲画卦、后羿射日、嫦娥奔月、愚公移山等远古传说，诗经、楚辞、汉赋、唐诗、宋词、元曲、明清小说、英雄史诗等文学作品，都江堰、大运河、坎儿井、故宫、布达拉宫等伟大工程，石窟、岩画等历史文化遗产，皮影戏、剪纸、算盘、二十四节气、针灸、书法、戏曲等非物质文化遗产都是中华民族聪明智慧的结晶。“两弹一星”、杂交水稻、载人航天、深海探测、天眼望远镜等重大科技成果，青藏铁路、三峡工程、南水北调等重大工程，都凝结着全体中国人民的智慧和汗水。这些都是中华民族共有精神家园的生动写照，都是形成各民族共享文化符号和中华民族形象的不竭源泉。

新的各民族共享文化符号不断生发。中国共产党历史展览馆、中国国家版本馆、中国历史研究院的建成，长城、大运河、长征、黄河、长江国家文化公园的建设，《（新编）中国通史》纂修工程、《中华民族交往交流交融史》编纂工程、“考古中国”重大项目等国家级文化工程的推进，成为新时代中华民族共有精神家园建设的重要标识。

一大批优秀的文艺作品不断涌现。“北疆的雪，南国的花，一轮明月映照我们共有的家……中华民族一家亲，同心共筑中国梦，天南海北心相映，我们是一家……”一首《同心共筑中国梦》传唱在大江南北，诠释着中华儿女是一家的民族情怀；一台《共饮江河水　同聚中华情》音乐会，融合新疆、西藏、内蒙古、云南、青海、贵州等地代表性音乐元素，传递出从艰难困苦中磨砺而来的中国力量与中国精神。

中华优秀传统文化不断创造性转化与创新性发展。各民族传统文化既不孤芳自赏，也不故步自封，而是在传承中扬弃、在传承中融合、在传承中创新，不断融入中国特色社会主义文化建设。中国少数民族文学发展工程、中国少数民族古籍保护工作陆续启动。习近平总书记亲自关心少数民族“三大史诗”保护传承。2023 年，动画电影《雪域少年》将“格萨尔”搬上大银幕，给这部古老的英雄史诗注入新的活力。国家扶持少数民族重点作品选题 578 项，资助出版少数民族文学原创作品 80 部，蒙古语、藏语、维吾尔语、哈萨克语、朝鲜语、彝语辅助翻译软件等 50 余款应用型民族文软件研制成功并投入应用。目前，少数民族和民族地区的世界文化遗产有 14 项、非物质文化遗产有 15 项，占全国总数比例均超过 1/3。土司遗址、藏医药浴法等被分别列入世界文化遗产和非物质文化遗产名录。一些“濒危”的少数民族文化遗产在国家的重视和保护下重新焕发生机。截至 2021 年 6 月，中国非物质文化遗产保护中有 1557 项国家级代表性项目，包括新疆维吾尔木卡姆艺术、蒙古族长调民歌、藏戏、侗族大歌等少数民族非物质文化遗产项目占全国总数的 1/3 以上。

文化建设的制度保障不断强化。如修订和制定《中华人民共和国文物保护法》《中华人民共和国公共文化服务保障法》等法律法规；持续编制文化发展“五年计划”，实施中华优秀传统文化传承发展、红色基因传承、文化惠民等一系列重大文化工程；实施国家通用语言文字普及攻坚工程。截至 2020 年，普通话在全国的普及率已超过 80%，识字人口使用规范汉字的比例超过 95%。

四、社会上更加互嵌共融

党的十八大以来，党和国家推进社会治理共同体建设，中华民族交往交流交融的广度和深度空前提高，杂居、混居、融居的现象日益显著，生活方式与价值观的共同性日益增强，民族团结、信任与凝聚力日益提升。随着中国特色社会主义社会建设不断深化，各民族在社会生活上更加互嵌共融。

人口大流动促进各族交往交流交融。社会主义市场经济的飞速发展，促进了大规模的人员跨区域流动，“大杂居、小聚居、交错居住”的人口分布格局不断深化，呈现出大流动、大融居的新特点。党和国家制定完善少数民族人口进城的政策，加强对少数民族流动人口的服务和管理，反对和纠正针对特定民族和特定地区的一些歧视性做法。目前，在全国 1.25 亿少数民族人口中，流动人口超过 3700 万，仅广东省的少数民族流动人口就达近 370 万，是 10 年前的两倍多。各地纷纷尝试建立跨区域服务管理协作机制，助力各族人民有序流动。如青海省与 20 个省市建立了系统协作机制，设立了近百个“拉面服务站”。

互嵌式社会结构和社区环境日益形成。人口大流动促使各民族居住格局得以重构。各地区各部门从居住生活、工作学习、文化娱乐等日常环节入手，着力创造各族群众共居共学、共建共享、共事共乐的社会条件，越来越多的少数民族群众到东部地区发展、定居、生活，空间、文化、经济、社会、心理等方面的全方位嵌入进一步展开。目前，居住在城市和散居地区的少数民族人口已经超过少数民族总人口的 1/3。所有县级以上行政区域均有两个以上民族居住。贵州省 104.6 万少数民族易地扶贫搬迁群众迁入新的安置点，形成了“语言互相学、节日一起过、工作一块干、生意搭伙做”的社会氛围。在云南省大理白族自治州洱源县郑家庄，白族的青瓦白墙民居、藏族的错落有致小院、傣族的宝葫芦、彝族的牛头装饰、纳西族的东巴文字彩绘交相辉映，拥有不同风俗习惯、不同宗教信仰的郑家庄各族村民连续 20 多年在中秋节共吃团圆饭，生动诠释了各美其美、美美与共的多民族社会文化交融性。

民族团结进步创建工作的导向更加鲜明。2012 年以来，全国已经累计命名 1807 个民族团结进步示范区、示范单位，民族团结进步的阵地已经拓展到企业、乡村、机关、社区。中国国家铁路集团有限公司重点面向民族地区、偏远山区开行 81 对公益“慢火车”，车票 20 多年不涨价，利用 1000 多个火车站、3000 多对动车组列车视频终端，开展民族团结进步宣传教育，保障了各族群众工作出行、求医问诊、走亲访友等，带动了广大旅客自觉铸牢中华民族共同体意识。浙江省立足“让群众每天都能够参与创建”，建成380余个“浙里石榴红”家园、驿站、工作室和900余个民族团结志愿组织、团队，全面激发基层民族工作的活力和热情。新疆喀什地区与深圳市联合建立阿凡提社工站，开展社会组织参与多民族社区治理试点，与社区居委会、物业形成了社区治理良性格局。在广东深圳市宝安区宝民社区，汉族、壮族、回族、苗族等25个民族同胞来自五湖四海，大家和睦相处、和谐发展。在北京市西城区牛街街道，汉族、回族、蒙古族、维吾尔族等28个民族同胞长期共居于此，他们相互包容，共建特色文化街区。在重庆市江北区洋河社区，“你教我学新疆舞，我教你学普通话”的“你教我学”大舞台成为汉族和维吾尔族居民之间的温馨交流平台。

五、生态文明上更加持续发展

生态兴则文明兴，生态衰则文明衰。党的十八大以来，以习近平同志为核心的党中央把生态文明建设作为关系中华民族永续发展的根本大计，开展了一系列根本性、开创性、长远性工作，提出一系列新理念、新思想、新战略，形成了习近平生态文明思想，提出了“绿水青山就是金山银山”等重大论断，把“美丽中国”纳入社会主义现代化强国建设目标，推动我国生态环境保护从理论到实践发生历史性、转折性、全局性变化。随着新时代生态文明建设不断深化，中华民族共同体可持续发展的生态基础不断夯实。

党的生态文明建设理论不断深化。习近平生态文明思想是“两个结合”，尤其是“第二个结合”在生态文明建设领域的最新重大理论成果。中华民族很早就自觉根据耕地、山林草泽和水资源总量来安排自己的生产和生活，形成了“天地与我并生，而万物与我为一”的“天人合一”思想，这些思想也是各民族共有共享的传统。比如，蒙古族尊称草原为“大命”；藏族认为“一草一木皆有生命、天下万物彼此相连”；壮族认为“保土保水如保命，治土治水如治家”；苗族认为“家有千株桐，一世不受穷”；纳西族认为“人与自然是兄弟”；傣族认为“有林才有水，有水才有田，有田才有粮，有粮才有人”；维吾尔族每家每户都乐于种植花果草木。各民族传统生态理念都是今天可资利用的宝贵思想资源，也是中国生态文明建设的独特优势。

党和国家全方位、全地域、全过程加强生态环境保护。着力打赢污染防治攻坚战，深入实施大气、水、土壤污染防治三大行动计划，打好蓝天、碧水、净土三大保卫战，加快推进生产方式绿色低碳转型，让天更蓝、地更绿、水更清。不断改革自然资源和生态环境的管理体制，建立和实施中央生态环境保护督察制度、生态文明建设目标评价考核制度、河湖长制、生态环境损害赔偿制度等一系列制度，空前强化生态文明建设的制度保障。西藏、宁夏、内蒙古、新疆等民族地区结合自身实际，制定出台一系列加强生态文明建设的法规和政策性文件，为美丽中国建设注入了源源不断的动力。

党和国家在民族地区创造性地以绿色减贫推动精准脱贫。将生态文明建设与民族地区脱贫攻坚深度结合，如开展对口支援新疆、西藏及四省涉藏州县生态环境保护工作。“十三五”期间，协调安排中央财政环保专项资金，推动 19 个援疆省（市）、23 个援藏省（市）累计投入 15.32 亿元。截至 2022 年 11 月，我国先后命名 468 个国家生态文明建设示范区、187 个“绿水青山就是金山银山”实践创新基地，其中包括一大批民族地区的示范区和实践创新基地。与此同时，差别化生态环保政策不断出台，市场化、多元化生态补偿机制良性运行，民族地区实现生态保护和经济发展双赢，生态文明建设不断彰显铸牢中华民族共同体意识的重大意义。

第四节　中华民族共同体建设的新路向

习近平总书记在党的二十大报告中指出：“从现在起，中国共产党的中心任务就是团结带领全国各族人民全面建成社会主义现代化强国、实现第二个百年奋斗目标，以中国式现代化全面推进中华民族伟大复兴。”[①] 中国式现代化是中华民族的旧邦新命。经过中国式现代化的探索，中华文明的精神内核与突出特性没有变，但是中华文明的时代特征、发展水平和前途命运发生了深刻变化。中华民族正是在探索中国式现代化道路的历史进程中，不断坚持和发展中国特色社会主义，开创人类文明新形态，建设中华民族现代文明。中国式现代化道路，就是中华民族共同体建设新路向，就是中华民族现代文明建设的新道路。

一、超大规模现代化之路

人口规模巨大的现代化，是中华民族共同体建设的强大根基和超大动能。我国是拥有 14 亿多人口的统一多民族国家，其人口规模超过当今世界全部发达国家人口的总和，如此超大规模人口的国家整体性实现现代化将创造人类历史的奇迹。

① 习近平：《高举中国特色社会主义伟大旗帜　为全面建设社会主义现代化国家而团结奋斗——在中国共产党第二十次全国代表大会上的报告》，人民出版社 2022 年版，第 21 页。

14亿多的总人口，1.25亿少数民族人口，4亿多中等收入群体，形成了超大规模市场，是中国经济行稳致远的稳定之锚，是区域经济联动发展的坚实基础。更为重要的是，在经济社会快速发展的背景下，如此规模宏大的人口，只要牢牢地凝聚在一起，就蕴含着巨大的政治与社会动能。这意味着人口流动范围前所未有，各民族交往交流交融将会达到新的高度，多元一体的中华文明将更加发展，中国式现代化的动能将源源不断，中华民族共同体建设的基本盘将更加稳固。

二、走向共同富裕之路

全体人民共同富裕的现代化，是中华民族共同体建设的物质基础和本质要求。共同富裕是中国式现代化区别于西方现代化的显著标志。西方现代化发展过程中，贫富分化乃至阶层对立是常态，一些国家甚至出现了种族因素和阶层因素相叠加形成的“贫困种族化”问题。共同富裕是社会主义的本质要求，中国式现代化是社会主义的现代化，是以人民为中心的现代化，绝不会走也走不了“1%富人占据99%财富”的邪路。要实现共同富裕，决不能让任何一个民族掉队，决不能让任何一个民族地区落伍。党和国家通过制定和实施大量卓有成效的区域化支持政策，促进民族地区与全国一道同步迈入现代化，不断提升各族群众的获得感、幸福感、安全感，不断满足各族人民对美好生活的向往，让各民族共创美好未来、共享复兴荣光。

三、物质文明与精神文明相协调之路

物质文明和精神文明相协调的现代化，是中华民族共同体建设的鲜明特色和重要保障。西方现代化过程中一度出现严重的“重物质、轻精神”和“重个人、轻集体”的倾向。中国式现代化强调物质文明和精神文明相协调。社会主义不但要求实现“物的全面丰富”，更要实现“人的全面发展”。深厚的人文传统和共同体观念使中国在现代化进程中虽然产生过物质主义和个人主义的苗头，但没有走向极端，没有出现西方现代化中常见的精神虚无、社会解体和认同分裂现象。对于人文精神和共同体观念的追求，始终是中华民族的价值观。比如，许多少数民族在艰苦的自然环境下，仍然对生活之美和艺术之美有着强烈的精神追求，这与儒家“在陋巷，人不堪其忧，回也不改其乐”的精神传统是一致的。我国各民族都尊崇长幼有序、孝顺父母、兄友弟恭、邻里和睦的中华优秀传统文化观念。不仅是汉族，各少数民族传统文化中也都有团结就是力量的思想。比如，土家族认为“单丝不成线，单竹不成排”；满族认为“一箭易断、十箭难折”；赫哲族认为“爬山越岭要互助，渡江过河要齐心”；侗族认为“一根筷子容易断，一把筷子难折断”；哈萨克族谚语说“力量不在胳膊上，而在团结上”。这都反映出其与儒家文化相通的“共有共享”传统。各民族共有共享的传统人文精神，能够帮助我们应对现代化进程中的许多精神困境，为实现社会主义“人的全面发展”奠定坚实的文化基础。

四、人与自然和谐共生之路

人与自然和谐共生的现代化，是中华民族共同体建设的实现途径和必由之路。中国式现代化运用和深化了马克思主义关于人与自然、生产和生态的辩证统一关系的认识，不走西方以资本为中心、先污染后治理的老路，而是走人与自然和谐共生的现代化道路。民族地区是生态文明建设的最前线，在人与自然和谐共生的现代化建设过程中责任重大。民族地区各民族传统文化中蕴含丰富的生态理念和生态智慧，可为人与自然和谐共生的现代化建设提供源源不断的深厚养分。只有更好地践行绿色发展理念，更有力地探索协同发展保护的新路径，才能共同写好中华民族共同体建设的生态文明篇章。

五、和平发展之路

走和平发展道路的现代化，是中华民族共同体建设的世界愿景和格局担当。西方现代化的历史，既有追求科学进步、解放人性的积极面，也有殖民主义、帝国主义的消极面。实现中华民族伟大复兴，决不依靠对外殖民掠夺，靠的是向内发力、苦干实干，靠的是维系和巩固超大规模共同体的能力，靠的是构建人类命运共同体重要理念。中国历史上即使有一些以武力开疆拓土的民族，但在中华文明浸润下，也都走向了化武崇文之路。即便在国力最鼎盛的时候，中国也从未向外搞殖民扩张，而是靠丝绸之路怀柔远人；中国从不对外传教搞文化霸权，而是靠开放包容来赢取人心。中华民族始终胸怀天下，秉承包容和平开放的文明气度，反对弱肉强食的西方丛林法则，促进中外文明交流互鉴，用文明交流超越文明隔阂、用文明互鉴超越文明冲突、用文明共存超越文明优越，以中国式现代化创造人类文明新形态。

小　结

中华民族伟大复兴不是历史上哪个王朝盛世的再现，而是 56 个民族融聚而成的中华民族走向社会主义现代化，开创美好未来，缔造现代文明，实现伟大复兴。

党的十八大以来，铸牢中华民族共同体意识成为新时代党的民族工作和民族地区各项工作的主线，民族团结进步事业取得了新的重要成就，中华民族共同体建设取得了新的重大进展。在政治层面，各民族共同当家作主的民主法治建设步入制度化、规范化轨道，中华民族的政治共同性不断增强。在经济层面，全体人民生活极大改善，在整体上彻底摆脱绝对贫困，中华民族共同体的经济基础不断巩固发展。在社会层面，各民族共居共学共事共乐，手足相亲、守望相助，中华民族的社会治理共同体日渐形成。在文化层面，中国特色社会主义文化建设大繁荣大发展，中华民族共有精神家园建设稳步推进，社会主义核心价值观引领中华优秀传统文化创造性转化、创新性发展。在生态文明建设层面，各区域协同联动，民族地区发挥一线建设作用，中华民族的生态环境根本好转，永续发展的生态空间更加和谐美丽。

当前，世界局势波诡云谲、错综复杂，以民族国家为行为主体的国际体系依然充斥着丛林法则和霸权行径。国际社会普遍面临族群分化、社会撕裂、认同困境等种种问题。对内推进中华民族共同体建设，对外推动构建人类命运共同体，是中华民族伟大复兴的题中应有之义。中华民族愿意把建设中华民族共同体与推动构建人类命运共同体统筹起来，把建设中华民族现代文明与维护世界文明多样性统筹起来，把促进世界文明交流互鉴与淬炼全人类共同价值统筹起来。这是中华文明的视野与关怀，符合全球治理的需求和规律，预示着人类和平发展新时代的可能。

思考题

1. 新时代党的民族工作面临哪些任务和挑战？
2. 新时代党的民族工作如何体现铸牢中华民族共同体意识的“纲”？
3. 试分析中国式现代化与铸牢中华民族共同体意识、推进中华民族共同体建设的关系。

第十六讲　文明新路与人类命运共同体

> 我们将坚持以中国式现代化实现中华民族伟大复兴，继续积极推动构建人类命运共同体，以中国新发展给世界带来新机遇，为世界和平与发展和人类文明进步贡献智慧和力量。
>
> ——习近平

当前，世界百年未有之大变局加速演进。新一轮科技革命和产业变革深入发展，新兴市场国家和发展中国家快速发展，国际力量对比深刻调整。同时，世界进入新的动荡变革期，正在经历大调整、大分化、大重组。

进入新时代，在中国共产党的领导下，中华民族现代文明建设取得新突破，中华民族共同体建设取得新进展。以中国式现代化推进中华民族伟大复兴展现出更加广阔的光明前景，给世界上那些既希望加快发展又希望保持自身独立性的国家和民族提供了新参照和新选项。

中华民族的前途命运，与世界各民族紧密相连。世界好，中国才会好；中国好，世界会更好。面对世界之变、时代之变、历史之变，中国提出推动构建人类命运共同体重要理念，这是由中华文明固有的和平特性所决定的，彰显了中国作为负责任社会主义大国的使命担当。一个持久和平、普遍安全、共同繁荣、开放包容、清洁美丽的世界，是中华民族同世界各国人民携手构建人类命运共同体的共同愿景。

毛泽东指出，“中国应当对于人类有较大的贡献”。从站起来到富起来再到强起来，中华民族既能够自立于世界民族之林，也能够更大更多贡献于人类社会。推进中华民族共同体建设，必将助力现代文明建设与民族复兴伟业，必会壮大构建人类命运共同体的中国力量，必能在中国与世界深刻互动的新阶段展现出更为广阔的世界历史意义。

第一节　百年变局与中西治理

人类社会正处在大发展大变革大调整时期，也正处在一个挑战层出不穷、风险日益增多的时代。随着世界多极化和经济全球化深入发展，第二次世界大战后建立的国际秩序和全球治理体系已经越来越难以应对正在发生深刻变化的国际局势，改革已是大势所趋。

一、世界格局变迁

近代世界体系的突出特征是民族国家的主权建构与帝国化演变，由此逐步形成西方所谓的“基于规则的国际秩序”。这一秩序以所谓“普世文明”标准自居，实际上奉行西方中心主义，歧视其他文明及其秩序模式并凌驾其上，企图建构和维系一种霸权性质的全球治理秩序。世界体系的现代史，一定程度上就是民族国家的形成史与扩张史，其中包含了民族国家与帝国之间的“互嵌式建构”过程。

从 15 世纪末开始的“地理大发现”以来的历史，是西方崛起的历史。在约五个世纪的历史时段里，先是葡萄牙、西班牙、荷兰崛起，后是由英国、美国建立全球霸权秩序。1648 年，欧洲三十年战争结束，各交战国签订《威斯特伐利亚和约》，开创了近代国际法与国际关系的先河，逐步形成了基督教文明内部相互承认主权的法理体系。17 世纪的英国资产阶级革命及其现代性制度创制，逐步孕育出“英格兰现代性”，此后英国通过一系列殖民战争，一度成为现代世界的普遍知识和制度样本。18 世纪末到 19 世纪初，法国大革命和拿破仑战争打破了欧洲均势，以法国思想为代表的欧洲大陆的现代性思想，与以英国思想为代表的有海洋背景的现代性思想构成竞争互动关系，整体提升了西方式现代化的思想内涵与制度创造力。法国战败后由战胜国建立和维持的 1815 年“维也纳体系”，是一个由少数大国操纵的强权政治体系。大国协调与列强共治成为 19 世纪国际政治的主流。

20 世纪前半段，全球经历了两次世界大战。第一次世界大战后建立的凡尔赛 – 华盛顿体系本质上是列强支配体系，中国的主权权益得不到国际法的有效保护，世界诸多民族仍处于殖民统治之下。第二次世界大战后形成的雅尔塔体系及联合国国际法框架，在主权平等、安全治理与人权保护方面有重要进步，但冷战加剧了两极对峙的紧张状态，单边主义、保护主义、霸权主义、强权政治威胁人类和平与发展，地缘政治冲突此起彼伏。冷战结束后，美国加速推进全球战略，努力建立起单极独霸地位；世界出现多极化趋势，倡导建立更加公正合理的国际新秩序的新思想和新运动不断涌现。

进入 21 世纪以来，随着经济全球化深入发展，以中国为代表的新兴市场国家和发展中国家国际影响力不断增强，从根本上改变了国际力量对比。2022 年，新兴市场国家和发展中国家国内生产总值总量，按现价美元计算，占全球国内生产总值比重约为 42.55%，按购买力平价计算，则占比为 58.26%，是全球经济增长的主要推动力。

2010 年以来，中国稳居世界第二大经济体，在经济总量和发展质量上进一步接近美国，实现了十几亿人口规模的全面小康，创造了经济快速发展和社会长期稳定两大奇迹，国家治理体系和治理能力现代化水平明显提高，走出了一条中国式的现代化道路。

从长时段的世界史看，东西方力量对比正在发生根本性变化。主导国际社会的西方霸权秩序日益衰落，以美国为代表的部分西方国家将中国视为“主要对手”，实行所谓的“脱钩断链”“去风险化”，全球治理面临挑战，人类文明发展呼唤新思维和新路径。

二、中西治理体系比较

西方民族国家建构与中国共产党领导的统一的多民族国家建设，具有文明和历史逻辑层面的重要区别，展现出了不同的治理体系和治理能力。

从政党治理看，中国共产党领导的多党合作和政治协商制度，彰显了一种协商合作型的政党文明新形态。立党为公与协商于民、协商为民的政党文明精神，凸显中国政党制度的优越性。中国共产党是马克思主义政党，代表中华民族根本利益，引领中华民族现代文明建设。中国新型政党制度根植于中国古典的天下为公理念和贤能政治传统，在中国共产党领导人民进行革命、建设、改革的历史进程中发展成熟，是社会主义民主政治的有机组成部分。西方政党是特权阶层或利益集团的代表，服务于部分人的利益，其推动的立法和政策偏向于更强势的利益集团，不能成为公共利益的可靠代表和受托人。西方的选举受到资本和舆论的严重操纵和引导，民众的真实意见与利益诉求被遮蔽甚至扭曲。

从民主治理看，中国实行全过程人民民主，实现民主过程各要素、各环节的充分理性沟通，最广泛地反映民意，最大限度地凝聚共识，推动决策科学化民主化。全过程人民民主是包含民主选举、民主协商、民主决策、民主管理、民主监督在内的全链条、全方位、全覆盖的民主，始终面向人民的公共意志，真正体现了以人民为中心的发展思想。西方实行票决民主，选民意愿和利益在选举之外被隔离和消声，民主变成了“金主”操控和代理人游戏。当代西方社会还出现了显著的选举疲劳症、低投票率等现象，弱势群体与分散群体的政治疏离感和失败感不断增加。

从法治实践看，中国实行依法治国，探索党内法规与国家法律的有机融贯，注重法律效果与社会效果相一致，让人民群众在每一个司法案件中都感受到公平正义；推崇法治与德治相结合，注重法律系统与政治、道德、社会诸系统的伦理协调与功能互济，追求整体化的治理效果和人民的认同。西方实行分权制衡和司法独立，法治运行高度形式化，法律制度越来越复杂，律师集团越来越庞大，诉讼成本越来越高昂，普通民众与司法正义的距离越来越遥远。西方的法治与司法甚至成为西方霸权滥施“长臂管辖”的制度帮凶，出现了双重标准现象和法治公信力的下滑趋势。

从社会治理看，中国在现代化转型过程中继承发展了“家国同构”传统，西方民族国家以原子化的市民社会为结构特征。因此，中国社会更为妥善地平衡个性发展与集体团结，更加重视合作协同；西方民族国家极端推崇个人至上，更加强调独立竞争。中国社会始终重视责任伦理；西方民族国家片面强调个人权利。中国社会更加强调族群多元基础上的社会有机整合；西方民族国家更加倾向市民社会与国家的二元对立。

从宗教治理看，中华文明早就形成了礼乐文化和世俗秩序。中国历史上实行政主教从、多元通和，宗教中国化成为宗教治理的主导趋势，不同信仰的族群得以和平共处、和谐共生，从未发生过真正意义上的宗教战争。西方文明则从古希腊哲学走向了中世纪基督教神学，在罗马帝国崩溃基础上催生了基督教的一神体系及其无所不包的教义规范与教会组织体系，造成西方政教关系的数千年冲突以及不同教派间的政治冲突，甚至频频诉诸战争手段。

从对外政策看，中国奉行独立自主的和平外交政策。中华文明有着和平发展的基因，有着与外部不同文明及民族和平互动的历史经验，从根本原则上反对一切形式的霸权主义，不接受霸权也不输出霸权。以美国为代表的部分西方国家竭力维护基于霸权规则的国际秩序，顽固维护不公正的国际政治经济秩序，遏制和打压多边主义和文明多样性，对人类和平发展与构建人类命运共同体构成挑战。

特别是在民族和族群治理领域，中西治理差异尤其显著。在历史上，中华民族共同体经历了从多民族区域性统一到多民族全国性统一这种从“分”到“合”的历史进程，各民族都对中华文明与中华民族的发展壮大作出了独特贡献。西方现代民族国家从古罗马帝国体系和基督教神权政治中分化裂变而来，在整体上表现出从“合”到“分”的历史趋向。中国历代王朝塑造天下大同秩序、构建多元一体格局，推进不同族群深入交往交流交融，促进中华民族共同体融聚发展。西方民族国家继承中世纪封建制传统，热衷于在地域上插上种族标签，通过各种政治与文化手段，强力塑造出高度同质化的现代“民族”观念和身份。在现实制度实践上，新中国实行民族区域自治制度，将民族因素与区域因素相结合，将民族特色与共同体共性相结合，解决了单一制国家内部的民族整合问题。在平等团结互助和谐的社会主义民族关系中，民族平等是第一原则。西方民族国家无论是对少数民族和外来移民实行同化和压制政策，还是实行多元文化主义政策，都没有真正化解多民族社会治理问题；一些看似民主的公投程序进一步带来社会的撕裂与对抗，反而造成了更加严重的“认同政治”问题。

中西民族治理的差异还深刻体现在以民族学为代表的学科和知识生产的不同演变轨迹上。西方民族国家在对外扩张中，建构起以人种学、人类学和民族学为主体的知识体系，主要研究被他们称作“野蛮人”的非西方群体，突出少数族群的特殊性，带有浓重的西方中心主义倾向和殖民歧视色彩。近代以来，在“西学东渐”背景下，民族学进入中国，虽然中国学者努力对其本土化，为中华民族从自在到自觉尝试提供理论支持和知识基础，但还是潜藏从西方人类学视角研究民族特殊性与差异性的传统路径依赖。因此，进入新时代以来，着眼于建设中华民族现代文明，构建包括民族学在内的中国自主知识体系，中国理论政策界和知识界开始力图摆脱西方概念和话语的影响，探索建立以中华民族共同体理论为核心的中国特色民族理论和话语体系。

三、现代国家认同困境

欧美民族国家的现代化道路，是很多国家模仿学习的“范本”。然而，当前欧美的种族与族裔矛盾不断加剧，国家认同基础遭受冲击，民族国家范式与国家认同建设面临深层困境。

西方民族国家的族群分化日渐明显。20 世纪七八十年代以来，受新自由主义影响，不少西方国家政府不断减少对经济和社会领域的控制与服务，导致贫富差距不断拉大，社会财富向少数人积聚，中产阶级持续萎缩，阶层日益固化，民粹主义、种族主义、极端民族主义思潮泛滥。各种基于次国家身份、亚文化认同的群体间对立持续发酵，其中种族与族裔矛盾尤为尖锐。例如在美国，少数富人将经济全球化带来的主要收益据为己有，中下层白人从经济全球化中得到的好处寥寥，却要承受失业、收入下降等后果，他们迁怒于有色人种和少数族裔，指责其抢了自己的饭碗。

西方民族国家的社会撕裂日渐明显。随着贫富分化的加剧，欧美国家政治极化和社会撕裂愈演愈烈。美国民主党与共和党的政治分歧日趋扩大，敌意持续加深，攻讦不断升级，严重侵蚀其所谓的民主政治。2021 年 1 月，大批美国人拒绝接受美国 2020 年总统大选结果，包围并袭击国会大厦，威胁伤害政要人士，导致多人死亡与重伤。这一震惊世界的美国国会山骚乱事件，是美国政治极化与社会撕裂的缩影。2022 年一项民调显示，美国民众对美利坚民族的身份认同程度堪忧，67% 的美国人不再对身为美国人感到骄傲。在欧洲，其政治光谱的极化现象同样明显，极右翼和极左翼政党兴起，呈现出强烈的反精英反建制的政治异化与极化色彩。

现代国家的认同困境日渐明显。当今世界绝大多数国家是多民族国家。各国不同程度存在着各自的民族问题。在美国，民族问题主要涉及土著民族、非洲裔以及拉丁裔、亚裔等族裔；在欧洲，民族问题主要包括移民与难民问题；在非洲，民族问题主要呈现为部族冲突；在印度，民族问题主要表现为教派矛盾与种姓制度问题。因此，世界各地区各国家都面临着增强国家认同的共同任务。对于如何建设现代民族国家，欧美国家主要提出了族裔民族主义和公民民族主义两种思路，相应采取同化与多元文化主义等具体政策，以应对种族与族裔多样性。但这些措施并没有真正解决现代国家认同困境，同质化的熔炉政策和极端多元化的族群治理模式皆无法真正奏效。

欧美社会面临的现代国家认同困境和国家层面的民族认同困境，既反映出西方民族国家范式造成的内部民族治理危机，也反映出西方帝国主义通过殖民主义和全球化网络造成的全球性民族治理危机。但一些西方国家却采取双重标准，对自身和盟友的问题视而不见、百般开脱，对其他国家却吹毛求疵，甚至不惜歪曲历史与现实，意图通过打民族牌、宗教牌、人权牌的方式，实现遏制他国发展、破坏他国形象、干涉他国事务的目的。

相较于西方社会陷入国家认同困境与族群撕裂困境，中国在新时代明确提出要铸牢中华民族共同体意识，推进中华民族共同体建设，不断拓展中国特色解决民族问题的正确道路，塑造了与西方迥然不同的民族治理与国家认同之路。中国共产党始终将“国家统一、民族团结”作为民族理论与民族政策一以贯之的核心主旨，具体政策措施可以变，但核心主旨不会变。中国共产党始终推动马克思主义民族理论中国化时代化，以坚持和完善民族区域自治制度为基本内容，不断调整形成适合中国国情与民族实际的治理体系。中国共产党始终与时俱进优化民族治理理念，将民族因素、区域因素、文明因素、国家利益因素、全人类共同价值融会贯通，以中华民族现代文明建设包容化解民族多元张力和内外挑战压力，推动建设更高质量融聚发展的中华民族共同体。中国共产党始终坚持以法治思维与法治方式处理民族问题，提升民族事务治理法治化水平。中国共产党始终坚持从统筹国内国际两个大局出发，对内建设中华民族共同体，对外推动构建人类命运共同体，为中国与世界的良性互动提供理论支撑和实践支持。

总之，西方民族国家及其制度安排，无法真正破解国家认同困境与全球性族群治理难题。中国的民族治理理念和制度实践，根植于中华文明特性与马克思主义民族理论中国化时代化具体实践，实现了各民族和谐共处，破解了政治认同与族群撕裂困境，彰显了以共同体原则和方法超越西方民族国家范式的独特优势，能够为开创全球治理新局面提供重要助力。

第二节　中华民族共同体与人类命运共同体

中华民族共同体建设与构建人类命运共同体，一个着眼于促进各族交融凝聚、增进各族共同性的国家民族建设，一个着眼于倡导各国和平共处、建设合作共赢的全球治理体系。二者性质、功能、范畴都有实质区别。但是，中华民族共同体建设对于推动构建人类命运共同体具有启示意义。一方面，中华民族越凝聚越强大，就越能巩固壮大构建人类命运共同体的中国力量；另一方面，中华民族共同体建设的历史经验、文明特性和制度逻辑，对于构建人类命运共同体具有理念启示和价值引领作用。对内推进中华民族共同体建设，对外推动构建人类命运共同体，实质上是新时代中国共产党人统筹国内国际两个大局的战略举措，是中华民族对人类社会作出更大更重要贡献的必然选择。

一、人类命运共同体理念的提出

习近平总书记着眼中国人民和世界人民的共同利益，深入思考“建设一个什么样的世界、如何建设这个世界”等关乎人类前途命运的重大课题，提出了构建人类命运共同体重要理念。这是回答和解决当今世界面临的时代之问的中国方案。

2013 年 3 月，习近平总书记在莫斯科国际关系学院发表演讲时指出：“人类生活在同一个地球村里……越来越成为你中有我、我中有你的命运共同体。”[①] 这是习近平总书记首次提出人类命运共同体的重要理念。

2015 年 9 月，习近平总书记在第七十届联合国大会一般性辩论上全面阐述了构建人类命运共同体的主要内涵：建立平等相待、互商互谅的伙伴关系，营造公道正义、共建共享的安全格局，谋求开放创新、包容互惠的发展前景，促进和而不同、兼收并蓄的文明交流，构筑尊崇自然、绿色发展的生态体系。[②] 习近平总书记从五个方面描绘了国际关系发展的美好前景，成为中国特色大国外交理论创新的重大成果。习近平总书记在此次大会上还首次提出“全人类的共同价值”这一概念，指出“和平、发展、公平、正义、民主、自由”是其基本内涵，将中华民族的价值追求延伸拓展至世界层面，契合了构建人类命运共同体的目标指向，为解决世界性难题提供了重要启迪。

2016 年 7 月，习近平总书记在庆祝中国共产党成立 95 周年大会上指出，中国“愿扩大同各国的利益交汇点……推动形成人类命运共同体和利益共同体”[③]，展现了中国共产党对人类前途命运的思考和对世界和平与发展事业的担当。

2017 年 1 月，习近平总书记在联合国日内瓦总部发表演讲时指出：坚持对话协商，建设一个持久和平的世界；坚持共建共享，建设一个普遍安全的世界；坚持合作共赢，建设一个共同繁荣的世界；坚持交流互鉴，建设一个开放包容的世界；坚持绿色低碳，建设一个清洁美丽的世界。

2017 年 10 月，党的十九大报告提出“构建人类命运共同体，建设持久和平、普遍安全、共同繁荣、开放包容、清洁美丽的世界”[④]，将人类命运共同体理念从抽象形态转向现实举措。同时，党的十九大将“推动构建人类命运共同体”载入党章。

2018 年 3 月，十三届全国人大一次会议将“发展同各国的外交关系和经济、文化交流，推动构建人类命运共同体”写入宪法序言，推动构建人类命运共同体

① 《习近平著作选读》第一卷，人民出版社 2023 年版，第 104 页。

② 《习近平谈治国理政》第二卷，外文出版社 2017 年版，第 523—525 页。

③ 《习近平谈治国理政》第二卷，外文出版社 2017 年版，第 42 页。

④ 《习近平著作选读》第二卷，人民出版社 2023 年版，第 48 页。

上升为国家意志。同年6月，习近平总书记在上海合作组织成员国元首理事会第十八次会议上强调，推动构建人类命运共同体要提倡创新、协调、绿色、开放、共享的发展观；践行共同、综合、合作、可持续的安全观；秉持开放、融通、互利、共赢的合作观；树立平等、互鉴、对话、包容的文明观；坚持共商共建共享的全球治理观。

习近平总书记还相继提出了全球发展倡议、全球安全倡议，构建人类命运共同体重要理念在实践中不断丰富和完善。2023年3月，习近平总书记在中国共产党与世界政党高层对话会上发表主旨讲话，首次提出全球文明倡议，倡导不同文明包容共存、交流互鉴。这是继全球发展倡议、全球安全倡议后，中国对构建人类命运共同体重要理念的进一步丰富发展。同年10月，习近平总书记在第三届“一带一路”国际合作高峰论坛开幕式上发表主旨演讲，指出人类是相互依存的命运共同体，强调要深化“一带一路”国际合作，建设一个开放包容、互联互通、共同发展的世界，共同推动构建人类命运共同体。

人类命运共同体理念的提出及实践，体现了习近平总书记立足“两个大局”，从全球治理角度思考谋划人类社会理想秩序的思想成果，在历史转折关头为世界发展指明了正确方向。

二、中华民族共同体建设的世界意义

人类已成为一个命运共同体的时代背景下，国家治理与全球治理虽分属内政与外交领域，但在很大程度上相互贯通和促进。推进中华民族共同体建设，对于推动构建人类命运共同体具有重大理论和实践意义。

中华民族秉持天下大同情怀，为推动构建人类命运共同体注入和平基因。天下大同、协和万邦是中华民族自古以来对人类社会的美好憧憬与对共同体秩序的规范构想。中华文明从不进行强加于人的文化输出和武力征服，而是立足自身，秉持自信，包容吸纳不同文化，最终形成中华民族共同体。推动构建人类命运共同体，应当在尊重人类文明多样性的基础上，深化文明间的交流互鉴；不是要学习霸权国家成为又一个全球帝国，而是寻求互利合作的空间，促进人类和平发展。在当代实践中，“一带一路”倡议及其高质量发展所要激活与追求的，正是根植于中华民族历史经验中的和平发展、协和万邦的重要理念。

中华民族多元一体发展格局，为推动构建人类命运共同体提供基本原理。多元一体格局体现了一致性与多样性的辩证统一，契合中国的历史与现实，包含着构建超大规模共同体的基本原理。构建人类命运共同体是人类社会的理想目标和演进方向，指向构建相互尊重、公平正义、合作共赢的新型国际关系，实质是要走出一条国与国交往的新路。这更加需要把握好多元与一体的辩证关系，反对民族歧视和偏见，尊重民族文化差异，巩固民心相通的社会根基，建立命运与共的共同体意识。

中华民族追求全人类共同体价值，为推动构建人类命运共同体提供价值引领。中国主张弘扬和平、发展、公平、正义、民主、自由的全人类共同价值，是对西方所谓“普世价值”的全面超越。所谓“普世价值”，实质是以西方价值观改造乃至取代其他国家、民族的价值观，具有浓厚的西方中心主义色彩，是凭借话语霸权进行单向价值观输出。而全人类共同价值，以尊重世界文明多样性为前提，蕴含“各美其美，美人之美，美美与共”的深刻理念，强调世界各民族在平等与相互尊重的基础上，一方面通过多元文化交流互鉴，发展凝聚全人类共同价值，另一方面通过自主探索发展道路，以契合各自国情的方式实践全人类共同价值。这是一个由世界各国人民共同参与的、在“存异”基础上“求同”的过程，是个性与共性、差异性与普遍性的辩证统一。

中华民族追求秩序和谐与社会稳定，为推动构建人类命运共同体提供治理方法。第二次世界大战后的世界秩序是以 190 多个主权国家为基础的全球体系，推动构建人类命运共同体并不是要取消各个现代国家的界限，而是要在主权国家的基础上构建公正合理的国际新秩序。习近平总书记强调：“世界只有一个体系，就是以联合国为核心的国际体系。只有一个秩序，就是以国际法为基础的国际秩序。只有一套规则，就是以联合国宪章宗旨和原则为基础的国际关系基本准则。”[①] 这是人类命运共同体秩序观与治理观的集中体现，与西方国家所谓“基于规则的国际秩序”的内在自我中心主义和权力等级制逻辑完全不同。

中华民族坚持人民至上，为推动构建人类命运共同体提供底层逻辑。多民族国家建设能否赢得各族人民的支持，归根结底取决于“为了谁、依靠谁”。中国共产党始终代表中国最广大人民根本利益，坚持一切为了人民、一切依靠人民，坚持全面建成小康社会“一个民族都不能少”。推动构建人类命运共同体并非主权国家的权力游戏与地缘秩序操作，而是能够切实提升各国人民幸福的民心工程与人权事业。共同推动人权事业的发展，是第二次世界大战后世界各国的共同使命。

①《习近平著作选读》第二卷，人民出版社 2023 年版，第 515—516 页。

1966年联合国大会通过的《经济、社会及文化权利国际公约》和《公民权利和政治权利国际公约》，是推动构建人类命运共同体的国际法基础。中华民族共同体的人民至上原则及其人权保护体系，为人类命运共同体的权利哲学及其制度实现提供了有益借鉴。

中华民族坚持共同繁荣共同发展，为推动构建人类命运共同体提供重要参照。在中华民族共同体建设中，促进少数民族和民族地区经济社会发展，帮助各族群众实现共同富裕，是中国共产党解决民族问题的基本途径。实现共同发展，也是推动构建人类命运共同体的应有之义。当今世界发展鸿沟加剧，发展不平衡、不充分矛盾突出，世界迫切需要解决发展赤字问题。为凝聚发展共识，中国提出全球发展倡议，推动国际社会聚焦发展议题。为推动发展合作，实现共同发展，中国呼吁共建团结、平等、均衡、普惠的全球发展伙伴关系，深化务实合作，同各国分享发展经验，为各国实现可持续发展提供助力。

中华民族坚持生态环保理念，为推动构建人类命运共同体提供生态实践支撑。中国共产党以绿色发展为重要理念，以满足人民日益增长的美好生活需要为目标，坚持和完善生态文明制度体系，将自然主义和人道主义相统一，开启了人类现代化新的绿色路径。共谋全球生态文明建设是推动构建人类命运共同体的应有之义。良好生态环境是最普惠的民生福祉。推动构建人类命运共同体不能走西方“先污染，后治理”的老路，必须以生态保护为基本前提。中华民族固有的“天人合一”等观念，契合人类可持续发展理念，有助于内化为人类命运共同体的实践推动。

三、人类命运共同体的中国实践

中国不仅是推动构建人类命运共同体重要理念的倡导者，更是坚定的推动者、实践者，始终围绕推动构建人类命运共同体，在经济发展、文明交流、生态建设等领域深化中国实践，贡献中国力量。

中国积极推动国际减贫事业。中国如期完成脱贫攻坚目标任务，全面建成小康社会，不仅改写了中国人权事业发展史，也创造了世界人权保障新奇迹。改革开放以来，中国7亿多人口摆脱贫困，对全球减贫贡献率超过70%，提前10年实现联合国2030年可持续发展议程减贫目标，明显缩小了世界贫困人口“版图”。中国用几十年时间解决了世界1/5人口的小康问题，使14个与中国接壤国家拥有了一个稳定、强大的友好邻邦，不仅为东亚的稳定作出重要贡献，也给世界注入强大正能量。

中国积极推动“一带一路”建设。2013 年，中国提出共建“一带一路”倡议。截至目前，中国已经与 150 多个国家、30 多个国际组织签署共建“一带一路”合作文件，“一带一路”合作从亚欧大陆延伸至非洲和拉美。世界银行报告显示，共建“一带一路”使参与方贸易增加 4.1%，吸引外资增加 5%，使低收入国家国内生产总值增加 3.4%。受益于“一带一路”建设，2012—2021 年，新兴与发展中经济体国内生产总值占全球份额提高 3.6%。到 2030 年，共建“一带一路”每年将为全球产生 1.6 万亿美元收益，占全球经济总量的 1.3%；2015—2023 年，760 万人因此摆脱绝对贫困，3200 万人因此摆脱中度贫困。与全球化早期西方列强争夺原料产地和商品倾销市场不同，“一带一路”关注发展中国家的人民福祉，追求互利双赢。与西方逐利倾向不同，中国的对外投资从不以自身经济利益为最高标准，从不忽视投资金额高、见效慢，但对被援助国非常重要的基础设施领域。

中国积极推动区域合作机制。在双边层面，中国同巴基斯坦、老挝、柬埔寨、印度尼西亚、哈萨克斯坦等越来越多的国家签署了构建人类命运共同体双边合作文件，共同推动构建不同形式的命运共同体。在地区层面，周边、亚太、中国－东盟、澜湄国家、中非、中阿、中拉、中国－中亚、上海合作组织等命运共同体稳步推进。在全球层面，网络空间、核安全、海洋等命运共同体应运而生，人类命运共同体重要理念多次写入联合国、金砖国家等国际组织决议或宣言，有效凝聚了共识，推动合作行稳致远。这些国家、地区和领域签署命运共同体文件，极大增加了有关国家、国际组织在全球治理和国际规则中的话语权。如 2001 年成立的上海合作组织，目前拥有 9 个成员国、3 个观察员国和 14 个对话伙伴国，其成员国人口占世界近一半，经济总量约占全球 1/4，是当今幅员最广、人口最多的综合性区域组织，拥有巨大的市场潜力。如中国倡导设立的新开发银行和亚洲基础设施投资银行，为亚洲和广大新兴国家的经济发展和稳定发挥了推动作用。

第三节　人类文明新形态与世界文明互鉴

中国式现代化开创的人类文明新形态，是中国特色社会主义的文明形态，是中华文明的现代形态，是人类现代文明的新形态，为人类社会发展道路提供了新选项和新方向，具有深刻的世界历史意义。

一、人类文明新形态及其特点

人类文明新形态倡导文明发展新原则。是通过驾驭资本力量来服务人民美好生活，还是牺牲人民利益而服从资本增值逻辑？是为资本，还是为人民？对此问题的不同答案，区别了不同的文明形态。从资本逻辑转向人民中心，便是人类文明发展的新原则。引导社会发展避免资本主义制度所带来的“一切苦难”和“一切极端不幸的灾难”，致力于“每个人的自由发展”和“一切人的自由发展”，是人类文明新形态的价值追求。人类文明新形态是二十一世纪马克思主义的更高综合与更深刻体现。

人类文明新形态开辟文明发展新路径。中国道路打破了“历史终结论”。针对“本国优先”“逆全球化”思潮向世界蔓延，中国站在公平正义的一边，高举新型经济全球化旗帜，奉行共商共建共享，积极参与全球治理，坚定推动构建人类命运共同体。中国靠的是集中力量办大事、汇聚智慧办成事，为发展中国家现代化提供新的体制参照和实践路径，彻底打破了西方中心主义的迷思。

人类文明新形态构建文明发展新格局。中国道路打破了“西方中心论”。自资本主义全球大扩张以来，世界文明格局就呈现出“未开化和半开化的国家从属于文明的国家，使农民的民族从属于资产阶级的民族，使东方从属于西方”[①]的不平衡状态。中华文明的当代复兴扭转了西方文明与非西方文明的失衡格局，改变了“一部分人反对另一部分人”的对抗格局，开启了“所有人造福所有人”的合作格局。

人类文明新形态引领文明发展新境界。中国道路打破了“国强必霸论”。中国没有陷入西方“国强必霸”的历史定律，即使是在综合实力最强的时候，中国也没有对外殖民掠夺、没有炮舰政策、没有强加于人的不平等条约。无论是积极倡导共建“一带一路”，还是主动参与全球治理，中华民族都是将对内改革与对外开放统一起来，把中国发展与世界发展联系起来，把中国人民利益同各国人民共同利益结合起来。

人类文明新形态调整文明发展新关系。中国道路打破了“文明冲突论”，这为促进多元文明交流互鉴提供了新的力量。中国道路证明，只有多元文明交流互鉴，才能更为妥善地平衡个体与群体、责任与自由、义务与权利、德治与法治、道义与利益、本国与世界的关系，从而淬炼出真正的全人类共同价值。

① 《马克思恩格斯文集》第二卷，人民出版社2009年版，第36页。

二、人类文明新路的中国探索

习近平总书记指出，“每一种文明都扎根于自己的生存土壤，凝聚着一个国家、一个民族的非凡智慧和精神追求，都有自己存在的价值。人类只有肤色语言之别，文明只有姹紫嫣红之别，但绝无高低优劣之分”①。中国式现代化创造了人类文明新形态，这不是谋求用一种文明取代所有文明，而是给人类文明百花园培育新生机；不是为了孤芳自赏突出自己，而是为了交流互鉴，为人类文明的未来开辟新可能。

中华文明与非西方古老文明心意相通。拥有数百年乃至数千年历史的中华文明、印度文明、阿拉伯文明、波斯文明、美洲文明、非洲文明等古老文明，都有落后挨打的惨痛记忆，都有实现复兴的强烈渴望，都有文明传承的厚重责任，也都有现代转型的共同需要。中华文明的现代转型表明，古老文明有在自力更生的基础上重现辉煌的潜力，有自立于世界民族之林的能力，更有引领现代文明的活力。中华文明不同于西方殖民史上“居高临下”的霸权文明，而是愿意与不同文明在政治、经济、文化、科技等各个领域开展交流。这就意味着中国与非西方古老文明国家，可以共同探索不同于西方的现代化路径，为巩固发展基础提供有效支持，为复兴自身文明提供有益借鉴。

中华文明与西方文明交流互鉴。中西文明之间绝非“文明冲突”关系，其共识远远多于差异，即便有差异，也是交流互鉴的动力，而非彼此对立的借口。以邻为壑、本国优先从来都不是一个文明发展壮大的选项，反而是这个文明日渐封闭、走向衰落的标志。弱肉强食、零和博弈不是人类文明的必然结局，相互尊重、和衷共济、和合共生才是人类文明发展的正确道路。西方宣扬的所谓“普世价值”，如果没有与中华文明交流互鉴，肯定不会是“普世”的。中华文明历来主张的讲仁爱、重民本、守诚信、崇正义、尚和合、求大同，同样具有超越地域的“普世性”。作为中华民族现代文明的创造者和传承者，我们要以“平视世界”的自信和格局，向西方年轻人讲好中华民族故事和推动构建人类命运共同体的中国方案；向西方主流知识分子讲清楚中国再强大也决不会成为殖民帝国；向西方中产阶层讲清楚中国始终坚持公平正义、维护妇女权益、改善公共卫生、和谐民族宗教、反对种族歧视。西方对中国的认知只有经历对传统“东方主义”的超越，才能与中华文明平等相待与相互承认，从而开启中西文明互鉴的新境界。

① 《习近平谈治国理政》第三卷，外文出版社 2020 年版，第 468 页。

中华文明必将与广大第三世界国家的文明携手同行，共同构建更加公正合理的国际政治经济新秩序。中国是世界上最大的发展中国家，面对不可阻挡的经济全球化趋势与和平发展潮流，必将与第三世界国家以“天下为公”的大同理念奉行互利共赢的开放战略，以“修文偃武”的和平精神坚持走和平发展道路，以“义利相兼”的义利观谋求开放包容共赢的发展前景，以“和而不同”的文明理念促进海纳百川兼收并蓄的文明交流，以多元、民主、包容和有机互动方式激活历史遗产，共同追求更公正的国际新秩序，共同创造人类和平发展新前景。

总之，面对人类社会遭遇的种种共同难题，世界多元文明应对话合作，不应对抗分裂。世界各国各民族应超越制度、种族、信仰、政治意识形态的藩篱，将危机转变为融汇不同文化、不同宗教、不同意识形态的契机。全人类共同价值不在遥远的彼岸，而就在脚下。中国愿意分享自己的经验，愿意倾听各国的声音，求同存异，同舟共济，不断凝聚文明共识，共同应对全球风险，合力推动构建人类命运共同体。

小 结

现代世界体系是以西方民族国家范式为基础建构的。这一框架为西方带来了殖民化与经济全球化的体系性成就及霸权结果，但也留下了内部的民族治理隐患和外部的不平等国际秩序。中华民族共同体在应对西方秩序的冲击挑战过程中探索出一条中国式的现代化道路。

面对前所未有的内外部风险挑战，中国共产党统筹国内国际“两个大局”，推进中华民族共同体建设，推动构建人类命运共同体，在开创人类文明新形态的重大实践中推动文明交流互鉴，推动重塑世界文明格局。

中华民族共同体是国家层面的多元一体的民族共同体，是人类命运共同体和人类文明新形态的重要推动力量。从历史来看，中华民族秉持和平发展、文明交流互鉴的立场和原则，实现了对周边区域的公共产品供给与对文明发展的引领，对周边族群与文明的发展进步作出了重要贡献。从现实来看，新中国坚持独立自主的和平外交政策，始终致力于实现人类和平与发展事业，同各国分享发展成果与机遇，是联合国事业与发展中国家现代化事业的坚定支持者和积极贡献者。

中国与世界的深层互动进入了新的历史阶段。在中华民族共同体建设中凝结出的核心价值理念与系统化的实践经验，对世界各国各民族的现代化发展具有重要启示作用；中华民族共同体作为人类文明新形态的开创力量，以融贯古今中西文明与制度的包容气度、开放视野和现实实践，展示了人类文明进程的新路径与新希望。

思考题

1. 如何理解西方民族国家范式?
2. 如何理解中华民族共同体建设的世界意义?
3. 如何理解人类文明新形态?

阅读文献

习近平:《论中国共产党历史》，中央文献出版社 2021 年版。

习近平:《论坚持推动构建人类命运共同体》，中央文献出版社 2018 年版。

中共中央宣传部:《习近平新时代中国特色社会主义思想学习纲要（2023 年版）》，学习出版社、人民出版社 2023 年版。

中共中央党史和文献研究院:《中国共产党的一百年》（全四册），中共党史出版社 2022 年版。

中共中央统一战线工作部、国家民族事务委员会编:《中央民族工作会议精神学习辅导读本》，民族出版社 2022 年版。

本书编写组:《中华人民共和国简史》，人民出版社、当代中国出版社 2021 年版。

国家民族事务委员会编:《铸牢中华民族共同体意识——全国民族团结进步表彰大会精神辅导读本》，民族出版社 2021 年版。

中国社会科学院民族学与人类学研究所民族理论室编:《马克思主义经典作家民族问题文选》，社会科学文献出版社 2016 年版。

中共中央党史研究室科研管理部、国家民族事务委员会民族问题研究中心编:《中国共产党民族工作历史经验研究》，中共党史出版社 2009 年版。

潘岳:《中西文明根性比较》，新世界出版社 2022 年版。

赵汀阳:《天下体系：世界制度哲学导论》，中国人民大学出版社 2023 年版。

钱乘旦主编:《新世界史纲要》，北京大学出版社 2023 年版。

苏秉琦:《中国文明起源新探》，生活·读书·新知三联书店 2019 年版。

费孝通主编:《中华民族多元一体格局》，中央民族大学出版社 2018 年版。

陈来:《中华文明的核心价值：国学流变与传统价值观》，生活·读书·新知三联书店 2015 年版。

韩建业:《早期中国：中国文化圈的形成和发展》，上海古籍出版社 2015 年版。

钱穆:《国史大纲》（全两册），商务印书馆 2013 年版。

瞿林东主编:《历史文化认同与中国统一多民族国家》，河北人民出版社 2013

年版。

马戎:《中国民族史和中华共同文化》，社会科学文献出版社 2012 年版。

顾颉刚:《顾颉刚古史论文集》(全十三册)，中华书局 2011 年版。

王桐龄:《中国民族史》，吉林出版集团有限责任公司 2010 年版。

袁行霈、严文明、张传玺、楼宇烈主编:《中华文明史》(全四册)，北京大学出版社 2006 年版。

翁独健主编:《中国民族关系史纲要》，中国社会科学出版社 2005 年版。

田继周:《中国历代民族政策研究》，青海人民出版社 1993 年版。

贾敬颜:《民族历史文化萃要》，吉林教育出版社 1990 年版。

后　记

对于编写组来说，《中华民族共同体概论》（以下简称《概论》）的编写过程是不断学习、研究的过程。编写组在编委会主任潘岳同志和副主任边巴扎西同志领导下一直孜孜矻矻，潜心研讨，不懈努力，经过多次改写、修正和完善，《概论》终于正式出版。

近年来，全国有越来越多的高校开设了“中华民族共同体概论”或相关课程，却没有一部通用教材。在本编写组成立之前，国家民委曾安排 6 所直属民族高校分别编写了 6 本讲义在本校试用。2021 年，国家民委组织多所高校学者联合成立编写组，重新编写《概论》，当年 11 月完成了约 25 万字的第一稿。经多方征求意见，编委会认为此稿尚有很多提升空间，于是调整了编写组成员，重新设计书稿框架并重新编写，至 2022 年 11 月完成第二稿。

在编写《概论》第二稿的同时，潘岳同志组织多位历史学和民族学学者编写了 30 余万字的《中华民族交往交流交融史纲要》，以翔实的历史文献为基础，对数千年来中国历史上各地域各族群间的交往交流交融过程，按时间顺序加以陈述和阐释。《概论》第二稿完成后，编写组又与《中华民族交往交流交融史纲要》编写组合作，在潘岳同志和边巴扎西同志指导下重新编写第三稿，以中华民族共同体发展历程为经线，以政治、经济、社会、文化为纬线，史论结合、论从史出，重点从历史角度论证中华民族共同体经过交往交流交融，发展、团聚、统一的历史必然性。《概论》第三稿于 2023 年 4 月形成征求意见稿，7 月下旬完成试用本编写，共十六讲，其中历史部分占十三 讲，比第二稿有更深入翔实的史料支撑。

《概论》第三稿的十六讲区别于以政治史为主轴的传统王朝断代史与族别关系互动史，而是从中华民族整体视角出发，紧扣民族交往交流交融的历史主轴，呈现中华民族在政治、经济、社会、文化等层面的共同性不断增长，展现各民族融聚成多元一体中华民族的历史进程。其中，第一讲“中华民族共同体基础理论”，重点阐释习近平总书记关于加强和改进民族工作的重要思想，特别是关于铸牢中华民族共同体意识的重要论述。第二讲“树立正确的中华民族历史观”，上承第一讲民族理论，下启交往交流交融史概要。第三讲至第十五讲从史前讲到新时代，以大量史实讲清中华民族共同体在每个历史阶段交往交流交融的演进脉络与内容特征，批驳错误史观，回应理论难点。第十六讲阐释中华民族共同体建设与推动构建人类命运共同体的关系，通过中西比较诠释人类文明新形态的世界意义。这一系列历史书写展示出中华民族从起源、扩大、发展、进步，到最终形成牢不可破的命运共同体的基本逻辑，体现了中华文明的五个突出特性，讲清了理论、历史和实践逻辑，不是用套话，而是用具体史实来告诉读者符合历史规律的立场观点方法。

编写过程中，我们遇到了不少学界以往研究薄弱的问题。我们认真学习领会中央文件精神，反复征求各方意见，不断调整修改，有幸得到国内众多优秀学者的鼎力支持。参与写作、研讨、审核、修改等工作的数十位著名学者分别来自北京大学、清华大学、中国人民大学、北京师范大学、西北大学、中国社会科学院、中共中央党校（国家行政学院）、中央社会主义学院、浙江大学、首都师范大学、外交学院、华东师范大学、新疆大学和十余所民族大学。加上《中华民族交往交流交融史纲要》编写组成员和协助搜集整理资料的人员，共有上百人参与了这项工作。《概论》第三稿完成后，国家民委组织了多次试讲，全国 50 余所高校的 110 多位教师在北京集中参加了全部十六讲的试讲研讨，并提出了进一步的修改意见。根据这些意见，编写组又反复修改完善，最终定稿。

参与历次稿件编写的人员为：潘岳，杨圣敏，严庆、杨须爱，韩建业、刘国祥、王涛、陈伟驹，刘卓异、马金生，曹天江、朱尖、张欣、陈莉、李斯，王凯歌、薛海波、吴洪琳、王珍，蒋爱花、安北江、廖靖靖，曹流、张卫忠，钟焓、肖超宇，蔡亚龙、朱皓轩，陈兆肆、袁剑，沈桂萍、周海建、张翔，陈鹏，马建强，戢广南、关凯、邵六益、陈辉，张福强、赵泽琳、刘宝明，哈正利、田飞龙、王天韵，以及吴孝刚、马忠才、马惠兰、杨思远、扎西当知、时保国、李吉和、孙岿、李俊义、王军、黄志辉、岳凤兰、王天韵、张淑娟、李赞、方清云、王冬丽、平维彬等。

后期集中统稿人员主要有：潘岳、边巴扎西、杨圣敏、陈首、任毅、戢广南、张梧、哈正利、王凯歌、邵磊、刘卓异、邵六益、陈祥军、陈辉、张琨、王文婷等。

国家民委教育司负责《概论》的组织编写工作，宋全、李学锋和杨慕云、金彦超等具体协调组织，陈天瑶、刘亚南、王力、王航等参与相关工作。理论研究司陈晓嫚、周遥强，中央民族大学马欣等也参与了相关工作。本书编辑出版工作由高等教育出版社牵头负责、民族出版社全程参与。正是由于编辑人员的专业素养与敬业精神，教材品质和出版节奏才得到了有效保证。

作为第一部关于铸牢中华民族共同体意识教育的国家统编教材，《中华民族共同体概论》立足中华民族悠久历史，探索构建中华民族共同体理论体系，是一部开拓性的教材。本书难免还有不尽完善之处，欢迎大家批评指正，特别欢迎上这门课的师生与我们共同努力，帮助提出完善意见。我们将持续依规做好周期性修订工作，不断推出新的版本。

本书编写组

2023 年 12 月

郑重声明

图书在版编目（CIP）数据

中华民族共同体概论 /《中华民族共同体概论》编写组编. -- 北京 : 高等教育出版社 : 民族出版社, 2023.12（2024.10重印）
ISBN 978-7-04-061700-9

Ⅰ. ①中… Ⅱ. ①中… Ⅲ. ①中华民族－民族意识－教材 Ⅳ. ①C955.2

中国国家版本馆CIP数据核字(2023)第257681号

Zhonghua Minzu Gongtongti Gailun

统筹编辑　迟宝东　虞　农
责任编辑　张婧涵　韩一识
封面设计　赵　阳
版式设计　高海钰　李彩丽
责任校对　王　雨　民　校
责任印制　张益豪

出版发行　高等教育出版社
地　　址　北京市西城区德外大街4号
邮政编码　100120
购书热线　010-58581118
咨询电话　400-810-0598
网　　址　http://www.hep.edu.cn
　　　　　http://www.hep.com.cn
印　　刷　北京鑫海金澳胶印有限公司
开　　本　787mm×1092mm　1/16
印　　张　24.75
字　　数　410千字
版　　次　2023年12月第1版
印　　次　2024年10月第19次印刷
定　　价　39.00元

物 料 号　61700-00